KB254130

중국의 역사

| 선진시대 |

중국의 역사

| 선진시대 |

가이즈카 시게키 · 이토 미치하루 지음

배진영 · 임대희 옮김

혜안

글 싣는 차례

서장_ 통일중국을 향한 긴 서곡   15

갑골문자甲骨文字   15 | 금문金文과 예서隷書   16 | 중심 지역의 형성   17 | 구석기시대부터 철기시대까지   18 | 기장黍·조粟 문화와 벼농사稻作 문화   20 | 황하 유역에서 전 중국으로   21 | 사회구조의 변화   22

제1장 전설의 성왕聖王   23

1. 오제五帝 설화   23
『사기』 첫머리를 장식한 황제黃帝   23 | 덕의 체현자   24

2. 삼황三皇설화   26
황제黃帝 이전의 치세와 오제五帝의 위치   26 | 반인반수半人半獸의 삼신三神   27

3. 창조신화―반고盤古전설   28
천지자연과 인간의 발생   28 | 신들을 언급하지 않는 역사 전개   30

제2장 원原중국인과 그 문화   32

1. 중국 원시의 인간속人間屬   32
계골산鷄骨山의 붉은 점토 덩어리   32 | 북경원인北京原人의 발견   33 | 주구점에서 발견된 생활체의 흔적   34 | 중국의 가장 오래된 인류―남전원인藍田原人   35

2. 북경원인의 인류사적 위치   37
약 백만 년 전의 오스트랄로피테쿠스류   37 | 오스트랄로피테쿠스의 특징   38

3. 원시인=구석기시대인의 문화   39
아시아적 지역성을 보이는 뗀석기打製石器   39 | 불의 사용과 두개골에 대한 특별한 관심   40 | 수렵행동에 따른 문화의 발달   41 | 다양화된 석기   42

４. 현세인의 직계 조상 등장 43

신인新人 몽골로이드의 분기 43 | 산정동인山頂洞人의 매장 풍습과 생활의 향상 45 | 신석기시대로의 과도기 47 | 조제粗製 토기를 수반한 잔석기 문화 48

제3장 농경사회의 성립－신석기문화의 양상 51

１. 홍도, 채도의 시대 51

신석기문화의 특성 51 | 채도와 흑도 53 | 제1단계 54 | 제2단계 59 | 제3단계 60 | 장강 중하류 문화 62

２. 회도, 흑도의 출현 66

제4단계 66 | 굴가령屈家嶺문화의 출현 68 | 장강 하류 문화를 거슬러 올라가다 70 | 제5단계 72 | 석가하石家河문화와 양저良渚문화 74 | 옥조玉彫 기술의 개화 76

제4장 신석기시대의 생활 78

１. 주거와 촌락－가족의 형태 78

신석기 초기의 생활 78 | 촌락의 형태 80 | 주거 양식 81 | 묘지에서 보이는 사회구성 82 | 용, 호랑이와 죽은자死者의 영혼 84 | 장강 유역의 문화 87

２. 성곽과 집합주택－사회계층의 분화 88

대성곽의 출현 88 | 집합주택과 사회의식 91 | 권력자의 등장 92 | 청동 주조기술의 개발 95 | 하늘을 제사지내는 제단과 12묘 97

제5장 고대 왕조의 탄생－하왕조는 존재했는가 101

１. 은대의 갑골문자 101

귀갑龜甲과 수골獸骨에 새겨진 고대 문자 101 | 은대의 기록－갑골문 102 | 소둔촌 일대에 은허, 은왕조의 묘 103 | 용산문화와 은문화의 연속과 단절 105

２. (하)왕조의 발상지 107

고대문화권의 확대 107 | 이리두 문화와 고대왕조 110

３. 은왕조 500년 111

성탕대을成湯大乙의 창업 111 | 연이은 동쪽으로의 천도 112 | 국력의 증가로 인한 민족이동 115 | 반경왕盤庚王의 안양安陽 천도의 의의 116 | 은문화 후기(소둔기小屯期)의 융성 117 | 은의 종말 118

제6장 왕과 제사　120

1. 은대의 제사　120

갑골에 의한 복점卜占　120 | 갑골문자를 새긴 소재　121 | 갑골복점의 방법　122 | 갑골
복점의 내용　123 | 정인貞人집단의 우두머리(장長)인 왕　125

2. 신神과 왕王　126

선왕들의 호칭 유래　126 | 신파新派와 구파舊派의 제사 풍습　128 | 5종 제사와 제사력
祭祀曆　128 | 숭고한 힘을 가진 조령관祖靈觀　130 | 왕의 신격화　130 | 영혼을 그리는
방정方鼎　132 | 최고의 신인 '제帝'와 왕　133

3. 자연신　134

인간의 냄새가 나는 자연신　134 | 자연신의 명칭과 형태　136 | 신들의 격格의 설정과
그 유래　137 | 은왕계殷王系의 조상신화祖上神化　138 | 중국 종교의 주요 요소의 맹아
139

4. 은의 국가구성　140

토지와 신은 일체　140 | '방方'의 원래 의미는 '외적外敵'　141 | 주변 국족에 대한 지배
력　142 | 국왕에 의한 국가구성의 변화　142

5. 은대의 왕위계승　144

정치변혁을 수반한 형제상속　144 | 왕과 소인의 관계　144 | 직계 조상과 방계 조상
146 | 부자상속에 의한 왕계의 순화純化와 고립화　147 | 왕조 성립의 기반과 그 세력범
위　148

6. 은왕조의 중핵조직　149

다자족多子族 집단과 다부多婦 집단　149 | 왕족 집단　150 | 군단의 편성　151 | 군인 순
장　151 | 그 밖의 왕조 소속 집단　154

7. 은대의 사회구성　154

묘장군墓葬群에 나타나는 세 계층　154 | 대묘의 예 1　156 | 대묘의 예 2, 3　158 | 대
묘 출현의 요인　161 | 대가족장長·일반민·완전 예속민의 출현　162 | 가내노예와 희
생용 이민족　163 | 토지와 결합된 노예적 농민　165

8. 도시국가　166

읍과 그 기능　166 | 중기의 대규모 성곽　167 | 궁전 건축　169 | 미숙한 건축기술　170

제7장 서쪽에서 동쪽으로－주왕조의 흥기　172

1. 주의 건국　172

시조 후직后稷　172 | 토지신의 은총을 한 몸에 받고 자람　173 | 토지와 곡물의 지배를
지향한 최초의 나라　174 | 고공단보古公亶父와 농경민인 주족周族의 이주　175 | 산악
민·훈육薰育의 압박　176 | 고공단보의 아들과 손자　178

2. 동쪽으로의 길 — 서주 초기 179

문왕文王의 등장 179 | 태공망太公望 여상呂尙과 문왕의 만남 181 | 은의 적인 강족姜族과의 결합 181 | 무왕에 의한 은나라 주왕紂王의 토벌과 주왕조의 창시 182 | 역성혁명의 사상과 구현 184 | 백이伯夷·숙제叔齊 설화 185 | 서주의 기와 186 | 은문화 속에서의 패권쟁탈 188 | 서주의 새 무기 189

3. 성주의 건설 190

주공단周公旦의 동정東征 190 | 제2의 수도 낙읍洛邑 191 | 종묘宗廟의 땅 종주宗周와 동방지배의 거점 성주成周 194 | 주공에서 소공으로 — 서주의 내부 세력 196 | 주왕조의 안정기 197

4. 주周의 봉건제도 198

성왕 치하의 동족 봉건 198 | 토지와 인민의 지배 199 | 의후宜侯의 봉건 201 | 수탈을 위한 상세한 토지·인민 조사 203 | 정전제井田制 204 | 봉건제도의 여러 기능 204 | 주실周室과 동성·이성·토호土豪 제후의 관계 206 | 재지在地 토호제후 206

제8장 주왕조의 몰락 208

1. 소왕昭王과 목왕穆王 208

고대중국을 남북으로 나누는 회하淮河 208 | 동진東進, 그리고 봉건 210 | 계획적인 하나의 군사행동 212 | 회하 이남으로의 진출과 정지 213 | 소왕의 남정南征과 목왕의 북서北西 진출 214 | 목왕과 신녀神女 서왕모西王母 216

2. 왕권의 쇠퇴 217

금문金文이 상징하는 시대의 성쇠 217 | 기록의 변화 — 은상恩賞에서 임관任官으로 218 | 주의 관제 219 | 진출력의 상실과 족族 집단의 고정화 221 | 제후·귀족의 왕권 무시=봉건제도의 동요 222

3. 서주의 멸망 224

여왕厲王의 도망 224 | 공백화共伯和에 의한 왕정王政 대행 225 | 선왕宣王의 중흥과 좌절 226 | 좌절의 배경 227 | 유왕幽王의 실정失政 229 | 총희 포사와 함께 몰락하다 229 | 서주 귀족의 덧없는 꿈 230

4. 서주시대의 농민 232

제후가 소유했던 세 종류의 사람들 232 | 대가족 집단을 구성한 왕인王人 233 | 선주先住하였던 1읍1혈족 집단인 서인庶人 233 | 농민 인원의 정확한 파악 234 | 읍 단위의 농정農政 235 | 혈족집단의 해체 — 농민의 도망 236 | 읍에서 강화되는 농민의 독립성 238

제9장 패자覇者의 시대   239

1. 주왕조의 동천 전후   239
춘추전사春秋前史 50년   239 | 동천한 주 평왕을 도운 괵虢·정鄭 두 나라   240 | 서주 말기 귀족의 동방 이동   241 | 주왕실 동천의 배후인 북방민족의 압력   242 | 동주 왕권의 실추   243 | 정의 내란을 틈탄 중원의 전장화戰場化   245

2. 패자의 출현   245
제齊의 번영을 말해주는 거대한 도시 유적   245 | 동쪽의 패자覇者-제齊의 환공桓公   251 | 환공에 의한 '존망存亡'과 '계절繼絶'   252 | 규구葵丘의 회會   253 | 패자의 책무   254

3. 중원의 확대   255
홍하泓河의 싸움-초의 북상과 '송양宋襄의 인仁'   255 | 진晉의 대두-무공武公과 현공獻公   256 | 중원에 대한 거점 확보-진晉의 문공文公   259 | 문공文公, 패자覇者로   259 | 패자로서의 진晉의 후계자들   260

4. 남북의 대립   261
초楚의 대두   261 | 장왕莊王 때 확대된 초의 세력   263 | 진晉·초楚의 대립과 중원 여러 나라의 이합離合   264 | 필邲의 전투-진의 패배와 초의 제패   266 | 춘추오패春秋五覇   267 | 북쪽 진晉의 세력 만회   268 | 송宋의 회합-대부의 주도로 이루어진 남북 평화   269 | 도덕적인 회맹에서 현실적인 회맹으로   270

5. 오월吳越의 흥망   271
합려闔閭에 의한 오吳의 강성   271 | 오吳의 세력 하에 들어간 채蔡   273 | 월왕越王 구천句踐이 오군을 맞아 싸우다   273 | '회계會稽의 치恥'   274 | '와신상담臥薪嘗膽'   275 | 오월吳越의 문화   276

제10장 귀족 사회의 붕괴   277

1. 실력의 시대   277
제후諸侯·대부大夫·사士·서인庶人   277 | 실권, 이족異族 대부에게 넘어가다   278 | 실력의 시대로-서주 이후의 질서붕괴   279 | 사士의 대두-대부를 뛰어넘는 권력   283 | 사士 계층의 등장 원인   284

2. 춘추의 현인재상賢人宰相   286
정鄭의 자산子産   286 | 자산의 개혁   287 | 유교 원리에 이어지는 정치사상   288 | 제齊의 안영晏嬰의 사상   289 | 자산과 안영의 차이가 생긴 배경   290 | 전국戰國 사상의 선구   291

3. 공자孔子의 출현과 그 의의   292
공자학단孔子學團의 탄생   292 | 노魯의 국정개혁의 단행과 좌절   293 | 인仁의 이념   295 | 전국시대의 사상가 집단-제자백가의 선진先陣   296

4. 춘추기春秋期의 개혁들 297

노魯의 '구갑제丘甲制' 297 | 진晉의 '주병제州兵制'와 '원전제爰田制' 298 | 제齊의 '3국5비제三國五鄙制' 300 | 사회변화와 역사 301

5. 동철銅鐵과 은주殷周 사회 303

철기와 동기의 역할 303 | 농구의 변화―석기에서 철기로 304 | 은대 후기의 청동기 305 | 서주 전기와 그 이후의 청동기 308 | 황금의 위치 309

제11장 전국시대戰國時代의 의의 313

1. 전국시대의 시대구분 313

12제후표十二諸侯表와 6국표六國表 313 | 중국 전체 역사상의 큰 과도기 314 | 『춘추』와 『사기』의 기술 315 | 정치사적 자료의 부족 317

2. 전국시대의 정치사적 의미 317

종교적 권위의 소멸 317 | 7강국 대립의 역사적 배경 318 | 세습 귀족제의 붕괴와 새 관료제의 발생 320 | 봉건적 군신관계의 국가로 320

3. 전국시대의 봉건제 322

종족적 국가에서 봉건적 국가로 322 | 제齊와 그 이행 과정 324 | 3진三晉의 경우 324 | 중국 봉건제의 특색 325

4. 한漢민족 세력의 확대 326

이민족의 통합 추진 326 | 철제 농구의 보급과 농업생산의 비약 327 | 수리·관개 사업의 발전 328 | 상공업의 발전에 따른 화폐·시장의 확립 330

제12장 전국시대의 정치적 추이 332

1. 정치개혁 332

진晉·제齊의 정권교체 332 | 이회李悝의 중국 최초의 성문법 333 | 이회의 농지개발과 신 재정정책 334 | 오기吳起의 토지개혁과 신법제新法制 335 | 상앙商鞅의 혁신정책 336

2. 관료국가의 성립 339

군현제郡縣制와 관료의 발생 339 | 관료 조직의 완성 340 | 군대의 국군화國軍化 341 | 무기의 발달과 전쟁의 변화 342

3. 쟁패흥망爭覇興亡 344

월越과 위魏의 패업 344 | 남북항쟁과 남방세력의 한계 345 | 중원 한漢민족 문화의 승리 347 | 제齊와 진秦의 흥성과 대립 349 | 외교전의 전개와 진秦·조趙의 대결 350 | 원교근공遠交近攻의 승리와 진秦의 중국통일 351

제13장 전국시대의 사회변화 353

1. 전술戰術의 변화와 상공업의 발달 353

성벽으로 둘러싸인 도시 353 | 국경선에 따른 장성長城 건설 354 | 무역의 발생과 관세정책 355 | 전국적 시장의 성립과 대상인의 출현 357

2. 도시의 발달 357

제齊의 수도 임치臨淄의 번영 357 | 누각궁전·거리·고급주택 358 | 성문城門의 시장과 그 기구 360 | 네 종류의 청동화폐 361 | 표준화폐로서의 금화 363

3. 농민의 계층화 364

노역지대勞役地代에서 실물지대實物地代로 364 | 지주의 발생과 농민의 곤궁 366 | 노예와 그의 역할 367 | 지배계급 '군자君子'와 피지배계급 '야인野人' 368 | '야인'에 기생하는 '군자' 368 | 대다수의 소규모 자작농 369 | 고용농의 발생과 사회불안의 증대 370

제14장 전국시대의 사상 371

1. 백가쟁명百家爭鳴 371

사士 계층의 정치참여 371 | 제자백가諸子百家의 등장 372 | 학문과 사상의 황금시대 373 | 중국 2천여 년의 여러 사상의 기초로 374

2. 묵자墨子 375

개략 375 | 사회혁명적인 상현주의尙賢主義 376 | 인仁을 뛰어넘는 겸애兼愛 377 | 혈족제 사회에 대한 도전 378 | 분석논리적 표현과 격렬한 반反문화주의 379 | 몰락과 부활 380

3. 직하학사稷下學士 381

이론학의 성행 381 | 종횡가縱橫家와 명가名家 382

4. 노자老子 383

『노자』의 성립 전설 383 | 현실도피사상의 형이상학적 체계 384 | 이상사회＝무명無名의 농촌공동체 386 | 노자의 형이상학 387

5. 장자莊子 388

소지小知와 대지大知 388 | 자유인간 389 | 진위眞僞·시비是非 390 | 피치자被治者의 철학 391

6. 맹자孟子 392

양楊·묵墨의 감각론 392 | 양·묵의 이利에 도전 394 | 중국 최초의 혁명론革命論 395 | 이상으로서의 선양禪讓과 현실의 방벌放伐을 시인하다 396 | 모순을 내포한 공상적 사회주의 397 | 성선설性善說 398 | 호연지기浩然之氣 399

7. 순자荀子　400

전국戰國의 사군四君　400 | 식객食客 수천 인　402 | 전체 고대사상의 체계화—『순자荀子』　403 | 아리스토텔레스적 인간론　404 | 성악설性惡說　405

8. 한비자韓非子　406

'예禮'를 '법法'으로 치환하다　406 | 실증적 귀납논리학　406 | 비업非業의 죽음　408 | 순자의 공비功非　408

참고문헌　410

연표　417

재간에 즈음하여 | 이토 미치하루伊藤道治　424

옮긴이 후기　427

찾아보기　431

일러두기

1 농구를 비롯하여 고고 출토 유물에 대해서는 원칙적으로 최초에만 한자와 한글 풀이용어를 같이 병기하였다. 동일 용어가 지속되는 경우에는 농구, 기물의 경우는 한글로 딱 떨어지는 경우가 많지 않아 이해를 돕기 위해 원문(한자)으로 표기하였다.
2 기물의 무늬는 최초에만 한글풀이와 한자표기를 병기하였고, 동일 용어가 지속되는 경우는 한글표기로 대체하였다.
3 지도의 경우 한정된 지면상에 한글을 넣기에 부족하여 한자표기를 원칙으로 하였다.
4 국명國名과 왕명王名은 최초에만 한자병기를 하는 것을 원칙으로 삼았다. 다만 동일 국명이나 왕명의 경우 문맥상 이해를 돕기 위해 한자병기를 하였다.
5 사진자료의 경우, 내용에 관련된 자료를 추가로 넣었다.
6 연표의 경우 일본 부분은 생략하였다.
7 계보도나 표의 경우는 한글풀이를 원칙으로 하였고, 이해를 돕기 위해서 일부는 한자병기를 하였고, 각 국의 계보도는 한자병기를 원칙으로 하였다.
8 각주는 옮긴이의 주다.

서장 통일중국을 향한 긴 서곡

갑골문자甲骨文字

동양문화권[1]에서 문자에 의한 상호간 뜻의 전달, 감정의 표현, 사물의 기록 등에 중요한 작용을 하고 있는 것은 한자漢字다. 이 한자는 한대漢代에 시작되어 기원후 3세기(후한後漢)에는 중국 전 지역에 보급된 것으로서, 해서楷書라고 불리는 서체의 한자다. 그러나 한대에 일반적으로 사용되었던 한자는 예서隸書라고 불리는 서체였다. 그리고 이 예서에 도달하기까지는 긴 한자의 역사가 있었는데, 그 기간이 바로 이 책에서 다루게 될 기간에 해당한다.

현재 어떤 국가나 민족의 역사를 말할 때는 문자로 쓰인 기록이 없는 수십만 년 이전부터 이야기하기 시작하는 것이 보통이지만, 역사라고 하는 의미에서 말한다면 그 범위는 본래 문자 기록이 출현한 이후에 관한 것이다. 그러면 중국에서 문자는 어느 무렵부터 출현한 것일까?

현재 우리가 알고 있는 가장 오래된 문자는 갑골문자라고 하는 것이다. 이것은 거북의 등껍질이나 소의 어깨뼈 등에 가는 선으로 새긴 문자다. 대체로 기원전 1300년경부터, 왕조로 말하면 은殷의 후반에 사용된 것으로 판명되어 있다. 다만 주의해야 할 점은 이 문자가 중국에서 최초로 사용된 문자는 아니라는 것이다. 다시 말하면 갑골문자가 최초의 문자는 아니라는

---

1) 원본에서는 "우리 일본인의 생활에서"라고 되어 있다. 이런 표현은 일본 독자를 대상으로 한 것이므로 번역서에서는 '동양문화권에서'라고 임의대로 표현하였다. 이 밖에도 비록 일부지만 본문에 중국의 역사를 일본 역사에 비추어 언급한 내용이 나오는데 이 역시 몰입에 방해가 된다고 판단되어 옮긴이 임의대로 번역에서 생략한 것이 있다.

것이다.

왜냐하면 갑골문자는 원시적인 그림문자가 아니고 꽤 추상화된 문자이고 연구자들 사이에서는 이보다 앞서 이미 어떤 형태의 문자가 사용되었다는 점이 인정되고 있다. 다만 그것이 아직 발견되지 않았을 뿐이다.

이 갑골문자는 현재의 한자처럼 편偏과 방旁[2]을 짜 맞춰서 의미를 분명히 하는 형태에 이르는 과정에서 사용한 것[3]이다. 따라서 그만큼 옛 모습을 남기고 있기 때문에 지금 사용하는 한자와는 형태에서나 의미에서나 직접적으로 연관시키기에는 곤란한 점이 많다.

금문金文과 예서隸書

그런데 은殷 말기인 기원전 1100년을 지나면 청동기에 문자를 새겨넣기에 이르렀다. 이것을 금문이라고 부른다. 청동기에 글자가 쓰여 있어서 금문이라고 호칭한다. 이 문자의 구성은 대체로 현재의 한자와 같으나 더욱 상형적이고 또 장식체라고도 부를 수 있는 글자체이기 때문에 그만큼 복잡한 면도 있다. 당시에는 이미 붓이 사용되고 있었기 때문에 아마도 필기문자에는 금문보다 조금 더 간단한 글자체가 있었다고 추측된다.

금문은 은을 이은 서주西周시대 전반에 걸쳐 보이는데, 기원전 771년에 서주왕조가 멸망하고 제후가 쟁패하는 시대에 접어들면 지방적인 특색을 갖게 된다. 그 중에서도 오吳·월越 등 남방에서 사용되었던 조서鳥書[4]는 특히 장식성이 강조된 매우 특이한 글자체였다.

그러나 전국시대戰國時代에 들어서면 청동기에 명문銘文을 새겨넣는 경우는 오히려 줄어들고, 그 대신 죽간竹簡이라는 대나무 쪽이나 비단을 사용하였던 것 같다. 최근에 이들 자료가 상당수 발견되었다. 이 중에서 가장 오래된 것이 춘추 말기에 진晉에서 분할된 조趙에서 옥조각玉片 등에 쓴 서약(서맹誓盟)

---

2) 한자의 구성에서 왼쪽 부분인 편(偏)과 오른쪽 부분인 방(旁)을 일컫는다.
3) 유동춘, 「갑골문 편방 부의 의미 기능 연구」, 『중국학보』 46, 2002.
4) 서체의 하나. 조전(鳥篆). 고문의 전자(篆字). 글자 형태가 새의 발자국 모양으로 생겼다고 해서 이런 이름이 붙여졌다. 벌레 모양을 한 충전(蟲篆)이라는 서체도 있다.

문서다. 이들 옥조각이나 죽간의 문자를 비교해 보면, 전국에 걸쳐서 점차 통일된 필기체가 나오기 시작한 것으로 추측된다. 전국시대에 수많은 사상가가 여러 나라를 돌아다니며 유세를 할 수 있었던 것도 공통된 필기체 문자로 자기의 주장을 발표하고, 또 다른 사람의 주장을 기록할 수 있었기 때문이다.

이리하여 진시황제에 의한 문자통일, 현재 도장에 잘 사용되는 소전小篆이라고 하는 글자체가 출현할 준비가 이루어진 것이다. 그러나 이 소전의 성립과 병행해서 더욱 간단한 글자체가 만들어지게 되었던 듯한데, 그것이 한대에 일반적으로 사용된 예서다. 그리고 이 예서를 더욱 간략화한 해서가 만들어진 후, 이것이 현재까지 한자의 기준 글자체가 된 것이다.

오늘날 중국에서는 이 해서를 더욱 간단하게 한 간체자가 만들어졌고, 일본에서도 상용한자가 사용되고 있다. 그러나 그 어느 것이나 아직 그 수는 그다지 많지 않고, 역시 해서가 기준 글자체로 되어 있다.

중심 지역의 형성

이상에서 간단하게 한자의 역사[5]를 조망했는데, 이 책에 포함되어 있는 시대는, 말하자면 이 해서의 발생을 준비하고 있던 시대라고 할 수 있다. 그것은 문자에만 국한된 것은 아니며, 현재 중국의 중심부를 이루는 18성(하북河北·산서山西·섬서陝西·감숙甘肅·산동山東·강소江蘇·안휘安徽·절강浙江·복건福建·하남河南·호북湖北·호남湖南·강서江西·광동廣東·광서廣西·사천四川·귀주貴州·운남雲南) 지역이 진秦이나 한漢이라는 하나의 정치권력에 의해 통일되어, 하나의 정치영역으로 되는 준비도 같은 시대에 이루어졌다.

기원전 6000년에는 이미 중국 각지에 농경촌락이 성립했다. 그들 몇몇이 모여 작은 국가를 이루고, 그들 여러 나라가 지역적으로 통합되어 기원전 700년 무렵에는 약 200개의 소국으로 산재해 있었다. 이 소국가군이 점차 병합되어 기원전 400년대에는 거의 7개의 대국으로까지 정리되었다. 그리

---

5) 阿辻哲次 지음, 김언종·박재양 옮김, 『한자의 역사』, 학민사, 1999.

고 이 7대국의 하나인 진秦이 다른 6국을 멸망시키고 기원전 221년에 진왕秦王 정政, 즉 시황제가 중국 천하를 통일하게 된다.

이 책에서 취급하는 것은 그 통일의 과정, 그 준비시대다.

구석기시대부터 철기시대까지

이러한 성격을 가진 이 책은 중국 대륙에 인류가 출현하는 것으로부터 시작된다. 그것은 현재 우리가 발견할 수 있는 범위 내에서 말하자면 지금으로부터 70만 년 전 정도의 일이다. 이때 인간이 사용한 도구는 간단한 가공을 한 돌뿐이었고, 수렵과 나무열매 등을 채집하여 식생활을 유지하고 있었다.

석기石器는 그래도 조금씩 개량되었으나, 똑같은 생활이 지금부터 약 1만 년 전까지 계속되었다. 이 길고 긴 기간을 구석기시대라고 부른다.

그리고 기원전 6000년대에 이르면 황하 유역이나 장강 유역도 점차 곡물을 재배하고 가축을 사육하게 되며, 완전한 정착촌락을 이루게 된다. 석기는 아름다운 간석기磨製石器로 변화되고 토기도 만들어졌지만, 아직 금속은 모르고 있었다. 그러나 곡물의 재배 등에 의해서 생활이 안정되면서 종교 등의 정신생활이나 정치조직 등이 점차 발달하기 시작한다. 이 시대를 신석기시대라고 한다.

이어서 기원전 1800년경 신석기문화의 말기가 되면 비로소 중국에 금속기(청동기)가 등장하고, 그것과 함께 상당히 발달한 정치조직과 그 중심이 되는 왕이 출현한 것으로 생각된다. 이 시기부터 기원전 1050년 전후까지가 하왕조(아직 확인되지 않았지만)·은왕조 시대고, 그 이후는 서주왕조시대가 된다.[6] 이 은왕조 후반부터 문자에 의한 기록이 남아 있기 때문에 중국은

---

6) 최근 중국에서는 하상주단대공정을 통해 하의 실체를 인정하고 나아가 연대까지 설정하고 있다. 그러나 하에 대해서는 여전히 분명하지 않는 점이 있으며 이는 상고사 왜곡으로까지 비약될 가능성이 높다고 생각한다. 이에 대한 연구는 다음을 참조. 김경호·심재훈·민후기·최진묵 지음, 『하상주단대공정-중국 고대문명 연구의 허와 실』, 동북아역사재단, 2008 ; 심재훈, 「하상주단대공정과 신고경향 고대사 서술」, 『한국사학사학보』 16, 2007 ; 방향숙, 「'하상주단대공정'의 현황과 의미」, 『북방사논총』 10호, 2006.

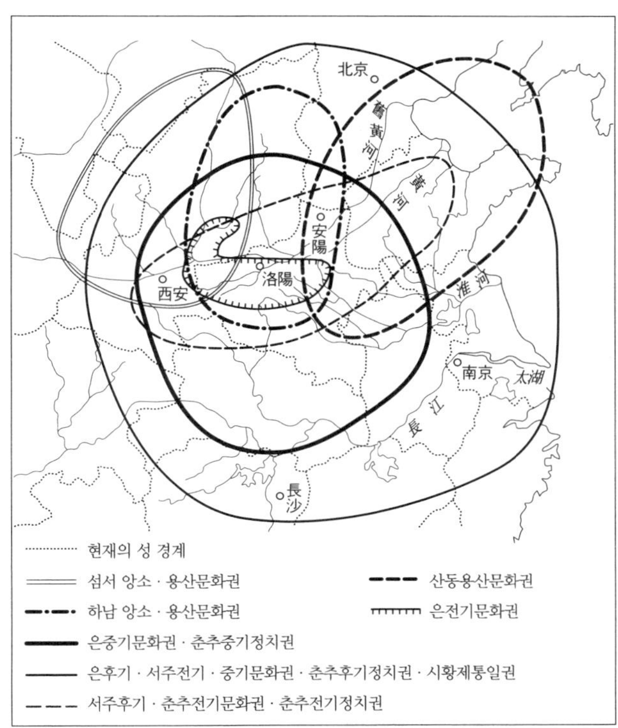

중국고대문화권 중국문명의 기초가 된 신석기문화의 지역성 및 문명의 전파와 정치권의 확대가 시대를 달리하면서 같은 리듬을 갖고 있었음을 보여준다.

좁은 의미의 역사시대에 들어서게 된다.

그러나 은·주 왕조는 나중의 진·한 제국과 같이 전국을 하나의 정치기구로서 통치한 것은 아니고, 다수 국가 연합체의 통솔자였다. 또 군사력이 때때로 회하 유역의 남쪽까지 미치기도 했지만 통상적인 세력범위는 황하 유역이었다. 그리고 기원전 771년에 북방 산지의 이민족에 의해서 서주왕조가 멸망하고, 주왕조가 장안에서 동방의 낙양으로 이주하고 중국에서는 많은 국가가 분립하는 시대가 된다. 이것을 동주東周시대 또는 춘추전국시대라고 한다.

이 시기는 정치적으로 보면 분립시대지만, 반복되는 전쟁과 외교 교섭을 통해서 대국에 의한 소국의 통합이 추진되고, 또 정치적으로도 장강 우역이 황하 유역과 대등한 발언권을 갖게 되어 점차 통일제국을 향하여 운직여 가던 시기다.

기장黍 · 조粟 문화와 벼농사稻作 문화

이상으로 이 책에서 취급할 시기를 통괄하면 각각의 시대에 따라 그 무대가 되는 지역이 이동하고 있다. 이 점에 대해서 언급해 보자.

구석기시대 유적은 중국 각지에서 발견되어 일찍부터 인류가 중국에 널리 존재하고 있었음을 보여주고 있지만, 현재의 연구단계에서는 아직 각지의 상호관계를 충분하게 추적할 수 없고 각 유적이 고립된 상황이기 때문에 각 지역이 갖는 역사성을 설명할 수 없다.

이에 비해 신석기시대에 들어서면 지역이 갖는 문제가 명백히 드러나게 된다. 중국의 신석기문화에는 황하 유역에서 발전한 앙소仰韶·용산龍山 등으로 대표되는 기장·조 경작문화와, 장강 방면에서 번성한 대계大溪, 양저良渚 등의 벼농사 문화가 있었다. 이 두 유역의 곡물재배의 차이는 자연환경에 의한 것이고, 이것은 그 후 중국 역사를 통해서도 보이는 지역의 역사적인 차이이기도 하였다.

이 두 지역의 신석기문화는 서로 영향을 주며 발전하여 다음 시대를 위한 기반이 되었지만 나중에 은·주 문화를 탄생시켰다는 점에서 생각해 보면 황하 유역의 문화, 특히 용산문화에서 큰 의의를 찾는 것도 당연할 것이다.

은의 문화는 이 용산문화를 모태로 해서 발생했지만 그 발전 과정에서 장강을 넘어 남방으로 전파되었던 것과 동시에 역으로 남방으로부터의 영향을 받아 그 문화를 풍부하게 하였던 것이다. 은을 이어받은 주의 문화도 처음에는 똑같이 남방까지 확대되었지만, 어느 시기에 이 확대는 그치고, 이후에는 오히려 다시 황하 유역으로 한정된다.

이 은·주 시대와 병행해서, 장강 유역에는 호숙湖熟문화 등의 남방문화가 존재하여 황하 유역을 중심으로 하는 은·주 문화와 서로 영향을 끼쳤던 것이 분명하지만, 이들 남방문화의 성격에 대한 해명은 앞으로의 과제로 남아 있는 형편이다.

이 은·주 문화의 확산은 신석기시대 이래 황하 유역에서 이루어진 곡물생산의 증대와 그로 인해 야기된 인구증가에 의해 축적된 민족적 역량의 방출에 의한 것이었다. 그러나 이 역량이 사라지면 남방으로부터 반격이 발생하여 다시 황하 유역으로 그 문화가 한정되는 것은 역시 기본적으로는 농업의 지역성 때문일 것이다.

황하 유역에서 전 중국으로

이리하여 춘추시대에 들어서면 장강 유역에서는 초楚나라가 일어나는데, 여기에 이르러서 황하 유역의 북방세력과의 대립이라는 형세가 나타나 역사의 주 무대는 황하 유역에서 중국 전역으로 확대되는 경향이 확실하게 보인다. 그러나 이 남북의 역사적 성격 차이는 그 후 중국 역사에서도 항상 여러 가지 형태로 나타난다. 그런 까닭에 장강 유역에서 번성한 신석기시대 이래 각 문화의 성격과 남북의 구체적인 교류 양상을 해명하는 것이 앞으로 한층 기대되는 바다. 어찌되었건 중국의 고대 문명은 황하 유역만의 문화도 아니고 장강 유역만의 문화도 아니다. 이는 두 유역을 통하여 형성된 문화이며 '하강문명河江文明'이라고 말할 수 있다.[7]

그 외에 남북은 모두 각각 동서대립이라는 문제도 가지고 있다. 예를 들면 황하 이북에서 태항산맥太行山脈 서쪽의 황토대지黃土臺地와 동쪽의 화북평원華北平原(황하나 그 지류에 연한 산록평지를 포함한다)의 차이도 역사에 큰 영향을 주고 있다. 그 점에 대해서는 이 책에서도 상당히 주요 문제로 취급하고 있지만 이러한 점은 현재 농업의 지역성에서도 드러나고 있다.

역사 전개에는 각각의 무대가 있고, 그 무대에 따라 전개방식에도 차이가 있다. 즉 평야에는 평야의, 산지에서는 산지의 역사가 있다고 말할 수 있다.

---

7) 중국 신석기문명과 청동기문명에 대한 전체적인 이해나 계보 등에 관한 정리와 연구는 李成珪, 「中國文明의 起源과 形成−先史文化에서 商·周文明으로−」, 서울大學校東洋史學硏究室 編, 『講座中國史(Ⅰ)』, 지식산업사, 1989 참조.

사회구조의 변화

　마지막으로 이 책에서 다루는 시대의 사회구조문제에 대해서 언급하겠다. 종종 고대는 노예제시대라든가 중세는 농노제(=봉건제)시대라고 한다. 그것은 각 시대의 경제를 지탱하는 농업생산이 주로 노예에 의해서 이루어진다든가 농노에 의해서 이루어진다고 하는 차이를 나타내고 있다.

　중국사를 생각해 볼 경우에 일반적으로 은대는 노예제시대로서 정치권력은 노예소유자에게 장악되어 있고, 최대의 노예소유자는 은왕으로 생각된다. 그러나 본론에서 지적하듯이 은대의 농민을 노예로 보기에는 아직 자료가 불충분하므로, 그것은 상당한 가능성을 가진 추정의 영역을 넘지는 못한다.

　또 노예제는 언제 끝나고, 언제부터 농노제로 이행되었는가라는 문제에 이르면 서주부터라고 하는 설, 춘추시대설, 전국시대설, 혹은 진·한 시대설 등이 있어서 현재 학계의 논쟁거리가 되어 있다. 저자 본인은 이들 주장과는 달리 서주 후기부터 춘추 중기 무렵에 걸친 꽤 긴 기간 동안에 그 전환이 이루어졌다고 생각하고 있다.

　그렇지만 그것에 대해서도 확실하게 농노제라고 단언할 수 있을 정도의 자료는 없다. 그 때문에 이 책에서는 오히려 노예제라든가 농노제라는 시대 규정은 피하고, 어떠한 정책변화가 있었고 그것에 대응하는 것으로서 농촌에 어떤 변화가 있었다고 추정할 수 있는가를 밝히는 데 그치겠다. 이것이 현재 도달해 있는 연구수준이며, 앞으로 새로이 금문자료 등이 발견될 것으로 기대한다.

제1장 전설의 성왕聖王

1. 오제五帝 설화

『사기』 첫머리를 장식한 황제黃帝

황제黃帝[1]는 소전少典[2] 부족의 자손으로, 성은 공손公孫, 이름은 헌원軒轅[3]이라고 불렸다. 그는 태어나면서부터 신령스러웠고, 태어난[4] 지 얼마 되지 않아 말을 할 수 있었으며, 어려서 매우 영리하였다. 자라면서는 성실하고 영민했으며, 어른이 되어서는 총명하였다. 헌원의 시대에는 신농씨神農氏 세력이 쇠퇴하여 제후들이 서로 침탈하고 백성百姓[5]들을 못살게 굴었으나 신농씨는 이들을 정벌할 수가 없었다. 이에 헌원은 즉 창과 방패 등 므기의 사용을 익혀서 신농씨에게 조공을 바치지 않는 제후들을 정벌했다. 제후들은 모두 헌원에게 복종했으나, 다만 치우蚩尤만은 가장 포악하여 헌원도 그를 토벌할 수가 없었다. 염제炎帝(신농神農)가 제후들을 침범하려고 하였으므로, 제후들은 모두 헌원에게로 귀순했다. 헌원은 이에 덕을 닦고, 병사를 정비했으며, 오기五氣[6]를 다스렸고, 오곡五穀을 심어 백성들을 사랑으로 돌보았고, 사방의 토지를 측량, 정리하였다. 또한 웅熊(곰), 비羆(큰곰), 비貔,

---

1) 전설에 따르면 중원 각 민족의 공동선조였다고 한다. 그는 웅(熊) 부족의 수령이었으므로 웅씨라고 칭해졌다. 나중에 중원 각 부족의 연맹의 공동수령이 되었으므로 황제라고 칭하게 된 것이다.
2) 나라 또는 부족 이름. 그 당시의 나라란 실제로는 하나의 부족집단에 지나지 않았다.
3) 황제는 수구(壽丘)에서 태어나고 희수(姬水)에서 자랐으므로 이것이 성(姓)이 되었다. 그가 헌원의 언덕에서 살았으므로 이것을 이름으로 불렀다.
4) 전설에 의하면, 소전국(少典國)의 왕비 부보(附寶)가 들판에서 기도를 올리다가 큰 번개가 북두칠성의 첫째 별을 감싸고 도는 것을 보고는 그를 잉태하여 24개월 만에 수구에서 황제를 낳았다고 한다.
5) 부족연맹에서 직무를 맡은 각 부족을 말한다.
6) 오행(五行)의 기(氣).

황제黃帝 한대漢代의 화상석

휴貅, 추貙, 호虎(호랑이) 들을 훈련시켜서 판천阪泉[7]의 들에서 염제와 싸웠는데, 세 차례 싸운 후에야 드디어 뜻을 이루었다. 치우가 또다시 난을 일으키며 황제의 명을 듣지 않자, 이에 황제는 제후들로부터 군대를 징집하여 치우와 탁록涿鹿의 들에서 싸워 결국은 치우를 사로잡아 죽였다. 그러자 제후들이 모두 헌원을 받들어 천자로 삼아 신농씨를 대신하게 하였으니, 그가 바로 황제다. (사마천, 『사기史記』 제1권, 「오제본기五帝本紀」 첫머리)

여기에서 인용한 『사기史記』의 저자 사마천司馬遷은 중국 최고의 역사가이며 한漢왕조의 사관史官이었다. 사마천은 위에 인용한 황제에서부터 시작하여 자신이 살고 있는 시대, 즉 한무제 때까지의 통사를 『사기』로 저술하였다.

이 『사기』는 본기本紀·표表·서書·세가世家·열전列傳의 다섯 부분으로 구성되어 있는데, 그 가운데서도 본기에 중점을 두고 있다. 즉 12권에 달하는 본기에서 황제 이하 제왕帝王의 사적을 서술하고, 거기에서 시대의 성쇠, 특히 인간 덕德의 성쇠를 보려고 하였다. 따라서 『사기』의 본기는 제왕의 연대기 형식을 취하면서도 정치사적인 거대한 역사 틀을 구성하여, 『사기』를 통사답게 하는 주류가 되었다.

덕의 체현자

「오제본기」에는 황제에 이어서 전욱顓頊·제곡帝嚳·요堯·순舜의 4제帝가 차례로 제위를 계승한 사실이 서술되어 있다. 4제는 모두 황제의 자손이었다. 그리고 「오제본기」 뒤에 하夏·은殷·주周 세 왕조의 본기가 이어진다. 사마천은 「오제본기」를 써서 다음과 같이 말하고 있다.

유가가 경전으로 삼는 『상서尚書』에는 요堯 이후의 일만 기재되어 있다.

---

7) 지금의 하북성 동쪽의 지명.

24

그런데도 다른 수많은 사상가들이 황제에 대해서 이야기했지만 그 문장이 정통적인 것은 아니고 또 사람에게 가르칠 만한 것도 아니다. 그러나 공자가 전했다고 하는 오제덕五帝德(다섯 제왕의 덕)[8] 및 제계성帝繫姓(제왕의 계도)[9]은 유학자들은 이것에 대해 아무것도 말하지 않지만 『춘추春秋』와 『국어國語』라는 책과 비교하면 과연 생각할 만한 점이 있다. 또 내가 사방으로 여행할 때 지방의 장로들이 황제, 요, 순을 이야기하는 곳은 그 지역 사람들에 대한 교화가 구석구석까지 미치고 있었다. 『상서』에도 빠진 것이 있는 경우가 있어 다른 책에서 보이는 이야기에서도 정통의 것을 뽑아서 「오제본기」를 저술하여 본기의 첫머리로 삼는 바다.

순舜(왼쪽) 한대 화상석
요堯의 궁전터(오른쪽) 산서성 임분현臨汾縣

사마천이 「오제본기」를 서술하면서 가장 중시했던 점은 그 이야기가 사람들을 덕으로써 교화시킨다는 점이었다. 그러므로 황제黃帝 헌원에 대해서도 그가 우선 덕을 닦았다는 것을 중시하고 있다. 무엇보다 이 점은 단지 본기에만 해당하는 것이 아니라 『사기』 전체에 해당되는 문제다.

더욱이 중요한 점은 황제黃帝 뒤에 나타나는 4제, 즉 전욱·제곡·요·순을 비롯하여 하왕조의 시조 우禹, 은왕조의 시조 설契, 주왕조의 시조 직稷, 그리고 최초의 중국 통일자인 시황제를 낳은 진秦의 시조 비費마저도 황제黃帝의 후손 위치에 두고 있다는 점이다.

즉 사마천에게 중국의 제왕들은 황제黃帝의 흐름을 이어받지 않으면 안 되는 것이었다. 바꾸어 말하면 덕을 바탕으로 중국을 다스리는 제왕은 황제黃帝의 후손들이며, 중국이 중국으로서 성립한 것은 덕의 체현자인 황제黃帝가 중국을 다스릴 때부터 시작되었다고 생각했다. 그것이야말로 사마천은 『사기』의 맨 첫머리에 황제黃帝를 두었던 까닭이다.

---

8) 한의 대덕(戴德)이 저술한 『대대례(大戴禮)』의 편명.
9) 공자와 그 문인의 언행록인 『공자가어(孔子家語)』의 편명.

그렇다면 사마천은 황제黃帝 이전을 생각하지 못했던 것일까?

2. 삼황三皇설화

황제黃帝 이전의 치세와 오제五帝의 위치

「오제본기」의 문장을 살펴보면 황제黃帝 앞에 이미 신농씨의 치세가 있었다고 한다. 따라서 사마천의 시대에 황제보다 오래된 사람들에 관한 설화가 이미 존재하고 있었다.

가령 진시황제 때 재상을 지낸 여불위呂不韋의 『여씨춘추呂氏春秋』에는 태호太皞·염제炎帝·황제黃帝·소호小皞·전욱顓頊을 오제로 하여 태호를 봄, 염제를 여름, 소호를 가을, 전욱을 겨울에 대응시키고, 황제를 중앙에 두어 여름의 끝에 대응시키고 있다. 이 배열 방식은 오행사상에 대응시킨 것으로 시대 전후와는 무관하게 보이지만, 춘하추동이라는 사계절 순서를 생각한다면 태호와 염제는 황제에 앞서는 것이 된다.

또 전한 초기에 이미 완성되었던 『역易』의 「계사전繫辭傳」에서는 포희包犧(복희伏羲)·신농·황제·요·순의 순서로 제위가 계승되었으며, 포희가 팔괘八卦를 만들고 신농이 농경을 가르쳤다고 기록하고 있다. 여기에는 분명히 포희·신농이 황제에 선행한 것으로 되어 있다. 따라서 사마천이 생각하고 있었던 오제와는 다른 순서와 조합에 의한 오제설화가 행해지고 있었음을 알 수 있다.

단 이들의 공통점은 어느 제왕이나 각각 특유한 덕을 몸에 갖추고 신과 같은 성격까지 갖추고 있었지만, 어느 쪽인가 하면 인간적인 제왕이라는 사실이다. 그리고 이들 제왕은 천지개벽이나 인간의 창조와는 무관하며, 천지자연이나 인간의 존재는 당연한 것으로 전제되어 있다. 『여씨춘추』에는 오제가 사계절이나 사방四方 중앙에 대응되고 각각의 사이에 목·화·토·금·수의 다섯 가지 원소에 근거한 관계가 고려된다고 되어 있다. 그러나 이는 오제가 각자 대응하는 것을 창조하였다는 뜻은 아니며, 오제까지

포희包犧(오른쪽)**와 여와**女媧(왼쪽) 한대 화상석

포함한 모든 것이 각각 다섯 가지 원소 가운데 하나를 그 근원으로 삼고 그것에 의해 통일되어 있다고 생각한 것이다. 그리고 이런 고찰 방식을 오행사상이라 부르고 전국시대부터 성행하여 사마천도 그 영향을 상당히 받았다.

반인반수半人半獸의 삼신三神

그런데 현재 일반적으로 통용되고 있는 『사기』 판본에는 당대唐代에 『사기』의 주석서인 『사기색은史記索隱』을 쓴 사마정司馬貞이 보충한 「삼황본기三皇本紀」라는 것이 「오제본기」 앞에 붙어 있다. 그것은 포희·여와女媧·신농이라는 3인의 덕을 지닌 황제皇帝다.

포희는 팔괘와 문자를 발명하고 결혼제도를 만들었는데, 머리는 인간이고 몸은 뱀으로 되어 있었다. 여와는 공공共工에 의해 기울어진 천지를 바로잡고 생笙과 황簧이란 악기를 만들었으며, 역시 사람의 머리에 몸은 뱀의 모습을 한 여신으로 생각되고 있다. 세 번째인 신농은 농업과 의약을 시작하고 5현의 슬瑟을 만들었으며, 상업을 시작하고, 팔괘를 바탕으로 역易을 만들었다고 한다. 신농은 인간의 몸에 소의 머리를 하고 있었다.

이 세 명의 황제皇帝는 모두 보통 인간이 아닌 반인반수의 기이한 형상을 한 신으로서, 많은 것을 발명하거나 기울어진 천지를 보수하는 남다른 재능을 가진 군주였다. 그런 만큼 황제黃帝 이하의 오제에 비교하여 신화적

한 백화帛畵 장사 마왕퇴 1호묘

요소를 많이 갖고 있어서 사마천이 정리한 「오제본기」의 제왕설화보다 오래된 설화가 남아 있는 것이 아닌가 생각된다.

그러나 이러한 삼황三皇과 같은 설화는 전국시대나 전한시대처럼 어떤 면에서 합리주의가 활짝 꽃핀 시대에는 사상의 표면에 드러나지 않았지만, 민간에서는 널리 유포되어 있었다. 호남성 장사長沙에서 발견된 전국시대 초楚나라의 백화帛畵에 나타난 신화나 최근의 대발견 가운데 하나인 마왕퇴馬王堆 한묘漢墓의 백화 소재 등을 보더라도, 사마천 이전 시대에는 습속으로서 다양한 신화에 대한 신앙이 존재하였음이 명백하다. 또 후한시대 묘의 화상석畫像石에는 인두사신人頭蛇身인 포희와 여와가 부부로 그려져 있는데, 또 이들은 오누이이기도 하여 오누이의 신이 부부로서 인간을 낳았다고 생각되었던 것 같다.

3. 창조신화 – 반고盤古전설

천지자연과 인간의 발생

전한 말엽부터 참위설讖緯說이라는 신비주의적 예언설이 성행하자, 삼황설화 등도 유교의 외전外典이라 할 만한 것 속에 받아들여지게 되었다. 그러나 그것들 역시 오행사상 등에 의해 정리되어 민간의 신앙과는 상당히 다른 모습을 띠게 되었을 것으로 생각된다.

그 하나의 예가 후한 때 응소應劭의 『풍속통의風俗通義』에 쓰여 있는 여와에 관한 설화일 것이다. 이것에 의하면 여와가 황토를 빚어 인간을 만들었는데, 일이 바빠 충분한 시간 여유가 없었다. 그래서 새끼줄을 진흙 가운데 담갔다가 들어올려 떨어지는 진흙 덩어리로 사람을 만들었다. 이 진흙에서 나온 인간은 빈곤한 사람이나 어리석은 자가 되고, 황토로 빚어 만든 인간은 엄청난 부자가 되었다고 한다. 이 이야기는 응소도 굳이 속설이라고 단정하고 있는 것으로 볼 때, 그 시대에 민간에서 어떻게 인간이 세상에 나타나게 되었는가라는 소박한 질문에 대한 해답으로서 이 같은 이야기가 유포되었음을 알 수 있다.

그렇다면 중국에는 『구약성서』에 나오는 것과 같은 천지창조 신화가 있었을까? 그에 해당하는 신화가 반고전설盤古傳說이라 일컬어지는 것이다.

괴수묘진怪獸墓鎭 뿔과 둥글고 큰 눈, 긴 혀로 악령을 내쫓아 묘 안의 주인을 지킨다. 하남성 신양현信陽縣 초묘楚墓 1호묘 출토.전국시대

처음에 천지는 하나로 혼합된 알과 같았다. 그 속에 반고가 있었다. 1만 5천 년이 지나 천지가 나누어지기 시작하여, 가볍고 맑은 것이 하늘이 되고 무겁고 탁한 것이 땅이 되었다. 반고는 그 가운데 있으면서 천지가 나뉨에 따라 하루에 아홉 차례까지 변신을 되풀이하였다. 하늘은 하루에 1장丈씩 높아졌으며, 땅은 하루에 1장丈씩 깊어졌다. 반고도 이에 따라 하루에 1장씩이나 키가 커졌다. 이렇게 하여 다시 1만 8천 년이 지나 하늘이 대단히 높아지고 땅은 매우 깊어져서, 하늘과 땅 사이는 9만 리가 되었다고 한다. 반고는 이렇게 하여 천지 사이에 서서 하늘과 땅을 받치고 있었다. 반고가 죽었을 때 그 입에서 토해낸 숨은 바람과 구름으로, 목소리는 천둥으로, 왼쪽 눈은 태양, 오른쪽 눈은 달로 변했다. 또 손발과 몸은 사방의 끝과 태산泰山·화산華山·형산衡山·항산恒山·숭산嵩山이라는 다섯 명산이 되고, 피는 하천이 되고, 힘줄은 길이 되고, 살은 논과 밭이 되고, 머리털과 수염은 별이 되고, 피부와 체모體毛는 초목이 되고, 이빨과 뼈는 금속이나 암석이 되고, 가장 좋은 골수는 주옥이 되었다. 그리고 신체에 기생하고 있던 벌레는 바람을 쐬었기 때문에 인류가 되었다고 한다.

이 이야기는 삼국시대에 서정徐整이란 인물이 쓴 『삼오력기三五曆記』와 『오운력연기五運曆年記』에 기록되어 있었다고 한다. 이 두 책은 현재 모두 존재하지 않고 다른 책에 인용되어 단편적으로만 남아 있을 뿐이어서, 이것에 계속되는 이야기가 있었는지 혹은 인간 이외의 동물은 어떻게 생겨났다고 생각하고 있었는지에 대해서는 알 수 없다. 이 반고설화는 불교설화를 바탕으로 만들어졌다고 생각하는 사람도 있다. 그러나 그것뿐 아니라 아마도 민간에는 이러한 천지·자연이나 인류의 발생을 이야기해 주는 설화나 신앙이 있었다고 생각해야 할 것이다.

신들을 언급하지 않는 역사 전개

『초사楚辭』 중에 수록되어 있는 굴원屈原의 「천문天問」이란 부賦에는,

먼 옛날의 처음 일을 누가 대대로 전하여 말했을까? 천지가 아직 구분되지 않은 때를 어떻게 해서 생각할 수 있었을까. 밤낮도 구분되지 않은 어두운 때에 누가 구별할 수 있었으며 원기가 넘치고 있는 것 같지만 흐릿할 때 어떻게 이것을 찾아낼 수 있었을까. 어둠과 밝음을 구분한 것은 또한 누가 한 일이었을까. 음양이 섞여서 만물이 생겨났을 때 무엇이 근원이고 무엇이 변하여 된 것인가.

라고 하는 회의로 시작한다. 이것은 전국시대에 일반적으로 성행하던 천지개벽이나 제왕에 관한 설화에 대해 의문을 제기한 것이다. 그런 의미에서 이는 당시 유포되고 있던 황제黃帝에 관한 설화에 의문을 품고 있던 사마천의 태도와 공통된 것으로서, 지식인들의 속신俗信에 대한 항의라 할 수 있다.

전한 말기부터 유행한 신비주의는 이런 설화를 오행사상을 매개로 해서 어떻게든 유교 안으로 끌어들이려는 노력의 표현이었다고 할 수 있다. 그렇지만 결국 중국에서는 이 '천지자연은 어떻게 이루어졌는가, 인간은 어떻게 생겨났는가'라는 당연히 제기되어야 할 의문에 대한 해답이, 그 의문조차도 모두 '정통적인 학문'의 세계로부터 배제되어 있었으므로, 철학에서건 역사에서건 이 문제와 정면으로 맞부딪히는 일은 없었다고 할

수 있다. 그리고 중국의 역사 기술은 신들에 대한 언급 없이 항상 제왕의
덕과 현실 정치의 관계를 축으로 전개되어 왔다는 데 주의해야 한다.
그리고 그것은 중국의 일대一代 제왕이 천제天帝의 아들로서 천자天子라고
불리면서도 실제로는 천제와의 관계가 구체적으로 설명되지는 않았던
것이다(설령 그것이 기괴한 신화였다고 할지라도 구체적으로 설명되지 않았다). 그 점에
서는 일본 쪽이 더 신화적이었다고 할 수 있겠다. 이 점은 우리들과 같이
중국 고대사를 연구하려는 자에게는 대단히 유감스러운 일이지만, 중국인
이 가진 이성적·현실적 사고의 특성이 일찍부터 형성되었다는 사실을
여기서 엿볼 수 있다.

제2장 원原중국인과 그 문화

1. 중국 원시의 인간속 人間屬

계골산 鷄骨山의 붉은 점토 덩어리

천지자연은 어떻게 이루어지고 인류는 어떻게 발생했는가? 이것은 고대인만이 흥미를 가진 문제는 아니다. 현대의 우리에게도 대단히 관심있는 문제다. 신화를 대신하여 이 문제에 답을 해준 것이 지질학, 고생물학, 고고학이다.

1914년 스웨덴으로부터 한 학자가 중국 정부의 초청으로 북경에 왔다. J. G. 앤더슨이라는 스웨덴 지질조사소장이었다. 갓 성립된 중화민국정부는 산업의 근대화와 근대과학의 도입을 위해 많은 학자와 기술자를 해외에서 초빙하였는데 앤더슨도 그 중 한 명이었다. 그는 중국의 지질조사소 고문으로 중국 각지를 돌아다니며 광물자원의 조사와 그 개발 지도를 담당하였는데, 넓은 학문적 시야와 왕성한 탐구심을 갖고 있었던 까닭에 지질조사를 하는 틈틈이 원생대나 고생대 등 옛 동식물 화석을 수집할 수 있었다.

그는 1918년 3월 북경 서남방의 주구점 周口店이란 마을 근처의 계골산에서 채취한 붉은 점토 덩어리를 우연히 보게 되었다. 특히 앤더슨의 흥미를 끌었던 것은 그 점토 덩어리 속에 옛 조류 鳥類의 화석이 들어 있었다는 점이다. 그래서 그는 이 계골산을 조사해 보았다. 그러자 석회암의 갈라진 틈 사이에 차 있는 붉은 점토 속에서 많은 새 뼈 화석과 작은 포유동물 뼈의 화석이 발견되었다.

주구점 용골산 전경

　이러한 옛 동물 뼈의 화석은 중국에서 용골龍骨이라 불리며 약재로서 다량으로 채취, 매매되고 있어서 앤더슨은 중국인이 용골이 나온다고 가르쳐준 장소에서 조사를 하고, 틈이 날 때마다 그곳을 찾아갔다. 같은 해 11월에는 하남성 신안현新安縣 북쪽에 있는 상인구上印溝나 민지현澠池縣 앙소촌仰韶村에서도 이 '용골'이 다수 발견되었다. 앙소촌은 1921년에 앤더슨이 신석기시대의 채도彩陶를 수반한 문화를 발견한 장소이며, 중국 고고학에서 그가 불후의 명성을 갖게 되는 장소이기도 하다.[1]

북경원인北京原人의 발견 [2]

　앤더슨은 이렇게 해서 모은 고생물 화석을 연구하기 위해 오스트리아인 고생물학자 O. 즈단스키를 협력자로 초빙하여 1921년에 계골산 발굴에 착수하였다. 그런데 발굴이 한창 진행되던 도중에 마을 사람들로부터 계골산 북쪽의 용골산龍骨山이라 불리는 언덕의 노우구老牛溝라는 갈라진 틈에 오래된 뼈의 화석이 많다는 것을 전해들었다. 즉시 그곳을 조사해 보니 전해들은 대로 화석화된 동물뼈가 많이 있었다. 다음 날부터 그

---

1) 고대 중국 문명과 관련된 재미있는 발견과 발굴 과정을 간략히 정리한 코린 드벤 프랑포르 지음, 김주경 옮김, 『고대중국의 재발견』, 시공사, 2000 참조.
2) 북경원인의 발견과 발굴 및 잃어버리게 된 과정 등 이와 관련된 내용은 웨난·리밍셩 지음, 윤소영·심규효 옮김, 『주구점의 북경인』 1·2, 일빛, 2001 참조.

J. G. 앤더슨

북경원인 (복원상)

장소를 조사하고 몇 주 동안 발굴을 하였다. 여기서 획득한 뼈에는 코뿔소 이빨이나 하이에나 턱뼈 등이 포함되어 있었다.

즈단스키는 1923년에도 이 용골산을 발굴하고 마찬가지로 많은 화석화된 뼈를 수집하여 이를 모교인 웁살라 대학에 가지고 돌아가 연구하였다. 이 화석뼈 중에는 북경원인의 치아가 섞여 있었는데, 앞어금니와 뒷어금니 하나씩이었다. 즈단스키는 신중한 태도를 취하여 이것을 바로 인류의 것이라고 단정하지 않고 '인류와 흡사하다'고 했지만, 1926년 이 보고가 앤더슨에 의해 발표되자 세계적인 반향을 불러일으켰다. 마침내 지질조사소에 의해 주구점에 대한 조직적인 발굴이 계획되었으며, 경비는 미국 록펠러 재단이 부담하였다.

1928년부터는 배문중裴文中과 양종건楊鐘健 등 중국의 청년 과학자가 발굴에 참가하여 원인原人의 아래턱뼈와 치아 등이 발견되었고, 1929년에는 배문중에 의해 처음으로 완전한 두개골이 발견되었다.

이들 오래된 인골은 북경 협화의학원協和醫學院의 D. 브라크가 연구하여 '시난트로푸스·페키넨시스=북경원인'으로서 새로이 원인 분류에 추가되었다. 나아가 1931년에는 북경원인의 아래턱뼈, 두개골과 함께 검은 숯과 그을린 돌, 또 도구로서 가공된 흔적이 있는 부싯돌, 사암砂岩과 석영石英 조각 등이 발견되었다.

주구점에서 발견된 생활체의 흔적

당시 이미 유럽이나 아프리카, 자바 등에서 원인原人(피테칸트로푸스)의 뼈나 간단히 가공된 석기가 발견되고 있었지만, 그것들은 사람 뼈와 석기가 한 곳에서 발견된 예는 아니며, 주구점과 같이 사람 뼈와 석기, 도구와 그 사용자라는 생활체로서 발견된 적은 없었다. 이 점은 현재에도 변함이 없어서 주구점은 고인류 연구에서 중요한 위치를 차지하고 있다. 뿐만 아니라 목탄과 그을린 돌이 동시에 발견된 것은 불의 사용을 말해주는 가장 오랜 자료이자, 이미 북경원인이 분명히 원숭이와는 달리

북경원인이 불을 사용한 흔적 불에 탄 뼈와 불에 탄 돌, 재 찌꺼기. 주구점 출토

인류의 역사를 걷기 시작했음을 보여주고 있다.

이들 북경원인은 그것이 출토된 지층이나 함께 나온 고생물 등으로 보건대 지금으로부터 50만~60만 년 전인 중기 홍적세에 존재했음이 분명하다. 이 북경원인이 발견된 곳은 주구점 제1지점이라 부른다. 이 주구점, 특히 제13지점에서는 북경원인보다 약간 오래된 시대의 석기가, 또 제15지점에서는 중기 홍적세 말기, 지금으로부터 약 15만 년 전의 석기가 발견되었다.

그리고 원인이 발견된 제1지점의 산꼭대기 가까운 곳에서도 오래된 사람 뼈가 발견되었다. 그것은 후기 홍적세 말기, 지금으로부터 약 1만~3만 년 전의 것으로 구석기 후기에 속하는데, 현대인과 같은 호모 사피엔스(인간 속)에 속한다.

중국의 가장 오래된 인류―남전원인藍田原人

이처럼 주구점의 발굴은 중국의 고인류 연구에 커다란 성과를 안겨주었다. 그러나 일본과의 전쟁 때문에 발굴이 중단되고 귀중한 원인의 두개골이 사라졌으며, 더욱이 북경 협화의학원의 고생물연구실이나 주구점 작업소도 일본군에 의해 황폐화되어 연구에 중대한 손해를 입게 되었다.

그러나 중화인민공화국이 성립되자 1949년에 일찍이 조사가 재개되어 문화대혁명 중인 1967년에도 원인의 완전한 두개골이 발견되었다. 이

밖에도 전국 각지에서 구석기시대 유적이 조사되어 많은 인골이 발견되었지만 중국 대륙에서 인류의 발생을 고찰할 때 매우 중요한 발견은 북경원인이 생존했던 홍적세 앞 갱신세 중만기의 지층 속에서 원시적인 석기와 인골이 발견되었다는 사실일 것이다.

1965년 5월에 운남성雲南省 원모현元謀縣 상나방上那蚌에서 두 개의 치아 화석이 발견되어 약 170만 년 전 것으로 추정되었다. 동시에 더 원시적인 석기와 사람이 손으로 가공한 동물의 뼈 조각, 특히 불에 태운 동물의 뼈 등도 발견되었다.

이 원모에서 발견되었던 것과 동시기 지층인 산서성 예성현芮城縣 서후도西侯度와 하북성 양원현陽原縣 소장량小長梁에서도 원시적인 석기가 발견되었다. 다만 원모에서 발견되었던 치아가 과연 170만 년 전의 원인猿人(원인原人보다 한 단계 오래된 인류)의 것인가라는 점에 대해서는 의문을 표시하는 의견도 있고 또 탄 동물의 뼈도 인간이 음식 재료가 되었던 동물을 불로 태운 것인지 아니면 자연 발화에 의한 화재 등으로 탄 것인가는 정확하게 판단되지는 않는다.

따라서 여기에서 발견된 원모인을 틀림없는 갱신세의 것이라고 판정하기는 위험하지만 서후도와 소장량에서도 석기가 발견되었다는 점에서 갱신세 만기에는 석기를 제작한 인간이 생존하였다는 사실을 인정해야 할 것이다. 따라서 현재 판명된 바로는 서안시西安市 동남쪽으로 약 50km 떨어진 섬서성 남전현藍田縣의 진가와陳家窩 및 공왕령公王嶺에서 발견된 남전원인이 가장 오랜 인류의 조상의 화석뼈다.

즉 1963년 7월 원인의 아래턱뼈가, 또 1964년에는 남전현 공왕령에서 거의 완전한 두개골이 발견되었으며, 동시에 석기도 발견되었다. 이 남전원인은 북경원인에 비해 뼈가 두껍고 이마가 뒤로 젖혀졌으며 높이도 낮아 한층 오랜 것으로 밝혀졌는데, 중기 홍적세 초기, 지금으로부터 약 70만 년 전의 것으로 추정된다. 그것은 주구점 제13지점에 해당하는 시대의 것이며 틀림없는 중국 최초의 인류다.

이 밖에 원인 단계에서는 인골 화석이 아직 발견되지 않았지만 원인의 만기 즉 구석기 전기문화의 만기 석기가 산서성 예성현 암하촌匽河村과 귀주성 검서현黔西縣 관음동觀音洞에서 발견되었다. 다음의 구석기 중기, 즉 고인의 단계로는 각지에서 인골과 치아의 화석이 발견되어 그들은 대려인大荔人(섬서성 대려현大荔縣 해방

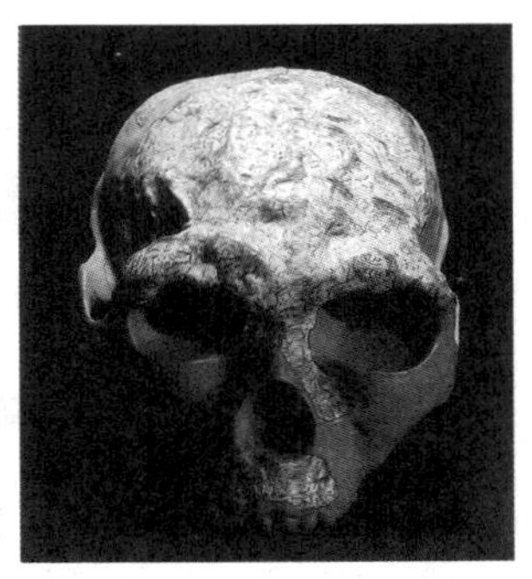

남전원인의 두개골 화석

촌解放村), 동재인桐梓人(귀주성 동재현桐梓縣 암회동岩灰洞), 정촌인丁村人(산서성 양분현襄汾縣 정촌丁村), 허가요인許家窯人(산서성 양고현陽高縣 허가요촌許家窯村) 등으로 불렸으며 다시 후기가 되어서는 유강인柳江人(광서 장족자치구壯族自治區 유강현柳江縣), 오르도스인(내몽골자치구 이극소맹오심기伊克昭盟烏審旗), 기린산인麒麟山人(광서 장족자치구 내빈현來賓縣 기린산麒麟山) 등의 화석이 발견되었다. 위에서 언급한 산정동인도 이 단계의 것이며 지금부터 1만~3만 년 전의 것이다.

이전에 산정동인보다 조금 오래되었다는 자양인資陽人(사천성 자양현資陽縣)은 현재에는 다음 신석기시대 초기의 것으로 생각하게 되었다. 이처럼 적어도 홍적세 만기의 70만 년 전경부터 중국에서는 각지에 인류가 생활했던 것이 분명하다.

2. 북경원인의 인류사적 위치

약 백만 년 전의 오스트랄로피테쿠스류

그런데 지금까지 살펴본 북경원인이나 구석기시대는 인류의 역사에서 어떤 의미를 가지고 있는 것일까?

인간은 말할 필요도 없이 포유류의 하나이며, 이 포유류가 지구상에 나타난 것은 지금부터 1억 6천만 년 이상 거슬러 올라가는 시대로, 지질학에서는 중생대 쥐라기라고 부르는 시대다. 인류의 직계 조상을 포함한 영장목이 나타난 것은 신생대 제3기, 곧 7천 5백만 년 전 무렵부터다. 이 가운데에서

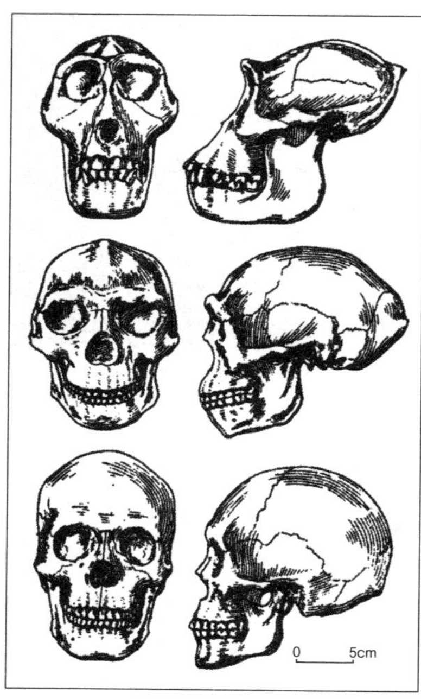

두개골 비교 위로부터 고릴라, 북경원인, 현대인

도 유인원과 인류를 포함한 유인류類人類가 나타난 것은 그 최후의 시기였다. 그것이 어느 무렵인가는 분명치 않지만 인류와 유인원이 나뉜 것은 약 2천만 년 전인 제3기 중신세 중엽일 것이라 한다.

그러나 우리가 알고 있는 가장 오랜 인류는 남아프리카에서 발견된 오스트랄로피테쿠스류다. 이것은 지금부터 약 1백만~2백만 년 전의 것으로, 지질연대로는 빙하가 지구를 덮기 전의 갱신세 만기부터 홍적세 전기에 속하며 남아프리카를 비롯하여 동아프리카, 팔레스티나 그리고 자바에서도 발견되고 있다.

이 가운데 동아프리카에서 발견된 진잔드로푸스는 조약돌로 다른 돌을 때려 깨뜨려서 만든 석기를 사용하였던 것을 확인할 수 있다. 이 오스트랄로피테쿠스는 국지적으로는 중기 홍적세 초기까지 생존했던 것 같다. 이 인류가 도구를 사용하고 있었는가는 진잔드로푸스를 제외하고는 아직 확실한 증거가 없기 때문에 인류 조상의 계열에 두는 것에 의문을 품은 학자도 있지만 많은 고생물학자는 이것을 인류의 초기 단계로 두고 있다.

오스트랄로피테쿠스의 특징

확실히 그때에 이 오스트랄로피테쿠스는 유인원보다 뇌가 작은 것도 있지만, 허리뼈는 우리와 같은 구조를 갖고 있기 때문에 두 다리로 완전히 직립보행 하였음을 알 수 있다. 이 사실은 앞다리가 자유롭게 되어 보행 이외의 일에 사용될 수 있었음을 보여주고 있다.

오스트랄로피테쿠스의 치열은 우리와 마찬가지로 둥근 포물선을 보이는

데 반해 원류猿類에서는 V자형을 이룬다. 또 송곳니는 원류에 비해 현저히 작아져 있다. 이 사실은 원숭이가 이빨로 수행해야 할 작업을 손으로 하는 것이 가능해졌음을 시사한다.

오스트랄로피테쿠스의 두골을 보면 이마가 뒤로 젖혀졌고 두개골 내부의 용적도 작아, 확실히 다음 시대의 피테칸트로푸스보다 뇌의 발달은 미숙하다. 앞에서 언급했듯이 유인원보다 작은 것도 있다. 그러나 뇌의 발달에서 중요한 것은 어느 부분이 발달하고 있는가라는 점이다. 고릴라의 두개골과 비교해 보면 이마가 세워져 있고 측두부側頭部가 넓어져 있다. 이 사실은 오스트랄로피테쿠스의 뇌가 고릴라의 그것에 비하여 전두엽前頭葉과 측두엽側頭葉이 발달했다는 것으로, 이는 곧 언어능력이 앞선다는 점과 판단·기억이 뛰어나고 감정이 풍부하며 창조적 의욕에서도 뛰어남을 시사하고 있다. 특히 전두엽에서 이루어지는 창조적 의욕이야말로 인류의 장래를 열었던 것이라고 할 수 있다.

오스트랄로피테쿠스는 중기 홍적세 초에는 멸종되어 없어졌다. 중국에서는 이 단계에 속하는 인골이 아직 확인되지 않았다. 이 오스트랄로피테쿠스 대신 지구상에 나타난 것이 피테칸트로푸스(원인原人)라고 불리는 무리다. 그리고 우리들이 문제 삼고 있는 중국의 남전원인 및 북경원인은 이 피테칸트로푸스에 포함되며, 학명으로는 호모 에렉투스다.

그렇다면 이상과 같은 구석기시대인들은 어떤 도구를 사용했을까?3)

3. 원시인=구석기시대인의 문화

아시아적 지역성을 보이는 뗀석기打製石器

주구점 제 13지점에서는 부싯돌에 해당하는 뗀석기 하나와 사람의 힘으로 깨뜨린 뒤 남은 석영 파편 몇 점이 발견되었다. 또 남전인이 사용한

---

3) 중국의 구석기문화에 대한 연구경향은 최무장, 「최근의 중국의 구석기문화연구(1989~ 1990)」, 『선사와 고대』, 1991 참조.

북경원인의 석기 주구점 출토

석기도 발견되었다. 그것은 조약돌의 한쪽 면을 거칠게 깨뜨린 초퍼chopper였다. 이것들은 어느 것이나 날 부분을 다듬지 않은 조잡한 것으로 가장 오래된 석기다.

이들 초퍼라 불리는 석기는 유럽이나 아프리카에서 발견된 구석기 전기의 양면 가공 석핵석기石核石器(몸돌석기)와는 다르며, 동부 인도에서 동남아시아, 중국에 분포된 형태로서 이미 이 무렵부터 석기 제작 전통에서는 하나의 지역성을 갖고 있었다. 이것은 북경원인의 앞니가 삽 모양을 이루며 이것이 현재의 몽골로이드가 지닌 특성의 하나라는 사실과 함께 아시아의 구석기시대 성격을 고찰하는 데 있어 잊어서는 안 될 점이다.

물론 북경원인이 현재의 몽골로이드의 직접 조상이었는가에 대해서는 학계에서도 정설이 없다. 오히려 원인原人은 우리 호모 사피엔스와는 다른 종種이라고 생각하는 편이 온당할 것이다. 그러나 현재 중국 북부의 자연 특색인 황토의 퇴적이 아직 시작되지 않은 구석기 전기부터 이미 상당히 분명한 지역적 특색이 보인다는 사실은, 인류의 발생이 거의 같은 시기에 세계 각지에서 보이는 것과 관련시켜 볼 때, 적어도 한 곳에서 인류가 발생했더라도 그것이 지구상에 확대되어 가는 과정에서 현저하게 이른 시기에 지역적인 분화가 일어났음을 시사하는 것이다.

불의 사용과 두개골에 대한 특별한 관심

이 밖에도 북경원인에게는 몇 가지 특색이 있다. 그 하나는 일찍부터 불을 사용하였다는 점이다. 이것은 동물의 고기를 식용하는 것을 쉽게 했을 것이며, 추위를 몰아내거나 혹은 들짐승을 쫓아내는 효과도 있었을 것이다. 또 하나는 식인 풍습이 있었다는 점이다. 주구점에서 발견된 원인의 두개골 다수는 두개골 바닥을 정성들여 판 흔적이 있고, 더욱이 체골體骨의 수에 비해 두개골이 많은 것은 주구점 동굴에 살고 있던 원인原人이 다른 원인의 사체에서 머리 부분을 떼어내어 뇌를 식용한 후, 특별히 두개골을 동굴 안으로 가지고 들어왔다고 생각하는 학자가 있다. 또 사지의 뼈 중에 세로로 쪼개진 것이 있는 것도 골수를 식용으로 채취하기 위한 것이라고 생각하고 있다.

중국의 학자들은 이러한 사고방식에 대해서는 거의 무시해 버리고 있다. 그러나 식인 풍습이 있었는가의 여부는 차치하더라도 두개골에 대한 무엇인가 특별한 생각이 있었던 것은 인정하여도 좋지 않을까 생각한다. 이 사실이 곧 종교 혹은 주술의 존재와 결부되는 것으로 생각되지는 않지만, 그 당시에 두개골, 혹은 두부에 대한 어떤 관심이 쏟아지고 있었음은 인정할 필요가 있을 것이다.

유럽 등의 양면 가공 석기에 비해 중국의 구석기시대의 석기 — 뒤에 서술할 후기의 것도 포함하여 — 는 가공 기술은 그다지 우수하게 보이지는 않지만, 다른 측면에서 본다면 독특한 특색을 갖고 있음을 알 수 있다.

수렵행동에 따른 문화의 발달

이 원인의 시대에는 어떤 동물이 서식하고 있었을까?

주구점이나 남전에서 사람 뼈와 함께 출토되거나, 혹은 같은 지층에서 출토된 동물 뼈를 보면 대강 100여 종의 동물을 확인할 수 있다. 거기에는 검치호劍齒虎·삼문마三門馬·서우犀牛·종골록腫骨鹿·스테고돈 등 현재는 멸종된 포유동물의 화석뼈도 다수 포함되어 있다.

이들 포유동물의 화석화된 뼈 가운데에는 분명히 쪼개지거나 부러진 것으로 보이는 것이 있어 원인들이 골수를 식용으로 하였으며 이들 동물을 중요한 식량원으로 삼고 있었음을 알 수 있다.

원인들은 가장 가까운 유인원이 기본적으로 초식동물이었던 것과는 달리, 과일 등 식물성 식료와 함께 동물의 고기도 중요한 식료의 하나로 삼는 잡식성 동물이었다. 아마도 인류가 삼림의 나무 위에서 생활하다가 초원으로 나와 동굴에서 생활하게 되었을 때, 다른 동물을 붙잡아 죽여서 식량으로 삼기 시작했을 것이다. 이를 위해서 석기나 나무막대기 등을 무기로 삼아 집단을 이루어 스테고돈이나 검치호 등 대형 포유동물을 상대했을 것이다. 집단의 행동통일을 위해 분절언어가 큰 작용을 하게 되고, 다른 동물과 인류를 명확히 구분하게 되었을 것이다. 뇌의 측두엽 발달과 아래턱뼈의 경량화—퇴화이기도 하다—가 언어 발달을 가능하게 하였다.

이 시대의 인류 집단은 예전에는 난혼을 행하는 상당히 잡다한 관계를 가진 자들의 집합으로 생각되었다. 그러나 최근의 유인원이나 원숭이에 대한 생태학적 연구로 미루어 볼 때, 보통 집단은 일부일처와 아이, 또는 적어도 일부다처와 아이들로 이루어진 비교적 적은 수의 사람이 모인 단위군으로 구성되어 있었던 것으로 생각된다. 수렵은 남자의 일인 데 반해 여자의 일은 식물이나 곤충 등 작은 동물을 채집하는 분업이 이루어졌고, 양자의 협력으로 자식이 양육되고 생존이 유지되었던 것으로 추정된다.

이리하여 10만 년 전 무렵이 되면 중국 북부에 황토 퇴적이 시작됨과 함께 구석기문화는 중기 단계로 들어가게 된다.

다양화된 석기

중기의 석기는 전기에 비해 상당히 잘 다듬어져 날 부분은 2차적인 가공이 가해지고 석기는 전반적으로 형태가 작아졌다. 또 화살로 사용할 수 있도록 끝을 뾰족하게 하고, 밑뿌리를 나무에 박아넣도록 한 것, 혹은 뼈나 나무에 끼워넣도록 한 칼 종류, 동물의 가죽을 벗기기 위해 사용했다는 소기搔器(긁개) 등 목적에 따라 형태와 크기를 달리하는 석기들이 만들어졌다.

가장 주목해야 할 것은 이 단계가 되면 석기의 크기, 제조 방법 등에서 중국 내부에서의 지역적 분화와 기술의 전승이 엿보인다는 점이다. 산서성 북부의 허가요인의 석기는 소형이 많고 용도는 동물 가죽을 자르기 위한 긁개가 많다. 다만 소형으로 가공하는 것은 비교적 간단하다. 이런 종류의 석기는 산서, 하북의 북부나 요령성에 걸쳐 분포되어 북경원인의 석기에서 발전된 것이라 볼 수 있다.

이에 비해 산서성 남부 정촌인의 석기는 대형의 것이 많고 삼릉대첨상기三棱大尖狀器가 특색을 이루고 있다. 또한 양면 가공 방법은 북경원인의 석기 제조법보다 더 진보된 것이지만 이들의 특색은 구석기 전기의 서후도나 암하匼河의 석기문화를 계승한 것으로 산서 남부, 하남 서부, 섬서 동부에 분포되어 있다. 한편 화남華南에서 동재인의 석기는 귀주성 검서현 관음동의 석기 계통을 계승한 것으로 생각된다. 이들 석기는 소형이 많다.

구석기 **중기 석기** 정촌T村 출토

이와 같이 중기의 석기는 지역에 따라 특색이 있고 그것이 전승되었으면서도 전반적으로 제작 과정에서 2차 가공에 의해 날 부분과 손잡이 부분 등의 조정이 이루어졌다. 또한 용도에 따른 다양화된 형태를 볼 수 있으며 점차적으로 소형이 증가되면서 후기로 진입한다.

4. 현세인의 직계 조상 등장

신인新人 몽골로이드의 분기

이렇게 하여 홍적세 후기에 들어서면 비로소 호모 사피엔스가 나타난다. 북방에서는 내몽골 자치구 이극소맹오심기伊克昭盟烏審旗의 샤라-오소-골[4] 에서 발견된 오르도스인, 남방에서는 광서 장족자치구 유강현柳江縣 통천암通天岩 동혈에서 발견된 유강인 등이 있으나, 가장 유명한 것은 북경 주구점

---

4) 섬서성 북부 백간산(白干山)에서 발원하여 오르도스를 거쳐 동류하여 황하에 합류하는 무정하(無定河) 상류를 말한다. 1923년 리쌍(E. Licent)에 의해 유적이 발견되었다.

산정동山頂洞에서 발견된 산정동인山頂洞人이다. 이들 인류는 각각 신인 즉 호모 사피엔스로서 현대 몽골로이드의 직접 선조다. 이들 인류의 앞니도 뒤쪽은 삽 모양으로 되어 있으며 이것은 현대의 몽골로이드에도 공통적으로 나타난다.

그러면 이제까지 인류 역사를 살펴보았는데 남전원인, 북경원인부터 정촌인, 허가요인을 거쳐 신인에까지 이르렀다. 이 원인, 고인부터 신인까지 하나의 계통 위에 서게 되는 것인지 아니면 원인과 고인, 고인과 신인 사이는 계통이 다른 것인지에 대해서는 이설이 있고, 호모사피엔스의 원종은 지금으로부터 70만 년 전의 원인原人이 석기를 만들기 시작한 시대에 이미 병행하여 존재하고 있었던 것이 아닌가 하는 설마저 최근에는 제기되어 있다. 그러나 앞에서 열거한 앞니가 삽 모양으로 되어 있는 특색은 남전원인 이래 줄곧 계승되어 현대의 우리들에게까지 이르고 있다.

따라서 중국을 중심으로 한 몽골로이드 계통은 적어도 원인 이래의 것이라고 생각하는 학자가 많다. 물론 지역차가 없는 것은 아니다. 예를 들면 광서에서 발견된 유강인은 두골 측정 결과에 의하면 현재의 화남에서 동남아시아에 걸친 몽골로이드에 가깝다. 이에 대해 북방의 산정동인의 두골은 현재 일본, 화북, 화중에 거주하는 사람과 이누잇트(에스키모), 아메리카인디언 등의 몽골로이드에 가깝다고 한다. 그러나 유강인이든 산정동인이든 몽골로이드임에는 변동이 없으므로 늦어도 지금으로부터 5만 년 내지 3만 년 전 무렵까지 북쪽과 남쪽의 분화가 있어서 각기 분포를 확대했다고 생각된다.[5]

따라서 적어도 동아시아에서는 원인, 고인, 신인으로 일관되게 발전되었을 가능성이 크나 그 사이에 뇌의 크기도 남전인의 778cm³에서 북경원인의 1100cm³, 유강인이나 산정동인이 되면 1300~1500cm³로 커지게 되어 점점 이마가 위로 솟고 측두부도 팽팽해져 뇌에서도 판단력, 창의력을 관장하는

---

[5] 이에 대해서는 최무장, 「몽골인종 및 현대중국인의 기원과 진화 유무」, 『한중고고학연구』, 1997 참조.

전두엽, 언어 능력을 관장하는 측두엽 등이 진화되었음을 증명해준다.

이와 같은 뇌의 진화에 따라 석기도 뗀석기로부터 석편石片석기, 석핵석기로 진전되어 2차 가공에 의하여 형태를 다듬고 용도에 알맞은 형태를 생각하게 되었다.

산정동인山頂洞人의 매장 풍습과 생활의 향상

이 시대의 유물은 석기나 뼈를 가공한 도구 이외는 거의 남아 있는 것이 없고 또한 인골 화석은 석회암 동굴에서 발견되는 일이 많기 때문에 동굴을 주거로 하여 북경원인 이래 불을 사용하였다는 정도밖에는 분명하지 않다. 그러나 후기에 이르게 되면 종교의 싹이 보이게 된다. 즉 산정동의 제4층에서 발견된

산정동인의 두개골

3구의 뼈는 두골, 구간골軀幹骨6)까지 완전하며, 그 주위에는 붉은 분말(철분이 섞인 붉은 분말)이 흩어져 있기 때문에 매장되었을 것으로 추측한다. 유럽 등에서는 이미 중기 무렵부터 분명한 매장이 행해지고 있어서, 이 산정동 제4층의 인골도 역시 매장되었던 것으로 추측할 수 있다.

이 붉은 분말을 묘에 사용하는 풍습은 다른 지역에서도, 또 이후 시대에도 보이는데, 그것은 부패를 방지하기 위해서라기보다는 매장에 따른 주술적인 행위로 해석되며 이는 종교적 관념이 당시 사람들에게서 생겨나고 있었음을 보여준다. 유럽의 경우 중기 시대부터 이미 집단구성단위 내부에 결합의식이 상당히 강해지고 있음을 고려하면, 이 매장이란 것은 아마도 집단구성단위의 결합의식 즉, 혈연을 중심으로 한 결합의식이 상당히 강해졌음을 시사할 것이다.

이 산정동에서는 석기의 발견이 적고 더욱이 상당히 조잡한 것뿐이었다. 하지만 상술한 매장 인골 주변에서 작은 구멍이 뚫린 여우 이빨이나 같은

---

6) 구간골은 구간을 형성하는 골격을 의미하며 가슴뼈, 등뼈, 갈비뼈 등 모두 51개의 몸통뼈를 지칭한다.

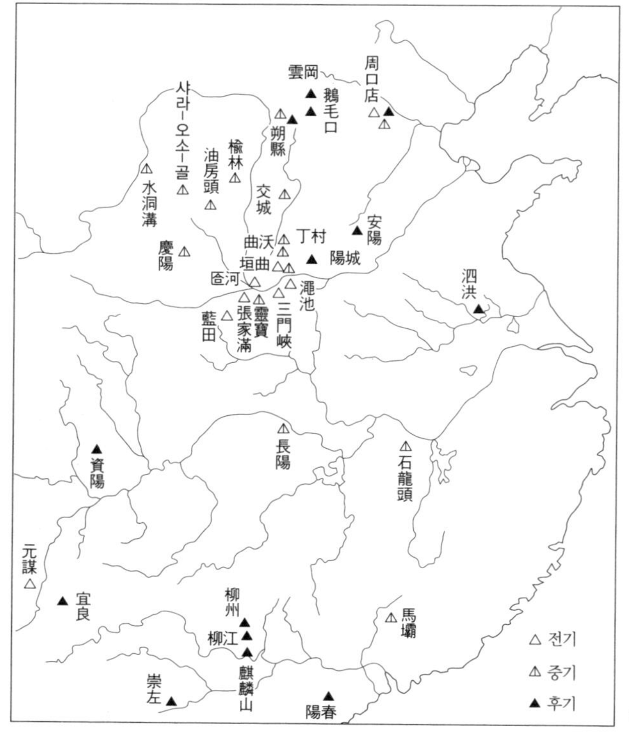

구석기시대 유적분포도

동굴에 있었던 구멍 뚫린 흰색의 석회암 작은 구슬, 뼈 피리, 교합부咬合部에 구멍을 뚫은 조개껍데기 등이 발견되었다. 이들은 장신구로 사용되었던 것들이며, 동물의 힘줄이나 식물성의 섬유를 사용하여 몸에 착용했음이 분명하다.

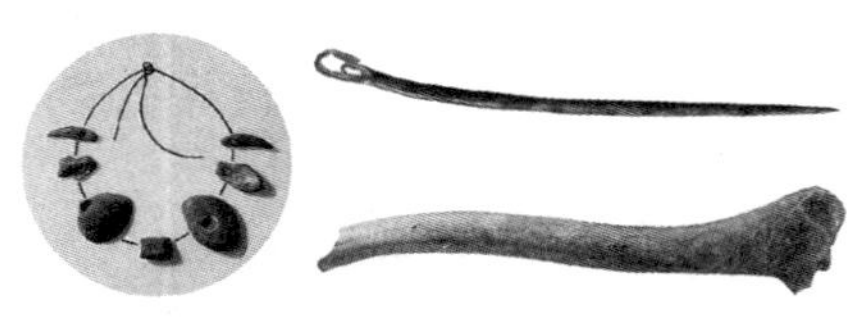

산정동인의 장식품과 골제 바늘, 골각기

섬유의 사용은 당연히 의복으로 모피가 이용되고 있었음을 상상케 한다. 사실 산정동 제1층의 후기 인골과 함께 골제 바늘이 발견되었는데 머리 부분에는 구멍이 나 있으며 전체적으로 매끈하게 손질되어 있고 끝이 뾰족하게 되어 있었다. 또 석회암이나 동물 이빨에 구멍을 뚫기 위해 송곳 역할을 하는 석기도 만들어졌음이 분명하다. 이와 같은 발견물로부터 추측하면 중기에 비해 생활이 대단히 풍족했음을 알

46

구석기문화의 주요 유적표 (단 유적의 순서는 엄밀한 연대 순서를 보여주는 것은 아니다)

분기	지질연대	절대연대	인류	유적
전기	중기 홍적세	60만년 전 50만년 전	원인	산서성 예성현 서후도·암하 ◎ 운남성 원모형 상나방(원모인) ◎ 섬서성 남전현 진가요·공왕령(남전인) 북경시 주구점 제13지점 ◎ 북경시 주구점 제1지점(북경인) 섬서성 동관현 장가만 하남성 삼문협시 후가파 산서성 원곡현 관구
중기	후기 홍적세	20만년 전 10만년 전	고인	◎ 광동성 소관시 마패향산동(마패인) 산서성 원곡현 남해욕 ◎ 산서성 양분현 정촌(정촌인) 산서성 곡옥현 이촌 서구 산서성 교성현 서야하 일대 북경시 주구점 제15지점 호북성 대야현 석룡두 하남성 영보현 맹촌 산서성 삭현 흘탑봉 ◎ 호북성 장양현 조가언산동(장양인)
후기		5만년전 1만년 전	신인	◎ 광서자치구 유강현 통천암동혈(유강인) ◎ 내몽골자치구 이극소맹오심기 적초구만(오르도스인) 광서자치구 내빈현 기린인(기린산인) 광서자치구 유주시 백면산 백련동 ◎ 북경시 주구점 산정동(산정동인) 광서자치구 승좌현 뇌단구 녹청산 산서성 삭현 치욕 산서성 양성현 고륭 하남성 안양시 소남해 산서성 대동시 아모구·운강 ◎ 사천성 자양현 황선계(자양인)

수 있다.

신석기시대로의 과도기

이 후기 인류는 전술한 바와 같이 호모 사피엔스로서 우리 현세인의 직접 조상이 이 단계에서 점차 출현하고, 생활의 기본도 이 단계에서 형성되었다고 한다. 이리하여 지질학상으로는 홍적세가 끝나고 충적세로 들어가며, 문화는 신석기시대로 들어간다. 그런데 이 신석기시대와 구석기

시대 사이에 잔석기細石器 사용을 주로 한 중석기시대로 불리는 문화가 있다.

이 과도기로 보이는 문화는 내몽골 자치구의 쟈라이놀이나 흑룡강성 하얼빈 시의 고향둔顧鄉屯에서도 발견되고 있으나 주목할 만한 것은 섬서성 대려현大荔縣 사원沙苑과 하남성 허창시許昌市 영정靈井에서 발견된 문화다. 이 두 유적에서는 재료가 되는 돌이, 사원에서는 부싯돌이 8할을 차지한 반면, 영정에서는 석영을 주재료로 했다는 점이 다르지만 석기의 제작방법 이나 석핵을 사용한 소형의 것이 많은 점 등 공통된 석기문화를 갖고 있으며 다 같이 구석기 만기에 속한다.

어느 쪽도 잔석기가 주류를 이루는데 이들 잔석기는 채집품이 많지만 유적 그 자체의 성격은 아직 분명하지 않다. 그러나 이들 잔석기는 신석기시 대 초기 유적에서 발견되는 잔석기와 비교해서 제작기술이나 제품의 균질 성 등에서는 발달되지 않아 시대가 오래되었음을 말해주고 있다.

아직 토기는 제작되지 않았던 것으로 생각된다. 주거 형태 등도 분명치는 않지만, 아마도 수렵을 중심으로 한 생활이었을 것으로 생각된다. 이 밖에 잔석기가 출토된 유적은 흑룡강성 치치하르 시 근처의 앙앙계昻昻溪, 내몽골 의 임서林西, 내몽골 서남부, 감숙성 동북부, 신강성 등 중국의 변경부에 널리 분포하고 있는데, 그 중에서도 앙앙계나 임서에서는 토기가 함께 발견되었다.

조제粗製 토기를 수반한 잔석기 문화

그 토기는 완碗(사발), 배杯(잔), 관罐(항아리) 등으로 무문無文 외에 획문劃文, 부가퇴문附加堆文, 주격문 등의 문양이 있고, 태토는 거친 흙을 사용하였다. 여기에서 채도는 아직 발견되지 않았지만, 중국 신석기문화의 극히 초기의 것이 아닐까 생각된다. 그 중에서도 임서에서는 잔석기 외에 석서石鋤(돌가래) 로 추정되는 것이 몇 개 출토되었다. 여기에서 수렵과 함께 매우 초보적인 농업도 행해졌을 것이라고 생각되지만, 아직 곡물 등의 유물은 발견되지 않고 있다.

이들 유적 연대는 모두 신석기에 선행하는 것이지만, 그 층위 관계가 분명한 경우는 드물다. 현재 그 발견지는 모두 변경지역에 많고, 현재도 완전한 농경지역으로 전화된 곳이 아니다. 따라서 이들 지역에서 발견된 잔석기 가운데에는 중국 내부에서 신석기문화가 꽃핀 시대까지 내려가는 것도

홍산문화의 잔석기

포함되어 있다고 생각된다. 예컨대 내몽골 동남부의 적봉赤峰 홍산紅山에서 발견된 홍산문화가 그 예다.

적봉에서는 잔석기와 함께 다수의 토기가 발견되었고, 그 중에는 극히 섬세한 양질의 발형鉢形 홍도紅陶로서 채색무늬가 가해진 것이 상당수 발견

홍산문화의 발형 홍도

되었다. 이것은 하남성 등의 채도와 공통된 성격을 지니고 있다. 또 뗀 석서石鋤와 석마봉石磨棒(갈돌)·마반磨盤(갈판), 곡물 수확용 석도石刀(돌칼) 등이 잔석기와 함께 발견된 것으로 보아, 신석기 농경문화인 앙소문화의 영향을 받았던 것 같다. 한편 토기에서 보이는 주걱무늬는 앙앙계나 임서의 트기에 보이는 것이다. 북방 몽골 초원의 수렵문화와 내지 농경문화의 접경지역이 이 적봉이며, 또 그 전단계가 임서일 것이다.

어느 경우든 이 잔석기를 주된 도구로 한 문화는, 현재까지 아직 그 성격이나 시대를 명확히 설명할 만큼의 자료를 얻은 것은 아니다. 인골도 아직 발견되지 않은 까닭에 산정동인 등 구석기 후기 인류와의 관계도 물론 명확하지 않다. 적봉 홍산은 그만두더라도 사원이나 임서, 앙앙계

등 문화의 성격 규명은 앞으로의 과제이며, 이것을 중석기시대로 독립시켜야 할지, 아니면 신석기시대의 초기에 둘지도 장래의 연구에 맡기지 않으면 안 된다. 단지 앙앙계나 임서에서 토기가 만들어졌다는 것은, 말하자면 그 생활이 수렵이 주로 영위되었다고 하더라도 구석기시대에 비해서 한 단계 정주定住의 정도가 높아졌음을 말해주고 있다.

제3장 농경사회의 성립 – 신석기문화의 양상

1. 홍도, 채도의 시대

신석기문화의 특성

구석기시대의 종말은 기원전 1만 년이 지난 시기를 일단 생각할 수 있으며 그 무렵에 초보적인 농경이 시작되었을 가능성이 있다. 예를 들면 당시의 산서성 회인현懷仁縣 아모구鵝毛口에서 발견된 돌로 만든 가래鋤로 생각되는 것은 길이 20cm, 폭 9cm 전후의 것과 길이 10cm, 폭 5cm 정도의 두 가지 종류가 있는데 이로 미루어 보아 아주 초기의 농경이 행해진 것은 아닌가 상상된다. 그러나 이 유적은 연대도 명확하지 않으며 이 가래로 생각되는 석기 이외에 농경과 관련 있는 것은 없다. 또한 같이 발견된 석기는 전부 뗀석기인 것으로 보아 신석기시대에 들어갈 가능성은 희박하다.

그러면 신석기시대가 구석기시대(중석기시대 포함)와 구별되는 특징은 무엇일까. 그것은 석기의 제작방법에 간것磨製이 가미된 것, 도기의 제작이 시작된 것, 가옥을 지어 정주 생활을 시작한 것, 그리하여 인간이 자기 손으로 곡물을 재배하고 가축을 사육할 수 있게 되었다는 것을 열거할 수 있다.

이와 같은 특징을 가진 유적은 20년 정도 전까지는 1921년에 하남성 민지현 앙소촌에서 북경원인의 발견에도 관계 있던 J. G. 앤더슨이 발굴한 앙소문화였다.[1]

---

1) 손병헌, 「중국의 앙소문화」, 『대동문화연구』, 1981 참조.

중국고대문화의 계보

황 하 유 역
장 강 유 역
B.C.6000경
B.C.5000경
B.C.4800경
B.C.4000경
B.C.3500경
B.C.3000경
B.C.2500경
B.C.1800경
B.C.1600경
B.C.1450경
B.C.1300경
B.C.1050경
노관대문화
배리강문화
자산문화
북신문화
앙소문화
반파유형
후강문화
앙소문화
묘저구유형
앙소 후기문화
반파후기유형
서왕촌유형
진왕채유형
대사공유형
섬서용산문화
진남예서용산문화
하남용산문화
동기(청동기) 출현
이리두문화
이리강문화
은殷
소둔문화
서주문화
은殷
대문구문화
대문구후기문화
산동용산문화
악석문화
대계문화
대계후기문화
굴가령문화
석가하문화
하모도문화
마가빈문화
설가강문화
양저조기문화
(숭택문화)
양저문화

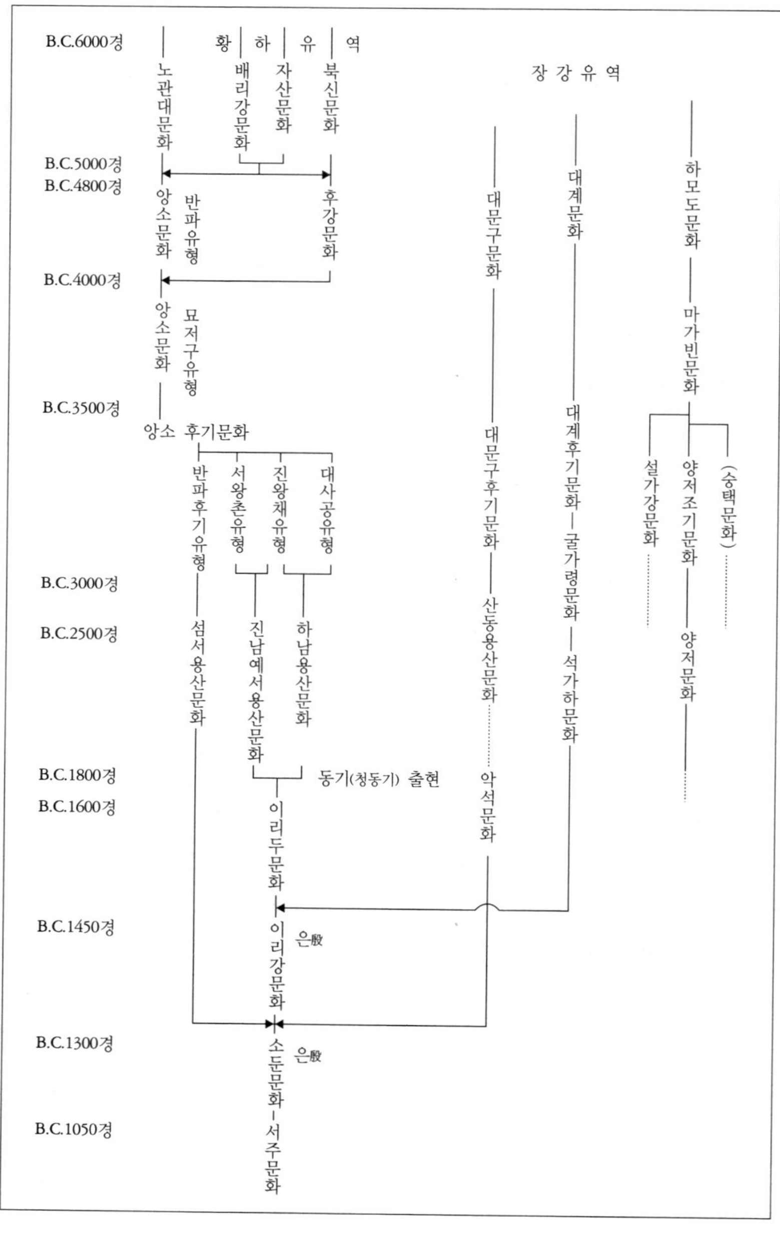

채도와 흑도

그곳에서는 단단하게 구워진 붉은 표면에 검정색으로 문양을 그린 토기, 간 석부石斧(돌도끼), 곡물 이삭을 벨 때 사용하는 석도石刀, 곡물을 찧는 데 쓰는 증甑(시루), 음식물을 익히는 데 사용하는 정鼎 등의 회갈색 토기가 발굴되었다. 당시에 입수한 도기 밑바닥의 파편에 벼의 겉겨가 남아 있었던 것은 주목할 만하여 벼농사를 했을 가능성이 추정된다.

앤더슨은 앙소에서 발견된 붉은 바탕에 검은색으로 문양을 그린 채색토기가 서아시아의 신석기 유적에서 발견된 채색토기와 유사하다는 데에 주목하여 앙소로부터 서쪽으로 섬서성, 감숙성으로 조사를 했다. 그래서 각지에서 채색토기를 가진 유적을 발견하고 이들 채색토기를 비교하여 앙소촌에서 발견된 문화가 서방에서 전파되었을 것이라는 생각을 발표했다.[2]

1926년에 이르면 중국인 학자들에 의해서도 발굴·연구가 시작되었고 산서성 남부에서도 앙소문화 유적이 발견되었다. 그리고 다음 장에서 언급할 은의 도읍터 발굴을 실시한 중국 아카데미 중앙연구원의 역사어언연구소歷史語言硏究所가 1930~1931년 두 해에 산동성 장구현章丘縣 용산진龍山鎭에서 발견한 문화에는 채색토기가 없고 그 대신 검은색으로 계란 껍질 같은 얇은 광택이 나는 아름다운 토기가 있었다. 그리고 규鬹라고 하는 주입구와 손잡이와 자루 모양의 세발 달린 독특한 모양의 담황색 토기 또는 자루 모양의 세발 달린 력鬲이나 력과 증甑을 하나로 합친 언甗(시루) 등의 회색 토기도 동시에 발견되었다. 또 이 석기들을 보면 앙소문화의 석기들보다 종류도 많고 형태도 정돈되고 간석기가 대부분을 차지하고 있었다. 앙소문화에도 간석기가 있기는 했으나 대부분은 뗀석기였으며, 간석기라 해도 제품 전체를 갈아서 만든 것이 아니라 칼날 부분 같은

---

2) 이른바 중국문명의 서방전래설이다. 중국문명의 기원에 대한 연구동향은 정대녕, 「중국문명기원연구(中國文明起源硏究)의 동향과 성과－중국고고학(中國考古學)의 연구성과(硏究成果)를 중심으로－」, 『중국사연구』 33, 2004 참조.

일부분만 연마한 것이었다. 따라서 이 용산문화 쪽이 석기 제작기술에서는 앞서 있었다고 볼 수 있다.

더구나 은대와 마찬가지로 점복ト占에 사용한 포유동물의 견갑골도 동시에 발견되어 자루 모양의 세발 달린 력鬲이나 가斝(잔) 등의 토기 모양은 은이나 주의 청동기로도 이어지고 있다. 그래서 용산문화와 은·주 문화와의 관계와 함께 이 두 문화와 앙소문화가 어떠한 관계에 있었는지가 문제가 되었다.

1931년 역사어언연구소가 실시한 하남성 안양시 후강後岡의 발굴에 의하여 이 관계는 적어도 하남성에서는 앙소문화가 가장 오래된 층이고 그 위층에 용산문화가 위치하고 다시 은문화가 그 위에 자리하여, 시대적으로 보면 은문화가 제일 새로운 문화라는 것이 분명해졌다. 더구나 앙소문화는 하남 이서에서만 발견되고, 한편으로 용산문화의 흑색토기는 섬서에서는 발견되지 않는 것으로 보아 앙소문화가 서쪽으로부터 전파되어 먼저 하남성에 도착하고 늦게 산동으로부터 용산문화가 하남 일대까지 확대되어 그 후 은문화가 성립되었다고 생각할 수 있다.

이 앙소·용산이라는 서쪽과 동쪽의 두 문화가, 역사시대에 들어가 중원 또는 중국이라고 불리게 되는 하남성에서 만나게 되면서 은문화의 기반이 만들어졌다고 볼 수 있다.

이와 같은 고찰 방식은 1940년대까지 지배적이었다. 그러나 1949년에 중화인민공화국이 성립되고 1950년대 들어 각지에서 고고 발굴이 실시됨에 따라 신석기시대의 양상은 전혀 새로운 형태로 나타나게 되었다. 이하에서 시대와 지역을 구분하여 개관하기로 한다.

제1단계

기원전 6000년경 아마도 그보다 더 빠른 때부터 중국 대륙에는 앞에서 열거한 다섯 가지 조건을 충족시키는 몇 개의 신석기문화가 나타나 있었다.

북쪽의 황하 유역에는 섬서를 중심으로 하는 노관대老官臺문화(대표 유적은 섬서성 화현 노관대. 이하의 각 문화도 이와 같이 대표 유적의 지명에 의하여 불린다), 동쪽으로 내려가면 하북성에서 하남성 북부로 확대되는 자산磁山문화(하북성 무안현 武安縣 자산), 황하 남쪽의 하남성 남부에서 호북성 북부에 분포하는 배리강裴李

배리강 유적 거주구 발굴 정황

崗문화(하남성 신정현新鄭縣 배리강)가 있었고 다시 동쪽의 황하 하류에는 산동성 서남부에서 강소성 북부에 걸쳐서 북신北辛문화(산동성 등현滕縣 북신)가 나타났다.

어느 경우든 도기는 미세한 진흙질泥質 흙으로 만든 것과 가는 모래가루를 넣은 협사도夾沙陶라는 두 종류가 있는데 노관대와 자산에서는 협사도가 많고 배리강과 북신에서는 양자가 거의 같다. 도기의 종류가 이렇게 두 가지로 갈리는 것은 용도에 따라 재료로 하는 토질을 선별하기 때문이다. 직접 불을 때서 조리하는 데 사용하는 관罐, 정鼎, 부釜 같은 것에는 협사도가, 그리고 조리한 음식물이나 액체를 담아두는 완碗이나 발鉢 같은 것에는 진흙질 도기가 많다.

색조는 노관대에서는 암홍색이고 자산과 배리강에서는 홍갈색이 기조를 이루는 반면, 북신에서는 황갈색을 기본으로 하고 발鉢 같은 것에는 홍색인 것도 있다. 이 황갈색은 다른 문화나 이 이후의 신석기문화에서도 진기한 색조다.

또한 배리강에서는 도기 표면을 갈아서 광택을 낸 것도 많이 보인다. 이것은 석기가 간석기를 기본으로 하고 있다는 것, 다른 지역에서는 새끼줄무늬繩文가 별로 없다는 점을 종합해서 생각해 보면 배리강문화 사람들은 광택 있는 것을 애호하였으리라 생각된다.

석기는 배리강 이외에는 떼기와 갈기를 병용하고 있다. 농기구인 서鋤(가

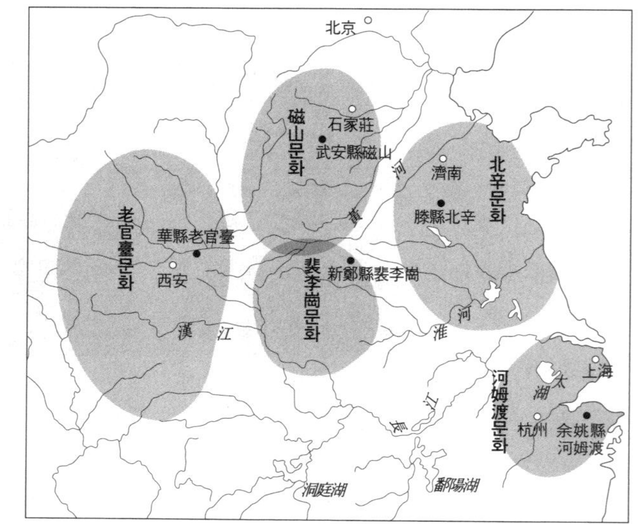

기원전 6000년경의 문화분포도

마봉과 마반(위), **삼족도발**三足陶鉢(아래) 배리강 유적 출토

래)의 날, 겸鎌(낫), 공구인 부斧(도끼) 등은 각 문화마다 대개 공통점이 있으나 탈곡이나 제분에 사용하는 것은 자산과 배리강, 북신에서는 바닥에 짧은 다리를 붙인 긴 타원형 마반磨盤과 둥근 몽둥이 모양의 마봉磨棒이 사용되었다. 이와 유사한 도구는 이집트와 같은 고대문명의 벽화나 부장품에서도 볼 수 있다. 한편 노관대에서는 석구石臼(돌절구)와 석저石杵(돌공이)를 사용하고 수확용으로는 겸鎌 대신에 석도石刀를 사용하였다.

이와 같이 문화에 따라 석기, 도기 모두 지역적 차이가 있기는 하나 기본 용도와 종류와의 관계는 거의 같다. 또한 어느 문화에서도 재배된 곡물이나 가축화된 개, 돼지, 닭의 뼈가 발견되고 있다. 이것으로도 신석기시대로 들어갔다는 것은 분명하다. 또한 그것도 어느 정도 발달한 단계에 도달하였다고 볼 수 있다.

따라서 위에 언급한 구석기 말기와 중석기라 할 수 있는 시대의 문화와는 직접 연관성이 없다고 생각해야 할 것이다. 즉 수렵채집을 생활수단으로 삼은 시대로부터 여기에서 말하는 신석기문화를 탄생시키기 위하여 어떠한 경과가 있었으며 그 움직임은 무엇에 의하여 야기된 것인가를 우리들에게 가르쳐줄 만한 자료는 아직 발견되지 않았다.

이 황하 유역의 문화보다 늦게 기원전 5000년경 남쪽의 장강 하류의 항주만杭州灣 지역에 하모도河姆渡 문화(절강성 여요현餘姚縣 하모도)가 출현하였다. 황하 유역의 조 경작과는 달리 벼농사를 행한 문화로서 다량의 벼껍질 퇴적이 발견되었다.

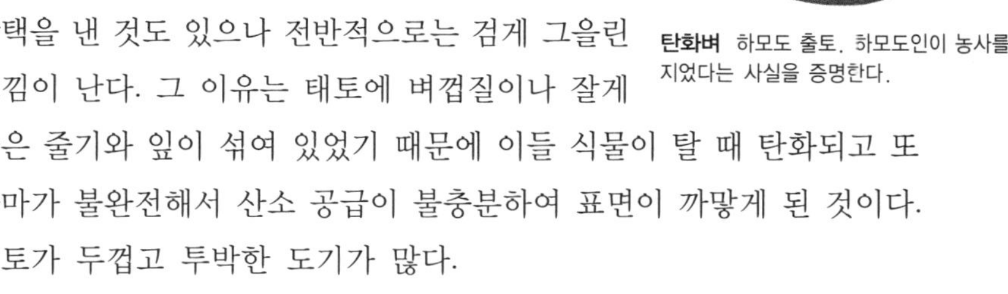

탄화벼 하모도 출토. 하모도인이 농사를 지었다는 사실을 증명한다.

도기는 태토와 그릇 표면 모두 검고 표면을 갈아서 광택을 낸 것도 있으나 전반적으로는 검게 그을린 느낌이 난다. 그 이유는 태토에 벼껍질이나 잘게 끊은 줄기와 잎이 섞여 있었기 때문에 이들 식물이 탈 때 탄화되고 또 가마가 불완전해서 산소 공급이 불충분하여 표면이 까맣게 된 것이다. 태토가 두껍고 투박한 도기가 많다.

석기에는 착鑿과 부斧가 있으며 농구는 석기 외에 포유동물의 견갑골로 만든 사耜[3])와 목제 서鋤도 있었다. 이 문화 지역은 저습지였기 때문에 뼈와 나무로 만든 농구도 충분히 사용할 수 있었다.

그 외에 아름다운 옥을 가공한 황璜,[4]) 관管(피리), 주珠(구슬) 같은 장신구가 상당히 있으며 표면에 문양을 새긴 것도 있었다. 이러한 옥의 가공은 그 후 신석기시대를 통해 이 지역에서 성행하여 지역의 전통적 특색을 이루게 되었다.

주택은 고상식高床式의 목조건축으로서, 기둥이나 대들보를 연결시키는 부분에는 예枘(장부)나 예의 구멍이 만들어졌다. 석기의 착鑿은 이런 작업을

---

3) 가래의 일종.
4) 서옥(瑞玉), 벽옥(碧玉)을 두쪽 낸 모양의 것. 패옥(佩玉).

고상가옥(모형)

하는 데 쓰인 것들이지만 이 같은 목조 건축기술은 북방의 황하 유역에서는 발견되지 않으며 거의가 수혈식 주거였다. 이러한 주거의 차이는 건조한 화북과 저습한 강남이라는 환경 차이에 기인하며 또한 북쪽은 조와 같은 밭곡물을 경작한 반면에 남쪽은 벼농사라는 차이점도 연관되어 있다.

그런데 같은 하모도문화에 속하면서 항주만의 북쪽에 위치하는 절강성 동향현桐鄕縣 나가각羅家角 유적에서 나온 도기는 모래알이나 조개껍질이 부스러져 포함된 흙을 태워서 만든 회색 홍도가 많다. 또 산화마그네슘이 비교적 많이 포함된 흙을 재료로 한 백도白陶의 두豆(고배高杯와 비슷한 그릇)가 있으며 같은 하모도문화 중에서도 항주만의 북쪽과 남쪽에서는 지역차가 있었다는 것이 명백해졌다.

어느 경우든 벼농사를 행하는 하모도문화의 원천이 될 수 있는 문화

하모도문화 ① 창구요연부斂口腰沿釜 ② 석부石斧 ③ 사耜(가래) ④ 황璜 ⑤ 착鑿 ⑥ 회색 두豆

58

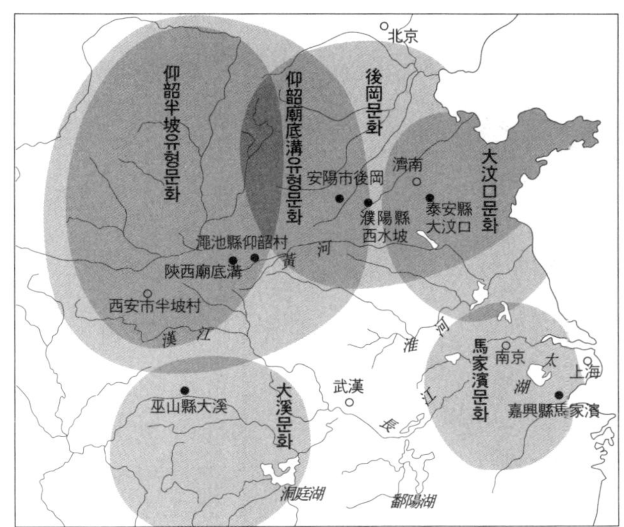

기원전 4000년경의
문화분포도

또는 동 시기의 문화가 장강 상중류에서는 아직 발견되지 않아 이 문화가 어떻게 성립되었는지는 모른다. 그러나 화북의 밭농사와 강남의 벼농사 사이의 차이는 기본적으로 현대까지 계속되고 있다는 사실을 잊어서는 안 된다.

제2단계

기원전 4800년경이 되면 황하 유역에는 새로운 두 개의 문화가 나타난다. 섬서성을 중심으로 산서와 하남으로 번져간 앙소 반파유형 문화(서안시 반파촌半坡村)와 하남·하북·산서·산동으로 번져간 후강문화(하남성 안양시安陽市 후강)가 그것이다.

이 두 문화의 도기는 홍도가 주류를 점하고 회도나 흑도는 적으며 채도도 아직 적고 문양도 간단하다. 많은 것은 발鉢이나 완碗의 테두리에 검은색으로 띠무늬帶文를 넣었는데 이것은 앞에서 열거한 노관대와 북신의 문화에서도 볼 수 있었던 것으로서, 앙소문화는 노관대, 후강문화는 북신에서 이어받은 것이라고 생각된다.

그 밖에 후강문화에서 많이 볼 수 있는 조리용 정鼎(반파유형 문화에는

앙소문화 어문채도분魚紋彩陶盆(위), 인면어문채도분人面魚紋彩陶盆(아래), 반파 출토

없다)은 북신문화의 영향을 받은 것이 분명하므로 후강문화는 북신문화를, 앙소문화는 노관대문화를 기반으로 하였다고 말할 수 있다. 종래 후강문화는 앙소문화의 후강유형으로 불렸으나 현재 앙소문화와 별개의 것으로 여겨지고 있는 것은 기반이 된 선행 문화가 다르다는 데 기인한다. 특히 이 양자의 분포 범위는 하남 북부, 하북에 겹쳐 있으므로 양자 사이에 문화교류가 있었다는 것은 말할 나위가 없다. 이 밖에 후강문화가 배리강이나 자산문화로부터 영향을 받은 것도 확인되고 있다.

이에 대해 반파유형으로 불리는 앙소문화에는 띠무늬 외에 사실적인 물고기, 사슴, 사람 얼굴을 검은색으로 그린 문양이 보이며 특히 물고기문양은 점차적으로 추상화되어 다음 시대로 이어진다. 취사용 도기인 관罐은 새끼줄무늬가 들어간 것이 많다. 조리된 음식물을 넣는 발鉢이나 완碗은 홍도가 많고 표면에 광택을 낸 것 또는 위에서 말한 채문이 그려진 것들이 그릇 종류에 많다. 이들 도기는 그 후 앙소문화의 여러 유형의 도기에 계승되어 그 기본이 된다.

이 반파촌 유적에서는 촌락 유적이 발견되어 당시의 사회구성도 분명해졌다. 한편 후강문화에서는 하남성 복양현濮陽縣 서수파西水坡에서 사회 분화가 진전되었음을 보여주는 특이한 묘가 발굴되었는데, 이 점에 대해서는 다음 장에서 다시 언급할 것이다.

제3단계

기원전 4000년을 경과하면서 새로운 움직임이 나타난다. 황하 중류 유역에서는 반파유형의 문화 가운데 묘저구廟底溝 유형(하남성 섬현陝縣 묘저구)으로 불리는 새로운 문화가 출현한다. 도기는 홍도가 주류를 차지하지만

반파유형에 비하여 회도가 많다. 분盆이나 발鉢 또는
소구첨저호小口尖底壺라는 호壺 등에도 모양의 변화가
보인다. 화로(7개의 불구멍이 있음)와 여기에 거는 가마
솥과의 조합은 전혀 새로운 조리용 도기로 불의
사용이 효과적으로 행해지게 되었다.

응형도정鷹形陶鼎 섬서성 화현華縣 태평장太平
庄 출토. 앙소 묘저구 유형 문화

채도는 반파유형의 물고기 문양에서 변화된 복잡
하고 장식적인 기하무늬가 많다. 원점, 직선, 곡선삼
각형을 조합시킨 유려한 무늬는 앙소문화, 과장해서 말한다면 중국 신석기
문화를 대표하는 것 가운데 하나다. 도기의 성형법은 6000년 전 이래
진흙띠를 말아 붙이는 방법이었지만, 묘저구 유형 말기가 되면 소형 그릇에
는 녹로5)를 사용한 것이 나타난다. 석기는 소형의 수부手斧(자귀)나 착鑿
같은 것은 전부가 간석기다. 대형의 부斧, 사耜(가래), 도刀, 수부手斧 등의
날 부분도 전부 갈아서 만든 것으로서, 반파문화로부터 연마 기술이 보급되
었다. 이 가운데 수확용 도구인 도刀가 경작 도구인 사耜나 부斧에 비해
농기구에서 차지하는 비율이 높은 것은 수확률이 높아졌음을 나타내는
것으로 생각되며 생산이 확대되어 이것을 원동력으로 삼아 후강문화를
침식하여 하남 동부까지 확대되었다.

한편 같은 무렵에 황하의 하류 산동성부터 강소성 북반에 걸쳐서 후강문
화의 영향을 받은 대문구大汶口문화(산동성 태안현泰安縣 대문구)가 출현한다. 도기
는 홍도를 기본으로 하고 회도나 흑도는 드물다. 표면을 갈아서 광택을
낸 것들이 다수 보이며 묘저구와도 공통된 기법과 기호이지만, 한편으로는
후강문화나 앙소문화에서 많이 볼 수 있는 새끼줄무늬는 볼 수 없고 대신
점문, 현문弦文, 그릇 표면에 진흙줄을 붙인 부가퇴문이 보인다. 채도는
적으나 원점, 호선, 직선을 조합한 기하무늬가 있어 묘저구의 영향을 받았을
것이다.

---

5) 목공용품이나 도자기 성형용으로 사용되는, 회전운동을 이용하여 원형의 물건을 만드는
　기계.

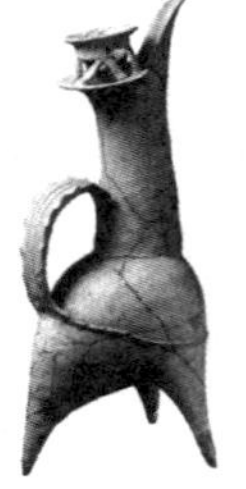

대문구문화 왼쪽부터 팔각성문채도두八角星紋彩陶豆, 와문채도정와汶彩陶鼎, 백도쌍층구규白陶雙層口鬶, 장아구형기獐牙鉤形器

도기의 모양은 정鼎, 두豆, 고형기觚形器라 불리는 배杯가 많으며 분盆이나 발鉢, 관罐 등도 있다. 채도는 발鉢이 많다. 이 가운데 정鼎은 후강문화를 계승한 것이지만 모양에 변화가 많으며 하모도문화의 부釜 모양의 영향을 받았다고 생각되는 것도 있다. 또 후기의 대문구문화나 후술할 산동 용산문화에 특징적인 규鬶의 원형이 이 시대에 만들어진 것도 중요하다.

석기는 부斧와 수부手斧가 중심인데 둘다 얇고 평편한 간석기이며 윗부분에 둥근 구멍이 뚫려 있는 것은 이제까지 언급한 다른 문화에서는 별로 볼 수 없다. 또한 수확용 기구인 도刀나 겸鎌이 극히 적은 것도 특색이다. 이것은 수확 방법이 특수하였음을 나타내는 것이라고 생각되지만 그 방법은 명확하지 않다.

그 밖에 이 문명에 특이한 것으로서 노루사슴의 어금니로 만든 아구기牙鉤器라고 하는 것이 있는데 아마 의장儀杖 상단에 붙인 장식으로 추정된다. 이것은 부장품으로 매장한 인물의 사회적 신분을 표시하였던 것으로 생각되는데, 남자 묘에 많으며 여자 묘에도 있다.

장강 중하류 문화[6]

다음으로 장강 문화에 대해 살펴보자. 기원전 5000년이 지날 무렵에 중류 유역의 사천성 동부에서 호북성·호남성 북부에 걸쳐서 대계大溪문화(사천성 무산현巫山縣 대계)가 나타나고 기원전 4000년경부터는 후기 단계에 들어갔

---

6) 총체적인 장강 문화에 대한 논문은 김병준, 「중국 고대 "장강 문명"의 재검토」, 『중국학보』, 2005 참조.

대계문화 왼쪽부터 절곡문홍도분折曲紋紅陶盆, 도삭문홍도병綯索紋紅陶瓶, 각화문홍도분刻划紋紅陶盆

다고 생각된다. 이 단계부터 문화의 양상이 뚜렷해진다. 도기는 홍도가 주류를 점하고 소수인 회도, 흑도, 등황도橙黃陶, 백도도 있다. 백도는 하모도 문화의 나가각羅家角 유적에도 나오므로 그 영향을 받은 것이 아닌가 생각되지만, 연대·지역의 격차가 있어 정확하지는 않다. 또한 홍도 가운데에는 바깥쪽이 홍색이고 안쪽은 회흑색인 것이 있어 이것은 섬서성의 노관대문화로부터 영향을 받은 것으로 생각된다. 이것은 태울 때 그릇을 아래로 엎어 놓았기 때문에 그릇의 내부 산소가 부족하여 완전하게 구워지지 않았기 때문이다. 한편 섬서성 내 한강漢江 유역의 반파형 문화유적에서 백도 파편이 발견되었는데 이것은 대계문화가 파급된 것이라 할 수 있다.

채도는 많지 않으나 홍도에 검은색으로 문양을 새긴 것 말고 홍도 그릇의 홍색보다 짙은 홍색을 칠하고 그 위에 검은색으로 문양을 그린 것(이것을 홍의채도紅衣彩陶라 한다), 흰색을 위에다 칠하고 그 위에 검은색으로 문양을 그린 것(백의채도白衣彩陶)도 있다.

이것은 대계문화의 특색이다. 곡선, 호형삼각弧形三角, 원점을 조합한 기하무늬는 북쪽 묘저구 유형의 앙소문화 영향이라 생각되는 반면 띠모양 직선帶狀直線이나 마름모꼴 사각 격자菱形方格, 점선 등의 기하무늬는 이 문화의 독자적인 것이라고 할 수 있다. 도기는 권족圈足(굽다리)이 달린 반盤, 완碗, 두豆가 많으며 관罐에 세발을 붙여놓은 듯한 정鼎, 짧은 세발 달린 발鉢 같은 세발이 달린 그릇은 드물다.

석기는 간석기가 대부분이며 결玦(패옥)[7]과 같은 옥기도 발견되고 있다. 주거는 수혈식이 적고 진흙 벽의 지상 건축이 많다. 이것은 토지에 습기가 많았기 때문일 것이다. 농업은 벼농사를 주로 하고 어업도 성행했으나 특히 동부의 어촌 지대에서는 어망을 사용할 필요도 없이 작살 같은 것으로

---

7) 고리처럼 되어 있는데 한쪽이 이지러진 것.

마가빈문화 왼쪽부터 홍도쌍대족규紅陶雙袋足鬹(장흥長興), 회도쌍이부灰陶雙耳釜(마가빈), 회도권족호灰陶圈足壺(오가부吳家埠), 홍도수낭형화紅陶垂囊形盉(마가빈)

도 충분한 어획량을 얻을 수 있었던 것으로 보인다. 이 문화에서는 굴지장屈肢葬이 꽤 성행하였으나 다른 문화에서는 대부분 신전장伸展葬이 행해졌다는 차이점이 특색이다.

같은 무렵 장강 하류의 강소성 남부, 절강성 북부에 걸쳐서 마가빈馬家濱문화(절강성 가흥현嘉興縣 마가빈)가 존재하였다. 이 문화도 벼농사를 주로 하였으며 물소, 돼지, 개를 가축으로 사육하였다. 도기는 주로 홍도이며 무늬 없는 것이 많다. 홍도 가운데에는 대계문화와 똑같이 바깥 표면은 홍색이고 안 표면은 흑색인 것이 있다. 안과 바깥 표면이 전부 홍색이며 태토가 검은색인 것도 있다. 회도와 흑도도 약간 있으나 흑도에는 표면에 홍색을 칠한 것도 있었다.

채도는 적고, 붉은색이나 검은색으로 간단한 기하무늬를 그리는 것에 불과했다. 기형은 환저圜底(바닥이 반구형半球形인 것)인 부釜, 이 부에 세발을 붙인 정鼎이 많은데, 이것은 하모도, 특히 북부의 나가각으로 대표되는 분파로부터 영향을 받아 발전된 것이라 할 수 있다. 아랫자락이 넓어진 통 모양의 받침다리를 붙인 두豆도 많고, 특히 이 다리에 작은 구멍을 몇 개 뚫은 것은 북쪽에 접한 대문구문화의 두豆와 공통된다.

이 밖에 쌍이관雙耳罐, 주둥이 달린 분盆, 발鉢, 공 모양의 통에 물 붓는 입구와 물 따르는 입구와 세발이 달린 호壺도 있는데, 세발 달린 이러한 호는 다른 문화에서는 볼 수 없다. 석기는 거의가 간석기이며 편평하고 구멍 뚫린 부斧나 초인鍬刀(가래날) 등도 있다. 또한 수부手斧에는 나무손잡이에 고정시키기 위해 깊게 베어 맞추어 넣은 유단석부有段石斧(턱자귀)도 있다.

64

편평하고 구멍이 있는 도끼는 대문구문화에도 보이며, 도기의 두료와 함께
이 문화가 대문구문화에서 파생되었음을 나타내는 것이라고 생각해 왔으나
하모도문화의 양상이 명확해짐에 따라 이 문화의 기반은 하모도문화라고
생각하게 되었다. 황璜, 결玦, 환環, 완륜腕輪(팔찌) 등의 옥기가 많이 제작된
것도 이 점을 나타내고 있다.

이상과 같이 황하·장강 두 유역의 문화는 기원전 3500년경에 도달하지만
황하와 장강 두 대하 유역에는 각각 밭농사와 벼농사라는 농업 형태에
큰 차이가 있는 것에서 동서·남북에 문화교류가 있었음을 알 수 있다.
또 하모도문화 이외의 문화에서는 도기가 붉은 계통의 색을 주로 하였고
수량과 문양에 차이가 있으면서도 채도가 존재한다는 큰 공통점이 있다는
사실에 주의해야 한다.

■ 부기

무엇보다도 이상과 같이 생각한다 하더라도 독자성이 강한 문화도 있다. 그것은
하모도문화다. 일반적으로 이 문화는 장강문화로서 대계문화 또는 이하에서
언급할 굴가령문화 등과 일괄되나 대계문화의 원류와 하모도문화의 원류와는
별개의 것이었을 가능성도 생각해 볼 필요성이 있다.
왜냐하면 대계문화의 분포지역은 인도 동부에서 시작되어 미얀마, 운남, 사천을
경과하는 아시아의 벼농사 기술의 전파 경로상에 위치하고 있는 데 비하여
하모도문화의 벼농사 기술은 동남 연해부를 경과한 것이 아닌가라는 가능성을
생각해 봐야 하기 때문이다. 무엇보다도 지금 단계에서는 이 경로를 확인할
자료가 발견되지 않고 있다(이 점은 하모도보다 더 빠른 유적도 장강 상류에서는
확인되지 않았지만).
도기의 색, 형태에서도 하모도문화가 견지하는 독자성을 어떻게 설명해야 할
것인가. 이에 대하여 대계문화의 분포 유역은 앞에서 말한 벼 기술의 전파
경로상에 있으며 또한 이 경로는 조, 수수 같은 밭 곡물의 재배 기술이 전파되는
경로이기도 하다. 사천이 황하 유역의 신석기문화와 장강문화 유역의 대계문화
와의 분기점이라고 생각할 수 있다면 홍도라는 제도製陶 기술의 공통점도 하나의
시야에 들어온다고 할 수 있다.

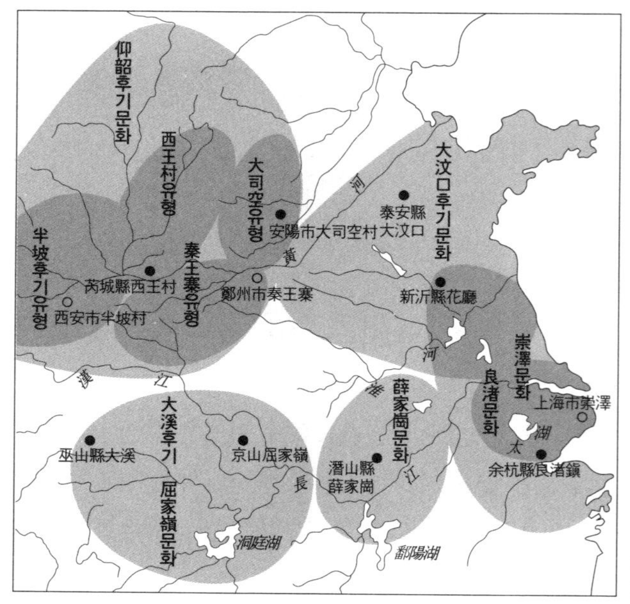

기원전 3500년경의
문화분포도

2. 회도, 흑도의 출현

제4단계

기원전 3500년경이 되면 앙소문화는 후기 단계로 들어가는 동시에 지역적인 차가 현저해진다. 섬서를 중심으로 하는 반파 후기유형, 산서 남부로 확대되는 서왕촌西王村 유형(산서성 예성현芮城縣 서왕촌), 하남 북부에서 하북 남부의 대사공大司空 유형(하남성 안양시 대사공촌), 하남성 황하 남쪽 낙양에서 정주에 걸친 지역을 중심으로 하는 진왕채秦王寨 유형(하남성 정주시鄭州市 진왕채)의 4개로 대별된다.

이 가운데 섬서나 산서에서는 회갈색 도기가 많다. 또 바구니무늬籃文나 부가퇴문을 붙인 그릇이 많으며 새끼줄무늬도 꽤 많은 반면 채도는 극히 소수이며 무늬가 없는 도기도 적다. 그러나 기형에서는 반파 후기유형에는 새끼줄무늬가 붙은 관罐이나 입구 언저리가 평평하고 넓은 분盆이 많은 데 비하여 서왕촌 유형에는 통 모양의 아래가 평평한 관罐이나 자루 모양의 세발이 달린 가鬲가 많다는 차이가 있다.

66

진왕채 유형과 대사공 유형에서는 흑도나 회도가 많고 채도나 무늬없는 도기도 상당수 있어 앞에서 말한 두 유형과는 큰 차이를 보이지만 공통적으로 바구니무늬가 상당수 보인다. 진왕채 유형의 채도는 발鉢, 분盆, 관罐에 그물눈무늬網目文나 ∽무늬의 문양을 그린다.

이 문화에서 회도의 정鼎이나 두豆가 다수 만들어지고 있는 것은 동쪽에 접하고 있는 대문구문화의 영향이라고 생각된다. 이에 비하여 대사공 유형에서는 발鉢, 분盆, 완碗에 콩깍지무늬莢型文, 두 개의 갈고리무늬雙勾文(ㄨ), 대나무잎무늬竹葉文 등을 그려서 진왕채와는 다르며 발鉢, 분盆의 형태도 진왕채나 반파, 서왕촌 등 다른 유형과는 다르다. 또한 이들 다른 유형에 공통적으로 볼 수 있는 나팔 모양의 주둥이가 열려 있는 첨저병尖底瓶도 대사공 유형에서는 보이지 않으므로 이 유형은 같은 앙소 후기문화에 속하면서 약간 성격을 달리한다고 말할 수 있다. 지역적으로는 동쪽의 대문구문화와 접하면서 그간의 교류를 나타내는 흔적도 별로 보이지 않으므로 이 점에서도 약간 고립되어 있었다고 볼 수 있다.

황하 하류지역으로 내려오면 대문구 후기문화가 전개되고 있었다. 대문구 전기문화가 산동에 국한되었던 것과는 달리 서쪽의 하남 중부까지 확대된다. 홍도는 감소하고 회도와 흑도가 많으며 백도, 청회도도 있는데 이 두 가지는 같은 시기의 다른 문화에서는 볼 수 없다. 문양은 바구니무늬가 많은데 앙소 후기문화의 영향을 받은 것으로 생각된다. 또한 두豆나 고병배高柄杯(목이 긴 술잔)의 발 부분에 여러 개의 구멍이 뚫려 있는 것도 있으며 장식 무늬로 되어 있다. 기형으로서는 전기에 이어 두豆와 정鼎이 많으나 후기에는 규鬹, 화盉, 배수호背水壺(액체를 넣어 등에 지고 다니는 항아리), 고병배가 출현하여 이 문화의 특색을 이룬다.

두豆와 정鼎은 서쪽의 진왕채문화에 강한 영향을 주었으며 배수호도 진왕채 유형 지역에서 출토되었다. 이 진왕채 유형 지역에서는 전형적인 대문구 후기 묘가 가끔 발견되기 때문에 단지 문화가 전해졌다기보다는 동쪽에서 서쪽으로 인구의 이동(군사적인 침출侵出이기도 하다)이 있었다고 생각된다. 또한 계란 껍질같이 얇은 태토의 난각흑도卵殼黑陶 고병배高柄杯는 조형 기술 면에서도, 미술적인 면에서도 뛰어나 대문구 후기문화의 특색을 이루며 규鬶와 더불어 다음 세대인 산동 용산문화로 이어진다.

채도는 후기의 초기에 많으며 홍도는 심홍색으로 겉칠을 한 후 검은색 또는 붉은색으로 그리거나 검은색과 붉은색 바탕에 백색의 선을 가미한 것도 있다. 백색을 채도에 사용하는 것은 이 문화의 특색이다. 채문은 파도무늬波形文, 소용돌이무늬渦卷文 외에 띠무늬 혹은 마름모 모양의 그물격자무늬菱形網格子文도 있어 이는 진왕채문화의 영향이라고 볼 수 있다.

석기 기술은 앙소 후기문화에 비하여 훨씬 진전되었으며 부斧, 수부手斧, 서인鋤刃(가래날), 착鑿 등이 전부 잘 다듬어져 있고 모두 기구 전체를 연마하여 독특한 아름다움도 갖고 있다. 섬銛(작살), 모矛(자루가 긴 창), 착鑿, 저杼(베틀의 북), 겸鎌 등의 골각기도 많고 특히 상아에 조각을 한 통(용도 불명)이나 빗은 다른 문화에서는 별로 볼 수 없지만 후술할 양저문화에 상아 기구가 보이고 있어 대문구 후기문화로부터 영향을 받은 것이 아닌가 생각된다.

굴가령屈家嶺문화의 출현

채도통형병彩陶筒形瓶
대계 후기문화, 대계 출
토. 높이 17cm

한편 남쪽의 장강 중류 유역에는 이어서 대계 후기의 문화가 보인다. 홍도도 많지만 흑도가 증가하고 적은 수이기는 하나 회도나 황도黃陶도 보인다. 기형도 전기와 같은 것들 이외에 통형병筒形瓶, 주둥이가 작고 배가 둥글고 불룩한 호壺 등은 후기의 대표적인 그릇이다. 채도도 홍의紅衣채도가 많으나 문양은 전기의 것과는 달리 파도무늬나 소용돌이무늬가 많다. 황도에는 검은색으로 가로띠무늬橫帶文, 사각격자무늬를 그려넣었다. 이러한 문양은 앙소 후기문화의 영향이 아닌가 생각된다. 흑도에 붉은색으로 기하무늬를 그려넣은 것도 있으나 붉은 무늬가 심하게 떨어져

68

나가 완전한 것은 남아 있지 않다.

석기는 찰절법擦切法8)이나 천공법穿孔法9)으로 처음부터 목표로 하는 형태를 만들고 전체를 아름답게 연마한다. 모양은 편평한 구멍을 뚫은 부斧, 유단수부, 착 등이 대표적인 것들이다. 주거는 지상식이며 벽은 벼의 겉겨나 줄기 또는 잎을 잘게 썰어넣은 진흙으

굴가령문화 도조陶鳥, 도학陶鶴, 도구陶狗, 호북성 출토

로 만들고 실내 벽은 가늘고 길게 쪼갠 대나무를 엮어서 만든 것도 있다. 또 이 문화에서는 전기부터 굴지장이 있었으나 후기에는 이것이 더욱 증가하였다. 황하·장강 유역을 통하여 각 문화의 매장법은 신전장을 기본으로 하는 데 비하여 이 문화는 굴지장을 특색으로 한다.

이 대계 후기문화도 기원전 3000년경에는 굴가령문화(호북성 경산현京山縣 굴가령)로 변화한다. 홍도와 흑도는 급격히 감소하고 황도는 존속하지만 주류를 점한 것은 회도였다. 채도는 황도에 사각격자무늬, 마름모꼴 사각격자무늬를 그린 것들이 많다. 이것은 대계 후기문화를 이어받은 것이다. 또한 도기 내외의 표면 전체에 농담의 검은색을 덧붙인 운채雲彩라고 불리는 것이 출현하였다. 채문 이외의 문양은 바구니무늬가 많으며 이것은 앙소 후기문화의 영향일 것이다.

그릇 모양은 얇은 널빤지 모양의 세 발 달린 편족정扁足鼎이나 굽다리 달린 배杯, 완碗, 두豆가 많다. 이 두의 밑받침 부분을 완만하게 구부려서 붙인 것, 주둥이가 작고 목이 높은 옹甕 같은 것은 앙소 후기, 대문구 후기, 대계 후기의 문화에도 공통적으로 볼 수 있으며 기원전 3500년에서 3000년경에 걸쳐 황하·장강 두 유역에서 동시에 유행했던 형태다.

이들 그릇 모양이 어디에서 시작되었는지는 분명하지 않으나 비교적

---

8) 석기제작의 기본 과정으로 원재료의 잘리는 면을 상하로 엇갈리게 한 다음 마찰시켜 쐐기를 박아 잘라내는 방법.
9) 석기에 구멍을 뚫는 방법. 일종의 투공법(透孔法).

굴가령문화 채도호彩陶壺(황동수黃棟樹 출토), 단각채도
배蛋殼彩陶杯(굴가령 출토)

짧은 기간에 각지로 확대된 것으로 생각된다. 각 문화가 그 경제기반이나 사회구조를 달리 하면서도 물건에 대한 기호에서는 공통성이 있다는 점에 주의할 필요가 있다. 이 점은 채도에 대해서도 말할 수 있으며 문양의 양식, 색깔 등 문화에 따라 다소 차이가 있으나 같은 시기에 각 문화에서 볼 수 있는 것은 단순한 기호라기보다 그 이상으로 인간이 갖는 정념이라는 것을 떠올리게 하는 실마리가 아닐까 한다. 비록 그것이 다른 문화로부터 전파되었다 하더라도 그것을 받아들일 바탕이 없으면 발전을 이루지 못하기 때문이다.

굴가령문화의 주거는 집 하나를 여러 개의 방으로 나눈 형태를 취하였다. 이러한 양식은 북방의 앙소 후기 진왕채 유형 문화의 주거에도 영향을 끼쳤다고도 할 수 있다. 많은 문화에서 한 가구는 독립된 주거가 많은 데 비하여 이것은 큰 특색이라고 할 수 있다.

또 이 문화 지역에서는 성벽을 만들었는데 그 가운데는 남북 1,200m, 동서 1,100m에 이르는 거대한 것도 있으며 이 축성 기술도 북방으로부터 영향을 받은 것이 아닌가 생각된다. 이에 대해서는 다시 다음 장에서 언급하겠다.

장강 하류 문화를 거슬러 올라가다

이 지역에서 동쪽으로 장강을 내려가면 안휘성 남부를 중심으로 분포한 설가강薛家崗문화(안휘성 잠산현潛山縣 설가강)가 있다. 이 지역은 이제까지 별로 조사 연구가 진행되지 않았던 곳으로 이 문화의 존재도 근년에야 겨우 알려졌다.

이 문화는 대략 앞에서 말한 마가빈문화보다 약간 늦게 시작하여 나중에 언급하게 될 용산문화 초기와 같은 무렵에 종말기를 맞이한 것으로 보이는

데, 아직 자세히는 밝혀지지 않았다. 다만 이 문화에서 명확하게 인정된 것은 대문구 후기문화와 같은 시기이며 탄소14의 측정에 의하여 기원전 3200년경에 전성기를 맞았던 것으로 생각된다. 채도는 발견되지 않았다.

도기는 흑회색이 다수를 점하고 그 대부분은 무늬가 없고 문양이 있는 것은 적다. 형태는 정鼎·두豆·호壺가 많고 분盆·완碗·배杯 등도 있으나 정鼎은 부釜 모양의 그릇이 많고, 세발과 손잡이가 달린 호壺와 함께 동방의 마가빈문화로부터 강한 영향을 받은 것을 보여준다.

유공석부有孔石斧(구멍돌도끼)나 유단수부有段手斧(턱자귀)도 마가빈과 공통되지만 구멍이 여럿 있는 석도多孔石刀는 이 문화의 독자적인 것이다. 칼의 길이에 따라 몇 개의 구멍을 뚫었는데 구멍이 13개인 것도 있다. 옥기인 환環, 황璜, 관管 같은 것들도 마가빈과 공통되지만 종琮은 마가빈문화 속에서 출현한 양저良渚 조기문화의 영향을 받은 것이다. 이와 같이 설가강문화는 동쪽의 강소·절강 지역의 문화로부터 강한 영향을 받아서 발전한 것으로 생각된다. 또는 동방으로부터의 이민에 의하여 형성되었을 가능성도 생각해 볼 필요가 있을 것이다.

이 문화는 종말 시기도 명확하지 않고 그 후에 어떤 문화가 발생했는지도 명확하지 않다. 아마 문화가 전혀 존재하지 않았던 것은 아닐 테그, 이 지역이 현재까지도 장강이 때때로 범람하는 지역이어서 유적이 수몰되면서 불명확해진 것으로 생각된다. 이 문화의 동쪽, 장강 하구의 남북으로 뻗어가는 강소 남부에서 절강 북부지역에는 마가빈문화에서 파생된 것으로 여겨지는 숭택崧澤문화(상해시 청포현靑浦縣 숭택)가 있었다고 보기도 하나 ス-세한 것은 분명하지 않다. 오히려 주의해야 할 것은 숭택문화와 병행하여 번창하고 결국은 모체인 마가빈문화를 흡수해 버린 양저 조기문화(절강성 여항현余杭縣 양저진良渚鎭)가 기원전 3500년이 지날 무렵에 발생했을 것이라는 점인데,

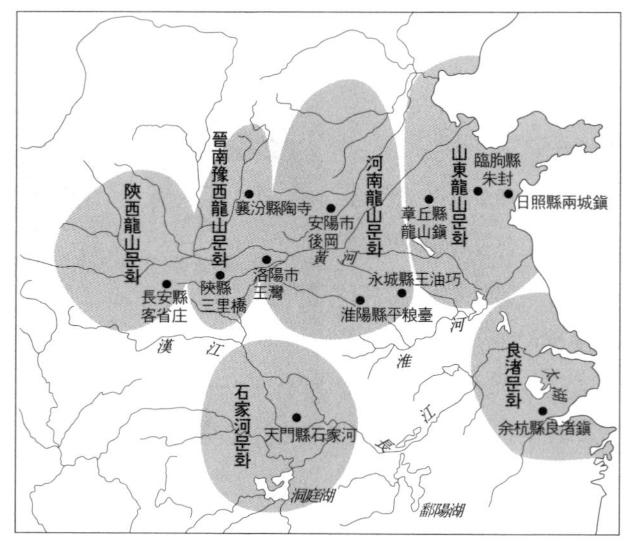

기원전 2500년경의
문화 분포도

이 문화의 내용에 대해서는 그 전성기 문화와 함께 후술하겠다.

이상 고찰했듯이 기원전 3500년경이 되면 일부의 신석기문화를 제외하면 보편적으로 볼 수 있었던 채도가 점점 감소하기 시작하고 홍도도 줄어들게 되었다. 그 대신 회도·흑도가 증가하였다. 기원전 2500년경이 되면 이러한 경향은 더욱 진전하여 회도·흑도가 대부분을 차지하고, 채도·홍도는 거의 소멸하고 기형에서도 변화가 나타나 새로운 시대를 맞이하게 된다.

제5단계

기원전 2500년경이 되면 황하 유역에 용산문화가 나타난다. 이것은 지역적으로 보아 4개의 지방 유형으로 나누어진다.

원래 용산문화라는 명칭은 앞에서도 언급했듯이 1930년 산동성 장구현章丘縣 용산진에서 발견되어 앙소문화의 채도·홍도와는 상이한 회도·흑도를 가진 신석기문화에 붙여진 이름이지만, 후에 하남성이나 섬서성에서도 앙소 후기문화 상층에서 회도를 주로 하고 소수의 흑도를 포함한 문화가 발견됨에 따라 이들도 용산문화라고 부르게 되었다. 서쪽으로부터 섬서 용산문화, 진남晉南 예서豫西용산문화(진晉은 산서의 옛 이름. 예豫는 하남의 옛 이름이

용산문화 왼쪽부터 흑도조두형족정黑陶鳥頭形足鼎(높이 18.3cm), 단각흑도투배蛋殼黑陶套杯(높이 12.4cm) 홍도실족규紅陶實足鬹(높이 32.4cm)

며 산서 남부, 하남 서부를 의미한다), 하남 용산문화(화북 남부도 포함), 특히 동쪽에 있는 것이 산동 용산문화다. 이 가운데 산동을 제외한 세 개의 용산문화를 합쳐서 중원 용산문화라고 부른다. 도기·석기를 보더라도 산동 용산문화와 중원 용산문화는 상이하며 각각 기반이 된 선행 문화도 상이하다.

섬서·진남 예서·하남의 세 문화는 상술한 앙소 후기문화를 기반으로 하여 여기에 남쪽의 굴가령문화로부터 영향을 받아 성립하였다. 도기는 회도가 주체이며 흑도는 서쪽으로 갈수록 줄어든다. 채도는 전혀 볼 수 없다. 문양은 새끼줄무늬가 많고 바구니무늬, 사각격자무늬가 그 다음으로 많으며 이 두 가지는 앙소 후기 이후의 것들이다. 기형은 력鬲, 가斝, 증甑, 관罐이 많고 정鼎과 두豆는 많지 않다. 세 지구에서 공통적으로 볼 수 있는 관형정罐形鼎은 굴가령문화에서 전해진 것으로 생각된다.

이제까지 용산문화의 특색으로 알려진 난각흑도, 특히 고병배는 이 세 지구에서는 전혀 볼 수 없다. 또한 규鬹라고 부르는 그릇도 각 지역에서 극히 소량만 볼 수 있다. 도기를 제조할 때의 기구인 녹로의 사용은 서쪽으로 갈수록 감소된다. 석기는 거의 간석기이며 형태도 다듬어져 아름다워진다. 유견서有肩鋤가 많고 또 대형 어패류인 조개를 장방형으로 잘라서 서鋤 같은 농기구로 사용하고 있다. 장방형이나 반월형 석도나 석겸石鎌을 수확용 농기구로 사용하였다. 석족石鏃(돌화살촉)은 단면이 삼각형인 것이 많다.

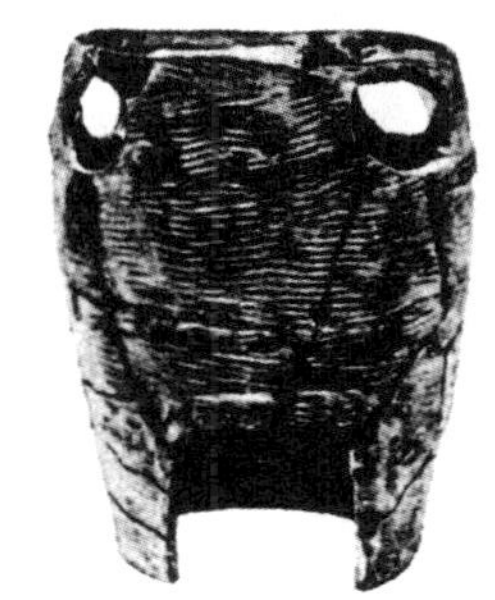

도로陶爐 묘저구 출토. 진남晉南 예서豫西 용산 조기문화, 높이 약 30cm

이와는 반대로 동쪽의 산동 용산문화는 대문구 후기문화를 모체로 한 것으로서 산동을 중심으로 하여 북쪽은 하북성 당산唐山, 요동 반도, 남쪽은 강소성 북부에 미치고 있다. 산동의 동부와 서부는 다소 지역차가 있다고 볼 수 있다.

도기 제작에는 녹로 사용이 빈번하여 대부분은 녹로를 사용하여 제작하고 있다. 흑도가 주류를 이루며 문양은 거의 없고 표면을 연마하여 광택이 나며 우아한 인상을 주는 것들이 많다. 채도는 존재하지 않는다. 기형은 정鼎, 언甗, 관罐, 규鬹, 분盆, 두豆가 많으며 대문구문화로부터 계승한 난각흑도 고병배는 정교하여 산동 용산의 특색을 이루고 있다. 그러나 섬서, 진남예서, 하남의 용산문화에서 많이 볼 수 있는 대상삼족력袋狀三足鬲이나 가斝가 거의 만들어지지 않았다는 점은 중요하다.

석기는 날 끝이 U처럼 둥근 혀모양을 한 서鋤가 많다. 중원 용산의 날 끝이 직선으로 되어 있는 것과는 다르다. 장방형 석도나 석겸도 많다. 석족의 단면은 마름모꼴로서 중원 용산의 삼각형과는 다르다. 따라서 똑같이 용산문화라는 이름은 붙었으나 산동과 다른 세 지역에서는 도기와 석기에도 상당히 차이가 있음을 알 수 있다. 또 력鬲의 유무에 따라 음식의 조리법도 달랐다고 생각하면 되는데, 네 지역 모두 재배 곡물은 조를 중심으로 하는 밭농사 곡물이며 닭·소·돼지 같은 가축을 사육하였다.[10]

이상 네 곳의 용산문화에서는 모두 대형 포유동물의 견갑골을 이용한 복점이 성행하는 풍습을 볼 수 있다.

석가하石家河문화와 양저良渚문화

한편 장강 유역을 보면 기원전 2500년경부터 호북·호남에 걸쳐서 북쪽은 하남 남부에까지 미치는 석가하문화(호북성 천문현天門縣 석가하)가 나타난다. 이것은 굴가령문화를 기반으로 하여 성립한 문화다. 도기는 회도를 주로

---

10) 용산문화의 농업과 관련해서는 다음을 참조. 배진영, 「해대 용산문화의 농업과 환경」, 『농업사연구』 8-2, 2009 ; 배진영, 「용산시대 해대지구 도작문화－도작의 전파와 확산기제－」, 『중국학보』 61, 2010.

하며 황적색 토질의 거칠거칠한 도기도 상당히 있으나 흑도는 적다. 진흙질 도기는 대부분 녹로를 사용해서 만들어졌다. 대부분은 무늬가 없으나 굴가령문화나 하남 용산문화에서 볼 수 있는 바구니무늬나 마름모꼴무늬가 소수이기는 하지만 존재하고 있다. 기형은 정鼎, 규鬹, 두豆, 관罐, 권족반圈足盤, 홍도배紅陶杯가 많으며 화盉, 가斝도 만들어져 하남 용산문화와 관계가 깊었으리라고 생각된다.

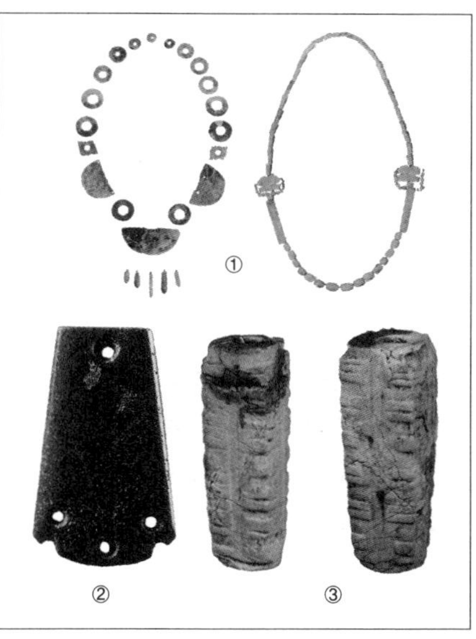

양저문화　① 옥항식玉項飾 ② 녹송석이추綠松石耳墜 ③ 옥종형관玉琮形管. 모두 화청 출토

석기는 간석기로서 정교하게 손질되었으며 월鉞(큰 도끼)과 부斧(작은 도끼), 수부手斧, 겸鎌, 족鏃이 만들어졌다. 석가하 유적에서는 소형이기는 하나 닭, 장미조長尾鳥, 코끼리, 개, 돼지의 석조石彫가 발견되었다. 동물 조각으로는 중국 신석기시대에서 최초의 것이다. 경제의 기본은 물론 벼농사였다.

석가하문화　호수식虎首飾

이 지역으로부터 장강을 내려가면 예전에 설가강문화가 파급되었던 지역에서는 하나의 문화권을 형성할 정도로 정돈된 신석기문화는 발견되지 않았다. 더 아래로 내려가면 장강 하구의 남북 강소성 남부에서 절강성에 걸쳐 양저문화가 확대되었다.[11] 이 문화는 기원전 3000년을 지날 무렵에 마가빈문화 내부에서 발생하여 점차 그 모체였던 마가빈문화를 능가하고 확대되어 대문구 후기문화 영역의 중부까지 진출했다.

강소성 신기현新沂縣 화청花廳에서는 100기에 가까운 묘가 발굴되었다. 묘지는 두 개의 구역으로 구분되어 북구는 대문구 말기, 양저문화 조기의 유물을 수장하고 있는데, 양저문화 특유의 종琮 등의 옥기가 들어가 있는 것은 10기의 대형 묘였으며 그 중에는 순장자가 함께 들어 있는 묘도

---

11) 이명화, 「양저문화(良渚文化)와 신권정치의 성장」, 『이화사학연구』 23·24합권, 1997.

있었다. 이 대형 묘에 매장된 주인은 양저문화 지역에서부터 대문구문화 지역으로 침입한 양저인들의 귀족 묘로 생각된다.

이 문화의 도기는 흑색이 기조를 이루고 있으나 표면만 흑색이고 내부의 태토는 대부분 회색이다. 난각흑도는 보이지 않는다. 무늬가 없는 것이 대부분이나 붉은색으로 문양을 그린 것, 바늘 같은 것으로 가늘게 선을 새긴 문양을 그린 것도 있다. 기형은 정鼎, 두豆, 쌍이호雙耳壺, 옹甕 등이 있으나 어느 것이든 다른 문화에서는 볼 수 없는 형태가 많다. 소수의 규鬹 외에는 자루 모양의 세발 달린 그릇은 없다.

석기는 부斧·수부手斧·월鉞·착鑿·장방형 또는 반달형 칼 외에 이인犁刀(쟁기날)이나 논에서 사용하는 제초기처럼 이 문화의 특유한 것들이 있으며 논에서의 벼농사 기술이 고도로 발달되었다고 생각된다.

옥조玉彫 기술의 개화

이 문화에서 가장 사람의 눈을 끄는 것은 옥이다. 재료는 연옥이며 찰절법이나 천공법에 의하여 형태를 자르고 전체를 갈아서 광택을 낸다. 표면에는 얕은 부조나 가늘고 예리한 도구를 사용하여 가는 선을 새겨 인면人面이나 신인神人의 문양을 나타낸다. 이 문양의 배후에는 당연 신화의 세계가 있었을 것이지만 지금에 와서 어떤 내용이었는지는 알 수 없다. 형체는 종琮(홀), 벽璧(둥근옥), 월鉞, 탁鐲(방울), 관管(피리)과 같이 다양하며 중국 고대를 통틀어 최고의 것들이다. 이 지역에 일어났던 하모도·마가빈문화의 옥기 기술을 발전시킨 것이며 몇몇 형태는 은주시대에도 계승되었다.

이 장강 하구 지역의 문화는 하모도문화 이래 다른 지역의 신석기문화와 성격을 같이하며 특이한 내용을 갖고 있었다고 생각된다. 그리고 다른 문화의 영향은 별로 받지 않았던 것으로 보인다. 예를 들면 양저문화와 대문구 후기문화 지역은 상당히 겹치지만 적어도 양저문화가 대문구문화로부터 영향을 크게 받았다고는 생각되지 않는다. 아마도 진보된 벼농사를 기반으로 해서 고립된 독자적인 문화와 사회를 만들었을 것으로 생각된다.

신석기시대가 끝나고 다음의 은·주 시대에 이 지역은 역사의 표면에서 모습을 감추고 춘추 후반에 돌연 오吳·월越이라는 두 강국으로서 무대에 등장한다. 일반적으로 이 두 나라에 관해서는 중국 사서에는 문화가 뒤떨어진 나라(실제로는 이질 문화)로 알려져 있으나 오·월의 흥기를 가능케 한 것은 무엇일까. 그것이 신석기시대 이래의 벼농사 사회와 어떻게 결부되었는가는 흥미를 자아내는 과제다.[12]

---

12) 이와 관련하여 오문화에 대한 연구는 이명화, 『춘추시기 오문화의 기원과 형성』, 이화여자대학교 박사학위논문, 1996 ; 이명화, 「양저문화(良渚文化)와 신권정치의 성장」, 『이화사학연구』, 1997 ; 이명화, 「吳立國과 청동문화」, 『이화사학연구』, 1995.

제4장 신석기시대의 생활

1. 주거와 촌락 – 가족의 형태

신석기 초기의 생활

인간이 곡물을 재배하고 가축을 기르고 자기 손으로 식량을 생산하게 되었을 때 도대체 어떤 생활을 하고 있었을까. 이제까지 인간은 혈연으로 맺어진 씨족氏族이라는 집단을 만들고 씨족의 각 성원은 평등한 권리를 가지며 재산은 어머니로부터 딸에게로 상속되었던 것이 아니었을까 생각되었다. 중국에서는 이 같은 신석기시대 문화는 앞에서 언급한 바와 같이 가장 오래된 기원전 6000년경부터 확인되고 있다. 이 시기의 생활 정황은 어떠하였을까?

예를 들면, 섬서성에 분포했던 노관대문화의 주거는 원형의 수혈식 주거로서 벽체는 없고 지붕을 중심으로 한 원추형으로 수혈의 바깥쪽으로 내려가도록 되어 있는 구조이며 실내의 방바닥 면적은 6㎡ 전후다. 이러한 주거가 어떻게 배치되어 촌락을 이루었는지는 밝혀져 있지 않다. 묘는 서북을 두향頭向으로 한 토갱묘土坑墓이며 네 점 정도의 일상에 쓰이는 도기나 석기가 부장되었다. 아직 발굴 사례가 적어서 묘지의 구성 등은 명확하지 않지만 발굴된 실례를 참작해 보면 묘와 묘 사이의 간격이나 배열에 계획성이 있었던 것으로 생각되나 자세한 내용은 알 수 없다.

자산문화에서는 촌락 내부에 몇 개의 소집단이 존재하고형이 소집단이 긴밀한 결합력을 가지고 있었을 것으로 생각되지만 자세한 것은 분명하지 않다. 주거는 원형이나 타원형 수혈주거로서 방바닥 면적은 6~7m²다. 묘가 발굴된 것이 적고 묘지 구성도 명확하지 않으나 그 유적에서 특이한 것은 곡물을 저장하기 위한 장방형 수혈이 88개나 발견되었다는 사실이다. 갱의 크기는 1~1.5m×0.5~0.8m, 깊이는 1~5m였다. 내부에 남아 있는 조粟의 퇴적 두께는 0.5~0.6m고 1m 이상 퇴적된 갱도 상당수 있었으며 가장 두꺼운 것은 2.9m나 되었다고 한다. 이 같은 현상은 당시에 조 생산이 항상적으로 안정되었음을 보여준다고 생각된다.

다음으로 배리강문화에 대해서 살펴보면 주거는 원형·방형 주거로, 면적은 6m²에서 최대 11m²다. 촌락 구성은 명확하지 않다. 이 문화에서는 곡물의 탈곡이나 제분에 돌로 만든 마반과 마봉을 사용하였으나 이 두 가지 곡물 가공용 석기가 부장된 묘에서는 서鋤나 겸鎌, 부斧 같은 석기가 발견되지 않고, 또 역으로 서鋤 등이 부장된 묘에서는 마반 같은 것이 보이지 않았다. 이것은 농경과 곡류의 가공이 분업으로 이루어졌음을 나타내는 것이 아닌가라고 말할 수 있다. 가정 생활에서의 남녀의 성별에 의해서일 것이다.

동쪽의 산동을 중심으로 하는 북신문화에서는 주거의 형체도 아직 확인되지 않았으며 묘의 발굴도 적어서 사람들의 생활을 살펴보기가 어렵다. 다만 묘에서 유아는 옹관에 넣어 매장하는 데 비해 성인은 토갱에 몸을 반듯하게 펴서 눕게 하는 식[1]으로 매장한다. 얼굴을 홍도의 발鉢로 덮어씌우는 일이 성행하였다. 북신문화에서 도기는 황갈색이 주류였고 홍도는 적었다. 그 홍도의 발을 사자에게 사용한 데에는 무엇인가 의미가 있었을 것으로 생각된다. 이와 같은 매장 의식은 다른 문화에서는 볼 수 없는 특이한 습관이다.

장강 하구지역의 하모도문화는 황하 유역과는 달리 벼농사를 주로하는 문화이며 앞 절에서도 보았듯이 도기와 석기가 다른 곳과는 다르다. 주거도

---

1) 이를 중국에서는 앙신신전(仰身伸展)이라고 하고 일본이나 한국에서는 신전장(伸展葬)이라고 한다. 본문에서는 신전장이라고 부른다.

목조의 지상 건축(고상식高床式이었으리라 생각된다), 길이 20m 정도, 전후 거리 7m, 폭 약 1.3m의 복도가 붙은 일종의 연립주택 형식의 가옥이 발견되고 있으나 그것이 몇 가정이 집합되어 있었던 것인지 판명되지 않고 있다. 묘는 분명하지 않다.

이상이 신석기 제1단계 각 문화의 생활에 대한 개요인데, 불분명한 점이 많아 다음의 앙소문화처럼 구체적인 상황을 기술할 수가 없다. 다만 장강의 하모도문화가 독자성을 갖는다는 것은 별개로 치고, 같은 황하 유역에서도 동쪽의 북신문화가 다른 서쪽 문화와는 다른 독자성을 보인다는 점을 기억해 둘 필요가 있다. 제2, 3단계의 대문구문화, 제4단계의 산동 용산문화가 각각 같은 시기의 황하 중류 유역, 다시 말하자면 나중에 중원으로 일컬어지는 지역의 문화와는 다른 내용을 가지며 독자성을 갖게 된 원류는 이 북신문화에 이미 나타나 있었다.

촌락의 형태

다음에 제2단계 각 문화에 관하여 살펴본다. 먼저 앙소 반파 유형의 생활이 있는데 이 반파촌에 신석기시대를 상징할 만한 촌락유적이 1954~1957년에 발굴되었다.[2]

이 유적은 현재 위하渭河의 지류인 파하灞河와 그 지류인 산하滻河 사이에 낀 황토대지 위에 있으며, 산하에서 약 800m 떨어져 있고 하상에서 9m 정도 높은 대지臺地 상에 있다. 촌락의 범위는 5만 m²에 달하고 그 가운데 주거는 약 3만 m² 범위 내에 집중되어 있다. 이 거주구역의 주위에는 깊이와 폭 모두 2~3m 남짓한 도랑이 파여 있고 그 바깥쪽으로 북부에서 동부에 걸쳐 촌의 공동묘지가 있다. 이 밖에 거주구역 내에서는 어린아이의 옹관묘나 가축을 키우는 우리, 묘지 가까이에서는 도기를 굽는 가마 등이

---

2) 반파촌락에 대한 중국학자의 글이 번역된 적이 있다. 이에 대해서는 다음을 참조. 조빈복(趙賓福), 「논반파문화적촌락포국급사회제도(論半坡文化的村落布局及社會制度)」, 『한중고고학연구』 6, 1995.

반파문화 반파 원시촌락 유적(왼쪽)과 반파유적의 제2 옹관장군甕棺葬群 옹관 분포 정황(오른쪽)

발견되었다.

이 가운데 주거는 46호가 확인되었는데 이것은 22호가 전기, 24호가 후기로 두 번에 걸쳐 지어졌다. 또 묘지에서 발견된 170여 기의 묘도 부장품의 차이에 따라 대강 2기로 나뉘기 때문에, 이 촌락에서는 간격을 두고 두 차례에 걸쳐 사람들이 거주했음을 알 수 있다. 그 전·후기 사이에 어느 정도의 폐촌廢村 기간이 있었는지, 혹은 전기 주민과 후기 주민 사이에 어떤 관계가 있었는지는 현재로서는 알 수 없다. 단지 여기에서 앙소인은 20호 정도의 단위로 촌락을 이루고 살았음을 알 수 있다. 그러면 이 촌락의 인구를 알기 위해 개개 주거의 크기를 검토할 필요가 있다.

주거 양식

반파촌 유적의 주거지에는 수혈竪穴 주거와 흡사한 것(중국에서는 반지하식이라고 부른다)과 지상식의 두 종류가 있으며, 형태는 원형과 방형 혹은 장탕형의 두 종류가 있다. 어떤 방식이든 전·후기에 모두 나타난다. 그러므로 건축기술의 측면에서 시대의 전후를 구분하기는 곤란하다. 실내 마루의 면적 크기는 예를 들면 제13호 전기 방형 주거의 경우 14.4m², 제3호 후기 원형 주거는 19.8m²이며, 거의 대부분은 10~20m² 사이이다. 대강 3~6평 남짓하다.

이러한 크기의 거주지에서 생활할 수 있는 사람의 수는 5인이 한도가 될 것이라 한다. 부부와 아이 셋, 이른바 전형적인 핵가족을 상상하면 될 것이다. 그러므로 이 촌의 인구는 대체로 100명 전후가 된다. 그리고

반파촌 주거 복원도 제41호 장방혈수혈식 주거(위), 제22호 원형지상주거(가운데), 제24호 방형지상주거(아래)

전·후 두 시기에 매장된 사람이 아이를 제외하고 각각 80명 정도였다는 것은 이 촌에 상당 기간 동안 사람들이 계속 거주했음을 시사하며 정착촌락임을 알 수 있다.

이러한 촌락은 중앙에 면적이 약100m² 정도 되는 대형 건축물이 있으며 이 건축물을 둘러싸듯 일반 주거가 배치되었다. 이 대형 건축물은 마을의 집합소 같은 기능을 가진 곳으로 생각할 수 있다.

1972년에 발견된 같은 반파유형의 강채姜寨유적(섬서성 임동현臨潼縣 강채)은 반파 유적의 촌락 다섯 집단이 모여서 만들어진 대형 촌락유적이다. 한 집단이 각각 대형 집합소를 중심으로 하고, 10호에서 20호의 가옥이 하나의 그룹을 형성하는데 이러한 그룹들이 중앙광장을 둘러싸듯 배치되어 있었다. 따라서 당시 사회는 20호 정도의 가옥이 모여서 하나의 집단을 만들고 다시 그 집단 몇 개가 모여서 상위 집단을 만들었다고 생각된다. 아마 반파의 촌락집단이 기초 집단이었을 것이다. 반파와 강채의 촌락을 비교해 보면 인구 문제 또는 세력의 확장 때문에 촌을 나눌 필요가 생겼을 때는 이 기초 집단을 하나의 단위로 해서 행동이 이루어졌으리라 생각된다.

묘지에서 보이는 사회구성

그런데 반파촌의 공동묘지에는 170여 기의 묘가 있는데 거기에는 소년기를 포함하는 연령 이상의 사람들이 얕은 장방형 토갱묘에 신전장伸展葬으로 되어 있다. 이에 반해 어린아이는 대부분 거주구 내부의 집 주위나 방바닥 밑에 옹관에 넣어서 매장되어 있다.

강채 유적도 같은 상황이었다. 따라서 소년기에 이르면 마을의 공동묘지에 묻힐 자격을 얻게 되는데, 아마 5세 정도에 젊은이 집단에 편입되어 마을의 후계자로서 교육을 받고 일정한 일을 맡게 된다고 볼 수 있다.

이 젊은이 집단의 연령 상한선은 묘의 부장품으로 보건대 15~16세였다고 생각된다. 지역은 전체적이지만 대문구문화에서는 발치拔齒 풍습이 상당히 광범하게 보이며 남자는 14~15세, 여자는 16~17세에 이 풍습을 실행하고 있다. 이것은 성인이 되기 위한 하나의 의식이다. 앙소문화에서는 이 풍습을 볼 수 없으나 아마도 뭔가 성인식 같은 것이 행해진 후 마을의 정식 구성원이 되었을 것이다. 이에 반해 아이들은 마을 구성원은 못 되고 양친에 부속된 존재였다고 생각된다.

그런데 강채문화에서는 15~17세 가량 되는 두 여자의 묘에서 동물 뼈를 사용하여 만든 많은 구슬을 연결시킨 장신구와 귀고리가 유해 위에서 발견되었다. 또한 반파 유적에서는 5세 가량의 여자아이가 나무판자로 간단한 곽 같은 것을 만든 토갱에 매장되어 벽옥의 귀고리와 많은 뼈그슬로 된 허리 장식을 하고 있는 것이 발견되었다.

이러한 훌륭한 장신구는 성년의 여자 묘에서는 발견되지 않았다. 일반적으로 성년 남녀의 묘는 부장의 도기나 석기에서 다소의 차이는 있으나 소위 사치품이기도 한 장신구 같은 것은 남녀 모두 거의 찾아볼 수 없다. 물론 이러한 장신구가 풍부하게 부장된 묘는 극히 한정되어 있으며 특수한 지위에 있었던 집안의 여자였다고 생각할 수 있다.

반파유형 문화의 유적에서는 2차장이라고 불리는 매장법이 빈번하게 행해지고 있었다. 이는 가족 한 사람이 사망하여 매장할 때 주변에 있는 일족의 묘를 파서 먼저 매장된 사람의 뼈를 빼내 새로 사망한 사람과 함께 묘갱에 매장하는 것이다.

고고학자는 새로 매장되는 사람을 1차장이라고 하여 구분한다. 이러한 1차장과 2차장과의 합장묘는 뼈의 성별과 연령의 감별에 의해 1차장 해당자가 여자일 경우에 실시되며 2차장 해당자는 남녀 수세대에 걸치는 경우가 있기 때문에 당시 사회는 모계적 요소가 강하지 않았을까 생각할 수 있다. 그러므로 앞의 장신구 같은 것도 성년인 모친이 몸에 걸치지 않고 미성년의 딸에게 주었던 것은 아니었을까 생각된다. 또한 그의 모친 집은 촌락에서도 아마 종교상 특수한 지위를 차지한 부유한 집이며 종교자로서의 지위도 어머니로부터 딸에게 계승되었던 것이 아닌가 생각된다.

그러나 이러한 사례는 당시 사회가 모권제였음을 의미하는 것은 아니다. 같은 반파유형의 유적인 섬서성 화현華縣 유자진柳子鎭 원군묘元君墓에서 발견된 60세 가량 되는 남자의 단독 2차장 묘는 묘실 내부에 조약돌을 쌓아 석곽을 만들어 시신을 개장改葬한 것이지만 이러한 석곽을 수반한 묘는 당시에는 이례적이었으며, 생전에는 강한 사회적 힘을 가진 인물이었다고 추측된다. 아마도 현실 사회를 통솔하고 있었던 자는 개인적으로 자질을 구비한 남자였을 것이다. 또한 반파유형 유적에 따르면 남녀 성별에 의해 묘지가 구별되는 곳도 있으나 이것은 생활 면에서도 성별에 의하여 별개 조직이 만들어지고 작업을 분담해서 활동하고 있었음을 나타낸다고 생각된다. 이 같은 성별에 의한 구별이 있는 곳에서도 그 촌락의 사회집단을 통솔한 사람은 남자였을 가능성이 강하였다고 생각된다.

이상은 반파유형 문화의 사회 양상이나 이러한 생활체로서의 촌락 유적이 발견된 경우는 드문 일이며 다른 지역과 시기의 신석기문화에서는 묘가 다수 발견되어도 주거군의 구성을 파악할 수 없거나 반대의 경우가 있거나 해서 생활체로서 파악할 수 없는 것이 일반적이다. 그래서 기술記述은 단편적이 될 수밖에 없을 것이다.

용, 호랑이와 죽은자死者의 영혼

반파유형의 묘에서는 순사 같은 것은 보이지 않지만 같은 시기의 후강문화에서는 아주 특이한 묘가 발견되었다. 하남성 복양현濮陽縣 서수파西水坡

유적이 그것이다. 이 묘의 전체 형태는 벙어리장갑에 가까운 모양으로 남부 중앙에 머리를 남쪽으로 향하게 하고 반듯이 누워 있는 상태로 매장되었는데 묘의 주인은 장년의 남자였다. 그 오른쪽에는 조개껍데기를 용 모양으로 늘어놓았다. 전체 길이는 거의 묘 주인의 키와 같다. 왼쪽에는 역시 조개껍데기를 이용하여 호랑이 모양을 그려놓았다. 이 용과 호랑이는 모두 머리를 북쪽으로 향하고 있다. 용과 호랑이는 모두 중국에서 뛰어난 영력을 가진 신비한 동물로 여겨져 왔으며 은대 청동기의 문양에도 사용되었고 악령을 막기 위한 부적 같은 의미가 부여되어 있었다. 후강문화와 은문화 사이에는 3천 년의 격차가 있고 직접 양자를 연결시켜 볼 수는 없으나 아마 이 묘의 주인이 갖고 있는 종교적 힘에 대응하는 것으로서 그려졌다고 생각된다.

이 묘의 동서 벽을 따라가면 각각 12세 전후의 여자가 매장되어 있고 남쪽 벽을 따라가면 16세 가량의 남자가 남동쪽으로 머리를 향한 채 대장되어 있다. 이 가운데 동쪽 벽 여자의 두골에는 칼자국이 남아 있어서 죽여서 매장한 것으로 생각된다. 3인은 순장자로서 매장되었을 것이다. 이 묘 주인의 발 밑에는 한 쌍의 절단된 사람의 정강이가 놓여 있으나 의미는 분명하지 않다.

이 묘에는 부장품이 전혀 보이지 않는데 실은 후강문화의 묘장에서는 일반 묘에도 부장품이 들어 있지 않다. 아마 사후 생활에 관한 사고방식이 다른 문화와는 다른 점이 있었을 것이다. 그것은 그렇다 치고 제45호라고 불리는 이 묘에 순장자가 있다는 것을 생각할 때 후강문화의 사회에서는 반파유형 사회에 비하여 사회의 계층분화가 더욱 진전되었음을 나타내는 것이라고 하겠다.

더욱이 동방의 대문구문화에서는 한 사람을 토갱에 신전장하는 것이 기본 매장법이었으나 앙소문화와 똑같이 2차장도 행하고 있어 갱 하나에 22명을 2차장한 곳도 있다. 2차장은 후강문화에서도 행해졌으므로 황하

대문구 유적 제13묘 출토 정황

유역에 공통된 매장법이었고 죽은 자의 영혼에 관해서도 같은 관념이 있었다고 생각된다. 다만 후강문화에서는 유아를 옹관에 넣어 매장하는 관습이 있었으나 대문구문화에서는 볼 수 없다는 차이점이 있다.

이 문화는 도기에 비해 간석기는 귀중품이었으나 부斧나 수부手斧, 착鑿 등은 주로 남자 묘에 많이 부장된 반면(여자 묘에도 있지만) 방륜紡輪(실패 추)은 여자 묘에 한정된 것으로 보아 성별에 의한 분업이 아직은 충분하게 진행되지 않았다고 생각된다. 그러나 강소성 비현邳縣 유림劉林 유적에서 발굴된 남녀 합장묘와 남자와 어린아이와의 합장묘에서 볼 때 일부일처제一夫一婦制 혼인이나 부계에 의한 상속이 이루어지고 있었다고 생각된다. 이에 반해서 반파유형에서는 일찍 사망한 청소년(남녀 모두)의 시신을 부모 묘에 2차장하는 경우, 모친에게만 한정되어 있었던 것으로 보아 모계적 요소가 남아 있었다고 말할 수 있다. 이 일부일처제의 경향은 대문구 후기가 되면 더욱 확실해져 부부 합장일 경우에는 남편은 왼쪽, 아내는 오른쪽으로 위치가 일정해지게 되었다. 이것은 생전에 가정 내의 지위도 가장인 남편을 중심으로 해서 결정되었다는 것을 나타낸다.

대문구 후기에는 묘에 따라서 부장품이 50~60개 정도 되는 것이 있는가 하면 적은 묘에는 하나도 없거나 한두 개 정도만 있어 큰 차이를 보인다. 대형 묘에서는 목곽이 만들어져 수십 개의 도기나 석기, 게다가 상아로 만든 빗이나 통 외에 돼지머리가 열 개 정도씩이나 바쳐져 있는 것도 볼 수 있다. 이와 같은 묘는 남자에게만 한정되기 때문에 사회 전반의 빈부 차이가 현저하고 동시에 부권이 확립되었음을 나타내고 있다.

장강 유역의 문화

그러면 장강 유역의 대계문화에서는 어떠한 사실이 나타나고 있는가. 이 문화의 주거는 지상 건축이 주류를 점하고 원형과 방형의 형태를 취한다. 집의 외벽은 맨 처음 벽의 두께에 해당하는 홈과 기둥을 세울 구멍을 뚫고 나서 기둥을 세운 후 홈과 기둥 주위의 간격에다 태운 흙의 파편과 점토를 혼합해서 그 간격에 채워넣어 벽의 토대를 만들고 기둥과 기둥 사이에 대나무 조각을 엮어서 바닥을 만들어 벽의 내외부에서 벼의 겉겨나 줄기, 잎을 잘게 썰어서 첨가한 진흙을 발라 벽을 만든다. 집의 바닥 면적은 30m² 정도로 반파의 집보다는 더 크며, 이러한 집들이 모여서 촌락을 이루었다.

묘는 토갱에 한 사람을 앙신신전장으로 하는 것이 기본이지만 극히 적은 수이기는 하나 엎어서俯身 매장한 것도 있었다. 그 밖에 굴지장도 상당수 있고 시대를 경과하면서 이런 매장이 증가하고 있다. 고대 중국에서는 신전장을 기본으로 하기 때문에 굴지장은 이례적이라고 할 수 있으나 이 사회를 구성한 사람들은 다른 영혼관을 가진 복수의 종족으로 구성되었다고 생각할 필요가 있을 것이다. 또한 지역에 따라서는 유아를 옹관에 넣어 매장하고 있는데 이는 북쪽 앙소문화의 영향을 받은 것으로 생각된다. 부장품도 남녀에 따라서 큰 차이는 없고 부斧, 수부手斧와 같은 석기는 여자 묘에도 부장되어 있으므로 생활상 남녀에 의한 분업은 진전되고 있지는 않았던 것 같다.

장강 하구지역을 차지한 마가빈문화의 주거는 지상의 목조건물로서 벽은 갈대나 대나무 조각으로 엮은 '암페라³⁾로 만들어져 있었다. 방바닥은 깨뜨린 돌조각이나 도자기 파편 또는 조개껍질을 혼합시킨 점토를 깔고 그 위에 다시 진흙모래를 한 차례 깔아 불로 태워서 마무리한다. 방바닥 두께는 수십 cm이며 대단히 단단하다.

---

3) 식물의 줄기로 엮은 거적으로 멍석 깔개.

이것은 이 문화 지역이 저습지이기 때문에 지하로부터 습기가 올라오는 것을 막기 위한 방법이었다. 집의 바닥 면적은 15㎡ 정도가 많아 소형이었다고 볼 수 있다. 따라서 한 가구의 주거 인원은 최대 5명이었다. 묘는 한 사람을 신전장하는 토갱묘지만 절반 정도의 묘에는 부장품이 없다. 부장품을 가진 묘는 여자 묘가 많고 이 문화의 특색 가운데 하나인 옥황玉璜, 옥결玉玦을 수반하는 것도 여자 묘로 한정되어 이 사회에서는 여자의 지위가 높고 모계사회였던 것은 아닐까 추측할 수 있다.

2. 성곽과 집합주택 – 사회계층의 분화

대성곽의 출현

이렇게 신석기문화는 제3단계 즉 앙소 후기, 대문구 후기 시기로 들어가는데 많은 경우 제2단계의 정황이 그대로 계속된다. 특히 앞에서 언급했듯이 대문구문화와 같이 빈부의 분화가 심하고 사회의 분화가 진전된 곳도 있으나 섬서·산서·하북·하남 지역을 차지한 앙소 후기문화 지역이나 하남 남부에서 호남에 걸친 대계 후기문화 지역에서 눈에 띄는 변화는 보이지 않는다. 그러나 대계 후기문화가 굴가령문화로 이행하게 되면 거주 상황에 한 차례 변화가 나타난다. 그것은 첫째로는 성곽이 만들어지고, 둘째는 주거가 일가구 주택에서 집합주택으로 변화한 것이다.

우선 성곽에 관하여 살펴보자. 현재 연대가 제일 오래되었다고 생각되는 것은 호남성 풍현澧縣 성두산城頭山에서 발견된 성곽으로 대략 기원전 2800년경의 것으로 추정되고 있다. 거의 원형으로 안쪽 지름은 325m, 성 안의 면적은 70,000㎡, 흙을 다져 만든 성곽의 동서남북에 각각 한 개의 성문이 있고 성의 중앙에 몇 개의 건축 기단이 남아 있다. 그 중의 하나에는 남북 약 60m, 동서 약 30m의 거의 완전한 원형이 남아 있다.

호북에서 호남에 걸쳐서 이 문화 시기의 성곽이 몇 지역에서 발견되고 있으나 그 가운데 최대의 것은 굴가령문화 말기에 축조되어 다음의 석가하문화시대에도 계속 사용되어 온 석가하 성지(석가하문화의 대표 유적)다. 성곽은 남북 약 1,200m, 동서 약 1,100m, 면적은 100만m² 정도다. 현재 성 안의 조사가 이루어진 것은 일부분이지만 성 안의 중앙 부분과 남부에서는 다수의 주거가 발굴되었고 더욱이 수세대에 걸쳐 주거구로 사용되었다. 또한 성 안 서북 모퉁이 가까운 곳에서는 소형 동물이나 인물 조각상이 5,000점 이상 출토되고 남서부에서는 소형의 홍도 배杯가 1만 점 가까이 발견되어서 각각 전문의 도기 제작지구가 설정되어 있었음을 알 수 있다. 그 외에 성 바깥 주위에 다수의 거주지구가 있었다는 것도 조사되고 있다.

이 성벽의 기초 부분은 두께 50m에 달하는 곳도 있으며 현존 높이는 6m 내지 8m로서 흙을 다져 건축되었기 때문에 상당한 노동력이 동원되었을 것이다. 서쪽 벽의 바깥쪽에는 폭 80m 정도의 해자가 일부 남아 있다. 게다가 호북 남부에서 호남 북부에 걸쳐서 앞에서 언급한 풍현 성두산 정도의 소성小城 터가 몇 군데 발견되었기 때문에 아마도 석가하 성은 이 지역의 중심 도시이자 정치경제의 중심이었고, 소성은 지방 도시였을 것으로 생각된다. 석가하 성에서 만들어진 도제의 작은 상像이나 배杯는 지역 내에서 판매되었을 것이다. 당시에는 화폐가 사용되지 않았기 때문에 지방에서 생산되는 쌀이나 농산물 같은 것과 교환되었으리라 생각된다.

굴가령문화에서 시작한 성곽 건설은 북쪽으로 하남 등의 용산문화에 전달되어 황하 남북에 성곽이 건설된다. 하남성에서는 5개 지역, 산동에는 11개 지역이 발견되었다. 그 중 하나인 하남성 회양현淮陽縣 평량대平粮臺의 성곽은 남북, 동서 각각 185m의 정방형으로 현존하는 벽의 기저부 두께가 약 13m, 잔존 높이는 3m이며 성 안 면적은 약 34,200m²이다.

남쪽 벽 중앙에 정문이 있고 문 양측에 수위소守衛所가 있으며 문의 중앙 지하에 도관의 배수시설이 있고 약 5m가 남아 있다. 또 북쪽 벽 중앙 서쪽에 소문小門이 있다. 이것은 안쪽 문이다. 성내 동남부와 서남부에 10여 호의 주거지가 발굴되었는데 거의가 여러 개의 방을 가진 가옥들이다.

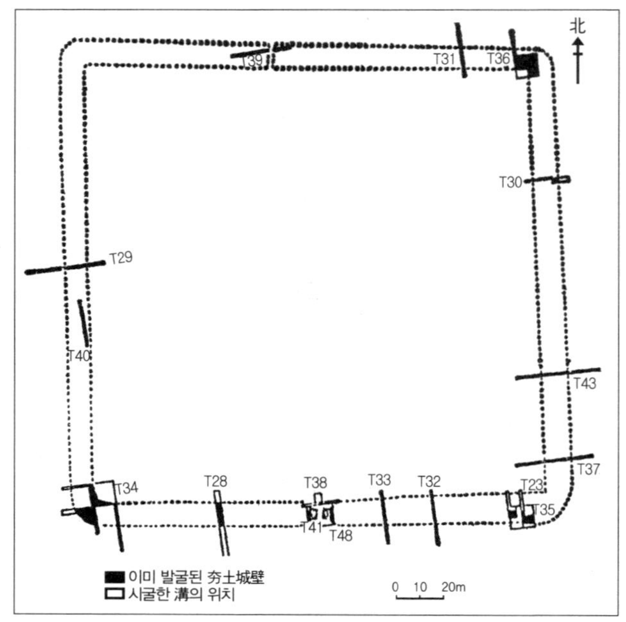

평량대 성보 평면도

예를 들면 F4라 불리는 것은 4개의 방과 그것을 연결하는 복도로 형성되고 중앙의 거실로 생각되는 두 개의 방에는 출입구가 복도로 열려져 동서의 끝에 있는 방을 거쳐서 외부로 통하도록 되어 있다. 벽에는 햇볕에 말린 벽돌을 쌓고 그 양면에 풀을 반죽한 진흙을 발랐다. 이 F4는 토대를 만들어서 그 위에 건립되었으므로 아마 귀족이나 유력자의 주거였으리라 생각된다.

　신석기시대의 주거는 대부분 예컨대, 반파 유적에서처럼 1호1실—戶—室로 되어 있었다. 마을 중앙부에 있었던 집회소도 1호1실이었다. 그런데 굴가령문화에서는 하나의 호가 여러 개의 방을 가지고 있는 집이 등장하며 성곽 기술과 함께 앙소 말기의 문화나 용산문화로 전달되어 여러 개의 방으로 구성된 주거가 건축된다. 이러한 주택은 여러 개의 방으로 이루어진 한 호가 한 가족에 의해 사용하였으리라 생각되며, 경제적으로 유복한 가족의 집이며 경제적 격차가 현저하였다는 것을 나타낸다. 앞에서 언급한 평량대의 F4는 복수의 방으로 이루어진 귀족의 집이며 후에 은대의 궁전 건축으로 발전된다.

90

집합주택과 사회의식

이 밖에 제4단계의 시대에는 5호 전후의 주거를 한 줄로 세워 출입문을 같은 방향으로 열리게 하여 전체의 좌우와 뒷면의 벽은 여러 집의 주거군을 둘러싸도록 하는 판축版築[4] 기술로 쌓은 것이 있다. 한 집의 방바닥 면적은 앙소기의 주거와 같이 10m² 전후다. 반파촌에서는 대형 집회소를 둘러싸도록 중심을 향하여 출입문이 열리게끔 각 주거가 배치되어 독립적으로 건축되었으나, 반파 후기문화의 섬서성 임동현 강가康家의 주거군은 여러 집들이 한 단위가 되어 같은 벽을 공용할 수 있도록 건축되었다. 소위 집합주택이다.

이런 방식으로 된 주택의 전형이 하남성 석천현淅川縣 하왕강下王崗의 앙소 후기 말의 유적에서 발견되었다. 전체 길이 85m, 안(세로)길이 6.3~8m로 일정하지 않으나 일종의 연립주택으로서 17가구로 나뉘어져 있다. 한 집은 문간방과 안방의 한두 개로 구성되어 있다. 한 집의 면적은 대소 차이가 있으며 안방 두 개를 합쳐서 13.6m² 되는 것도 있는가 하면 방 하나짜리로 18.79m²인 것도 있다.

문간방은 화로라든가 죽석竹席(대나무로 엮어서 만든 취침용 멍석깔개)[5] 등이 발견되지 않았는데, 이는 밖에서 안방이 보이지 않도록 도구 등을 두기 위해 만든 것이다. 그만큼 집단 내에서 한 집의 가족의 독립성이 높았다고 생각된다. 반파유형에서는 각 집이 마을 중앙을 향해 있기 때문에 주민들 사이에 구심력이 작동되지만, 하왕강과 같은 연립주택이라면 주민의 심리가 자연적으로 확산되게 하지 않았을까 생각된다.

이 연립주택은 발굴자에 따르면 앙소 후기문화 3기의 것이라고 하는데, 이 지역은 하남 남부에 위치하여 앙소, 대계, 굴가령 문화 나아가 용산문화가 누층적으로 발견된 지역으로 아마도 굴가령문화의 영향을 받은 것으로 생각된다.

---

4) 판자와 판자 사이에 흙을 넣어 다져 쌓음.
5) 일종의 대나무 자리.

앙소 반파유형 문화의 사회는 모계제 혹은 그 영향이 남아 있는 씨족제 사회이며 혈연의식에 의하여 결합되었다고 생각되지만 대문구 후기 사회에서는 부계사회와 빈부 차에 의한 계층분화가 발견된다. 그것은 제3단계 말기에는 집합주택이 만들어지게 되고 종래의 혈연의식에 의한 결합으로부터 인위적인 지연의식에 의한 결합이라는 변화를 발생시켰다고 생각된다. 이러한 일이 성곽－도시의 발생과 어떻게 결합되어 있는가는 흥미로운 문제다.

이를테면 석가하의 도시처럼 직업에 의한 전용지역이 설정된다면 그 직업에 종사하는 사람들을 일정한 구역에 집합시켜 거주케 할 필요가 생겨 집합주택화가 나타난 것이 아닐까. 현재 집합주택이 발견된 장소에서는 성곽이 발견되지 않고 있으나 농촌지역에서도 집합화가 이루어지고 있었을 가능성을 생각해 보아야 할 것이다. 반파 유적에서도 곡물이 개개 주거에 저장되고 있는 것으로 보아 일상생활은 집집마다 별도로 영위했을 가능성이 짙은데, 이러한 집합주택처럼 한 집이 거주하는 안방은 문간방을 통해서만 외부와 통할 수 있기 때문에 집집마다 생활 면에서 독립성이 강하였을 것이다.

권력자의 등장

이와 같이 앙소 후기문화 말기부터 용산문화 초기까지의 변화기에는 남쪽 굴가령문화의 영향이 크게 증가하고 사람들의 거주 방법에 커다란 변화가 보이는데, 동시에 묘지에서도 큰 변화가 나타난다. 대문구 후기 사회에서 이미 수십 개에 달하는 도기나 상아 제품을 부장한 남자 묘가 출현하여 빈부 차와 남자에 의한 사회 지배가 확립되었다고 알려졌는데, 같은 산동지방의 용산문화에서도 풍부한 부장품이 수반된 묘가 몇기 발견되었다.

예를 들면 산동성 임구현臨朐縣 주봉朱封 1호 묘에서는 중년 여성이 매장되

었다. 두 겹으로 된 목곽 속에는 시신을 안장
시키는 관이 놓였고 그 왼쪽의 나무상자 속에
는 두 개의 난각흑도 배杯가 들어 있었다.
이것으로 보아 당시에도 난각흑도 배는 귀중
품이었음을 알 수 있다. 내곽의 발 밑에 놓인
나무상자 속에는 각종 도기와 골제 숟가락
등이 30여 점 들어 있었고 시신에는 터키석
귀고리와 옥비녀玉簪 등의 장신구가 끼워져

채회용문도반彩繪龍汶陶盤 산서성 양분현襄汾縣 도사陶寺
출토

있었다. 또 외곽의 뚜껑 위에는 백도의 규鬶와 두 개의 돼지 아래턱이
놓여 있었다. 이것은 매장의 최종 단계에 공물로 바치는 술과 고기였을
것이다.

　이 밖에도 더 큰 두겹 목곽이 있는 묘도 있어 옥월玉鉞 3개, 옥환玉環
1개, 터키석 관簪 5개, 100개 가량의 터키석 조각이 들어 있는 외에 정교한
각종 도기 50점과 채색 그림이 있는 목기 등 다수가 부장품으로 들어
있었다. 이 묘 주인의 뼈 보존 상태가 나빠서 성별 판정은 불가능했으나
내곽의 덮개 위에 골제, 석제의 화살촉 18점이 놓여 있는 것, 또 관 속에
옥으로 만든 도끼가 들어 있는 점으로 보아 남자라고 생각된다.

　또한 산동성 영양현寧陽縣 보두堡頭 유적에서는 120여 기의 묘가 발굴되었
는데, 대부분은 소수의 도기를 부장한 토갱묘였으나 몇몇 묘는 목곽묘였으
며 많은 것은 160여 점의 도기와 석기가 부장되어 있었다. 이러한 목곽묘는
당시 지배층의 묘라고 생각되는데, 경제적 격차뿐만 아니라 생활 전반에
걸친 격차로서 계층분화가 진행된 것을 나타내고 있다.

　같은 현상은 중원 용산문화의 사회에서도 볼 수 있다. 예를 들면 산서성
양분현襄汾縣 도사陶寺에서는 기원전 2500~2000년 사이에 걸친 1,000여
기의 묘가 조사되고 있다. 묘의 크기는 대·중·소의 세 종류로 나누어지며
대는 묘실 크기가 3×2m 전후이며 그 수는 1% 정도, 중간은 2×1m 전후에

그 수는 11% 정도, 나머지는 전부 소묘인데 부장품이 전혀 없는 묘도 많으며 있다고 하더라도 2~3점 정도다.

이곳의 대묘는 목곽 없이 목관만 사용하고 관내에는 붉은색 안료를 뿌리고 부장품은 관 주위에 놓았는데 100~200여 점이나 된다. 채색 그림을 그린 목칠기, 도기, 옥기, 석기 등 정교하고 아름다운 것이 많으며 또 용을 그린 반盤, 단독으로 사용된 대형 석경石磬, 목제에 악어 가죽을 붙인 태고太鼓(큰북), 흙으로 만든 고鼓(북), 옥으로 만든 월鉞 등이 이 묘 주인의 권위를 상징하는 예기禮器로서 들어 있다. 이들 예기는 주인이 생전에 종교적·군사적 힘을 장악하고 있었다는 것을 나타내고 있다. 이러한 대묘의 양측에는 채색 그림을 그려넣은 목관에 아름다운 장식품으로 치장한 여성을 매장한 중묘가 계획적으로 만들어져 있었으므로 대묘 주인의 복수의 처와 첩의 묘일 것으로 생각된다.

이 밖에 남자를 매장한 중묘는 부장품의 종류와 수량에 따라 3급으로 분류되는데 어느 것이든 도기 이외에 옥으로 만든 월鉞이나 돌로 만든 월鉞이 부장되어 있으며 대부분 대묘 가까운 곳에 매장되어 있기 때문에 대묘 주인의 신변에 있던 귀족으로서 군사상 각급 지휘관이었을 것으로 생각된다. 그 아래에 소묘에 매장된 사람들의 묘가 있다. 그런데 도사陶寺의 묘지 정황을 보면, 묘지는 몇 개의 묘역으로 구분되고 한 묘역은 다시 몇 개의 소지구로 구분되어 있었다. 묘역은 아마 동족 가문의 묘들을 한 곳에 모아둔 것으로 생각되며, 소지구는 한 가문을 구성하는 몇 개의 가정이 각자의 묘지로 사용한 것으로 생각된다.

더욱이 제3구로 불리는 묘역의 중간 부분에는 5기의 대묘가 1m 간격으로 줄지어 있는데 부장품으로 판단하건대 5기의 대묘 매장에 전후 시간차가 있었음을 알 수 있어 대묘에 매장되는 사회적 지위(아마 이 지역의 통치자 아니면 그에 준하는 지위)가 세습되었을 가능성이 강하다는 의견도 나왔다.

이와 같이 극히 소수의 지배자층을 정점으로 하는 피라미드형의 정치구조가 사회에 침투해 있다는 것은 이제까지의 신석기시대 연구에서는 예상조차 하지 못한 것으로서 십수 년간의 발굴 성과다. 현재 도사 유적에서는 대묘보다 더 큰 초대형 묘라고 할 수 있는 것이 발견되지 않아 왕으로 불릴 만한 상위의 지배자가 존재했는지의 여부는 확인되지 않으나 가능성은 있을 것이라고 추측된다.

이 유적에서 아직 성곽은 발견되지 않았으나 연구자에 따르면 아마도 성곽 역시 축조되었을 것이라고 추측하는 사람도 있다. 정치적 지배기구가 있었다고 생각되므로 그 기구를 이용해서 노동력을 징발하여 조직함으로써 성곽을 축조하는 것은 가능하였을 것이다.

청동 주조기술의 개발

이와 같은 사회의 계급분화와 빈부격차가 명확해진 배후에는 농업 생산의 증대가 있었다고 생각된다. 앞에서도 언급한 바와 같이 신석기문화 제1단계의 자산磁山 유적에서는 88개의 조粟 저장용 갱이 발견되었는데, 많은 갱에는 부패하여 재로 변한 조가 남아 있었다. 대문구 후기에는 더욱 큰 수혈 저장 갱이 발견되었다.

자산처럼 극히 초기의 신석기문화에서도 이 같은 다수의 저장 갱이 만들어졌다는 것은 상당히 안정된 농업생산을 행하고 있었음을 시사한다고 생각된다. 용산문화시대에는 서鋤 등의 석기도 미리 적당한 형태의 것을 원석에서 잘라내어 형태를 조정한 다음 연마하였다. 또 많은 서鋤에는 손잡이를 장착하여 고정시키기 위한 홈을 만들어 붙여 서鋤의 효율을 높였다고 생각된다. 또 석제·골제·목제의 사耜 같은 경작 도구나 수확 도구인 도끼나 겸鎌도 수량이 증가하였기 때문에 농업생산은 점점 상승하여 잉여농산물을 이용해서 석가하에서 볼 수 있었던 것과 같은 전둔적인 도제製陶 수공업이 성립할 수 있었으며 용산문화 후기의 동기 수공업도 출현할 수 있었다.

이제까지 청동기는 은대에 와서 출현하였다고 생각해 왔다. 그러나 최근의 발굴조사 결과 용산문화나 석가하문화 유적에서 동 제품이 발견되었다. 이를테면 앞서 다루었던 산서성 양분현 도사에서는 홍동紅銅(순동에 가깝다) 방울鈴이, 하남성 임여현臨汝縣 매산煤山에서는 내벽에서 6층에 해당되는 굳어진 홍동 용액이 붙은 도가니 파편이, 하남성 회양현 평량대에서는 청동이 용해될 때의 침전물이, 하남성 등봉현登封縣 왕성강王城崗에서는 청동기 용기의 파편이 발견되었고 주형의 용접부가 뚜렷하게 남아 있었다. 석가하의 성 안에서는 다량의 동을 포함한 광석의 공작석, 정련할 때의 침전물, 동기의 단편 5점이 발견되었다. 또한 산동 용산 유적에도 몇 곳에서 청동제 송곳 조각과 정련할 때의 잔재물이 발견되었다.

이들 동제품에 관한 유물은 홍동이거나 청동이었으며 또는 황동(진유眞鍮)6)도 있었지만, 그것은 의도적으로 만들어졌다기보다는 동이나 납, 주석, 아연과 같은 제련 기술의 발달이 미숙해서 완전하게 순수한 원료를 얻지 못했기 때문이라고 생각된다.

이렇게 발견된 금속 주조기술은 이제까지 도기·석기·골각기·목기 이외의 새로운 도구를 사람들에게 제공했다. 단 주의해야 할 점은 이 동기라는 금속 도구는 반드시 생산, 특히 당시 생산의 중심이었던 농업과 결부되지는 않았다는 점이다.

은대가 되면 청동 용기나 무기의 제작이 성행했다. 그리고 소수이기는 하나 착鑿이나 수부手斧 같은 공구들이 만들어졌다. 이런 물건은 귀족이나 병사의 소지품이며 일반 농민은 신석기시대처럼 석기나 골각기, 목기 등으로 농사를 지었다. 이러한 도구들의 재료가 금속으로 바뀌게 되는 것은 춘추시대 말기 이후부터며, 주철제鑄鐵製로 된다.7)

---

6) 품질 좋은 자연 동.

7) 중국의 청동문화에 대한 개설서로는 중국 청동문화 연구를 대표하는 리쉐친의 연구서가 번역되어 나왔다. 리쉐친 저, 심재훈 역, 『중국청동기의 신비』, 학고재, 2005.

하늘을 제사지내는 제단과 12묘

마지막으로 양저문화에 관하여 살
펴보자. 주거로는 고상식 목조건축이
존재하였으며, 햇볕에 건조시킨 벽돌

투조관상옥식透彫冠狀玉飾　양저문화

을 사용한 주거도 있었던 것이 판명되었지만 완전한 유적은 아직 발굴되지
않았다. 이것은 당시의 주거가 불완전해서가 아니라 저습한 지역성과
홍수 등의 이유 때문에 매몰되어 버렸기 때문이라고 생각된다. 어느 것이든
구체적인 주거 형태는 불분명하다.

묘는 귀족·부유층과 평민으로 묘지가 구분되어 있어 묘지뿐만 아니라
거주지에서도 평민과 부유층과의 지역 구분이 있었던 것으로 생각된다.

이 문화에서는 원래 천天을 제사지내는 제단을 폐기한 후 묘지로 사용한
경우가 여러 군데서 발견되고 있다. 절강성 여항현余杭縣 안원향安溪鄕에
있는 요산瑤山에는 산 정상에 한 변이 약 20m인 방형에 가까운 토단土壇이
있다. 이 단의 서북 모퉁이 부분에는 돌로 쌓은 담이 남아 있다. 토단이
허물어지는 것을 방지하기 위해서다. 단의 중앙에는 남북 약 7.6m, 동서
약 6m의 붉은 토대가 있고 그 주위는 폭 2m 전후의 회토 띠로 둘러싸여
있다.

회토의 바깥쪽은 원래 이 산에서 나는 황갈색 흙으로 그 위에는 잔돌이
깔려 있었다. 이 단상의 홍토, 회토, 조약돌은 모두 이 산 이외의 곳에서
운반해온 것들이다. 이 산의 동남은 동초계東苕溪라 불리는 냇물로 산꼭대기
는 그 냇물의 수면으로부터 약 30m 높이에 있으며 산의 남쪽 면은 충적평야
로서 40여 곳에 이르는 양저문화 유적군이 산재해 있다. 아마 이 제단은
그 유적군에 거주하던 사람들과 관련 있는 시설로, 천天(신)을 제사지내기
위한 제단으로서 유적군의 중심된 시설이었을 것으로 생각된다.

그러나 무엇인가의 이유 때문에 제단으로서의 기능이 폐지된 후 귀족들
의 묘지로 사용되었다. 요산 위에는 2열로 나란히 12묘(남쪽 줄에 7기, 북쪽

양저문화 왼쪽으로부터 신상비조문종神像飛鳥紋琮, 신면문종神面紋琮, 옥월玉鉞, 권장權杖

줄에 5기)가 있다. 이 묘들은 남북이 3m 전후, 동서가 0.8~2.15m, 깊이가 0.35~1.75m로 크기가 일정하지 않고 또 100개가 넘는 옥기(종琮, 월鉞, 삼차형기三叉形器, 관상절冠狀節, 대구帶鉤 등) 외에 도기 등의 부장품을 넣은 것이 있는가 하면 겨우 12개의 부장품만 넣은 것도 있다. 이들 묘는 층위관계로 보건대 일시에 매장된 것이 아니며 수년씩 간격을 두고 매장된 것이라고 할 수 있다.

이 요산에서 서남쪽으로 약 5km 떨어진 현재 반산半山으로 불리고 있는 산은 양저문화시대에 쌓은 인공산으로 현재의 높이는 6.35~7.3m, 동서 약 100m, 남북 약 30m이며 큰 토목공사가 행해졌을 것이다. 산 정상에는 회토 띠로 둘러싸인 정사각형에 가까운 부분이 있어서 요산처럼 제단으로 쌓아서 사용했던 것이다.

이 반산도 나중에 묘지가 되어 산 위 서부에 12묘가 있었다. 역시 남북 2열로 나란히 줄지어 있었다. 큰 묘에는 도기 2점, 석기 24점, 상아 제품 9점, 상아어금니 1점, 옥기 170세트가 부장되었고 작은 묘에는 도기 4점, 석기 1점, 옥기 39세트가 부장되어 역시 상당한 격차를 보여준다.

이들 묘는 귀족층의 묘로 생각되며, 이 같은 부장품의 차이는 빈부의 차이보다는 한 귀족가문 내의 지위나 직능, 명망의 차이에 따른 것이라고 생각된다.

양저문화의 지역 내에는 이러한 산상제단을 묘로 사용한 경우가 여럿

98

요산 제단 양저문화

알려져 있고, 요산 부근의 회관산灌觀山에도 제단과 묘가 있었다고 전해진다. 이 요산과 반산의 두 경우밖에 상세하게 알지는 못하지만, 이 두 산의 묘가 모두 12기라는 것에는 무슨 의미가 있었던 것이 아닐까. 우연의 일치인지 혹은 양저문화 사람들에게 12라는 숫자가 어떤 특별한 의미가 있었는지, 제단이 폐기된 후 귀족의 묘지로 사용된 것이 아니라 제단으로 사용될 때 제사 의식으로서 이러한 매장이 이루어진 것은 아닌지 하는 점도 생각해 볼 필요가 있을 것이다.

부장품의 수가 적은 묘의 주인이라 하더라도 일반 평민보다는 상층에 속해 있었다고 생각해도 좋을 것이다. 사제나 수령층 내에서 어느 해에 한 사람이 선출되어 대제사의 희생자로서 천신에게 제물로 바쳐지기 위해 매장되고 그 숫자가 12명이 되었을 때 제단은 폐기되고 다른 산상으로 옮겨진 것은 아닌가라는 상상을 해볼 수도 있을 것이다. 그런 의미에서 반산 등과 똑같은 현상이 보이는 산의 자세한 조사가 기대된다. 이 같은 제단과 묘는 다른 문화에서는 볼 수 없는 특이한 유적이다.

*

이상으로 신석기문화를 개관해 보았다. 황하와 장강 유역에 걸쳐서 몇 개의 문화가 계속되었다. 그들은 각자 독자의 문화를 가지면서 한편으로는 동서로도, 남북으로도 문화를 교류하면서 발전하여 왔다. 따라서 이 문화는 황하만의 문화도 아니고 장강만의 문화도 아닌 양자에 걸친 문화 즉 하강문화河江文化라고 불러도 좋을 것으로 생각된다.

황하의 하河와 장강의 강江이다. 현재는 하와 강이라는 단어를 모두 큰 물줄기를 표시하는 일반명사로 받아들이기 쉽지만 중국에서는 옛날부터 하河라고 하면 황하, 강江이라고 하면 장강을 지칭하였다(현재의 황하, 장강의 본류로 되어 있는 흐름뿐 아니라 지류도 포함시킨 황하 수계. 장강 수계를 의미하는 경우도 포함된다).

다음 장에서 언급하는 바와 같이 (하夏)·은殷·주周 문화를 성립시킨 직접적 기반이 된 것은 중원의 용산문화지만, 그 중원 용산문화가 성립하는 데에는 장강 유역의 굴가령문화나 석가하문화로부터의 영향이 있었기 때문에 가능하게 되었다는 점을 잊어서는 안 된다.

제5장 고대 왕조의 탄생 – 하왕조는 존재했는가

1. 은대의 갑골문자

귀갑龜甲과 수골獸骨에 새겨진 고대 문자

전설 속에 묻혀 있던 은왕조가 실제 역사로 부상한 것은 청조 말기인 1899년의 일이다.

이 해에 청조 국자감國子監 좨주祭酒(현재 중국으로 말한다면 과학원 원장)인 왕의영王懿榮이 지병인 말라리아의 약으로 '용골龍骨'을 심부름꾼에게 사오도록 했다. 그것을 자루에서 꺼내 보니 상당히 오래된 뼈였다. 때마침 동석해 있던 유악劉鶚(호는 철운鐵雲)이 그 뼈의 표면에 문자 비슷한 것이 새겨져 있다는 사실을 발견하였다.

유악이란 인물은 강소성江蘇省 남경南京 부근의 단도현丹徒縣 출신으로 금석학과 옛문자에 조예가 깊었고, 당시 왕의영의 식객으로 있었다. 그는 왕의영에게 이 문자가 지금까지 보아온 청동기의 문자인 금문보다 더 오래된 문자가 아닐까라고 말했다. 왕의영 자신도 고대문자와 금석학에 관한 일류 연구자였고 자료도 풍부하게 소장하고 있었던 까닭에, 두 사람은 이 뼈 위의 문자를 자료와 비교해 보고 그 결과 애초에 예상한 바와 같이 처음으로 접한 고대 문자임을 밝혔다.

그래서 유악은 북경의 약방을 찾아다니며 이 '용골'을 사들이고, 또 이 '용골'이 하남성 탕음현湯陰縣 부근에서 농민이 캐낸 것임을 전해들었다. 나아가 이 '용골'에는 동물의 뼈만이 아니라 귀갑龜甲도 많다는 사실이 밝혀졌다. 이 이야기는 곧 세간에 전해져 학자와 호사가들이 문자가 새겨진 귀갑이나 짐승 뼈를 수집하게 되었다.

은대의 기록─갑골문

복골과 갑골문 은대

그런데 이듬해 1900년 의화단 사건이 일어나자 왕의영은 외국 군대가 북경에 들어온 것에 분노하여 자살해 버렸다. 이때 유악은 왕씨가 모아둔 '용골'을 물려받았고, 아울러 스스로도 또한 힘써 수집하여 5천 편 정도가 모이자 그 중에서 1,058편을 뽑아 탁본을 출판했다. 이것이 1903년(광서光緖 29)의 일이며, 책의 제목은 『철운장구鐵雲藏龜』라고 하였다. 그는 이 책에 붙인 장문의 서문에서 이 문자가 점친 사실을 기록한 것으로서 은대의 것임을 지적하였다. 이것이 최초의 갑골문자 연구서다. 거북이의 등뼈(귀갑龜甲)나 소뼈(우골牛骨)에 문자가 새겨진 까닭에 귀갑수골문자, 약칭으로 갑골문자라 부른다. 또 그 내용이 복점卜占의 기록인 까닭에 점치는 말, 곧 복사卜辭라고도 불린다.

　이리하여 갑골문은 은대의 기록으로 학자들의 주목을 받게 되었는데, 그 연구를 크게 진전시킨 것은 유악의 친구인 나진옥羅振玉과 왕국유王國維 두 사람이다. 나진옥은 강소성 회안淮安 출신으로 『철운장구』가 출판될 때 유악을 위해 서문을 써주었다. 그는 스스로도 갑골을 모아 1910년에 『은상정복문자고殷商貞卜文字考』를 저술하였다. 이듬해에는 자신의 동생을 하남성 안양安陽으로 파견하여, 갑골문의 출토지가 탕음현이 아니라 안양 서북쪽의 소둔小屯 마을임을 확인하고 동시에 갑골 외에 석기나 골각기, 토기 등도 수집하게 하였다.

그러나 이 해에 신해혁명이 일어나 청조가 붕괴되자, 자신이 모은 장서와 금석의 탁본 등을 지니고 가족과 함께 일본에 망명하여 교토京都에 거즈하게 되었다. 그는 교토에 체재하면서 갑골의 탁본을 『은허서계殷虛書契』(1913년), 『은허서계청화殷墟書契菁華』(1914년) 등으로 출판함과 동시에 갑골문자의 해독에 관한 자신의 연구를 묶어 『은허서계고석殷墟書契考釋』을 발표했다. 이 책이야말로 현재의 갑골문 해독의 기초를 만든 것으로, 우리의 연구도 항상 여기서부터 출발한다.

이에 반해 나진옥의 제자였던 왕국유는 고전에 대한 해박한 지식을 토대로 갑골문에 의해 은대의 역사를 새롭게 복원하려고 시도했다. 그의 『은복사중소견선공선왕고殷卜辭中所見先公先王考』는 갑골문에 나오는 조상의 이름과 『사기』에 기재된 은의 왕 이름을 비교하여 그들 조상의 이름이 왕 이름과 거의 일치한다는 점, 그리고 갑골문에 쓰인 순서에 의거하여 『사기』의 왕위계승 순서에 정정할 점이 있음을 실증하였다. 이것에 의해 갑골문이 갖는 자료로서의 가치는 더욱 확고해졌다. 이 밖에 그의 논문집인 『관당집림觀堂集林』을 비롯한 많은 연구는 현재의 은대사, 나아가 주周까지 포함한 중국 고대사 연구의 출발점이 되었다.[1]

소둔촌 일대에 은허, 은왕조의 묘

이와 같이 갑골문에 의한 은 연구가 활발해지자 당연히 갑골문의 출토지인 안양 소둔촌, 즉 예로부터 은허殷墟(은 도읍의 폐허)라고 전해져 온 지역에 대한 발굴이 학자들의 관심을 끌게 되었다.

이러한 분위기를 배경으로 1928년 중국 학문의 중심으로 중앙연구원이 창설되고 그 한 부서로서 역사어언연구소가 설립되었다. 이 연구소는 중국의 역사와 문학, 언어, 사상을 연구하는 것이 목적이었지만 제일의

---

1) 갑골문의 발견과 연구 현황 및 그 내용에 대한 국내 관련서 및 번역서로는 다음을 참조. 동작빈, 『갑골학60년』, 민음사, 1993 ; 김경일, 『갑골문이야기』, 바다출판사, 1999 ; 우하오쿤·판 유 공저, 양동숙 역, 『중국갑골학사』, 동문선, 2002 ; 이규갑 외, 『갑골학도론』, 학고방, 2002 ; 왕우신 저, 이재석 역, 『갑골학통론』, 동문선, 2004.

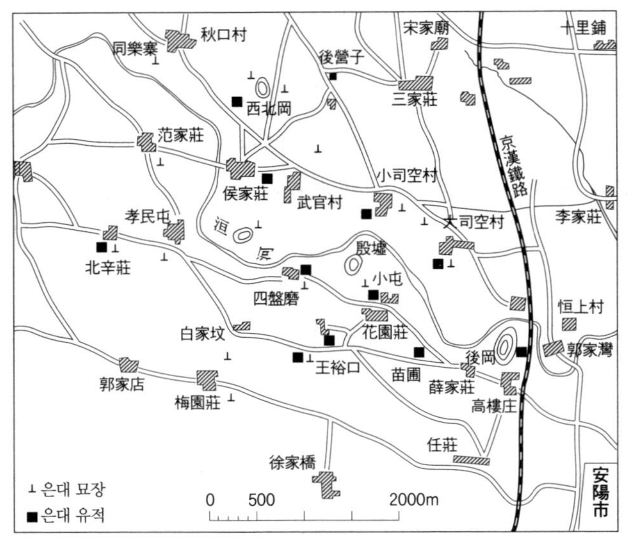

소둔 부근의 은대 묘장과 유적 분포

임무로서 갑골문이 출토된 안양 소둔촌 조사를 계획하고 이해 8월에 연구소의 일원인 동작빈董作賓을 예비 조사차 파견하였다. 그 결과 우선 조속한 발굴을 통해 도굴로 인한 유적의 황폐화를 막을 필요가 있음이 밝혀졌다. 이리하여 같은 해 10월부터 연구소에 의한 발굴이 시작되었다.

이 발굴은 1937년 중일전쟁의 발발로 중단되기까지 전후 15회에 걸쳐 시행되었고 그 발굴을 통해 많은 고고학자가 탄생하였다. 이와 동시에 발굴도 차츰 대규모로 되고 그동안 소둔촌 주위의 촌락도 조사되었다. 그 결과 2만 5천여 매의 복점卜占에 사용된 갑골이 채취되었으며, 그 중에서도 제13차 발굴 때 한 수혈竪穴에서 문자가 새겨진 완전한 귀갑 2백여 매가 발견되는 등 갑골문 자료가 비약적으로 늘어났다. 또한 은대의 궁전터로 생각되는 기단 53개와 이 기단 주위에 있는 무수한 수혈과 특수 목적을 위해 매장된 수백 개의 묘가 발견되었다.

또 소둔촌 북쪽을 흐르는 원하洹河 북쪽의 구릉 일대에서는 은의 왕릉으로 생각되는 11기의 대묘大墓와 천 개가 넘는 소형 묘가 발견되었다. 즉 이 소둔 일대에는 은의 수도와 거기에 살던 은왕조의 일족이나 그들의 종자 등의 묘가 있었던 것이 확인되었다.

104

그러나 이 발굴은 전쟁 때문에 중단되고 전쟁이 격화됨에 따라 연구소는 주요 발굴자료를 싸들고 호남성의 장사長沙, 광서성 계림桂林, 운남성 곤명昆明을 거쳐 사천성의 이촌李村까지 전전하였다.

그 곤란한 상황 속에서 동작빈 등에 의해 갑골자료의 정리·연구·출판이 준비되고, 또 갑골문 연구의 최대 성과의 하나인 동작빈의『은력보殷曆譜』가 완성되었다. 그렇지만 위에서 말한 바와 같은 이동, 또 중일전쟁 종료 후의 내전과 역사어언연구소를 대만으로 이전하는 등의 사이에 많은 귀중한 자료들이 소실되었기 때문에 이 발굴에 쏟은 학자들의 노력은 커다란 손실을 입게 되었다.

용산문화와 은문화의 연속과 단절

그런데 앞 장에서 서술한 용산문화의 발견이 이 은허 발굴기간 중에 역사어언연구소에 의해 이루어졌기 때문에 그 당시부터 용산문화와 은문화의 관계가 주목되었는데, 동시에 소둔의 동남에 있는 후강後崗이란 언덕의 발굴에 의해 은문화가 용산문화의 뒤에 이어진다는 것이 확인되었다.

그러나 안양 일대에서 획득된 은문화의 자료와 용산문화의 자료 사이에는 큰 차이점이 있었다. 예를 들자면 은의 청동기는 기술적으로나 미술적으로나 뛰어난 데 반해 이 시기에는 용산문화의 청동기는 아직 발견되지 않았다. 말이 끄는 전차도 그렇다. 또 묘의 규모나 구조도 은대의 것이 뛰어나게 우수하였다. 일상적인 토기를 보아도 용산문화의 토기에서 곧장 은의 토기로 진전되었다고는 생각할 수 없는 커다란 단절이 있다.

그 단절의 내부에 어떤 일이 있었을까? 어떻게 하면 그 단절을 메울 수 있을까? 예컨대 그때까지 발굴되지 않았던 어딘가에 그 단절을 메울 유적이 감추어져 있는 것은 아닐까? 이런 커다란 의문이 남아 있는 채 중화민국에 이어 중화인민공화국이 새로 성립하고, 중국과학원이 창설되었으며 고고연구소가 발굴연구센터로 설립되었다. 또 전국의 성省을 비롯한 각 행정 단위마다 문물관리위원회가 만들어져 그 지방의 역사적인 자료와 유적을 관리하고 보호하게 되었다.

중화인민공화국 정부는 경제개발, 도시의 정비, 도로건설, 수리사업 등을 위해 전국 각지에서 대규모 토목공사를 실시하였는데, 그 공사의 진전에 따라 고고학상의 새로운 사실이 속속 밝혀지게 되었다. 앞 장에서 서술한 신석기문화의 새로운 발견도 그 가운데 하나다. 이제부터 서술할 은문화에 대해서도 하남성 정주시鄭州市 일대, 하남성 언사현偃師縣 이리두二里頭와 이리두로부터 동북으로 5km 정도 떨어진 같은 현의 시향尸鄕 발굴에 의해 몇 단계의 문화가 발견되었다.

그 결과에 의하면 용산문화 말기에 초보적인 주조 기술에서 진보되어 기원전 17세기가 되면 분명하게 청동 주조 기술이 확립된 시기에 들어선다. 그 문화의 대표적 유적이 언사현 이리두인 까닭에 이리두기二里頭期 문화라고 불린다. 은·서주 시대에 보편적으로 보이는 주기酒器의 하나인 작爵을 비롯하여 여러 종류의 청동기가 나타난다. 다만 동銅의 분리가 불완전하여 겉이 조잡하고 금속으로서의 아름다움도 부족하다.

그에 이어 정주시 이리강二里崗 유적으로 대표되는 문화에 이르러서는 청동기도 거의 모든 형식이 만들어지고 금속으로서의 품질도 한층 개량되어 광택이 나는 아름다움을 엿볼 수 있게 되었다. 그리하여 청동기 기술이 고대 중국에서도 가장 개화되었던 소둔기, 즉 안양시 소둔으로 대표되는 시기가 된다. 중일전쟁이 끝날 때까지 우리가 은문화라고 여겨 왔던 것은 이 소둔기의 것이다.

이와 같이 세 시기의 문화 계보를 대충 검토하였으나 가장 기본적인 도기 형태 등의 면에서도 아직 문제가 남아 있다. 예를 들면 이리두기의 문화에서도 전단계와 후단계에서 계승관계를 완전하게는 더듬어 볼 수 없는 것도 있다. 또 남방의 강서성 청강현淸江縣 오성吳城의 이리강기 유적에서 몇 점의 도기 파편에 열 글자 정도의 문자가 새겨진 것이 발견되었지만

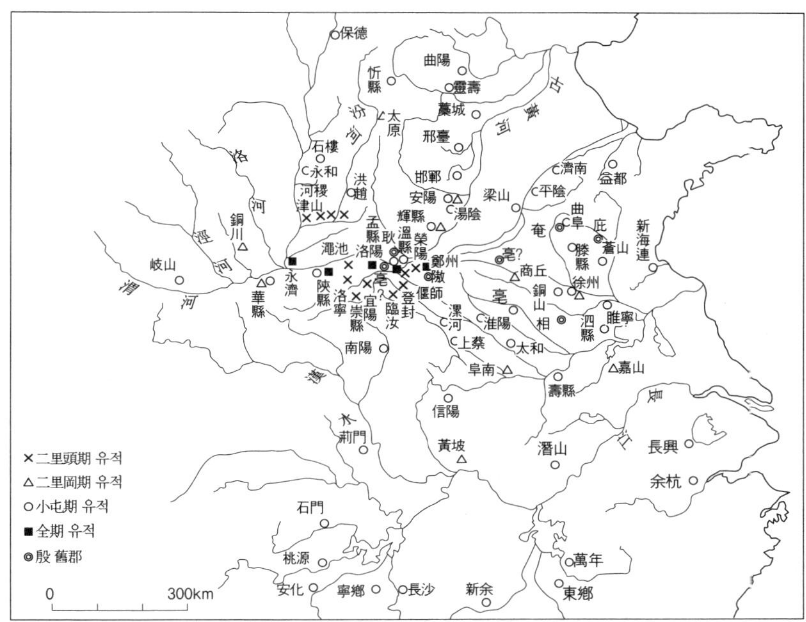

선은先殷·은殷 문화의 유적분포도

이것과 소둔기의 안양에서 발견된 갑골문자와의 관계도 명확하지는 않다.

이 오성 유적에서는 다수의 원시적인 자기가 발견되었는데 유약의 화학적 분석을 통해, 황하 유역의 정주 이리강 등에서 발견된 자기는 오성과 같은 장강 유역의 기술이 북쪽으로 전파된 결과임을 알 수 있게 되었다. 따라서 은의 문화 계보를 고찰할 때 시대적인 전후 관계뿐 아니라 지역간의 횡적 관계도 중요해지는데, 이러한 문제는 아직 이후 연구를 기다려야 한다.

2. (하)왕조의 발상지

고대문화권의 확대

앞의 지도는 이미 언급한 이리두기·이리강기·소둔기의 각 문화 유적 분포를 표시한 것이다. 여기에 따르면 이리두기 문화는 산서성 남부에서 하남성 내 황하의 남북 양안, 특히 남쪽에 집중되어 있음을 알 수 있다.

그런데 이리강기가 되면 서쪽은 섬서성, 북쪽은 하북성, 남쪽은 장강을 넘어서 강서성, 동쪽은 강소성 서부까지 뻗어나가게 된다. 그러나 이것은 극히 한정된 범위이며 밀도가 높은 범위는 하남성을 중심으로 한 하북, 산서, 섬서, 호북, 안휘에 미치는 지역이며 이것만으로도 이리두기에 비해 상당히 확대되고 있다. 소둔기가 되면 남쪽은 회하准河 유역, 서쪽은 섬서 서부, 동쪽은 산동의 서반부, 북쪽은 하북 전역에서 그 집중지역을 볼 수 있는데, 남방에서는 장강을 넘어 호남성 중부까지 상당히 많은 유적을 볼 수 있다.

이 소둔기의 장강 유역 문화에 관해서는 후에 다시 다루기로 하고 이상과 같은 세 시기의 분포권을 보면, 이리두기를 중심으로 한 세 개의 동심원(중심에서 약간 남쪽으로 치우쳐 있기는 하나)으로 생각할 수 있어 이리두기 문화가 발달하면서 점차 주위로 확대된 것으로 볼 수 있다.

그러면 이 이리두 문화는 은의 이른 시기 문화였을까.

1970년대에 이리두에서 두 개의 대궁전터가 발견되었다. 그 중 하나인 1호 궁전은 10,000m²의 부지 주위에 회랑을 두르고 그 부지내 북쪽에 높이 수십 cm의 흙을 다진 기단을 만들고, 동서는 8간으로 30.4m, 남북은 3간으로 11.4m의 전당이 건립되어 있었다. 대들보와 지붕을 지탱하는 기둥구멍이 직경은 약 40cm이며 그 기둥이 배열된 선에서 60~70cm 떨어진 곳에 기단 외변의 바깥쪽에 처마를 받치는 활주가 세워져 있다. 기둥구멍을 정점으로 한 2개의 활주는 아랫변이 약 1.5m의 이등변삼각형이 되도록 설치되어 있었다. 활주의 직경은 18~20cm, 기둥구멍과 똑같이 굴입주掘立柱[2]다. 전당의 총면적은 350m²이며 174m²인 중앙 당堂의 동·북·서 삼면에 11개의 작은 방이 있었다고 한다.

당시 하층민 주거의 바닥 면적이 평균 15m²였으므로 이 전당은 사람들을 위압할 정도로 호장함을 가지고 있었다고 하겠다. 또한 회랑으로 둘러싸인 부지 전체가 생토 위에 흙을 쌓고, 사람이 직경 3~5cm의 통나무 위에

---

2) 원시시대에 초석을 쓰지 않고 기둥을 땅 속에 단단히 묻어서 세운 것을 말한다.

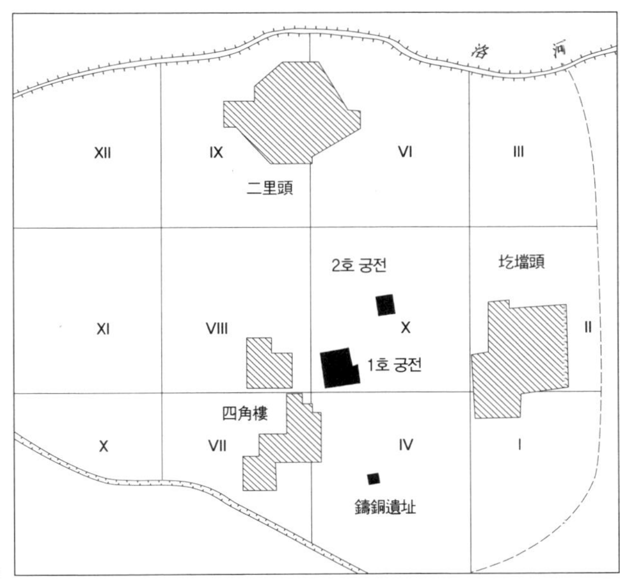

이리두 유적 평면도

흙을 다져 굳게 하여 정지整地작업을 하였는데, 곳에 따라서는 정지된 흙의 두께가 약 2m나 되어 이 궁전의 건립에는 많은 노동력이 요구되었을 것이다. 말하자면 이런 노동력을 구사하여 궁전을 건립한 인물이 있었으며, 이 인물은 정치적 권력자였다고 생각된다.

그런데 이 언사현의 이리두 유적에서 동쪽 5km 지역에 예부터 시향이라고 불리는 지역이 있다. 한대에는 여기에 하왕조를 멸망시키고 은왕조를 건국한 초대왕인 성탕대을成湯大乙의 도읍이 있었다는 설이 있기 때문에 이 이리두에서 발견된 문화야말로 은의 조기 문화이며 이리두 일대에 은 초기 도읍이 있었다고 생각하게 된 것이다.

더욱이 1983년에는 시향에서 남북 1,700m, 동서가 북벽 1,215m, 남부는 현존하는 부분에서 740m나 되는 거대한 성곽이 발견되었다. 발견 당시에는 이 성곽의 시대를 이리두기라고 보고, 당연히 이것이야말로 왕조를 개창한 성탕대을의 도읍 성곽이라고 생각하였으나 후에 연구가 진전됨에 따라 이리두기가 아니라 다음의 이리강기 초기의 것임이 판명되었다.

따라서 만일 이 성곽이 대을의 도읍이었다고 하면 이리강 문화가 은의

이리두 문화 왼쪽으로부터 청동작靑銅爵, 청동분靑銅盆, 청동가靑銅斝

전기문화가 되는 것이며 이리두 문화는 은보다 빠른 시대의 것이라고 말할 수 있다. 그러면 은 이전 시대란 어떤 시대였을까.

이리두 문화와 고대왕조

이리두 문화가 농밀하게 분포되어 있는 지역은 앞에서 언급한 바와 같이 산서 남부에서 하남 중부의 황하 남북 양안에 연한 지역이었다. 이 지역에는 고대 중국을 덮친 대홍수의 치수에 성공하여 그 후 제후로 추대되어 왕위에 오른 우禹와 그가 개국한 하왕조의 14대 17왕에 관한 설화가 집중되어 있으므로 현재 중국 연구자들 사이에는 이리두기 문화를 하왕조 문화로 생각하는 사람들이 다수를 차지하고 있다.[3]

다만 이리두 문화 유적에서는 안양에서 발견되어 은왕조의 실재를 증명할 수 있게 된 갑골문과 같은, 하왕조의 실재를 명시할 수 있는 당시의 문자 자료가 아직 발견되지 않았으므로 이리두 문화와 하왕조를 결부시키려는 것에 대해서는 신중한 의견도 있어 오랜 전승을 어떻게 평가하는가는 어려운 문제다. 그러나 오래된 전승에 포함된 개개 사건들의 진실성 이상으로 전승이 갖는 커다란 지역성·시대성을 살려서 고고학상의 성과를 이해하려는 시도가 중요하지 않을까 생각된다. 여기에서는 이리두 문화를 하시대의 문화로 간주한다.

---

3) 이에 대해서는 김정열, 「하늘이 우(禹)에게 명하여-새로 발견된 빈공수의 내용과 그 자료적 의의-」, 『중국고중세사연구』, 2008 참조.

단지 하왕조가 14세대 17왕의 왕통이었다고 생각하면 이 왕조를 거시한 우왕의 시대는 하남 중부의 용산문화 말기에 해당하며 그 지역을 중심으로 해서 하왕조가 창설되어 이리두 문화를 창출하고 이것이 나중에는 산서 남부까지 지배 하에 넣었다고 생각할 수 있다. 산서 남부의 운성현運城縣 해지解池에서 생산되는 소금의 확보도 그 목표 중의 하나였을 것이다.

앞 장에서도 언급한 바와 같이 황하 유역의 용산문화 후기에는 금속기의 출현, 성곽의 건설, 묘장의 대소 규모의 분화 등이 보이며 사회구조상으로도 분화가 현저하게 진행되는 추세였는데, 이리두 문화에서는 그러한 경향이 더욱 진전되었다고 생각된다. 다만 은의 갑골문과 같은 기록이 없기 때문에 그 양상을 구체적으로 언급할 수 없는 것이 유감스럽다. 이 하왕조는 기원전 16세기 중반에 멸망하였다.

■ 부기

이 글에서는 기술을 간단하게 하기 위하여 이리두기 문화를 일괄해서 (하)왕조 문화라고 하였으나 이리두에서 발견된 신석기 용산문화와 이리강기 문화 사이에 위치하는 층(이리두기의 이름으로 불린다)은 다시 4개로 나뉜다. 현재 이 4개 중 제1기(층위에서는 최하층)부터 하 문화로 보느냐, 아니면 제3기부터로 브느냐 등 여러 설이 있어서 아직 학계에서는 논쟁이 계속되고 있다.[4]

3. 은왕조 500년

성탕대을成湯大乙의 창업

기원전 1550년 무렵 성탕대을이 이끄는 은왕조가 아마도 하남성 내의 황하 유역에서 성립하여 점차 군소 지방정권을 휘하로 끌어들여 세력을 확대한 것으로 생각된다. 도읍은 하남성 언사현 시향의 이리강기, 즉 은 전기의 성곽 유적일 가능성이 크다.

---

4) 이리두 문화에 대한 한국학계에서의 연구는 김정열, 「얼리터우를 넘어서-중국의 국가 기원에 대한 고고학적 탐색-」, 『한국고고학보』 제60집, 2006 참조.

대을大乙은 이윤伊尹이란 현신賢臣을 재상으로 삼아 정치를 맡겼는데, 자신도 덕을 갖춘 인물이었다고 전해진다. 어느 날 교외로 외출을 나갔다가 그물을 펼치고 "상하사방上下四方의 새는 모두 내 그물에 걸려라" 하고 기원을 하는 사람을 만나게 되었다. 대을은 "아니, 그렇게 하면 모두 없어져 버리겠다"라고 말하고 세 방향의 그물을 거두게 하고 "왼쪽으로 가고 싶은 새는 왼쪽으로 가라. 오른쪽으로 가고 싶은 새는 오른쪽으로 가라. 내가 말하는 것을 듣지 않는 새만 이 그물에 걸려라"라고 기원하게 하였다. 제후들은 이 이야기를 듣고 대을의 덕이 동물에까지 미치고 있다고 생각했다. 때마침 하의 걸왕이 폭군이었기 때문에 제후들은 대을에게 복속하고, 마침내 제후들과 함께 걸왕을 무너뜨리고 천자의 지위에 올랐다고 한다.

대을이 죽은 후 태자 대정大丁은 젊어서 죽었기 때문에 대정의 두 동생인 외병外丙과 중임仲壬이 잇달아 천자로 즉위하고, 그 후 대정의 아들 대갑大甲이 즉위했다고 한다. 이와 같이 은에서는 동생이 천자가 되고, 동생이 죽으면 자식으로 옮겨가는 상속제가 행해졌다. 은에서는 형제상속이 중요시되었으며, 부자상속만으로 변한 것은 말기에 이르러서부터다.

연이은 동쪽으로의 천도

정주상성鄭州商城 **터** 은대 전기의 것으로 전한다.

그 후 제10대 중정仲丁 때 대을 이래의 도읍이었던 박亳에서 오隞로 천도했는데 오는 현재의 하남성 정주시가 아닐까 생각되고 있다. 정주시의 현재 성벽은 옛 전국시대의 성벽을 이용하여 나중에 보수한 것인데, 실은 전국시대의 성벽은 은대 성벽의 남쪽 절반을 이용한 것으로 생각된다.

이 은의 성곽은 시향의 성곽과 같은

112

청동 **신수**神樹(왼쪽) 삼성퇴5) 출토, 기원전 17~11세기
황금 가면을 쓴 인두상人頭像(가운데) 삼성퇴 출토, 기원전 17~11세기
황금가면(오른쪽) 금사6) 유적 출토. 기원전 14~8세기

이리강기의 것이지만 시향의 것보다는 좀 늦은 것으로 보인다. 한 변이 1,700~2,000m인 거의 사각형으로 설계되어 있으며, 높이는 보존 상태가 좋은 곳은 10m, 정상부의 폭은 5m, 기저부의 폭은 36m로 현재까지 남아 있다. 흙을 쌓아올려 판(판넬)에서 흙이 무너지는 것을 막으면서 굳히는 작업을 되풀이하여 높이는 방법으로 만들어졌으며, 매일 1만 명의 인부가 동원되어 18년이 소요되었을 것으로 계산한 사람이 있을 정도로 대규모적인 것이다. 그 노동력을 관리하는 것만도 강력한 정치력이 없다면 불가능하다. 따라서 이 무렵 은의 힘은 상당히 강대했음이 분명하다.

당시 청동기도 거의 모든 기본형이 만들어지고, 금속의 질도 견고해져 가고 있었다. 또 은문화의 범위도 남으로는 강서성 청강현, 북으로는 산서성 태원시太原市, 서로는 섬서성 동천현銅川縣 부근까지 미치고 있어, 범위는 이리두기에 비해 비약적으로 확대되었다.

이러한 문화권의 확대는 문화적인 면모의 전파만이 아니라 황하 유역으

---

5) 당시 청동문명은 상(商) 문명만 존재하던 것은 아니다. 중원 이외의 다른 지역에서도 각각의 청동문명이 형성되었는데 그 대표적인 것의 하나가 1986년 사천성 광한(廣漢) 삼성퇴(三星堆) 유적에서 발견된 청동문명이다. 출토된 청동기를 통해 볼 때 이 지역은 중원과는 매우 다른 독특한 종교적·문화적 전통을 지녔으며, 강력한 정치체가 존재한 것을 추정해 볼 수 있다. 이 문명은 일반적으로 古蜀의 문명으로 본다. 이에 대한 전문 연구는 다음과 같다. 김병준, 『중국 고대 지역문화와 군현지배』, 일조각. 1997.
6) 2001년 사천성 성도(成都) 금사(金沙) 유적에서 출토된 것이다. 이 유적은 갑자기 사라진 삼성퇴 문명을 계승한 것으로 추정되며, 이들 문명이 고대 사천지역의 촉(蜀)문화를 형성하였던 것으로 보인다.

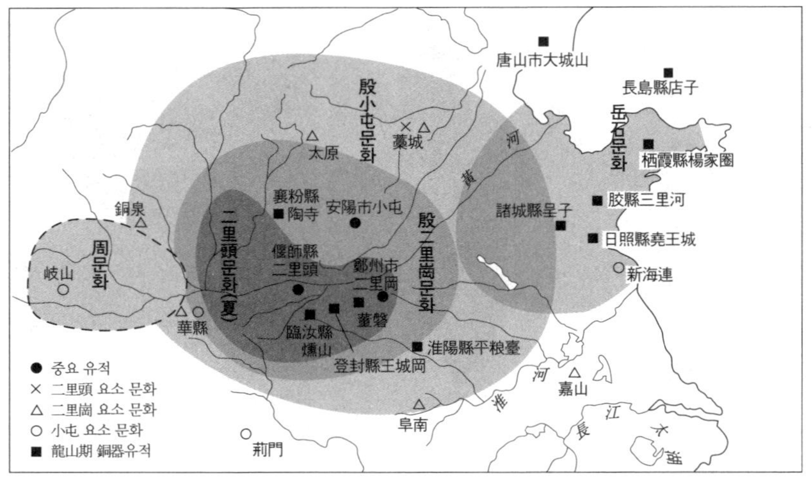

(하)·은·주 지역도

로부터의 인구이동이 있었다. 그 하나의 증거로서 중정에 이어 제12대 하단갑河亶甲은 상相(지금의 안휘성 숙현宿縣 부근)으로, 제13대 조을祖乙은 경耿(지금의 하남성 심양沁陽 부근), 이어 비庇(지금의 산동성 비현費縣 부근)로 천도하였으며, 제17대 남경南庚은 엄奄(지금의 산동성 곡부현曲阜縣 부근)으로 천도했다고 전해지는 사실을 들 수 있다.

이들 지역은 언사현이나 정주시로부터 본다면 훨씬 동방, 남방에 존재하여 과연 그것을 현재 지역에 비정하는 것이 옳은 것인가에 대해서는 의문점이 없는 것은 아니다. 그러나 이러한 전승이 있다는 것은 은왕실의 구성원 스스로가 상당히 먼 곳까지 이동했다는 것을 시사한다. 이 이동의 배후에는 후술하게 되는 왕실 내부에서의 왕위를 둘러싼 싸움이 있었다. 그러한 이동이 가능했던 것은 인구증가에 따른 주변으로의 유출이 있었기 때문이며 이 움직임에 의해 중앙부 문화가 주변으로 확대되었던 것이다.

그러나 주의할 점은 중앙에서 지방으로 문화가 전파되었을 뿐만 아니라 지방문화가 역수입되었다는 사실이다. 이를테면 정주에서도 발견된 유약이 사용된 원시자기의 기술은 강서성 청강현 지역에서 개발되었을 가능성이 크다는 것이 청강현 오성 등에서 발굴된 원시자기의 유약 분석을 통해 분명해졌고, 또 안양 등에서 발견된 소둔기 청동기에서도 볼 수 있는

114

호랑이 문양도 회하로부터 장강에 걸쳐 행해진 호신虎神 숭배의 영향이라고 생각된다. 1989년에 오성으로부터 20km 동쪽의 신간현新干縣 대양주大洋洲에서 발굴된 소둔기 대묘에서는 입체의 호랑이를 두 귀 위에다 붙인 대방

청동광靑銅觥(주기酒器) 머리는 뿔이 난 호랑이고, 옆 문양의 오른쪽은 용, 왼쪽은 도마뱀이다. 산서성 석루石樓 출토. 은 후기, 길이 41.5cm, 높이 19cm

정大方鼎이나 독립된 쌍미雙眉의 호랑이 등 호랑이를 소재로 한 것들이 발견되었다.

국력의 증가로 인한 민족이동

이러한 이동이 나타나는 것은 이리두기 이래 식료 생산의 향상, 그에 따른 인구 증가가 배경이 된 것으로 추측된다. 따라서 이리두기 문화를 낳은 황하 유역 전체에 사회적 역량이 축척됨으로써 이른바 민족이동과 같은 현상을 낳았을 것이지만 이러한 이동은 은왕조에서는 때로는 혼란을 일으킨 듯하다. 특히 전기 중엽의 중정 이후 왕조 내부에서는 왕위계승을 둘러싼 다툼이 계속되었고, 제후가 이반하여 왕조의 힘이 쇠퇴하게 도었다고 전해지고 있다.

사실 다음 장에서 설명하듯이 중정에서 제18대 양갑陽甲 사이의 왕계의 혼란은 이 전승을 뒷받침해 준다. 다만 쇠퇴하였다고는 하더라도 은왕조의 힘 그 자체는 커졌다는 것을 정주의 성벽 규모로도 알 수 있지만, 사회적 발전이 주위로 확산되었기 때문에 상대적으로 그 영향력이 떨어졌다고 이해해야 할 것이다. 이 중정 이후는 은 전기의 후반기에 해당하며 대강 기원전 15세기 중엽에서 시작되었다고 생각된다.

이리하여 기원전 13세기에 들어가면 제19대 반경盤庚이 도읍을 현재의 안양 소둔의 은허라고 불리는 지방으로 옮기고, 그 후 은왕조가 멸망하는 제30대 제신帝辛(주왕紂王) 때까지 여기에 도읍을 두었다고 한다.

이 은허에서는 앞에서 서술하였듯이 갑골문이 발견됨으로써 은왕조의 실재가 확인되었다. 그러나 반경·소신小辛·소을小乙 3왕 시대의 갑골문이 아직 확인되지 않은 점에 주의해야 한다. 다만 발굴된 지역이 당시 도읍의 일부분에 지나지 않기 때문에 앞으로 발견될 가능성은 충분히 있다. 현존 갑골문은 제22대 무정武丁 때부터의 것이다.

반경왕盤庚王의 안양安陽 천도의 의의

제19대 반경은 천도에 즈음하여 처음에는 사람들이 강력히 반대하였기 때문에, 은의 힘을 대을 때와 같이 왕성하게 만들기 위해서는 반드시 새로운 땅으로 도읍을 옮기는 것이 필요하다고 역설하고 마침내 천도를 단행했다. 그때 반경이 했던 말이라고 일컬어지는 것이 『상서尙書』에 전하고 있다. 그것에 의하면 백성과 관리, 귀족 모두 안락한 생활에 익숙해져서 나태해졌고, 또 관리들에게 상당히 부패한 기풍이 있었음을 알 수 있다. 따라서 인심을 일신할 필요가 있었고, 그것이 천도 이유 가운데 하나였을 것이다. 이리하여 천도한 후 은의 힘은 다시 왕성해졌다고 한다.

그렇다 하더라도 이 천도는 은에게 상당히 중대한 결단을 필요로 했다. 그 이유는 그때까지 은 중기의 중심이 동방에 치우쳤던 데 반해 안양 지방은 오히려 변경이라 할 만한 곳이었기 때문이다. 태항산맥부터 서쪽의 산서대지山西臺地는 융戎이라 불리는 산악민들이 점거한 지역이었다. 분하汾河 유역에는 황하를 거쳐 은문화가 전파되었지만, 산서성 남부의 하남성에 접한 산록 지대에서조차 거의 은문화가 전해지지 않았을 정도로 이질적인 곳이었다. 은에 이은 서주의 문화가 태항산맥에 들어가는 것을 피하여 차라리 그 산록을 따라 북으로 확산되어 갔다는 점을 고려한다면, 은의 안양 천도는 대단한 일이었음에 틀림없다. 그런 만큼 이 천도에는 무언가 타당한 이유가 있었을 것이다.

은문화 후기(소둔기小屯期)의 융성

제22대 무정은 『상서』 등에도 뛰어
난 군주였다고 전해진다. 갑골문에 의
하면 이때 공방舌方이라든가 토방土方·
귀방鬼方 등 서북 산악민과 빈번하게
전투를 치렀음을 알 수 있다. 이 전투
들을 통해 도읍은 점차 안정되었을
것이다. 이때 무정을 보좌한 인물이
수노囚奴로부터 등용된 부열傳說이라

은대의 전차 두 마리의 말이 끄는 마차

는 재상이다. 무정은 꿈의 계시로 이 인물을 발견했다고 전해지고 있다.

이 무정 시대는 거듭된 전쟁을 거친 시대였던 만큼 시대 전반적으로
씩씩한 기운이 넘치고, 이때의 갑골문도 힘 있는 커다란 문자로 쓰여진
것이 많다.

반경에서 무정에 이를 무렵부터 은문화는 후기(소둔기)에 들어갔다. 섬세
한 문양, 균형잡힌 형체, 그리고 때로는 사람보다 큰 호장豪壯한 청동기가
만들어졌다. 청동기는 동서고금을 통틀어 이 시기의 것이 가장 우수하다.
또 소둔 서북쪽의 후가장侯家莊이나 무관촌武官村 북쪽의 구릉 지대에 조성된
왕릉은 은왕의 권력이 컸음을 증명해 준다.

이 시기에는 복점에 우골 외에 귀갑이 대량으로 사용되었고 복점의
내용은 귀갑이나 우골에 새겨졌다. 복점 그 자체는 용산 시기부터 전
국토에 걸쳐 행해진 풍습이었는데, 복점의 내용을 기록하는 것은 안양
소둔 주변 이외에서는 예를 들면 정주에 있었던 오隞 등 극소수의 도시에서만
행해졌으며 발견된 수도 극히 적다. 소둔의 도읍에서는 복사卜師의 우두머리
가 은왕이었기 때문에 상당히 꼼꼼하게 기록이 행해졌다고 생각된다.
이 갑골문 외에 후기의 마지막인 주왕紂王 전후가 되면, 청동기에 20~30자의
명문銘文을 넣어 주조해서 귀족의 공적이나 은상恩賞을 기록하게 된다. 그것

이외에 경제관계 문서 등이 있었는지는 알 수 없다. 붓과 먹이 사용되었을 것이기 때문에 그런 기록이 있었을 가능성은 높다. 이 밖에 바퀴살이 있는 바퀴 달린 전차가 많이 사용되었는데, 전기 유적에서는 아직 어떤 차량도 발견된 적이 없다.

은의 종말

제24대 조갑祖甲 때에는 다음 장에서 서술하는 것처럼, 제사가 크게 개혁되어 제사는 규칙적인 조상제사로 한정되고 자연신에 대한 제사는 배제되었다. 이와 함께 대외관계 갑골문이 보이지 않게 된다. 내정을 정비한 시대로 추정되며, 『상서』에도 조갑은 뛰어난 군주였다고 전해진다. 이 경향은 당분간 지속되었는데, 제27대 무을武乙 때가 되면 제사는 다시 조갑 이전의 상태로 되돌아간다. 또 이 무을 이후는 형제상속이 없어지고 부자상속으로 단일화된다. 그러나 제29대 제을帝乙과 최후의 제신(주왕紂王) 때에는 다시 조갑시대의 제사로 되돌아간다.

이 제을·제신의 시대에는 동남방의 회하 유역을 점거하고 있던 인방人方 이라는 나라를 정벌하여 은왕이 회하 지방까지 원정하고 있다.[7] 그러나

---

7) 김경일, 「商周 金文에 보이는 '人方' 관련 기록 연구」, 『어문학연구』, 상명대학교, 1998.

이 사이에 서방의 섬서에서 세력을 쌓은 주가 배후에서 은을 공격하였기 때문에 제신은 이를 수도 남쪽의 목야牧野에서 맞아 싸웠지만 패하였다. 그는 하남성 탕음현에 있던 녹대鹿臺라고 불린 이궁에 가서 불을 지르고 스스로 불길 속에 몸을 던졌으며 은은 멸망하게 된다.

제신은 달기妲己라는 여성을 총애하였으며, 세금을 무겁게 하여 재보를 모으고, 주지酒池를 만들었으며, 고기를 나무에 걸어두고 그 사이 사이에서 벌거벗은 남녀 무리와 함께 밤새껏 먹고 마셨다고 한다. 이를 비판하는 자는 붙잡아 잔혹한 형벌을 가해 죽이거나 추방했다. 특히 타오르는 불길 위에 기름칠을 한 구리기둥을 걸쳐 놓고, 그 위를 죄인에게 걷게 하여 그가 불길에 타 죽는 것을 달기와 함께 보고 즐겼다고 한다.

이러한 이야기들은 유가儒家들이 제신(주왕)을 악덕 군주로 표현하기 위해 지어낸 것이다. 실제로는 제신은 엄격한 조상제사를 행한 왕이었으며, 또한 수년에 걸친 동남 원정을 생각해 보더라도 은의 세력이 가장 충실한 시대였을 것이다.

제6장 왕과 제사

1. 은대의 제사

갑골에 의한 복점ㅏ占

지금까지 갑골문 또는 갑골문자라는 것을 자주 언급해 왔다. 이것이 은의 도읍을 발굴하는 실마리가 되었다는 것은 잘 알려진 사실인데, 여기에서 좀더 상세하게 설명하기로 한다.

동물의 견갑골 뒷면에 불을 쬐어 그 열에 의해 표면에 생긴 금으로 길흉을 판단하는 복점은 용산문화 때 이미 중국 전역에서 널리 행해지고 있었다. 이때 사용된 동물은 소·양·사슴·돼지 등이고, 견갑골 뒷면에 직접 불길을 닿게 하든가 혹은 뒷면에 우선 직경 1cm 이내의 얕고 우묵한 구멍을 내어 그곳에 불을 대든가 했다. 이 구멍을 찬鑽이라 부른다. 이리두기 무렵에도 같은 방법이 사용되었다.

그런데 은 전기에 이르면 귀갑이 사용되기 시작함과 동시에 포유동물 중에는 소가 주로 사용되고, 방법으로는 찬 곁에 가장 깊은 타원형 착鑿을 파게 된다. 이 찬착鑽鑿을 짜맞추는 방법이 후기에 보편적인 방법이다. 찬 부분에 불을 대면, 착의 표면 부분에 타원형의 긴 지름을 따라 세로로 금이 생기고 찬 부분에는 가로로 금이 생긴다. 후기에는 이 세로금과 가로금의 각도 등을 보고 길흉을 판단했을 것이다. 그러나 길흉 판단의 기준은 현재로서는 알 수 없다.

이 시기에는 소와 함께 귀갑이 많이 사용된 반면 사슴은 거의 사용하지

않게 되었다. 그와 동시에 사슴이 제사
의 희생으로도 사용되지 않았다는 것에
서, 복점에 사용된 포유동물은 희생짐
승이었을 가능성이 크다. 그것은 여하
튼 복점에 사용된 귀갑은 사람 눈에 잘
띄는 등껍질보다는 복부 쪽의 평평한
껍질이 많다. 배 껍질은 평평하기 때문
에 점복에 편리하고 문자를 쓸 때 적당

복점에 사용된 귀갑과 그 단쪽

했을 것이다. 그러나 무정과 제을·제신 시대에는 등껍질이 꽤 사용되었다.
서주 이후에도 복점에 사용된 귀갑이나 수골이 다수 발견되었고, 전국시대
와, 최근에는 사천에서 당대唐代의 복귀卜龜도 발견되었다고 한다. 일본의
야요이彌生, 고분古墳 시대 유적에서 발견된 복갑과 복골은 아마도 전국시대
이래 한반도를 거쳐 전해진 풍습에 의해서일 것이다.

복갑 등에서 복점의 내용을 기록한 것은 제7장에서 서술한 것처럼 주왕조
의 발상지인 주원周原에서 발견된 것도 있지만 그 연대는 은 말기일 가능성이
크다. 따라서 은 이후의 것은 현재로서는 산서에서 발견된 춘추시대 말기의
한 조각뿐이다.

갑골문자를 새긴 소재

그런데 소둔에서 출토된 갑골에는 복점 내용 외에 그 귀갑이나 우골의
관리자 이름이나 납입자, 혹은 귀갑이나 우골을 복점에 사용할 수 있도록
정리하거나 찬착을 파고 불제祓除1)한 일시나 담당자 이름 등이 새겨진
것이 있다. 이 기록을 정리해 보면 다음과 같은 사실을 알 수 있다.

귀갑은 동남쪽의 먼 나라에서 몇 백 매씩 바쳐지는 경우가 많았다.
이에 반해 우골은 은의 도읍에서 소를 잡아 얻은 것이 대부분이다. 용산문화

---

1) 신에게 빌어서 상서롭지 못한 것을 떨쳐버리는 것. 일명 '푸닥거리'.

말기에 동방에서 귀갑을 복점에 사용한 예가 있는데, 아마도 은 전기에 은인들이 동방·남방으로 이동한 결과 귀갑을 사용하는 풍습이 역이입되었을 것이다. 이에 반해 우골은 은의 도읍에서 제사의 희생으로 잡은 소에서 얻었을 것이다.

갑골문에 의하면 은대의 제사 때 희생으로 삼은 것은 주로 소·양이며, 때때로 돼지·닭·개가 사용된다. 닭은 별도로 치더라도 이 동물들은 모두 복점에 쓰인다. 사슴은 수렵의 대상이었지만 희생으로는 거의 사용되지 않았으며, 따라서 소둔에서 발견된 복점의 골판에는 포함되어 있지 않다. 용산문화시대에는 사슴도 사용되었다. 은대에 희생으로서 신에 바쳐진 것은 가축화된 동물이며 그것이 복점에 사용되었다.

이에 반해 귀갑은 어떤 의미를 가지고 있었을까? 극소수이기는 하지만 거북 형상을 한 것을 희생으로 하였다고 생각되는 갑골문도 있고, 거북 모양의 토우나 구슬장식이 있었던 것으로 보아 거북에게도 신성한 작용을 할 능력이 있다고 생각했었던 것 같다. 지금까지 출토된 갑골에서 거북은 무정 시대에 많았고, 그 이후에는 오히려 감소된다. 특히 무을 때에는 소의 견갑골뿐이고 귀갑은 전혀 쓰이지 않았다.

이것은 반경 때에 동방에서 안양으로 이동하고 무정 때만 해도 예전의 동·남 지방과 연락이 아직 긴밀하였지만, 점차 동·남 지방과는 소원해졌던 사실과도 관계 있을 것이다. 제을과 제신 때에 동남의 인방 정벌이 행해진 것은 이 소원해진 지역을 다시 장악하기 위해서였다. 이 두 왕의 시대에는 다시 많은 귀갑이 복점에 사용되었다.

갑골복점의 방법

그런데 귀갑을 사용한 복점은 구체적으로 어떤 것이었을까?

귀갑은 중앙선을 중심으로 좌우대칭을 이룬다. 그리고 오른쪽에 '병자丙子에 점을 친다. 위韋가 묻는다. 나는 결실年을 얻는가?'라는 긍정의 복문卜問을 새기고, 왼쪽의 대칭되는 장소에는 '병자丙子에 점을 친다. 위韋가 묻는다. 나는 결실秊을 얻지 못하는가?'라는 부정의 복문을 새긴다. 그런데 어느 것이나 한 차례가 아니라 많을 때는 열 차례까지 각각 양쪽에 대해 복점을 행한다. 그리고 그 결과로 최후의 것이 채택되는지 혹은 가장 좋은 것이 뽑히는지는 알 수 없다. 때로는 동일한 사실이 별도의 귀갑에 복점되는 일도 있었다.

견갑골을 사용할 경우에는 상하로 긍정·부정이 나뉜다. 이 경우에도 몇 차례 같은 사실을 점친다. 복점이 끝난 후에는 갈라진 금(복조卜兆라고 한다)을 피해서 그 내용을 기록한다.

위에서 든 예문에 의하면 병자丙子는 복점이 행해진 날짜를 가리킨다. 위韋는 정인貞人의 이름으로서 이 사람이 점치는 사항을 귀갑이나 골판에서 묻게 된다. '나는' 이하가 그 내용이다. 이와 같이 묻는 사람, 곧 정인은 은왕을 비롯하여 다수였지만 복조卜兆를 판정하는 것은 은왕의 임무였을 것이다. 그래서 그 판정이 올바르다는 것을 후일 확인하여 왕의 권위를 명확히 할 필요에서 그 내용을 기록했을 것이라 한다.

그러나 은 말기가 되면 복점은 상당히 의례화된다. 왕이 친히 점칠 경우에 판정은 원칙적으로 '길吉'로 한다고 정해져 있었던 것 같다. 복점보다도 왕의 의지 쪽이 선행되었던 것이다.

그러면 도대체 어떠한 사항을 점친 것일까?

갑골복점의 내용

첫째는 제사다.[2] 조상이나 산천 등 자연신에 대한 제사, 혹은 이들 신들의 지벌[3] 유무 등을 점쳤다. 둘째는 군사軍事·사령使令으로서 전쟁 여부나 신하와 동맹국 등에 대한 명령의 시비를 점쳤다. 셋째는 수렵·왕래로, 수렵의 가부可否나 그 사이의 안부를 묻는다. 이 외에 질병생사, 기후風雨,

---

2) 이의활, 「『갑골문합집』의 제사에 관한 주요 卜辭 고석」, 『중국어문학』, 1997.
3) 신 등에게 거슬리는 일을 저질러 당하는 벌. 앙화.

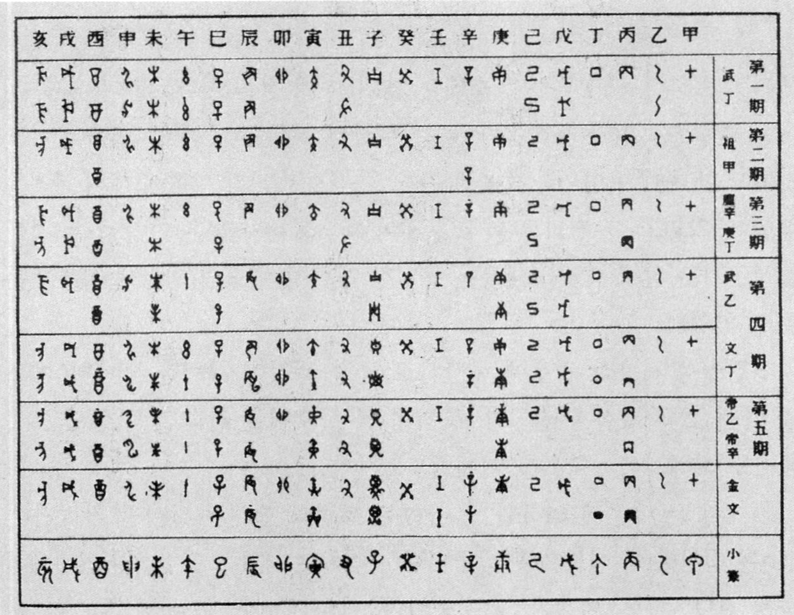

갑골문자의 변화 십간십이지 (동작빈에 의함)

그해의 풍흉 등이 있다. 그리고 특히 중요한 것으로 순석旬夕이란 것이 있다.

순旬이란 갑일甲日부터 계일癸日까지의 10일을 가리킨다. 은대에는 갑·을·병·정·무·기·경·신·임·계라는 10간十干과 자·축·인·묘·진·사·오·미·신·유·술·해의 12지를 조합시켜 얻은 갑자에서 을축이라는 60가지 칭호로 날짜를 표시하였는데 특히 10간은 조상의 이름에도 붙여진 중요한 것이었으며, 갑일부터 계일까지의 10일을 하나의 단위로 하여 그 사이 화禍의 유무를 점쳤다. 계일에서 다음 갑일부터의 10일간을 점치는 것이다. 이 10일간의 화를 점치는 것은 무정 이후 각 왕 시대에 걸쳐 공통으로 보이는 가장 기본적인 점卜이다.

이에 반해 석夕이란 밤마다 화의 유무를 점치는 것이다. 특히 조상제사를 개혁한 제24대 조갑과 그를 따른 제29대 제을, 제30대 제신 때에 빈번하게 행해졌는데, 왜 이 시대에 그렇게 빈번하게 행해졌는가는 알려져 있지

124

않다. 이처럼 같은 갑골문이라 하더라도 각 왕에 따라 그 내용이 달라진다. 내용뿐 아니라 복사卜師인 정인貞人도 왕에 따라 교체되는 까닭에 갑골문에 등장하는 정인의 이름을 보면 그 갑골문이 어느 왕 때의 것인가가 판명된다. 이 이름 앞에 있는 문자는 초기 연구단계에서는 어떤 의미가 있는지 분명하지 않았지만 나중에 이들이 정인의 이름이며 동일한 귀갑이나 골판에 복수의 이름이 나온 것으로 보아 집단을 이루고 있었음이 밝혀졌다. 곧 어떤 한 귀갑에 위韋·복箙·빈賓, 다른 골판에 빈賓·영永·환亘이란 이름이 쓰여 있다면, 이 두 집단은 모두 빈賓이란 인물에 의해 연결된 것으로서 5인이 대체로 같은 시대의 정인이었음을 알 수 있다.

정인貞人집단의 우두머리(장長)인 왕

그리고 그 집단의 정인 이름이 새겨진 갑골에 나오는 조상 이름과 왕계표를 대조해 보면 그 정인이 어느 왕 때 사람인지 알 수 있다.

예를 들면 무정 때에는 그 아버지인 소을을 부을父乙이라 불렀고 소을의 형제로서 왕위에 오른 양갑·반경·소신을 부갑父甲·부경父庚·부신父辛이라고 불렀다. 즉 무정 때에는 부父라고 불린 네 명의 인물을 제사지낸 까닭에, 이 네 명의 이름이 정인집단의 갑골문에 나오면 그 정인은 무정 때 사람임을 알 수 있다. 이렇게 하여 무정 이후 제신(주왕)에 이르기까지의 갑골문을 다섯 시기로 구분할 수 있다.

제1기 무정武丁
제2기 조경祖庚·조갑祖甲
제3기 늠신廩辛·강정康丁
제4기 무을武乙·문정文丁
제5기 제을帝乙·제신帝辛

이 구분법을 발견한 사람은 역사어언연구소가 최초로 은허 예비조사에 파견한 동작빈이다. 이것에 의해 갑골문은 각각의 시기에 따라 글자체나 내용에 특색이 있다는 사실이 알려졌고, 사료로의 가치가 확립되었다. 그런 의미에서 동작빈은 갑골문 연구의 최대 공로자라 할 수 있을 것이다. 현재의 연구는 이 시기구분을 바탕으로 이루어지고 있다.

이처럼 정인은 시기에 따라 교체된다. 이 정인은 사실 은왕조의 세력 하에 들어간 여러 나라에서 은왕조로 파견되어 온 사람들이다. 은왕은 이 정인집단의 우두머리가 됨으로써 여러 나라의 복점에 대해 왕조의 복점이 지닌 의의를 크게 하며, 정신적인 지도력을 발휘하려 했던 것이다.[4]

2. 신神과 왕王

선왕들의 호칭 유래

다음의 표는 『사기』「은본기」에 기재된 왕위계승 관계를 갑골문에 의해 정정하여 만든 것이다. 은대 제사에서는 다수의 신을 모셨지만, 그 가운데 가장 중요한 것이 이 왕계에 나타난 은의 선왕들이다.

그런데 이 왕계표를 보면 같은 선왕인데도 처음의 8명의 왕과 그 이하와는 이름을 붙이는 방식에 큰 차이가 있다. 상갑上甲 이하 선왕은 모두 십간의 하나가 이름에 붙는 데 반해, 그 이전의 제곡부터 왕해까지 8왕은 십간을 붙이지 않고 오히려 평범한 이름 같은 느낌을 준다. 이 8왕은 뒤에 밝히는 바와 같이 은의 조상이 아니며 어느 시기에 계도에 추가된 것이다. 그리고 그 신으로서의 신격도 상갑 이하 선왕과 달리 하河나 악岳 등으로 불리는 자연신과 공통된 점이 있기 때문에 뒤에 서술하기로 하고, 우선 상갑 이하의 선왕에 대해 생각해 보자.

이 선왕의 이름에 붙여진 갑·을 등은 날짜를 표시할 때의 십간과 같은 것이기 때문에, 상갑이라든가 대을이라든가 소을이란 이름은 그 왕의

---

4) 이들 정인에 관한 책은 다음을 참조. 요종이(饒宗頤) 지음, 손예철 옮김, 『은대정인인물통고(殷代 貞人人物通考)Ⅰ』, 민음사, 1996.

은왕 세계표

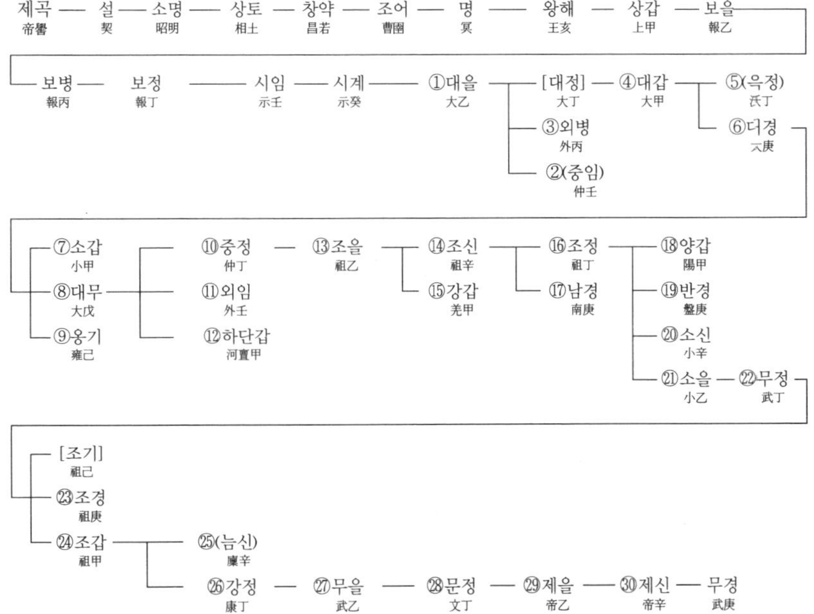

[ ]『사기』에서 즉위하지 않았다고 전해지고 있으나 갑골문에서는 즉위한 것으로 생각되는 왕
( )『사기』에서는 즉위한 것으로 되어 있으나 갑골문에서는 명확하지 않은 왕
숫자는 즉위 순서를 나타낸다.

탄생일에 따라 갑일甲日에 태어나면 모갑某甲으로 불렸다는 설이 있다. 이와 반대로 사망한 날에 따라 붙여진 것으로 묘호廟號라 할 수 있는 것이라는 설도 있어 결론이 나오지 않고 있다. 그 외에 최근에는 은왕실을 형성하는 씨족이 열 개의 가계家系로 되어 있었기 때문에 각각 출신 가계를 표시한 것이라는 설도 나오고 있다.

어쨌든 갑골문이 출현한 무정 때에는 십간으로 날짜를 표시하는 것이나 선왕을 표시하는 것이 이미 완전히 습관화되어, 현재로는 십간 그 자체의 원 뜻을 알 수 없게 되어 버렸다. 단 양자에 십간이 사용되었다는 데서 알 수 있듯이 갑명甲名의 선왕이 갑일甲日과 깊은 관계가 있다고 생각된 것은 확실하다. 조상제사를 개혁한 조갑 때에는 선왕 제사가 반드시 그 명칭의 십간의 날에 행해졌다. 그 이전인 무정 때에도 동명同名의 날에 이루어지는 일은 있었지만, 일치하지 않는 날 쪽이 더 많다. 또 조갑 이후에는 일치하는 경우가 많아진다.

신파新派와 구파舊派의 제사 풍습

이와 같이 제사의 측면에서 각 왕마다 차이가 있었다. 이 차이를 발견한 사람은 갑골문의 시대구분을 발견한 동작빈이었다.

그가 이것을 발견한 것은 중일전쟁 동안 소둔 발굴로 얻은 갑골문을 사천성 오지에서 정리하고 있을 때였다. 그에 의하면 갑골문에 나타나는 제사에는 '구파'와 '신파'의 두 가지 풍습이 있었다고 한다(구파·신파는 동작빈의 용어에 따른다). 구파에서는 선왕과 제삿날의 십간이 반드시 일치하지는 않았으며, 선왕 가운데에서도 부자상속을 행한 직계 선왕이 중시되고 형제상속의 방계 선왕은 거의 무시되었고, 또 자연신 등에 대한 제사도 잘 이루어지고 있었다. 그리고 복점에 의해 제사 여부와 제사의 의식·희생의 수 등이 선택되었다.

이에 반해 신파에서는 자연신 등에 대한 제사는 거의 나타나지 않는다. 선왕에 대해서는 5종五種 제사를 직계·방계의 구분 없이 즉위순에 따라 상갑부터 순차적으로 행하였는데, 선왕 이름에 들어 있는 십간의 날에 행해졌다. 따라서 제사 실시는 이미 규칙으로 결정되어 있었고, 그 결과로서 선왕 영혼이 그것을 기꺼이 받아들였는가의 여부를 점쳤다. 이제 그것을 실례를 들어 살펴보자.

5종 제사와 제사력祭祀曆

다음 도판은 조갑 때의 복골卜骨 가운데 하나인데, 골판에 새겨진 시간적 순서는 아래로부터 시작되어 날짜에 따라 순서대로 위에 써서 덧붙여 간다.

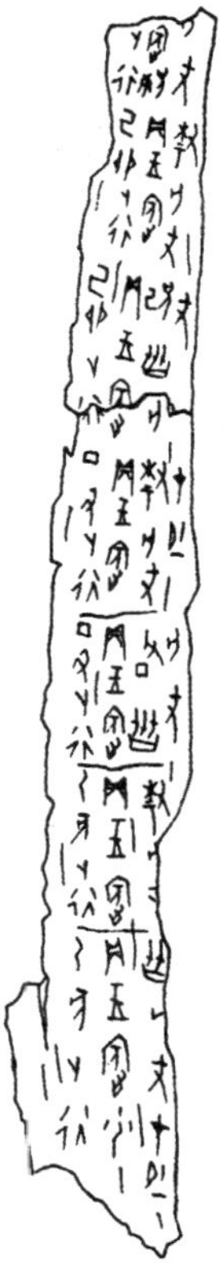

제사는 이와 같이 규칙적으로 행해졌는데, 이는 선왕의 왕후인 선비先妣에 대해서도 마찬가지였으며 같은 제사기간 내에 10일 늦게 시작되어 병행해서 행해졌다. 이 5종 제사를 전부 마치는 데는 대충 1년이 걸렸다. 그러므로 이 신파 때는 1년 중 대부분의 날에 선왕이나 선비의 제사가 있었으며, 날에 따라서는 몇 사람의 제사가 중복되어 행해지기도 했다.

더욱이 이때는 자연신 등에 대한 제사가 자취를 감추었던 까닭에 신파시대의 왕조 제사는 조상으로 일원화되었다. 서주 이후에도 중국의 제사는 조상제사를 중시하였는데, 이 같은 풍습은 매우 일찍 시작된 듯하다.

그런데 이러한 풍습도 강정康丁 시대부터 무을·문정文丁 시대에 자취를 감추고, 대신 자연신 등에 대한 제사도 부활한다. 다시 구파 제사로 되돌아간 것이다. 단 제삿날과 조상 이름의 십간을 일치시키는 것은 무정 시대보다 중시되었는데, 이것은 신파의 영향 때문이다. 그것과 함께 때로는 자연신 등을 고조高祖라고 부르고 있어 원래 은과는 혈통을 달리하는 신을 아주 오랜 옛날의 조상으로 모시려는 태도를 보여준다. 이것도 조상제사의 일원화에 치중한 신파 시대를 거치면서 받은 영향이었다. 그리고 말기의 제을·제신 시대가 되면 다시 신파로 복귀한다.

더구나 이 최후의 시대에는 5종 제사가 거의 완전히 규칙화하여, 복점에 선행하는 것으로 되어 갔다. 아마도 일종의 캘린더, 이른바 제사력祭祀曆이

갑골문의 각사(刻辭):

```
                              尤。
                    在十一月。　亡尤。
4  庚辰卜、　行貞、王賓厥　　魯、亡尤。
   　　　　行己卯卜、　貞、王賓　祝魯、亡。
3  　　　　行己卯卜、　貞、王賓　叙、亡尤。
   　　　　行丁丑卜、　貞、王賓　攸魯、
2  　　　　行丁丑卜、　貞、王賓　叙、亡尤。在十一月。
   　　　　行乙亥卜、　貞、王賓　魯、亡尤。
1  　　　　行乙亥卜、　行　貞、王賓小乙　魯、亡尤。在十一月。
```

5종 제사에 관한 갑골문의 계　제2기 후반 조갑 시대의 5종 제사를 점친 예의 하나다. 이 갑골판 조각에서는 1부터 시작한다. 1은 "을해날에 점을 쳐서 행宁(정인의 이름)이 점친다. 왕이 소을小乙에게 공경하여 대접함에 咎흔에 책망하지 않겠는가? 11월에 살핀다"라고 읽는데 소을은 조갑의 조부에 해당한다. 2의 부정父丁은 무정, 3의 형기兄己는 조갑의 형, 4의 형경兄庚도 조갑의 형 조경祖庚이다. 문장은 모두 왼쪽 의로부터 시작된다.

작성되어 그것에 따라 기계적으로 제사가 이루어지게 되었을 것이다. 그러므로 오히려 제사는 그 본질적 의의를 상실해 버리게 되지 않았는가 생각된다. 그리고 어떤 날짜를 표시할 때 모왕某王의 모사某祀날이라고 하면 그것으로 일년 중 어느 무렵인가를 알 수 있게 되었다. 이 시대에는 왕 재위 몇년이라고 할 때는 '이 왕의 육사六祀'라는 식으로 표현하는데, 이는 5종 제사가 6회째 행해지고 있다는 의미다.

그러면 은대의 사람들은 이와 같이 중시된 선왕의 영혼이 어떤 작용을 한다고 생각하고 있었을까?

숭고한 힘을 가진 조령관祖靈觀

무정 시대(제1기)의 갑골문에는 '묻나니, 조정祖丁이 왕에게 벌을 내리지 않겠는가?'(철鐵 246·2)라는 식으로 선왕인 조정이 왕에게 벌을 내렸는지의 여부를 점치는 것이 있다. 또 '묻나니, 치통을 앓고 있는데, 부을父乙(소을小乙)이 벌을 내렸겠는가?'(을乙 4600)라고 한 것처럼 치통의 원인이 부을의 벌 때문인지를 점친 것도 있다.

이처럼 조상은 왕이나 왕자들에게 벌을 내릴 힘을 가지고 있었다. 특히 이런 힘을 가진 자는 조을 이하의 조상에 많고 그 가운데에서도 부父인 소을 등 더 가까운 조상에 많다. 곧 그 죽음이 목격된 자일수록 사후에 무서운 힘을 발휘하게 된다. 조을은 무정에게는 고조부가 되는데, 한 가계에서 좀더 가깝게 생각될 수 있는 조상이라면 고조부 정도였다. 그리고 먼 조상이 전설적인 존재인 데 비해, 조을부터는 그 존재를 실감할 수 있는 조상이었다. 따라서 조상 제사는 아마도 벌을 내리는 등 무서운 힘을 가진 사자의 영혼을 달래서 그 힘을 누르기 위해 시작되었을 것이다.

왕의 신격화

그런데 종교 개혁자였던 조갑 때부터는 점차 조상의 벌 따위는 생각지

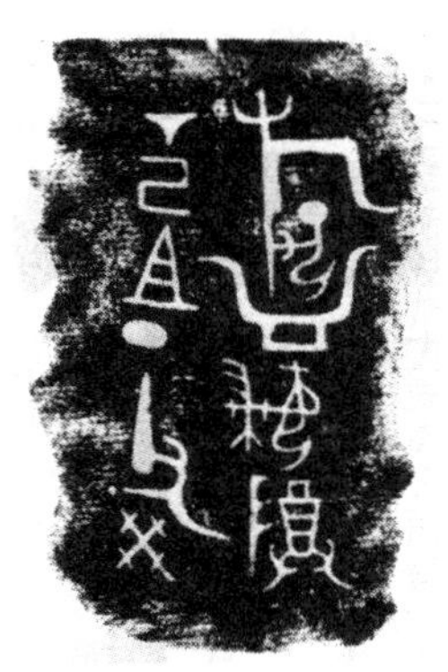

기族와 제사의 마크 왼쪽 줄에 제기帝리, 조정祖丁, 부계父癸라는 세 명의 이름이 나온다.

옥을 상감한 과戉 왕위의 상징. 길이 35.4cm

않게 되고, 오히려 강정 시대 무렵부터는 조상을 도움을 주는 존재로서 제사지내게 된다. 조상이란 자손을 보호하고 돕는 존재, 보다 친밀한 존재로 바뀐 것이다. 그리고 제을·제신 시대에는 조갑을 제갑帝甲이라고 부르는 등, 뒤에 서술하는 바와 같이 선왕에게 원래 최고의 신을 가리키는 '제帝'란 문자를 붙이게 된다. 이 단계에 이르면 선왕은 신으로서의 위치를 확립하게 된다.

이 조갑 이후의 조상관은 다분히 조상이 왕이었다는 사실에 의거한 것이었다. 앞에서 다룬 조갑 시대의 조상 제사는 왕위계승자를 그 순서에 따라 제사지내고, 직계·방계라는 혈연의 멀고 가까움의 구별 없이 중점을 왕위계승에 두었다. 죽은 조상이란 점에 중점이 두어졌던 것이 아니다. 갑골문에 기록된 제사 가운데 인간의 머리를 잘라 신에게 바치는 벌伐이란 의례가 있다. 이 의례는 원칙적으로 선왕에게만 행해졌는데, 매장 때 이 의례가 행해진 것도 다음에서 다루듯이 왕묘로 되어 있는 대묘 등으로 한정되었다.

이 사실은 일반인의 죽음과 왕의 죽음에 엄격한 구별이 있었다는 것을 시사한다. 왕이란 존재는 적어도 신에 가까운 존재였던 것이다. 왕이 정인 집단의 장으로서 복점을 주재한 것이나, 모든 제사의 주재자였던 것도 역시 왕이 최고 신관으로서 신에 가장 가까운 존재라고 생각되었기 때문이다. 이와 아울러 왕 이름의 십간이 날짜를 표시하는 십간과 동일하며 제삿날과 왕 이름이 일치하는 경향이 강한 것에도 주의해야 한다. 이것은 일日, 곧 태양과 왕이 깊은 관계를 갖고 있음을 보여준다. 은의 시조라고 하는 곡嚳의 아내 희화羲和가 10개의 태양을 낳았다는 설화가 뒤에 나온 것도 이 같은 왕과 태양과의 관계를 바탕으로 한 것이다. 또 왕의 영혼과 태양 양쪽에 공통된 요소로서 새가 존재하는 것이 분명하기 때문에 은대의 사람들은 새를 양자 사이의 사자로 생각하고 있었다. 이 점도 왕을 신 그 자체, 또는 신에 가까운 존재라고 의식하게 된 데서 나온 것이다.

영혼을 그리는 방정方鼎

은의 인면방정人面方鼎 호남성 영향현寧鄕縣 출토. 전체 높이 38.5cm

그러나 조상의 신격화가 사회의 모든 계층으로까지 확대되었던 것은 아니다. 사회 전반에는 갑골문 같은 사료가 없기 때문에 확실한 것은 알 수 없지만, 무정 시대처럼 사자死者에 대한 두려움에 기인한 제사가 일반적인 것이 아니었을까 생각된다. 곧 조상이란 벌을 내리는 힘을 가진 영귀靈鬼로 생각되었고 뭔가 잡을 수 없는 그런 존재로 생각되어 버리면서 당시 사람들에게 벌을 내린다거나 드물게는 은혜를 베푸는 존재로 인식되었다.

위의 방정方鼎5)에 조각된 사람의 얼굴은 아마도 이러한 신, 선악의 어느 쪽인가로 작용하는 영귀靈鬼를 표현했을 것이다. 그 모습에는 사람을 위압하는 그런 강렬함은 없지만, 어딘가 심술궂고 사람의 기분을 들뜨게 하는 면을 가지고 있다. 그러므로 사람들은 영귀의 움직임을 예측할 수 없어 결국 복점으로 확인하지 않으면 안 되었다.

이렇게 생각하면 조갑 등의 신파 제사가 실은 오히려 특이한 것임을 알 수 있을 것이다. 이것은 뒤에 서술하는 바와 같이 왕권의 확립과 밀접하게 관계되어 있다.

다음에는 최고의 신으로 생각되는 제帝에 대해 살펴보자.

---

5) 다리가 넷 달린 사각 솥.

최고의 신인 '제帝'와 왕

제帝는 천신天神으로 생각되지만 어떤 모습을 하고 있었는지는 잘 파악되지 않는다. 은대의 사람들은 최고最高의 신인 제帝에게 특정한 모습을 부여하지는 않았을 것이다. 갑골문자에는 釆나 釆라는 형태로 표현되고 있는데, 이는 원래 제帝 그 자체를 가리키는 것이 아니라 제사 때 쓰는 땔감薪 다발(釆)과 영혼이 내려왔을 때의 빙좌憑坐[6]인 丅·丅示를 조합한 것이다. 제사에 사용되는 물건을 상징으로 삼은 것이다.

그러므로 은대의 사람들은 제帝란 천상에 사는 모습 없는 신이라고 생각하고 있었다. 따라서 제帝에게 제사를 지내는 관습은 없었을 것이다. 갑골문에는 제帝에 대해 제사를 점쳤다고 생각되는 기록이 없다.

그러면 은대 사람들은 제帝에게는 어떤 활동이 있다고 생각했을까? 대충 나누어 본다면 그것은 자연현상에 관한 힘과 인사人事에 관한 힘, 두 가지다.

첫째의 자연현상에 관해서는 비를 내리게 하는 힘, 가뭄을 내리는 힘, 그 결과로서 한 해의 풍흉을 좌우하는 힘이 인정되고 있다. 그리고 바람도 제帝의 출현을 보여주는 것으로 생각되고 있다.

둘째의 인사에 관한 것으로는 전쟁 때 은에게 하늘의 도움을 줄 것인가의 여부, 도시 건설의 가부, 그것과 관련하여 도시, 특히 소둔 지방에 있던 도읍을 파괴하는 힘도 가지고 있었다. 때로는 도읍(갑골문에서는 '쇼쇼룝'이라 부른다)의 북쪽을 흐르는 원하洹河에 홍수를 일으켜 도읍을 파괴시킨다고 생각되었다. 또 인간이 마차에서 떨어져 다치거나 하는 화도 제帝의 노여움 때문이라고 생각하였다. 따라서 제帝는 자연현상이나 전쟁·사고 같은 형태로 인간에게 힘을 행사하는 존재였다.

앞에서 다룬 순旬(10일간)의 길흉 등도 아마 제帝에 의해 결정되었을 것이다. 그러나 갑골문에 제帝에 대한 제사가 나타나지 않는 것으로 보아 제帝의 노여움을 달래거나 공물을 바쳐 제帝에게 도움을 구하는 일은 불가능하다고

---

6) 주술에서 신령을 일시적으로 머물게 하기 위한 어린이 또는 인형.

생각되었던 것 같다. 그러므로 제帝의 힘이란 일방적으로 인간에게 작용하는 것이고, 눈에 보이지 않는 두려운 존재였다. 그것은 돌연한 자연현상이나 사고 등의 형태를 띠고 힘을 과시하는 존재인 것이다.

제帝의 활동을 보여주는 갑골문은 무정 시대 이후에는 보이지 않지만, 순旬의 길흉을 점치는 것은 최후까지 시행되었기 때문에 제라는 존재에 대해서는 항상 생각하고 있었던 것 같다. 단지 제을이나 제신 시대가 되면 순旬의 길흉을 점칠 때, 정인의 역할을 왕 자신이 행할 경우는 거의 예외 없이 길하다고 판정되기 때문에 왕의 의지 쪽이 제帝의 힘이나 복점의 신비성보다 우선했던 것으로 보인다. 『사기』에 주왕(제신)의 악행을 신하인 조이祖伊가 간언한 데 대해 주왕이 "내가 이렇게 살아 있다는 것이야말로 천명이 나에게 있다는 증거다"라고 답하고 있는 것은 바로 이러한 은대 말기의 제帝에 대한 두려움의 결여를 전해주는 것이다.

3. 자연신

인간의 냄새가 나는 자연신

마지막으로 자연신에 대해 살펴보자.

자연신이란 원래 산이나 하천, 혹은 산양이나 호랑이 등의 자연물이나 동식물에 어떤 신격을 인정하고 그것을 신으로서 숭배한 것이다. 이러한 자연신은 주로 풍우나 수확 등에 영향력을 미친다고 생각되었던 까닭에 '악岳·하河·기夔에게 풍년을 기원할 것인가, 말 것인가?', '왕해王亥에게 풍년을 기원할 것인가, 말 것인가?' 등처럼 풍년을 기원하는 대상이 되고 있다. 또 '하河가 수확에 앙화를 내리지 않을까', '기夔가 곡식에 앙화를 내리지 않을까?'처럼 거꾸로 수확을 망쳐서 흉작을 초래할 힘도 가지고 있다고 생각되었다.

나아가 이러한 수확의 배후에는 기후 특히 비가 중요하다고 생각되었는데, 이들 자연신은 '하河가 비오는 것을 명하지 않았는가?'라고 할 정도로 비에 대해 힘을 가지고 있었던 것 같다. 그러므로 수확과 마찬가지로 '비를 악岳에게 기원할 것인가'라고 하듯이 비를 내려달라고 기도하는 대상이 되기도 하고, '왕해가 비를 막고 있는가'처럼 비 내리는 것을 방해한다고도 생각하였다.

토지의 신에 희생으로 매장된 소

자연현상에 대한 이러한 영향력은 앞에 서술한 제帝의 힘 가운데 자연에 대한 힘을 다소 약화시킨 것이라 할 수 있다. 특히 제帝와 같이 적극적으로 인간을 괴롭히는 한해旱害를 내리는 힘이 여기에는 포함되지 않았다는 점에 주의할 필요가 있다. 마찬가지로 수확이나 비에 대한 힘을 가지면서도, 가뭄에 관해서는 제帝가 독점적인 힘을 가지고 있었던 것이다. 여기에서 제帝를 태양신으로 생각하였다고 추측하는 것도 가능하다.

자연신에 대해서는 '비를 기원하는' 기우제 외에 '취取'라든가 '무舞'라는 기우제가 행해지고 있다. 이것은 자연신이 제사에 의해 인간의 소원을 받아들여 비를 내려주거나 수확을 거두게 하는 존재로 생각되었음을 보여준다. 이에 반해 제帝는 일방적으로 비를 내리라는 명령을 하거나 수확을 결정하는 존재였다. 인간이 기원하기 위해 바치는 제사와는 무관하게 행동하기 때문에 제帝는 그만큼 커다란 힘을 가진 두려운 존재였던 것이다.

곧 자연신은 풍년을 기원하거나 비를 내려달라고 기원하는 '제사'라는 인간의 요청에 의해 좌우될 수 있는 존재로 당시 사람들에게 인식되었다는 점에서 제帝와 자연신 사이에는 신격神格의 차이가 존재한다. 그런 만큼 자연신은 어떤 의미에서는 인간답다고 할 수 있다.

이 점은 선왕에 대해서도 마찬가지다. 선왕은 제사를 받으면 그 대가로 도움을 주는 존재였다. 따라서 인간이 행하는 제사에 좌우되지 않는 제帝는 인간의 힘이 미치지 않는 존재이며, 일방적으로 힘을 행사하는 두려워해야 할 최고의 신격을 가진 존재였다.

자연신의 명칭과 형태

자연신(산악신계)의 순위

그런데 선왕은 십간을 호칭에 붙여 표현한 데 반해, 자연신은 악岳·하河·기夔·멸蔑·왕해王亥 등으로 표현하였다. 이 가운데 하河는 황하의 신으로서 수신水神 가운데 가장 힘 있는 존재였다. 이 밖에 원洹이라 불리는 것이 수신으로 자주 등장한다. 이는 현재 소둔의 북쪽을 흐르는 원하洹河의 수신이다.

이들 수신은 57(썲)=하河, 纽=원洹 등으로 표현된다. ≶·淡는 물이며, 7(쐇)나 曰은 음을 나타내는 문자다. 이들은 표음기호로서 그 자체에는 의미가 없었던 듯하다.

이에 반해 산신山神에는 왕해王亥나 기夔·호梡, 혹은 악岳이 있는데 기夔는 쐇, 호梡는 쯀 같은 것이다. 기夔는 외발 원숭이인 듯하고, 쯀의 米는 목木, 쐇은 쯀(虎)를 생략한 형태로서 아마 삼림 속의 호랑이를 의미할 것이다. 악岳은 쯀으로서, 양羊인 쐇과 산山인 쐒을 조합한 것이다. 양羊은 현재 우리가 생각하는 면양이 아니라 황량한 산에 사는 야생양이다. 또 왕해王亥는 쯀로 쓰는 것이 보통인데, 때로는 해亥에는 새를 양 손으로 붙잡고 있는 쯀라는 형태로 하는 경우가 있다. 『산해경山海經』의 「대황동경大荒東經」 편에 곤민困民이라 불리는 나라에 왕해라는 인물이 있는데 양 손으로 새를 붙잡아 머리를 먹었다는 이야기가 실려 있다. 이 글자의 자형은 바로 양 손쐇으로 새를 붙잡고 있는 형태다.

이들 산신은 수신에 비해 어느 것이나 보다 구체적인 형태로 표현되고 있다. 이유는 분명치 않지만 산양이나 호랑이, 원숭이 등 산이나 삼림에 사는 포유동물 쪽이 사람의 마음에 쉽게 받아들여졌기 때문일 것이다.

이에 반해 하河 등 수신의 경우, 그들을 물 속에 사는 존재로 생각하였다는 것은 하河에 제사를 지낼 때 희생물인 소를 물에 가라앉히는 것이 널리 행해졌던 사실에서 당연히 인정된다. 그렇지만 수신이 어떤 모습을 한 존재로서 생각되었는지는 분명치 않다. 오히려 일정한 구체적인 모습을 떠올리기는 곤란했던 것이 아닐까 생각된다.

신들의 격格의 설정과 그 유래

이처럼 은대의 사람들은 많은 자연신을 믿었는데 수신과 산신 그 각각에는 대표격인 신이 생기고 있었다. 수신은 하河, 산신은 악岳이 그것으로서, 특히 산신의 경우에는 순위 설정의 증거가 발견되었다. 세 번째 은허 발굴 때 보통 갑골문 자료와 함께 발견된 한 장의 골판 위에는 상단에 악岳, 중단 좌측부터 왕해王亥(?)·호㮤·기夔, 하단에 작雀이 쓰여 있었다. 아마도 악岳을 가장 영험한 산신으로 생각하였을 것이다.

그런데 이들 자연신에서 중요한 점은 그 가운데 다수가 특정한 나라나 종족과 결합되어 있고, 원래는 그들 나라나 종족에게 제사를 받았던 존재라는 것이다. 이 점에 대해서는 당시의 정치를 다룰 때 다시 상세히 설명하겠지만 여하튼 이들 자연신은 은 이외의 나라나 종족에게는 은의 제帝의 신격에 가까운 존재로 신앙되고 있었고, 이들은 은이 세력을 확대하는 과정에서 은의 제사에 도입되었던 것이다. 곧 각각의 자연신이 은과 피정복자를 맺어주는 구실을 한 것이다. 게다가 은의 최고신인 제帝의 하위에 놓이게 된다.

자연신에 대해서는 '제帝'라는 제사가 자주 행해지고 있었다. 이 제사의 구체적 내용이나 목적은 분명치 않다. 단 이 제사를 '제帝'라고 불렀던 것은 자연신의 신격에 제帝와 공통된 점, 즉 비나 수확 등에 대한 영향력이 있었기 때문일 것이다. 또 땔감을 태워 그 향연으로 신을 부르는 ✳(=燎)란 제사는 원래 자연신에 대한 독특한 제사였는데, 땔감薪을 가리키는 ✳이

제帝=柴자의 중요 구성요소라는 사실도 그것을 뒷받침한다.

단 이들 자연신이 원래는 다른 나라, 다른 종족의 신이고 은에게 정복당한 사람들이 모시던 신인 이상, 이들 신이 제帝와 마찬가지로 인사人事 상의 힘을 은나라 사람들에게 발휘하게 내버려 두지는 않았을 것이며 따라서 자연신이 가지고 있었던 이러한 측면의 힘은 없어져 버렸을 것이다. 이 시대의 전쟁은 단순히 사람과 사람의 전쟁이 아니라 각각의 사람들이 수호신으로 신앙하는 신들 사이의 전쟁이기도 했기 때문에 패배한 신이 이긴 사람들에게 직접 영향력을 발휘하는 일은 허용되지 않았던 것이다.

은왕계殷王系의 조상신화祖上神化

관을 쓰고 무릎을 꿇고 앉아 기도하는 사람 옥제玉製

더욱이 또 하나 중요한 점은 이들 자연신 가운데 어떤 신은 은의 왕계에 포함되기 시작했다는 사실이다. 『사기』「은본기」의 왕계에 나오는 진振이 갑골문의 왕해와 관련된다는 사실은 이미 왕국유에 의해 고증되었다. 그런데 실은 이 왕해가 초기 갑골문에서는 은의 혈통과는 무관한 것으로 되어 있다. 또 앞에 인용한 『산해경』에서는 그가 곤민국困民國 사람이라고 쓰여져 있으며, 하백河伯(하신河神을 가리킬 것이다)과 친한 관계였다고 알려져 있다. 그런데 후기의 갑골문에서는 고조왕해高祖王亥라 불린다. 하河나 기夔도 고조라고 불린다. 고조란 아주 오랜 옛날 조상이란 의미로서, 본래 혈연관계가 없던 왕해나 하河 등의 자연신까지 혈연관계 속으로 끌어들여 생각하려 했음을 보여주고 있다.

결과적으로는 이들 가운데 왕해 등이 왕계王系의 전설에 포함되고 하신河神 등은 정리되어 버렸다. 이렇게 자연신까지 조상신으로 삼으려 했던 것은 당시 사람들에게 조상제사가 얼마나 중시되었는가를 보여준다. 이 점은

138

후대의 중국 제사에서도 공통되는 점으로, 그 연원이 대단히 오래되었음을 시사한다.

중국 종교의 주요 요소의 맹아

그러면 여기에서 지금까지 서술해 왔던 은의 신들을 정리해 보자.

첫째, 최고의 위치에 놓인 것이 제帝이며 아마도 하늘에 있다고 생각되었던 듯하다. 그리고 이 제帝는 전쟁 등을 통해 인간에게 힘을 미치고 동시에 가뭄·비나 수확 등 자연현상에도 절대적 힘을 가지고 있었다. 그런데 그 힘은 일방적으로 제帝로부터 내려오므로 인간은 제사에 의해 제의 의향에 영향을 미칠 수 없었다. 주周 이래 천天에 대해서 인간, 특히 천자의 덕 즉 윤리가 강조되었던 것도 천이 제사를 초월한 존재였기 때문이다.

둘째, 조상신이 나타나는데, 이것은 주로 혈연관계를 통하여 인간에게 직접 영향을 미치는 존재였다. 곧 제사에 의해 좌우되는 존재이며 후기에는 오히려 자손을 돕는 존재가 된다. 조상 제사는 은대의 가장 중요한 행사였으며, 주 이후에도 종묘의 제사로서 중시되었다.

셋째, 자연신은 수확이나 비(이 비도 수확의 중요한 요소였다)에 영향을 미치는 존재로서 후대에 사직社稷 제사로 대치된다. 사社는 토신土神, 직稷(직은 기장으로 오곡을 대표한다)은 곡물신이다. 단 은대에는 이것도 혈연으로 끌어들이려는 경향이 있었다. 이 경향은 후술할 주의 시조가 후직后稷이라 불렸다는 전설에도 남아 있다. 춘추시대에도 종묘와 사직은 모두 중시되었는데 종묘가 혈연의 단결을 주축으로 한 데 반해 사직, 특히 사에는 지배계급과 피지배계급을 맺어주는 작용이 있었던 점도 은대 자연신의 성격 속에서 분명히 나타나는 점이다.

이와 같이 은대에는 후대의 중국 종교의 주요한 요소가 모두 성립되어 있었던 것이다.

4. 은의 국가구성

토지와 신은 일체

다음은 제1기 무정 시대의 것으로 생각되는 갑골문인데, 복점의 기록은 없으며 동서남북 사방과 각각의 방향에서 불어오는 바람의 명칭을 기록한 것이다. 차례로 읽어보면 다음과 같다.

동방을 析이라 하며 바람을 劦라 한다.
남방을 𣚊라 하며 바람을 長이라 한다.
서방을 𠦎라 하며 바람을 彝라 한다.
북방을 □라 하며 바람을 𣪊라 한다.

서방西方과 바람風의 이름을 기록한 갑골문

이 가운데 북방의 명칭은 문자가 빠져서 알 수 없다. 여기에 적혀 있는 석析이라든가 劦, 𠦎라든가 이彝 등 사방의 명칭과 바람의 명칭은 단순한 호칭이 아니라 실은 신들의 명칭이기도 하다. 다른 자료에 의하면 이들 신은 각각 동서남북에 따라서 앞에 서술한 자연신과 같이 '제帝'라 불리는, 제사를 올리고 풍요로운 수확을 기원하는 대상이었다. 따라서 사방과 사방에서 불어오는 바람은 하河나 악岳 등의 자연신과 같은 성격을 가진 신이었던 것이다.

그런데 또 하나 주의해야 할 점은 이 사방이 신을 의미함과 동시에 동서남북 각각의 지역까지도 의미한다는 사실이다. '동방東方이 결실을 얻는가?', '북방北方이 결실을 얻는가?'라는 복사와 함께 '동토東土가 결실을 얻는가?', '북토北土가 결실을 얻는가?'라는 복사도 있기 때문에 동방과 동토가 같은 의미로 사용되었음을 알 수 있다.

140

그러므로 '동방東方'이라고 말했을 때 은대에는 현재의 우리들이 받아들이는 의미와는 대단히 다른 내용을 갖고 있음을 알 수 있다. 은대에는 방향 표시와 함께 그 방향의 지역, 나아가서는 그 지방의 중심적인 자연신까지 의미하였던 것이다. 이는 일정한 토지와 신을 일체로서 파악하고 있었음을 시사한다. 앞에서도 서술했듯이 인간의 전쟁이 신들의 전쟁이기도 했던 사실도 이러한 의식에 의한 것이다.

'방方'의 원래 의미는 '외적外敵'

그런데 여기에서 설명한 '방方' 신은 처음부터 어떤 방향을 대표하는 신으로 여겨졌던 것은 아니다. 예를 들면 서방의 羌(王라고도 쓴다)나 남방의 바람인 장長 등은 동시에 어떤 특정한 한 국족國族의 이름이기도 했다.

곧 원래는 어떤 한정된 나라나 종족의 제사를 받고 있던 신이며, 더욱이 그들 나라나 종족이 때로는 은에 적대하는 일도 있었던 까닭에 자연신과 마찬가지로 은의 세력이 확대되는 과정에서 은의 제사에 끌여들여진 존재임을 알 수 있다. 나아가 어떤 방향의 신의 대표가 되었다는 사실로부터 살펴보면 원래 그 신을 숭배하고 있던 나라나 종족이 역시 그 지방에서 유력한 국족이었음을 알 수 있다.

지금 여기에 예로 든 '방方'은 사방四方의 방인데, 이 '방'자에는 또 한 가지 문제가 있다. 앞 장에서도 서술했듯이 제22대 무정은 서북의 산악지대를 점거한 산지민과 투쟁을 되풀이하였는데, 그 산지민의 대표적 존재가 공방龏方이나 토방으로 불린 존재다. 그때 '왕이 공방을 정벌함에 하상下上이 허락하여 나에게 도움을 줄까?'라든가 '올봄에 왕이 5천 명을 이끌고 토방을 정벌하는데 도움을 줄까?'라고 한 것처럼 제帝의 도움을 받을 수 있는지 어떤지를 점치고 있다. 하상의 상上이란 천신天神인 제帝를 가리키고 하下는 조상을 가리키는 것으로 추측되지만 분명치는 않다.

어느 쪽이든 전쟁에서 제帝의 보호를 기대하였던 것은, 전쟁이 신의 전쟁이기도 하여 제帝의 수호를 받지 못한다면 상대편 신이 내리는 화에 의해 패하게 되기 때문이었다.

이처럼 '방方'이란 적국을 의미하는 문자로 사용되고 있는데, 실제로 사방의 방이라는 의미보다는 적국의 '방方'이라는 의미 쪽이 본래 의미에서의 용법이었던 것이다.

주변 국족에 대한 지배력

이와 같은 외적인 다수의 '방方'이 은에게 제압당하여 그 세력 하에 들어갈 때 비로소 사방의 '방方'이라는 용법이 생겨났으며 동서남북의 신들이 정리되어 대표신이 생기게 되었다. 그 중앙에 은(당시에는 상商이라 불리고 있었다)이 있어 중토中土(중앙의 땅)라고 불렸다.

사방은 각 방면의 대표적인 나라나 종족이 지도자가 되고 그들을 통해 은의 힘이 그 지방에 침투하였다. 따라서 은왕은 그 정점에 서 있는 존재였으며, 그러한 현실 정치에서의 역학관계가 한편으로는 제帝와 방신方神 등을 포함한 자연신군自然神群과의 관계로서 반영되었다고 할 수 있다.

단, 이들 결합관계가 완전한 지배·피지배 관계가 아닌 일시적인 군사력에 의한 제압이었다 하더라도 영속적으로는 동맹관계였다는 것은 그만큼 힘의 균형, 이해관계의 변화에 의해 그 관계에 변화를 일으키는 것이었음을 잊어서는 안 된다.

그러므로 은의 힘이 약해지면 그 범위가 좁아졌으며 또 왕에 의해 그 구성이 변화하기도 하였다. 다음에는 왕에 의해 구성이 변화한 것을 살펴보자.

국왕에 의한 국가구성의 변화

갑골문을 설명할 때 다루었듯이 갑골문에는 복사卜師로서 정인貞人의 이름

이 다수 서명되어 집단을 이루는데 이 집단은
어떤 하나의 일정한 시기에만 나타난다.

예를 들면 위(韋)나 빈(賓)이라 불리는 정인은
은왕 무정 때에만 무정을 정인의 우두머리로
하여 왕조에 봉사하고 있다. 이러한 정인들은
실은 은에 복속한 여러 나라에서 파견된 자들
이고 왕이 바뀌면 정인들도 교체된다는 사실
은, 은왕조의 지배 하에서 왕조의 여러 조직에

상아로 만든 용기 갑골문에 코끼리를 사냥하는
기록이 있다.

참가한 자가 왕의 교체에 의해 변화한다는 것을 암시한다.

제2기와 제3기 정인들의 출신국 가운데에는 은의 정벌에 의해 복속된
나라, 혹은 후에 은으로부터 이반한 나라가 있다. 이처럼 은의 세력권은
항상 변동하며 그것이 왕의 교체를 계기로 뚜렷이 드러난다는 사실에
주의할 필요가 있다. 특히 제2기에는 더욱 중요한 문제가 나타난다.

앞에서도 서술했듯이 갑골문에 나타나는 조상 제사에는 '구파'와 '신파'의
두 계통이 있었는데, 신파 계통이 갑골문에 나타나는 것은 제2기 가운데에서
도 후반인 조갑 때부터다. 제2기에는 조경·조갑 2인의 왕이 있었는데,
둘다 무정의 아들로 생각되며 조경이 형이고 조갑이 형제상속을 통해
왕위를 계승했다고 한다.

그런데 이 두 형제 왕 시대의 갑골문을 비교해 보면 정인도 거의 교체되고
있다. 신파의 5종 제사가 규칙적으로 행해지고 있었던 데 비해 자연신에
대한 제사는 자취를 감추는 등의 현상이 동생인 조갑 때부터 나타난다.
이러한 점에서 양 시기는 확연한 차이가 발견된다. 형인 조경 시대의
제사 등 제도는 거의 구파라고 불리는 무정 시대의 제도를 이어받고 있다.
따라서 형제상속을 계기로 정인이 교체되었을 뿐 아니라 당시 같은 사회에
서 가장 중요한 제사에서도 커다란 변혁이 일어났다는 사실이 명확해졌다.
그렇다면 왜 이러한 변혁이 일어났을까?

5. 은대의 왕위계승

정치변혁을 수반한 형제상속

『상서』「무일편無逸篇」에 의하면 조갑은 즉위 전에는 민간에서 소인小人 패거리에 속하였기 때문에 소인의 고통을 잘 알고 있었다. 그래서 왕이 된 후에 소인을 보호하였고, 그 결과 33년간이나 재위할 수 있었다고 한다. 조갑은 소인의 고통을 두루 체험하고 그것을 정치에 반영케 했던 것이다.

소인이란 원래 은왕실과 동족관계에 있던 사람들로 귀족과 동등한 족원族員이자 자유로운 농민이었는데, 계층 간의 격차가 확대된 결과 피지배자의 입장에 놓이게 된 사람들이다. 뒤에 서술할 '중衆'이라고 불린 사람들과 같은 존재였다. 조갑은 이러한 소인이라 불리는 사람들과 결합함으로써 왕위를 확보하였던 것이다. 따라서 조갑 시대의 정책에는 여러 면에서 일찍이 정치권력에서 소외되어 온 소인들의 의향이 반영되었던 것으로 보인다. 중요한 점은 조갑이 동생으로서 형 조경을 계승했다는 사실이다.

조경 시대의 제사 등은 부친인 무정 시대 것을 거의 그대로 이어받았는데, 이 점은 무정의 정치를 지탱한 사람들의 영향이 그대로 남아 있었음을 시사한다. 그것을 일소한 것이 조갑의 정치이며 이는 형제상속을 계기로 이루어졌다. 그러므로 은의 특색이라 일컬어지는 형제상속이란 것도 왕위가 형에서 동생으로 옮겨졌다는 것만이 아니라, 이를 계기로 정치 면에서 커다란 변화가 일어나는 하나의 전기를 이루었다는 점에 주의해야 한다. 이에 반해 부자상속일 경우에는 커다란 변화가 없었다.

왕과 소인의 관계

그런데 『상서』에는 이 밖에도 은왕과 소인의 관계에 대해 서술한 대목이 있다. 그 하나는 조갑의 부친인 무정이다. 무정은 태자가 되기 전에 역시 소인과 고생을 함께하였다고 전해진다. 왕계표를 보면 알 수 있듯이 무정의 부친인 소을은 형제상속을 한 네 명 가운데 최후의 인물이다. 따라서 무정이 태자가 되기 이전이라면 아마도 소을이 즉위하기까지의 기간, 곧 반경이나 소신이 왕위에 있던 시기일 것이다. 따라서 무정과 결합한 소인이란 반경이나 소신 시대에 정치로부터 소외되었던 사람들이었을 것으로 생각된다.

또 하나는 반경에 관한 대목이다. 앞 장에서도 다루었듯이 반경은 천도를 실행할 즈음 안일함에 빠진 귀족과 백성에게 훈계를 한 적이 있다. 그 훈계 가운데 관리나 귀족이 왕과 소인 사이에 서서 양자의 의사소통을 방해하는 점을 지적하고 있다. 이 폐해를 일거에 개혁하려는 것이 적어도 천도 목적 가운데 하나였을 것으로 생각된다.

반경에 의한 이 천도는 은에게는 종래의 세력권을 고려한다면 더담한 이동이었다. 그런데도 천도를 단행한 것은 그만큼 필요했다는 것이며, 그와 함께 소인이 천도에서 차지하는 비중도 컸다고 생각할 수 있다.

반경도 형인 양갑에게서 왕위를 형제상속 받은 인물이었다. 따라서 형제상속은 왕과 소인의 관계와 밀접하게 관련되어 있다. 곧 동생이 왕에 즉위하는 데는 소인을 뜻대로 장악하는 것이 필요했으며, 형제상속을 계기로 은왕조 구성에는 커다란 변동이 생길 가능성이 있음을 알 수 있다.

『사기』「은본기」에는 반경의 형 양갑 항에 "중정(양갑의 고조부로서 이 무렵부터 은 전기 후반 문화가 시작되었다)부터 적자嫡子를 폐하고 여러 아우나 왕자王子들을 옹립하는 일이 있었으며, 또 동생이나 아들들도 왕위계승을 다투었다. 이리하여 양갑 시대에 이르러 은이 쇠하고 제후는 인사조차 오지 않게 되었다"라고 하였다. 이 쇠퇴를 만회하기 위해서라도 천도가 필요했는데, 그렇다 치더라도 아우나 왕자들을 옹립한 자(소인)들이 있었던 것은 사실이다.

그러한 사람들은 각각의 이해관계 속에서 서로 자신에게 유리한 아우나 왕자들을 옹립하기 위해 왕위를 다투었다. 중정 이후 수차례에 걸쳐 행해졌다고 전해지는 천도 역시 이 다툼과 연관시켜 생각해야 한다. 새로운 정권을 확립하기 위해서는 새로운 도읍이 필요했으며, 구세력을 배제하고 자신을 옹립해준 사람들과 가능한 한 긴밀히 결합하고 그 세력을 보존하기 위해서도 천도가 필요했던 것이다.

직계 조상과 방계 조상

乙未酒珏𠱿、甲十、乙三
丙三、丁三、示壬三、示癸三、大乙十、
大丁十、大甲十、大庚七、卌三□
大戊□、仲丁三、祖乙(이하 결여)

직계 선왕을 나타내는 갑골문 이 조각은 왼쪽 위부터 시작한다. 을미날에 희생을 처리하고(酒) 옥을 바치고 𠱿(의례)를 올림에 甲(상갑上甲)에 10, 乙(보을報乙)에 3, 丙(보병報丙)에 3, 시임示壬에 3, 시계示癸에 3, 대을大乙에 10, 대정大丁에 10, 대갑大甲에 10, 대경大庚에 7, 卌을 3……, (이하는 대무大戊, 중정仲丁 두 사람은 잘라져서 없어졌지만 보충할 수 있다), 조을祖乙에 10(이하도 잃어버림)을 사용하는가. 숫자는 희생의 수, 酒는 희생을 처리하는 방법, 각珏은 옥을 바치는 것. 𠱿 역시 의례儀禮지만 어떤 의례인지 알 수 없다.

이상 서술한 것은 주로 『상서』에 의한 것이다. 그러면 이러한 왕위계승 다툼은 갑골문에서는 어떻게 나타나고 있을까?

제1기나 제4기의 '구파'라 불리는 시기의 갑골문에는 부자상속을 행한 직계 조상만을 합사合祀한 기록이 있다. 예컨대 이 갑골문 판은 제4기의 것인데, 이것에 의하면 을미乙未의 날에 상갑上甲·보을報乙·보병報丙·보정報丁·시임示任·시계示癸·대을大乙·대정大丁·대갑大甲·대경大庚·(대무大戊)·(중정仲丁)·조을祖乙(이하 결여)을 제사지냈다. 그리고 다른 갑골문에는 상갑上甲·대을大乙·대정大丁·대갑大甲·대경大庚·대무大戊·중정中丁·조을祖乙·조신祖辛·조정祖丁이라는 10인을 제사(합사合祀)지낸 것을 점치고 있다.

이에 반해 조갑이나 제5기 신파 시기에는 이러한 합사 제도는 없지만, 이에 대신하는 것으로서 현재 우리가 '주제周祭'라고 알고 있는 왕과 왕비王妣에 대한 5종 제사가 있었다. 왕비가 제사를 받는 경우는 직계 상속으로만 한정되고, 형제상속만 하고 부자상속을 하지 않았던 방계 왕들의 왕비는 이 제사를 받을 수 없기 때문이다. 대부분의 자료는 구파의 직계 합사의 왕계와 합치한다. 그런데 극히 소수지만, 일부분의 시기로 한정된 자료에 보통 방계 조상으로 다루어지는 강갑羌甲의 왕비에 대해 5종 제사를 행할 것을 점치는 것이 있다. 이는 형인 조신祖辛 대신에 동생인 강갑을 직계로 생각하는 사람들이 있었음을 시사한다.

이러한 왕계에 대한 혼란은 자신들을 누구의 자손으로 생각하는가라는 문제와 관련된다. 대부분의 자료에 보이는, 직계 왕계가 일정하다는 사실로 미루어 추측한다면 그 직계 왕계를 지키는 것이 은왕의 지위를 더욱 권위 있게 만드는 방법이었다. 그러나 현실적으로는 반드시 직계만으로 계승되지는 않고 형제상속이 이루어지고 있었다.

따라서 방계 선왕의 자손이 왕위에 오를 때에는 대부분의 경우 자신을 직계 출신처럼 계보도에 고쳐 써넣었는데, 그와 함께 은왕실로서는 방계였던 자신의 조상을 직계처럼 취급한 것이 이 예외적인 자료였던 것이다.

부자상속에 의한 왕계의 순화純化와 고립화

이상에서 살펴본 바와 같이 은왕조는 실은 많은 혈족들의 집합으로서, 결코 단일한 혈족에 의해 구성되었던 것이 아니다. 게다가 앞에서 서술한 바와 같이 지배지역의 변동이 추가되었기 때문에 은의 왕위란 실은 대단히 불안정한 것이었음을 알 수 있다. 이것을 안정시키기 위해서는 왕위상속을 될 수 있는 한 부자상속으로 한정해야 했다. 제4기 이후 왕계가 부자상속으로만 이루어진 것은 이러한 필요에 따른 것이며, 또 그럼으로써 왕의 권위도 더욱 확고해졌다고 생각된다. 더구나 문정에서부터 제을로 왕위가 이동한 시기에 제사 제도에 커다란 변혁이 있었다는 것은 얼핏 부자상속처럼 보이지만 그 상속의 배후에는 복잡한 문제가 있었다. 그 점에서 왕명의 십간은 여러 왕의 출신 혈족을 시사하며 왕실은 십간에서 시사하는 열 개 혈족의 집합체였다는 말도 중요한 의미를 갖는다고 생각된다.

그러나 이러한 집합체였던 은왕조 내부에 왕계의 순화가 이루어지면, 한편으로는 실제의 정치권력으로부터 완전히 배제된 사람들이 생겨나

왕조의 힘을 분열시킬 우려도 있었다. 왕권이 확립된 것처럼 보였던 주왕紂王 (제신) 때에 섬서에서 동진하기 시작한 후진국인 주에게 왕권을 빼앗기게 되는 역사의 배후에는, 본래 동맹·동족 의식에 의해 결합되었던 집합세력인 은왕조 내부에 생긴 새로운 분열이 있었음을 잊어서는 안 된다. 한편으로는 은왕의 고립화가 진행되었다고 할 수 있을 것이다.

선천적으로 뛰어난 자질을 가졌던 주왕이 부인 달기와의 사랑에 빠져 녹대鹿臺나 거교鉅橋에 부를 모으고, 주지육림酒池肉林의 향락에 빠져 간언을 받아들이지 않았기 때문에, 백성들이 원망하고 제후가 이반하기에 이르렀다. 이에 대해 주왕은 '포락炮烙의 형刑'이란 잔혹한 형벌로 탄압하였다고 한다. 이 이야기는 앞에서도 다루었듯이 주왕에게 도덕적으로 극악무도한 사람이라는 사회적 인상을 주기 위해 유교의 입장에서 지어낸 것이다. 그 사실성은 문제가 되지 않지만, 그 기저에는 왕위를 안정시키고 계승을 고정화시킨 점이 이 시기에는 왕을 고립화시킬 위험이 있다는 역사적 성격을 생각할 수 있을 것이다.

왕조 성립의 기반과 그 세력범위

이에 반해 은을 타도하고 주의 기초를 구축했다는 문왕文王은 유가가 가장 존숭한 인물이었던 만큼 그 인덕人德이 강조된다. 그 사례의 하나로서 제후는 모두 문왕의 아래로 들어와 제후들 간의 분쟁에 대한 판정을 받았다는 것을 들 수 있다. 곧 문왕은 제후들 간의 조정자였던 것이다. 바꿔 말하면 문왕은 제후의 이해관계에 균형을 맞추면서 제후를 자기편으로 삼아 동맹·연합 하였으며, 주왕은 이 조정자로서의 입장을 상실했던 것이다.

즉 당시의 왕조는 그 내부 동족집단 사이에서나 외부에 있는 타국·타종족과의 사이에서나 항상적으로 일정한 관계가 있었던 것은 아니며 상당히 변화하기 쉬운 많은 집단간의 균형 위에 서 있었다는 점을 이해할 수 있다. 따라서 왕조의 세력범위도 그 집단의 연합 상태에 따라 변화했다고 생각된다. 그리고 실제로 영향력을 항상 발휘할 수 있었던 지역은 황하를 끼고 있는 하남성 북부였을 것이다.

이에 반해 무정 때와 같은 경우에는 안휘성 북반구, 산동성 서부, 하남성 남부까지 어느 정도 연합이 이루어졌던 것 같다. 그것은 공납으로 은에 운반되어 온 점복을 위한 귀갑의 양量 등을 통해 추정해 볼 수 있다. 또 제5기 갑골문 시대(제을 때인지 제신=주왕 때인지 확실하지 않다)에는 일시즈으로 회하 유역까지 군사원정이 행해지는데 이는 항상적인 것은 아니었다.

이러한 정치적 실효 범위는 은문화권의 분포범위 혹은 일시적인 군사행동의 범위와는 전혀 별도의 것이다. 문화는 남으로 장강을 넘어 강서·호남의 두 성에까지 미치고 있었다.

그러나 은왕조가 하나의 세력으로 작용하기 위해서는 그 중핵이 되는 조직이 필요했다. 정인 집단도 왕조에서 하나의 조직이었지만, 그 밖에도 왕족·다자족多子族 등으로 불리는 집단이 군사나 제사에 근무하고 있었다.

6. 은왕조의 중핵조직

다자족多子族 집단과 다부多婦 집단

다자족이란 은의 왕자들, 혹은 그 자손에 의해 구성된 집단이라는 설이 유력하다. 그리고 때로는 은에 복속된 나라의 왕의 자제 등도 참가한 까닭에 세대관계를 기초로 해서 만들어진 집단임을 알 수 있다. 따라서 다자족이라고 할 때의 족이란 가족이라든가 씨족이라고 할 때의 혈연으로 맺어진 집단이 아니라, 오히려 군사를 목적으로 결성된 집단이 아닐까 생각된다. '족族'이 기旂와 시矢로 구성된 문자라는 사실도 이것을 보여준다.

이 왕자 집단에 대비되는 것으로서 다부多婦라고 불리는 집단이 있었다. 부婦라는 것은 타국에서 은의 왕자들에게 시집온 부인들이었다. 이들도 때로는 수천의 군사를 이끌고 전투에 참가하고, 또 제사에도 참가하고 있지만, 대부분은 희생으로 바쳐진 소의 견갑골을 점복용으로 정비하거나

불제祓除하는 일에 종사한다. 이들도 세대관계를 중심으로 하고 그 위에
성별에 의한 관계가 추가되어 결성된 집단이다.

왕족 집단

다수의 모矛 출토 1004호 대묘 남묘도大墓南墓道(소둔)

또 왕족 집단은 아亞나 작雀이라 불리
는 대귀족의 지휘를 받으며 전투 등에
참가하였다. 그 구성 요소는 분명하지
않지만, 많은 혈연 집단에서 선발된 사
람들로 구성되어 왕의 신변 가까이에서
봉사하는 군사적 집단이 아닐까 생각한
다.

뒤에 서술할 소둔의 북쪽 후가장侯家莊 서북강西北岡 일대의 대묘는 은의
왕릉으로 여겨지고 있다. 그 가운데 하나인 제1004호 대묘의 남묘도南墓道의
북단, 묘실墓室 가까운 곳에서 청동제 주胄(투구)가 50벌 이상, 과戈 72자루,
모矛[7] 730자루가 발견되었다.

과戈든 모矛든 모두 당시의 가장 보편적인 무기였는데, 모의 약 반수는
나무 자루도 장착되어 있지 않은 완전한 신품이었다. 아마도 예비로 제작·보
관되었던 것을 왕이 죽은 후 묘의 부장품으로 묻었던 모양이다. 그리고
과와 모는 규격이 거의 일정하여 모두 동시에 만들어졌거나 혹은 시기를
달리하여 만들어졌다고 하더라도 어떤 규격에 따라 제작된 것 같다.

이러한 사실은 이것을 사용한 집단이 하나의 정비된 존재였음을 시사한
다. 아마도 왕계 가운데 어느 왕인지는 불확실하지만, 그의 친위親衛 의장대儀
仗隊에 의해 사용되었던 것은 아닐까 생각된다. 여기에 서술한 왕족이 바로
그 사용자 집단이었을 것이다.

---

7) 과모(戈矛)는 창의 통칭. 모(矛)는 가지가 없는 창.

150

군단의 편성

왕릉으로 생각되는 대묘에 묻힌 주胄를 보면, 현재 남아 있는 약 50벌 외에 중일전쟁 동안 잃어버린 것이 15~20벌 정도 되기 때문에 이 수와 과戈의 수가 거의 일치한다. 그러므로 주胄를 쓴 상급 군인은 70명 정도 되며 이들이 과戈를 가지고 있었다고 생각된다.

그리고 이 수에서 나무 손잡이를 부착한 모矛의 수를 나누면 대체로 1 : 5의 비율이 된다. 5인 1조의 병사가 당시 군대의 최소단위였다고 할 수 있을 것이다.

그런데 이 주胄는 형식은 대체로 같지만 문양 등으로 보면 5종류로 나뉘며 더욱이 주胄에 새겨져 있는 가家의 기호(문장紋章과 흡사한 도상기호)는 16종에 달하기 때문에, 이들 집단은 다수의 대가족에서 선발·편성되었을 것임을 알 수 있다.

이 밖에 군사에 관계된 집단으로는 다마多馬·다사多射·다견多犬·위衛·술戌 등으로 불리는 존재가 있지만, 이들의 구성에 대해서는 거의 알려져 있지 않다. 이 가운데 술戌 등은 역시 선발된 사람들의 집단이었다고 생z된다. 갑골문에 의하면 외국과의 전쟁에는 1,000 또는 3,000, 최고는 1만까지의 인원이 동원되었다. 또 전투용으로 편성된 군단은 사師로 불리며 좌·우·중 3군으로 편성되었음을 갑골문에서 알 수 있지만 그것이 어떤 계급의 병사에서, 어떤 종류의 병사로 구성되었는가는 기록되어 있지 않다. 그러나 스둔에서 발견된 묘장墓葬에서 당시 군대의 편성을 어느 정도는 추측할 수 있다.

소둔의 궁정지대에서는 53개의 궁전 기단지基壇址가 발견되었는데, 그 중 乙7·乙8이라 불리는 기단지의 전정前庭에 해당하는 부분에서 100여 개의 묘갱墓坑이 발견되었다. 묘는 북·중·남의 세 부분으로 나뉘는데 북부에 있는 것이 가장 중요하며 매장 상황은 다음과 같았다.

군인 순장

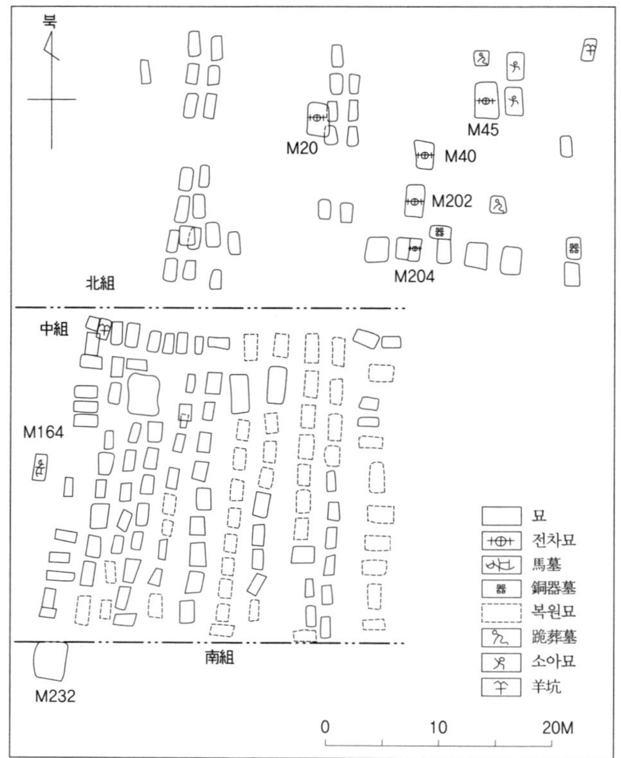

군단의 매장 소둔

우선 북부 중앙에는 전차를 넣은 묘가 5갱坑이고 거기에는 어느 것이나 궁시弓矢·과戈·간干·소도小刀로 완전무장한 3인의 병사와 전차와 그것을 끄는 말이 함께 묻혀 있다. 더욱이 이 5기의 전차갱은 M40을 중앙에 두고 전위·후위 형태로 배치되어 있으며, 또 전차의 전면에는 5인 1조의 매장묘 5갱이 일직선으로 배치되어 있다. 이 5인묘는 전차를 따르는 보병일 것이다.

이 전차갱과 5인묘의 총 40명은 모두 부신장俯身葬으로 매장되어 있다. 이 한 무리의 묘 서쪽에는 27개의 묘가 있고 총 125명이 매장되어 있는데, 의복과 장식 등으로 보건대 가운데 5인이 최상급자, 20인이 중급, 나머지 100인이 하급자다. 이들은 모두 다 참수되어 부신장으로 매장되어 있다. 이들은 보병이며 전차대의 보병보다는 하급일 것이다.

또 전차대 동쪽에도 몇 개의 묘가 있는데, 그 가운데 2개는 7~8명의

152

아이만을 매장하고 또 다른 2개의 묘에는 다수의 청동기와 함께 2인과 5인을 매장하였다. 또 하나는 7인을 부신장으로 매장한 묘로서, 이 7인 가운데에는 장신구를 지닌 자가 많았다. 이들 묘는 제사에 종사한 사람들의 것으로 추정된다. 그리고 이 무리에는 참수된 자가 한 사람도 없기 때문에 모두 서쪽의 보병보다 신분이 높았다고 할 수 있다.

다음으로 중간집단에는 서쪽 끝에 독립된 마묘馬墓(M164)가 하나 있다. 여기에는 1필의 말 외에 개 두 마리, 궁시弓矢·과戈 등으로 완전 무장한 1인이 묻혀 있다. 이 1인은 부신장으로 참수되어 있지 않다. 그 동쪽으로 늘어선 묘는 78갱, 총 342인이 매장되어 있다. 모두 다 참수되어 머리와 몸이 떨어져 있다. 이 부분은 상층에 乙12라 불리는 기단이 만들어졌을 때 파괴되었기 때문에 배열로 미루어 보아 41갱 248인이 묻혔음이 분경하다고 한다.

지금 판명된 342인에 대해 살펴보면 복장 등으로 미루어 제1급 3인, 제2급 21인, 제3급 100인, 최하급 211인으로 나뉘며 서쪽 끝 기마묘의 1인을 최상급으로 치면 다섯 계층을 이룬다고 한다. 이 한 무리의 사람들은 아마도 병사는 아니었을 것으로 생각된다.

남쪽 그룹은 M232호 묘만 하나 있는데, 이 묘는 뒤에 서술하는 묘 규모에 따른 분류에 의하면 중묘中墓에 속한다. 주인 외에 서쪽에 2인, 동쪽에 6인의 순장자가 있고, 주인은 옥비녀와 장신구가 달린 홍색 의복을 입었던 것 같다. 이 밖에 작爵·고觚·뇌罍·가斝의 청동제 주기酒器 각 2개와, 청동제 정鼎과 반盤 각 1개씩, 특별히 큰 과戈 1개, 보통 크기의 과戈 6개, 산鏟(낫) 1개와 옥으로 만든 과戈, 척戚, 벽璧 등이 부장되어 있다. 이 묘의 주인은 남자로 생각되는데, 북·중·남 세 부분의 묘 가운데 가장 신분이 높은 인물로서 상당히 높은 귀족이었던 듯하다.

발굴자는 이들 묘는 乙7 기단 위의 건축이 완성되었을 때, 악령으로부터 궁전과 왕들을 지키기 위해 군대를 편성한 채 매장된 것이라고 생각한다.

그러나 이는 오히려 전쟁포로를 묻어 희생으로서 조상의 영혼에 바친 것으로 생각해야 할 것이다. 특히 중간 그룹의 한 무리는 병사인지 아닌지도 의심스럽다.

여하튼 북쪽 그룹의 전차대는 전차대로서의 편성 단위이며 5라는 수가 최소단위가 아니었을까 생각된다. 어쨌든 이 같은 형태로 군대가 구성되고 거기에는 제사 집단이 부속되어 있었음을 알 수 있다.

그 밖의 왕조 소속 집단

또 제사·기록관으로는 정인 외에 윤尹·다윤多尹·다복多卜·작책作冊 같은 관官이 있었다. 이 밖에 수공업 종사자들 가운데에도 왕조에 소속된 자가 있었다고 생각된다. 이러한 제사관이나 수공업자는 군의 구성원과는 달리 직업을 세습하는 자가 많았을 것으로 추측된다.

은왕조의 활동은 이러한 잡다한 집단을 중핵으로 하여 이루어졌다.[8] 물론 후세처럼 정비된 관제가 있었을 리 없고, 또 일정한 봉급이나 매매이익 등에 의해 생활하고 있었던 것은 아니다. 오히려 이러한 임무는 은왕에 대한 봉사로서 수행되었기 때문에 자기의 생활은 출신 혈족집단에 의해 이루어지는 농경생산에 의해 유지되었다.

7. 은대의 사회구성

묘장군墓葬群에 나타나는 세 계층

앞에서 군대 구성의 예로 든 묘장군을 검토할 때 언급했듯이 이 묘장군의 피장자는 복장 등으로 보아 몇 가지 계층으로 나눌 수 있다. 남조南組 M232호의 주인처럼 명백히 귀족임을 알 수 있는 인물도 있다면, 그의 순장자처럼 자신의 생사가 주인의 생사에 의해 결정되는 경우도 있었다.

---

8) 민후기, 「은상(殷商)의 수평적 족연합과 '민족'의 형성－청동기(靑銅器) 금문을 중심으로 한 내작(內爵)의 기원에 대한 탐색－」, 『중국고대사연구』 13서 2005.

또 같은 군대 내에도 전차대의 전사처럼 참수되지 않은 자도 있고 서쪽의 보병처럼 머리가 잘린 자도 있다. 그리고 이들의 차이는 생전의 신분 차이에 의한 것으로 생각된다. 여기에서는 이러한 당시의 사회구성을 살펴보겠는데, 우선 묘장의 개황부터 시작하자.

당시의 묘에는 앞에서 이야기한 전차갱이나 마묘, 혹은 코끼리와 그 사육자의 묘, 그리고 참수된 몇 사람을 묻은 묘 등, 대단히 특수한 것도 있지만, 그 이외의 평범한 사람의 묘는 그 규모에 따라 소묘·중묘·대묘의 셋으로 나눌 수 있다.

첫째, 소묘의 대체적인 규모는 길이 2m 전후, 폭 0.5~0.8m, 깊이 1m 이내가 대부분이다. 그 속에 피장자 1인을 신전장伸展葬한다. 부장품은 몇몇 토기와 석기 정도로서 신석기시대의 묘와 대체로 같지만 때로는 요갱腰坑이라 불리는 작은 구덩이를 바닥의 거의 중앙에 만들기도 한다. 이것은 그 위치가 죽은자의 허리 부근에 있었기 때문에 발굴자들이 요갱으로 이름붙인 것이다. 이 요갱 속에는 한 마리의 개를 넣는 것이 보통이며, 개는 땅속의 악령으로부터 죽은자를 수호하는 것이 목적이다.

요갱을 가진 묘는 이리두기 유적 등에서는 나타나지 않는다. 은대 전기의 이리강기 유적에서 비로소 나타나기 시작하는데, 이 시기의 요갱을 가진 묘에는 많지는 않지만 청동기나 옥기가 부장품으로 발견되는 경우도 있다. 그러므로 요갱을 가진 묘의 피장자는 다소 부유한 사람이었다고 할 수 있다. 후기 안양 지구의 묘에 이르면 요갱도 한층 보급되어 예컨대 대사공촌大司空村에서 발굴된 166기의 묘 가운데 다섯 기의 중묘를 제외한 소묘 중 약 100기에 요갱이 있다.

둘째, 중묘는 길이 3m 전후, 폭 1~2m, 깊이 2~5m 이상에 달한다. 피장자는 목판으로 짠 관에 넣고 그 바깥쪽에 곽槨을 만든다. 흙을 묻을 때 곽 주위에 흙을 단단하게 다져서 토대로 만든다. 이 토대 부분을 이층대二層臺라 하며 그 위에 1인에서 2~3인, 때로는 앞에서 예로 든 M232호처럼 10인

가까운 순장자의 시신이 널려 있고 10개 전후의 청동기도 그 위에 놓인다. 이 중묘에는 대부분 요갱이 있다.

은 말기에 만들어진 중묘에는 남쪽 혹은 북쪽에 묘도를 만들고 지표에서 묘실로 통하도록 한 것이 있다. 마찬가지로 전기부터 나타나기 시작한 요갱이 있는 소묘와 비교하면, 순장자를 수반한다는 점에서 중묘는 커다란 차이가 있는 점에 주의해야 한다.

셋째, 대묘는 소둔과 원하를 사이에 둔 북쪽의 후가장·무관촌에 있는 구릉지대에서 10기와 미완성의 1기가 발견되었다. 또 소둔 동남의 후강後崗에서 발굴된 것이 3기, 하남성 휘현輝縣 유리각琉璃閣에서 1기, 산동성 익도현益都縣 소부둔蘇埠屯에서 2기가 조사되었다. 소부둔 제1호 묘가 후가장의 대묘와 크기가 비슷하다는 점 외에는 같은 대묘라도 그 규모는 작다. 이제 대묘의 실례를 몇 개 들어보자.

대묘의 예 1

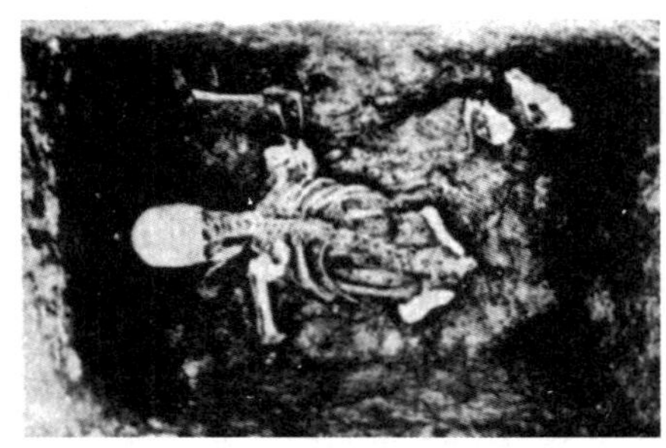

병사와 개의 순장 1001호 대묘 바닥

제1001호 묘는 묘구墓口 형태는 아亞자 형이고, 묘의 정실正室은 장방형이며 동서로 이실耳室이 달려 있다. 정실의 크기는 묘구에서 남북 18.9m, 동서 13.75m이며, 동서의 이실은 동서 약 3.8m이다. 깊이는 10.5m, 동·서·북으로 묘도는 곽실의 윗부분과 통한다. 11~17m 남짓으로 계단 모양을 이루고 있다. 가장 깊은 남쪽 묘도는 길이 30m에 달하는 경사면이며 묘 밑바닥까지 이르고 있다. 바닥에는 높이 1.1m, 남북 9.7m, 동서 6m의 이실을 붙인 곽실槨室이 만들어져 있다. 곽실 바닥에는 폭 0.2~0.4m, 길이 2~4m의 목판을 깔고, 아亞자형의 12군데 모서리에는 기둥을 세워 판벽板壁을 지탱하고 있다. 이 내부에 왕으로 생각되

156

1001호 대묘 발굴 상황

는 죽은자의 관이 놓여 있다.

바닥 하부에는 중앙을 비롯하여 도합 9개의 요갱에 해당하는 구덩이가 만들어져 있으며 중앙에는 석제 과(戈)로 무장하고 한 마리의 개를 거느린 병사가, 다른 8갱에는 각각 청동제 과(戈)를 가지고 한 마리 개를 거느린 병사가 묻혀 있다. 2층대 위의 북쪽에는 목관에 넣은 5인, 관이 없는 1인, 그리고 동쪽 이실에 해당하는 곳에는 관에 넣은 1인, 관이 없는 4인이 순장자로 매장되어 있었던 것이 남아 있다.

이 묘는 오래 전에 대규모로 도굴당하여 어지럽혀져 있는데, 더 많은 순장자가 있었을 것으로 생각된다. 묘실 동남쪽 귀퉁이에는 전차가 놓인 흔적이 남아 있다. 아마도 왕을 넣은 관을 운반하는 데 사용하였던 것이라 추정된다. 이외에 동·서·북의 3묘도에도 몇 명의 순장자가 묻혀 있고, 남쪽 묘도에는 8그룹으로 나뉜 59인의 머리 잘린 유해가 묻혀 있다. 이들은 묘도를 묻을 때 여덟 차례로 나누어 순차적으로 묻혔는데, 하층의 사람은 20세 이하로 양 손을 등 뒤로 묶인 채 그 자리에서 머리가 잘렸다. 상층은 모두 성년으로 이들은 손이 자유로웠다. 절단된 머리는 모아서 묘실에서 묘도로 나오는 출구에 해당하는 부분 등에 묻혀 있다. 머리는 전부 73개가 발견되었기 때문에 없어진 시신이 상당한 것을 알 수 있다.

머리가 잘린 이들은 모두 피장자인 왕의 영혼에게 희생으로 바쳐진

자이며, 머리 부분을 바침으로써 그의 영력을 왕의 영혼에 덧붙여 왕의 영력을 더 강하게 하려는 것이 목적이었지만 그들에 대한 취급 방식은 희생당한 짐승인 소나 양과 거의 다를 바 없었다. 이에 반해 2층대 위의 순장자는 죽음이 왕의 죽음에 의해 결정된 자이며 사후에도 왕에게 봉사하는 자였지만, 적어도 영혼의 세계에서 살아가도록 인정받은 자들이었다. 곧 이 두 사자 사이에는 커다란 차이가 있었음이 주목된다.

이 제1001호 대묘에는 이들 외에도 순장자가 다수 있었다. 그것은 대묘의 동쪽 외측에 동묘도東墓道를 사이에 두고 남북으로 매장되어 있었다. 여기에는 6기의 마갱과 22기의 묘에 들어 있는 68구의 인골이 있으며, 그 가운데 1기는 중묘에 해당하는 것으로 순사자 1인과 몇 개의 청동기가 수반되어 있다. 아마도 중묘의 주인이 이 한 무리의 순장자의 중심적인 인물이고, 생전에는 60여 명을 이끌고 대묘 가운데 2층대 위에서 발견된 순장자와 함께 왕 가까이에서 보필을 했던 자로 생각된다.

대묘의 예 2, 3

다음으로 1950년 무관촌武官村에서 발굴된 대묘에 대해 살펴보자. 이 대묘는 남과 북에 묘도가 뚫린 장방형 묘실에, 묘구는 남북 14m, 동서 12m, 깊이 7.2m이다. 곽실은 남북 6.3m, 동서 5.2m, 높이 2.5m이다. 곽실 바닥은 30개의 각재角材9)를 깔고 주위의 벽은 이런 통나무를 일본의 교창校 倉10)처럼 정형井桁11) 9층으로 짜올렸다.

순장자는 2층대 위 서쪽에 24인, 동쪽에 17인이 있었으며, 그 가운데 서쪽의 6인, 동쪽의 7인은 관에 들어 있었다. 동쪽은 남성, 서쪽은 여성이 많은 것으로 감정되었다. 이 밖에 묘실의 동서 양쪽에 중앙을 향해 도합 34인의 머리뼈가 묻혀 있다. 묘도는 남북 2개로 여기에는 22마리의 말이

---

9) 긴 원목의 통을 네모지게 쪼개놓은 재목.
10) 습기를 조절하는 건축양식.
11) 나무를 井자 모양으로 짠 우물 난간.

묻혀 있고, 묘실 가까운 곳에는 각각 과戈로 무장한 병사가 한 사람씩 묻혀 있다. 요갱도 있지만 거기에 묻힌 사람 등은 부패해서 명확하지 않다.

이상의 두 대묘는 은의 왕이나 혹은 왕비王妣로 당시 최고의 위치에 있던 사람의 묘로 생각되는데, 이것과 동일한 구조를 가진 묘가 지방에서도 발견된다. 예를 들면 1965~1966년에 조사된 산동성 익도현 소부둔의 제1호 묘는 남북 15m, 동서(복원) 10.7m, 깊이 8.25m이다.

무관촌武官村 대묘(모형)

곽실은 한 변이 4.55m의 방형이며 높이는 2m이다. 곽의 바닥 위에 길이 78cm, 폭 50cm, 두께 2~5cm의 칠漆층이 남아 있는데, 이는 관의 바닥판을 칠한 흔적일 것이라고 한다. 가장 오래된 칠 자료의 하나다. 곽槨 바닥 아래에는 습기를 막기 위해 한 변에 5m 남짓의 거의 방형으로 목탄이 깔려 있다. 두께는 5cm 정도로 중국에서 매장할 때 목탄을 사용한 가장 오랜 자료의 하나다.

곽실 하면에는 요갱까지 포함하여 2인의 순장자가 묻혀 있고, 2층대의 동쪽에 6인, 서쪽에 1인의 순장자가 있다. 이 밖에 남쪽 묘도의 곽실에 접한 부분에 3층으로 나뉘어 순장자가 14인, 머리뼈가 25개 묻혀 있다. 이 묘의 동·서·북의 3 묘도는 계단 모양, 남쪽 묘도는 26.1m 길이의 경사면을 이루고 있다. 이 대묘도 크게 도굴을 당해 두 개의 인면상人面狀 무늬가 새겨진 대형 도끼를 제외하면 눈에 띄는 부장품이 별로 없다.

이와 같이 대묘는 모두 크게 도굴을 당하여 부장품은 거의 분실된 상태였다. 앞에서 언급한 1004호 대묘에서는 총합 900점에 가까운 청동제 주胄·과戈·모矛가 발견된 외에도 우정牛鼎·녹정鹿鼎이라 불리는 두 개의 대형 방정方鼎이 발견되었다. 또 1001호 대묘에서는 발굴되기 전해에 3개 1세트의 대형

도철문 방화方盉가 발굴된 것이 알려져 있으며 소부둔 대묘에서 출토된 인면월人面鉞도 다른 곳에서는 볼 수 없는 대형의 훌륭한 것이다.

이러한 유물에서 매장 당시의 대묘에는 호화스러운 다수의 청동기가 수장되었을 것으로 상상되는데, 1976년에 이를 추측케 하는 은 후기의 묘가 발굴되었다. 그 묘는 소둔의 궁전 유적들의 바로 서쪽에서 발견된 것으로서 남북 5~6m, 동서 4m, 깊이 7.5m의 장방형 묘이며 묘도는 없다. 규모는 중묘지만, 도굴을 당하지 않아 매장할 때의 모습이 완전하게 남아 있었다.

그 부장품에서 주된 것은 청동 주기酒器·식기 등 210개, 옥기 755개, 상아제 배杯 3개다. 청동 식기 중에 총 높이 80.1cm 윗 입구 64×48cm, 중량 128kg의 대방정大方鼎 2개가 있는데, 여기에는 사모신司母辛이라고 새겨져 있었다. 또 곡물을 찔 때 사용한 언甗[12] 3개를 한 세트로 하여 주조했던 삼련언三聯甗은 총 높이 68m, 폭 103.7m, 중량 138.2kg이고 부호婦好라는 명문이 있었다. 이것들은 청동기 가운데에서도 대형이며 거의 모두 무늬가 정교하게 들어 있었다.

삼련언의 명문 부호는 갑골문에도 종종 나타나는 여성으로서 때로는 수천 명의 병사를 거느리고 원정을 간다든가 제사에 봉사하는 여성인데

---

12) 윗부분은 증(甑 : 시루)과 같아서 밥을 할 수 있고, 아랫부분은 력(鬲 : 솥)과 같아서 음식을 만들 수 있게 되어 있어 두 가지 기물을 겸한 취사 도구다.

160

왕 무정의 비 가운데 한 명이거
나 무정의 왕자 중 한 명의 부인
이었으리라 생각된다.[13] 당시
최상급 여성 가운데 한 사람이었
던 것이다. 순장 혹은 참살斬殺된
후 인신어공人身御供으로서 들어
간 사람의 뼈가 적어도 16인분이

삼련언三聯甗

지만 왕묘처럼 목을 바쳤는지의 여부는 분명하지
않다. 이 묘의 소재지는 현재 농경지인데 근년에
수리 개량이 실시되면서 지하 수위가 상승하여 부패
된 인골이 발굴 당시 둥둥 떠다니고 있었기 때문에
매장 당시의 상황을 파악할 수 없었다. 그래도 중묘
규모의 묘에 이 같은 대형 청동기를 비롯하여 다량의
부장품이 들어 있었던 점을 생각해 본다면 왕묘의
부장품은 상상을 초월할 정도로 대단하였을 것이다.
이 묘는 청동기의 명문에 의해 일반인에게 '부호묘婦
好墓'라 불리며 유명해졌다. 이 묘 위에는 사당이
지어져 있었음이 확인되었다. 왕묘 등에도 당시에는
사당이 묘 위에 건립되어 있었던 것은 아닐까.

도철문 방화方盉 높이 70cm, 은대

대묘 출현의 요인

이상에서 예로 든 3기의 대묘를 비롯하여 각지의 대묘는 어느 것이나
은의 후기, 곧 안양 지역에 도읍이 있던 시대의 것으로서 그 무렵이 되면서
점차 이러한 대묘가 만들어지게 되었다. 그리고 이들 묘에는 모두 절단된
다수의 인간 머리가 바쳐져 있다. 이는 전술한 소묘나 중묘에는 보이지

---

13) 무정의 왕비라는 설이 유력하다.

않는 것으로(물론 극소수의 특수한 예외는 있다) 대묘의 중요한 특징이다. 제사에
관한 부분에서도 서술했듯이 절단된 머리를 바친 것은 왕과 같이 극히
소수의 한정된 자만이 사후에 신이 된다고 생각하였기 때문이다. 휘현
유리각이나 안양 후강현에서 발견된 것에는 묘실 규모 등은 훨씬 작아지지
만, 다수의 머리가 바쳐진다는 점은 다름없다.

후강은 소둔에 가까워 묘는 은왕 일족의 것일 가능성이 있는데, 소부둔의
묘는 소둔에서 매우 멀리 떨어져 있고 규모도 상당하여 은 후기문화 무렵에
는 화북 각지에서 왕이 출현했음을 시사한다. 은왕조는 그들 많은 왕들
가운데 가장 유력한 존재였다. 그리고 은을 쓰러뜨린 주周 역시 지방왕조
가운데 하나였다.

대가족장長 · 일반민 · 완전 예속민의 출현

그런데 여기에서 볼 수 있듯이 은의 묘장에는 세 가지 유형이 있음이
분명해졌다. 그 가운데 피장자 1인과 약간의 토기·석기를 부장품으로
한 소묘는 이리두 문화 이래 가장 보편적으로 보이는 것으로 수량도 상당히
많다. 이에 반해 몇 명의 순장자와 10개 전후의 청동기를 수반하는 중묘는
전기에 출현하며 후기에도 상당수 발견된다.

이 중묘와 소묘의 비율은 묘지 전역이 완전하게 발굴된 유적이 없기
때문에 정확하다고 할 수 없지만, 지금까지 보고된 바로 추측하면 중묘의
수는 대체로 소묘의 2~5% 정도로, 바꿔 말하면 평균 30~40명당 1명이
중묘에 매장되었다. 이 중묘에 매장된 사람은 당시 사회의 기본단위인
대가족의 족장들이었을 것으로 생각된다.

이 시대의 혈연집단은 갑골문의 조상에 관한 기재로부터 추측하면 대체
로 5세대인 고조부·증조부·조부·부·본인 정도의 범위가 하나의 집단을
이루었다고 생각된다. 앞에서 서술한 것처럼 신석기시대, 특히 말기 사회에
도 이미 상당히 분화가 보이지만 은 전기가 되면 완전히 예속을 강요당하는

인간들이 나타나고 그들이 사
회 내부에서 제도화되었다고
생각된다. 대가족제가 성립하
는 과정에서 족장이 혈연집단
내의 부와 권력을 장악하여 집
단을 지배하게 되었던 것이다.

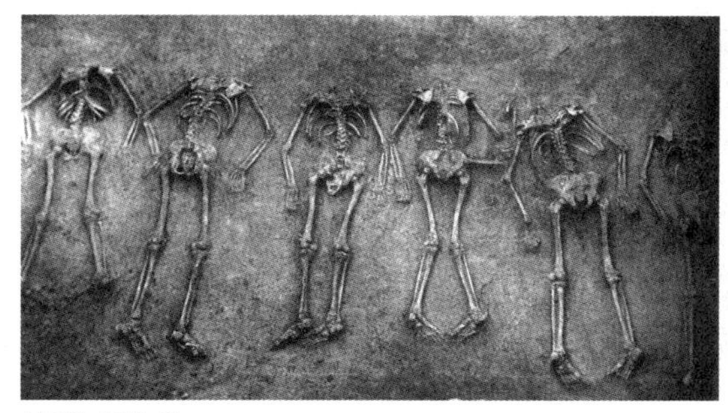
목잘린 순장노예

이에 반해 일반 족성원族成員은 여전히 신분적으로는 예속민이 아닌 족
구성원으로서 어느 정도 발언권을 가진 사람들이며, 이들이 90% 이상의
소묘에 매장되었다. 이런 사람들은 족장과는 부富라는 점에서도 커다란
차이가 있고 또 자신이 순사시킬 수 있는 예속인을 갖지 못한다는 점에서도
격차가 있지만, 족 구성원으로서는 기본적으로 자유민이었다. 그리고 당시
사회 전반에서 본다면 이런 사람들은 대부분 농민이었다.

그러면 순사殉死하는 사람들은 어떤 신분이었을까?

가내노예와 희생용 이민족

말할 필요도 없이 이들은 자신의 생사가 주인의 생사에 의해 결정되는
존재이기 때문에 결코 자유민이 아니며, 족장 개인에게 예속된 노예였다고
할 수 있다. 이 노예는 족장을 가까이에서 모시는 것이 그의 일이며 농경
등은 본래의 일이 아니었다.

이런 노예는 엄밀하게는 가내노예家內奴隷라고 한다. 이와 아울러 또 한
부류의 사람들이 역시 문제가 된다. 바로 머리가 잘려 희생된 사람들이다.
이들이 완전히 인격을 무시당한 존재라는 것은 말할 필요도 없다. 그러나
이들을 노예라고 일률적으로 단정해 버리는 것도 위험하다. 왜냐하면
역사학에서 노예라고 할 때는 농업생산 등에 사역되면서 거의 인간으로서
의 인격을 인정받지 못하는 사람들을 가리키는 경우가 많기 때문이다.

갑골문에도 머리를 잘라 신에게 바친 것을 점친 기록이 상당히 많은데,

그때에는 은에게 이민족으로 취급되던 강羌이나 남南이라고 불리는 족속의 사람들이 머리를 잘리는 경우가 많았다. 그뿐 아니라 강羌 등을 포획할 수 있는지의 여부까지 점 치고 있어서, 농업생산 노동자라기보다는 차라리 희생되어야 할 자로서 여겨지고 있었을 것이다.

그렇다면 이렇게 희생되었던 사람들을 당시 같은 인간이라고 생각하였을까. 예를 들자면 정주의 은 전기층 해자에서 톱으로 절단한 인두골의 위쪽 부분이 100여 개 가까이 발견되었다. 이것은 완盌으로 사용하기 위해 만든 것으로 톱으로 켠 다음 숫돌에서 모양을 다듬었다. 이 밖에 골각기 제작장 터에서는 다른 포유동물의 뼈와 함께, 인골을 재료로 삼은 것이 다수 발견되고 있어 이들 기구의 소재가 된 인간은 소나 양 등과 동일시되었다고 할 수 있을 것이다.

아마도 혈연이든 무엇이든 사회적 관계에서 결합되는 범위가 같은 인간으로서 의식되는 범위였고, 그 밖에는 인간으로 간주하지 않아 현재와 같이 종족을 초월하는 '인간'이라는 의식 같은 것은 전혀 없었다고 할 수 있을 것이다.

이와는 반대로 후기시대에 참수한 후 그 머리를 죽은자의 영혼에 바치고 그것으로 사자의 영혼을 강화시키려 했던 것은 설령 종족은 달라도(사실 후가장에서 무관촌에 걸쳐 발견되는 인신어공人身御供된 희생의 묘에서 참수된 골격 큰 인간이 십수 명 발견되고 있다. 아마 인종이 다를 것이다) 영혼으로서는 같은 일을 한다고 생각하였음을 알 수 있다.

은왕조는 많은 이민족과 나라들과 동맹관계를 맺으면서 세력을 확대했기 때문에 모든 이민족을 강羌이나 남南처럼 취급하기는 불가능했다. 그러므로 그 유대의 하나로서 원래 이족異族의 신을 자연신으로 삼아 은에서 제사를 지내거나, 그들을 왕계王系 안으로 끌어들여 무언가 관계를 설정하려 했던 것이다. 또 옛 조상 때부터 동맹관계가 있었다는 이야기도 생각해 냈을 것이다. 이렇게 하여 '인간'이라는 의식이 형성되었던 것이다.

어떻든 머리 잘린 자를 일률적으로 노예라고 할 수는 없으며, 거기에는 현재 우리들과는 다른 혈연의 논리가 있었다. 그러면 도대체 은대에는 노예제라고 부를 만한 것이 있었던 것일까?

토지와 결합된 노예적 농민

사실 지금까지 서술해 온 바로는 농업노동을 주목적으로 하는 노예에 관한 자료를 찾아볼 수 없다. 그러나 이것으로 노예가 없었다고 단언할 수는 없다. 앞서 말한 바와 같이 가내노예는 존재하였으며, 은왕조나 각지의 지방왕조를 구성한 몇몇 대가족은 그 지배 하에 많은 대가족 무리를 거느렸다. 그런데 이 지배계급과 피지배계급 사이에는 지배계급의 의향에 따라 공납이나 조세 징수가 극한까지 가중될 가능성이 있었기 때문에, 피지배계급인 대가족은 가족집단 전체가 그대로 노예와 마찬가지로 강제 농업노동을 할 수밖에 없었다.

고대 중국을 비롯한 오리엔트 등의 고대왕조에서는 이러한 형태로 피지배계급으로부터 곡물 등을 강제 징수했다고 생각된다. 이것도 농업생산에서 노예제도의 한 형태라는 설이 있고, 현재에도 여전히 학계에서 논쟁이 이루어지고 있다. 그리고 피지배계급인 농민은 동족집단이 모인 하나의 취락에 모여 살면서 주위의 경지를 경작하고 있었다.

이 경지를 전田이라고 부르고 취락은 읍邑이라고 하였는데, 고대에 이 전과 읍은 유기적으로 결합된 하나의 생활단위였다. 전은 읍과 그 주민과 하나로 결합되어 있었으며, 또 주민에게도 읍과 전은 태어날 때부터의 세계였다. 그러므로 읍을 가리키는 명칭이 전의 명칭이기도 하며, 또 주민의 '성姓'이기도 했다.

이에 반해 지배자인 대가족집단도 읍에 살고 있었는데, 왕의 일족이 사는 읍 등은 도시 같은 성격을 띠게 되었다. 다음에는 이러한 읍이라 불리는 존재에 대해 살펴보자.

8. 도시국가

읍과 그 기능

앞에서 서술했듯이 갑골문에 의하면 그 세계는 중앙의 은을 중심으로 하여 동서남북의 사방으로 구성되어 있었다. 각 국은 수도를 중심으로 동서남북에 비鄙라고 불리는 것이 있었고, 각각의 비는 또 몇 개의 읍邑이라고 불리는 취락을 포함하고 있었다. 예를 들면 '토방이 우리 동비東鄙를 정벌하고 두 읍을 상하게 했다. 공방呂方도 또한 우리 서비西鄙의 전田에서 사냥했다'는 자료가 있다. 곧 은의 속국인 지생沚㦵으로부터의 보고로서, '토방이 그 나라의 동비에 침입하여 그 2개 읍에 손해를 입히고 또 공방이 서비의 경작지에서 농민을 붙잡아갔다'는 뜻이다.

비라는 것은 뒤에 도비都鄙라고 하듯이 도都에 대치되는 교외라는 뜻으로서 농경지역을 일컫는 말이다. 동비·서비라 불리는 것을 보면 동서남북의 사비四鄙가 있었고, 그 비에는 읍이라고 불리는 몇 개의 취락과 경지인 전田이 있었음을 알 수 있다.

읍은 昻이라고 쓰는데, 이 글자는 사방을 벽으로 둘러싸고 사람이 거주하는 모양을 나타낸 것으로서 도시를 비롯한 교외의 농민 취락까지 포함하여 사람이 거주하는 곳을 가리킨다. 그 나라의 중심을 이루는 도시는 때로는 대읍大邑이라고도 불리며 그 대읍의 이름은 국명으로 쓰인다. 은나라는 당시 상商이라고 불렸는데, 도읍이 때로는 대읍상大邑商으로 불렸다. 그리고 은왕을 비롯하여 각 국의 왕이나 귀족은 각각의 대읍에 거주하고, 비의 읍에 살면서 전을 경작하는 농민을 지배하고 수확물을 징수하였다. 뿐만 아니라 비의 읍은 원칙적으로 1읍 1혈족집단으로 구성되었으며, 비상시에는 읍 단위로 자위를 위한 군대를 편성했다. 따라서 커다란 읍은 때로는 군단을 의미하는 사師처럼 행동하였던 것이 갑골문에 보인다.

은왕조는 이러한 도비都鄙로 이루어진 많은 나라들을 동맹이란 형태로 세력 하에 두고 이들 나라들로부터 여러 가지 직무에 사람들을 징발하고 또 공납으로서 물자를 거두었다. 은 자체도 또한 도비로 이루어진 나라였던 것이다.

이러한 구성을 가진 나라는 고대 오리엔트에서 번영한 나라들과 마찬가지로 정치나 문화가 중심에 위치한 도都로 한정되었으므로 이것도 도시국가라고 부를 수 있다. 문화가 도시로만 한정되었던 것은 갑골문의 출토가 극히 한정된 지역, 곧 소둔이나 정주뿐이라는 사실에서도 알 수 있다. 당시로서는 가장 고도의 문화기술인 문자 기록이라는 것은 아마도 지방 소국小國의 도읍에까지는 미치지 않았을 것이다. 그 점 또한 고대 오리엔트와 유사하다.

그러면 이러한 문화·정치의 중심이었던 도시란 어떤 것이었을까?14)

중기의 대규모 성곽

정주시에서 발견된, 은 전기의 것으로 알려진 성곽은 남벽이 1,750m, 동벽이 1,725m, 북벽이 1,720m, 서벽이 2,000m이며, 성벽 높이는 당시에는 10m, 정상부의 폭 5m, 기저부의 폭 36m로 추정된다. 이 성곽은 흙 두께 20cm 정도를 거듭 다져 쌓은 것으로 이런 성곽을 만드는 데에는 막대한 노동력과 시간이 필요했다.15)

어쨌든 이 성곽은 진한시대의 일반 현성縣城들보다 훨씬 규모가 컸다. 성 안의 북동부에서 커다란 기단이 발견되었고, 성 밖의 북쪽에서는 도기 제작소와 골각기 제작소, 남쪽에서는 술 주조장과 청동기 주조장, 이들에 부속된 주거 등도 상당수 발견되었다. 이들이 하나의 도시기구로 통합되어 있었는지 어떤지는 대단히 흥미로운 문제인데, 성 안의 남부와 성 밖 서쪽은 현재 시가지여서 발굴조사를 행할 수 없기 때문에 성 안의 전체 상태를 알지 못하게 된 것이 안타깝다. 그러나 당시는 촌의 대장간처럼

---

14) 이성구, 「중국 고대의 시의 관념과 기능」, 『동양사학연구』 36, 1991.
15) 이리두기와 이리강기의 국가 형성에 관한 내용은 다음 참조. 심재훈, 「이리두 언사상성, 정주상성과 하상의 관계」, 『동양사학연구』, 1989 ; Li Liu, Xingcan 공저, 심재훈 역, 『중국 고대국가의 형성』, 학연문화사, 2006.

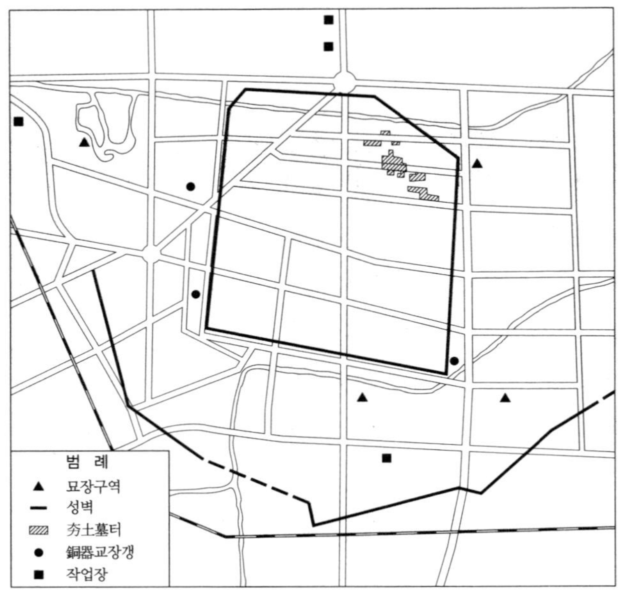

정주상성 유적 분포도

어디에나 청동기를 주조하는 직인이 있었을 리는 없고 극히 한정된 도시에만 있었으므로 이들 직인은 도시의 왕공 귀족들과 밀접하게 관계되어 있었을 것임에 틀림없다.

이처럼 흙을 다져 만든 성곽은 은대 전기의 것으로는 앞에서 다루었던 언사현 시향 외에 호북성 황피현黃陂縣과 산서성 원곡현垣曲縣(후자는 이리두 시기까지 거슬러 올라갈 가능성이 있다)에서도 발견되는데, 그 규모는 전자가 남북 290m에 동서 260m 정도의 사각형, 후자는 북쪽 담이 338m, 남쪽 담은 약 400m, 동쪽 담은 336m, 서쪽 담은 395m의 약간 마름모꼴로 되어 있다. 어느 것이나 궁전터가 성 안에서 발견되는 것으로 보아, 지방의 왕이나 귀족 등을 중심으로 한 도시의 방어시설로 건설된 성곽이었다. 산서성 남부의 황토 대지상에도 이 같은 성곽을 만들 수 있는 지방적인 정치권력자가 있었던 것은 당시의 역사 지리적인 정황을 고려할 때 중요한 사료가 된다.

또 은 이전의 이리두 문화유적과 은 전기 유적에서도 주기酒器가 출토되었다. 그리고 촌락 내부에서도 집에서 사용할 술이 수수와 조를 사용하여

168

빚어지고 있었다. 그 집이 귀족이라면 소비는 제사용만으로도 상당 양에 달했을 것이다. 주왕의 주지육림 이야기는 그만두고라도 다음의 서주시대에는 은나라 사람들이 왕으로부터 백성에 이르기까지 술에 빠져 나라를 잃었다면서 음주 풍습을 훈계할 정도였기 때문에 아마도 전문적으로 술을 주조하는 다수의 직인이 있었을 것이다.

이처럼 도시 안팎이 귀족의 생활과 결합되어 구성되었다고 생각할 수 있다. 안타깝게도 정주에서는 왕이나 귀족들의 궁전 등의 구체적인 양상이 알려지지 않았지만, 언사현 시향에서도 몇 개의 기단이 발굴되었고 소둔의 은허에서는 53개의 기단이 발견되었다.

궁전 건축

소둔의 기단군은 발굴 시기와 위치 관계에 따라 북쪽에서부터 갑조甲組 15기, 을조乙組 21기, 병조丙組 17기로 나뉜다. 이 기단 위아래와 주위에는 무수한 수혈과 묘장이 있고 특히 이 지역의 수혈 가운데에는 제1기, 제2기, 제3기와 제5기 갑골문이 상당수 출토되었기 때문에, 그러한 수혈과의 전후관계, 기단 상호간의 전후관계를 통해 이들 기단이 만들어진 시기 등을 어느 정도 추측할 수 있다.

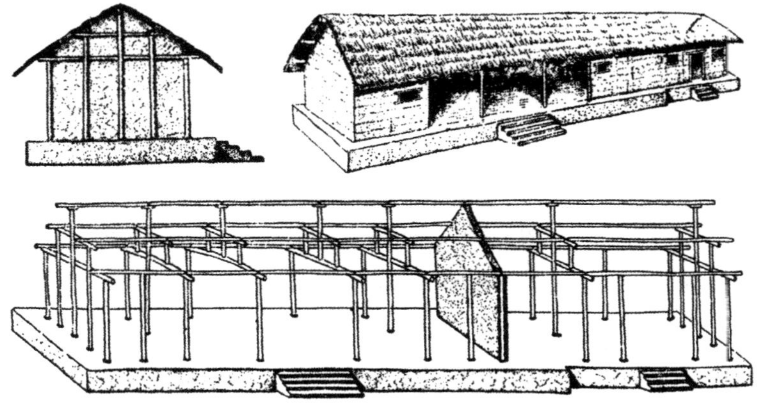

은의 왕궁 복원도

예를 들면 병조의 기단은 그 자체로서 하나의 정형을 이루어 남쪽에 문이 있고 병2의 남쪽에 건축물이 세워졌으며, 그 북쪽의 병3·병4라 불리는 기단 사이의 넓은 토단은 자연신 등을 제사하는 제사 장소였던 것으로 추측된다. 시기는 제2기의 갑골문 시대보다는 약간 늦다. 어느 것이든 이들 53개 기단은 은허 시대 전 기간에 걸쳐 일정한 배치를 계획하여 건축되고 사용되었던 것이 아니라, 어떤 시기에 사용되면 폐기되고 별도의 장소에 다시 세워졌다. 아마도 왕이 죽지 않는다면 왕은 그 죽음의 부정을 피해 다른 곳으로 이전했을 것이다.

미숙한 건축기술

이처럼 단기간의 사용이라는 문제는 당시의 건축기술에서도 알 수 있다. 왜냐하면 당시의 건축은 목조·토벽·초가지붕이었기 때문에 그 기초가 되는 측량기술도 조잡했고, 나무로 된 기둥이나 서까래를 짜맞출 때도 못이나 걸쇠를 사용한 흔적이 없는 것으로 보아 내구력 있는 건조물은 도저히 지을 수 없었을 것이다.

또한 건축의 장식도 기둥을 붉게 칠한다든가 기둥에 조개껍데기나 동주銅珠 혹은 대리석을 끼워넣는 정도였다. 벽도 석회를 입힌 흰색이었기 때문에 아름다운 건축은 아니었다. 오리엔트에서 햇볕에 건조시킨 벽돌에 타일을 끼워넣거나 거대한 돌기둥을 사용한 것과 같은 기념물적인 건축물을 만든 것은 매우 다른 도시 풍경이었음에 틀림없다. 더구나 당시 일반 사람들의 거주는 신석기시대의 방형·장방형의 작은 지상주거나 수혈주거를 그대로 받아들였기 때문에 우리가 생각하는 그런 도시와는 대체로 다른 것이었다.

현재까지 소둔 지역에서는 은대의 성곽이 발견되지 않고 있다. 근년에 이르러 이 궁전 지역의 서쪽에서 남쪽에 걸쳐 대규모 해자가 발견되어 북쪽에서 동쪽에 걸쳐 궁전 지역을 에둘러 흐르는 원하洹河와 연결되어 있었음이 분명해졌다. 성곽을 대신하여 이 해자와 원하가 방어 시설 역할을

하고 있었다고 생각된다. 그러나 신석기시대 후기 이래 전국戰國시대까지의
역대 성곽들은 대부분 성곽 바깥쪽에 큰 해자를 파놓았다는 것을 생각하면
소둔의 경우 해자만을 방어용으로 했다고는 생각되지 않는다.

다만 은허에서 발굴된 기단의 범위는 남북 약 700m, 동서 약 300m에
지나지 않으며, 이를 정주의 성곽 크기와 비교한다면 아마 당시 극히
일부에 지나지 않을 것이다. 따라서 앞으로 이 주변의 발굴이 이루어지면
이 시대 도시의 전모가 분명해지겠지만, 후에 서술할 춘추전국시대의
도시와 관련해서 생각해도 그다지 인구밀도가 높지 않았으며 또한 그다지
계획성 있는 배치를 지닌 것도 아니었다.

제7장 서쪽에서 동쪽으로 - 주왕조의 흥기

1. 주의 건국

시조 후직后稷

사마천이 『사기』에서 주왕조에 관한 일을 기술한 「주본기周本紀」는 다음과 같은 문장으로 시작된다.

주의 후직后稷[1]은 이름을 기棄라 하고 어머니는 유태씨有邰氏[2]의 딸로서 강원姜原이라고 했다. 강원은 제곡帝嚳(오제五帝의 한 사람)의 정후正后였다. 어느 날 들판에 나갔는데 거인의 발자국이 있었다. 그것을 보고 마음이 들떠 밟아보고 싶은 생각이 들었다. 그래서 밟아 보니 몸 속이 움직이는 듯하고 임신하게 되었다. 1년 후 아이가 태어났는데, 불길한 일이라 하여 좁은 길에 버렸다. 그러나 그곳을 지나가는 말이나 소가 한결같이 아이를 비켜가고 밟지 않았다. 그래서 숲속으로 옮겨놓았더니 때마침 숲속에 사람들의 출입이 잦아, 다시 옮겨 도랑의 얼음 위에 버렸다. 그랬더니 나는 새가 와서 날개로 덮어 따뜻하게 했다. 이에 강원은 아이를 신비스러운 아이라고 생각하고 마침내 거둬서 키웠다. 처음에 버리려고 했기 때문에 기棄라고 이름지었다. 기는 어려서부터 서서 다녀 어른 같았고, 그 뜻도 어른 같았다. 노는 것도 마를 심고 콩 심는 것을 좋아했고, 마와 콩은 열매를 잘 맺었다. 어른이 되자 농삿일을 좋아하여 좋은 땅을 보면 곡물로 먹을 수 있는 것을 심어 열매를 거둬들였기 때문에, 백성들이 기를 본받았다. 제순帝舜이

---

1) 주의 시조.
2) 부족 이름. 태는 그들의 근거지다. 지금의 섬서성 무공현 서남쪽에 있다. 전설에 의하면 염제의 후손이므로 성은 강(羌)이다.

그 말을 듣고 기를 등용하여 농사農師로 삼았기 때문에 천하 사람이 그 은혜를 크게 입어, 큰 공을 세웠다. 제순은 "기여, 너는 이전에 백성이 굶주릴 때 후직(농업을 주관하는 장관)이 되어 백곡을 뿌려 백성을 구했다"고 칭찬하고 기를 태邰 지역에 봉하고 후직으로 불리게 했다. 다른 성은 희씨姬氏다.

이 글에 따르면 주의 시조는 이름은 기棄고, 후직으로 불렸다. 더구나 그의 어머니는 거인의 발자국을 밟고 그를 임신했다고 한다. 이것은 어떠한 위인이 그 출생의 시작부터 보통 사람과는 다른 점이 있어, 거인의 힘에 감화되어 태어났다고 하는 감생설화感生說話의 일종이다. 이러한 설화는 널리 보이는 것이고 예수의 탄생도 그 일종이다. 그러나 이성을 앞세웠던 사마천에게는 그것이 불합리하게 느껴졌던 듯하며, 어머니인 강원이 이를 상서롭지 못하다고 여겨 태어난 아이를 버렸다고 설명하고 있다.

토지신의 은총을 한 몸에 받고 자람

원래 이 이야기는 『시경』「대아大雅」의 <생민편生民編> 이야기를 토대로 하여 다시 정리한 것이다. <생민편>에서는 그 출생이 상서롭지 못하기는 커녕 오히려 천신의 은총을 한 몸에 받아 편안하게 태어났다고 하고 있고, 거리에 버려두었을 때는 소나 양이 젖을 주었고, 숲속에서는 나무꾼이 구해주었고, 얼음 위에서는 새가 따뜻하게 해주었다고 하는데, 이것도 신의 은총으로 여겼다.

아이를 버린 것도 아이를 꺼려서가 아니라 아마도 토지의 성령聖靈이 가진 힘을 몸에 지니게 하여 건강하게 성장하기를 기원하기 위해서였던 것으로 생각된다. 각각 사람들이 사는 토지에는 그 토지를 지키고 지배하는 신이 있었다. 은의 자연신도 그 가운데 하나였고, 그러한 자연신은 대부분 땅속에 살고 있었다.

따라서 길가에 아이를 버려 그 신의 성령을 직접 몸에 얻도록 한 것이다.

특히 농경사회에서는 토지에 대한 신앙이 강하다. 이 설화의 배경에는 이 같은 신앙이 있었던 것이다. 후직은 하늘과 땅의 신의 은총을 한 몸에 받았기 때문에 어려서부터 농경에 출중한 힘을 발휘하여 농경사회 지도자로 틀림없이 적합한 어린아이였다. 주왕조는 이처럼 어려서부터 농경의 지도자가 될 운명을 거머쥔 후직에서 시작되었다고 노래하고 있다.

토지와 곡물의 지배를 지향한 최초의 나라

기棄가 제순으로부터 받았다는 명칭인 후직后稷의 직稷은 수수를 말한다. 이는 신석기시대 이래 은대를 통하여 널리 재배된 곡물이다. 당시의 농경기술로는 가장 재배에 알맞은 작물로서 수확률이 좋았기 때문에, 오곡(쌀, 보리, 조, 콩, 수수) 가운데서도 특히 중시되어 백곡의 으뜸으로까지 일컬어졌다. 따라서 이 곡물의 이름을 시조의 이름으로 삼은 것은 주나라에서 농경이 얼마나 중시되었는가를 보여주는 것이지만 한편으로 그 이름이 사실은 후대에 인위적으로 만들어진 것임도 시사한다.

앞에서 본 것처럼 은대에는 자연신이 왕계王系에 첨가되는 일이 있었는데, 주대에도 자신들의 가계를 보다 먼 옛날까지 소급시키기 위해 자신들이 존숭하는 곡물신을 기원으로 삼은 것이다. 다만 여기서 중시해야 할 것은 산이나 물의 신이라고 생각되는 것을 시조로 삼은 것이 아니고, 곡물신을 시조로 삼았다는 점이다. 이것은 주가 상당히 일찍부터 농업을 중시했기 때문이다. 진정한 의미에서 토지를 지배하고 그 토지의 생산물인 곡물을 지배하려고 한 것은 주가 처음이었다고 생각한다. 주는 후에 은을 무너뜨리고 봉건제도를 실시하여 동쪽 지방을 지배했는데, 그 목적은 바로 여기에 있었다.

즉, 봉건제도는 은을 타도한 후에 비로소 생각해낸 것이 아니고, 아마 이전부터 그 원형에 해당하는 것이 있었던 것으로 여겨진다. 군주에게는 조상 제사와 함께 중요한 것이 사직社稷 제사였다. 사社는 토지신이고 직稷은 곡물신이다. 더구나 사직이라는 말은 국가와 동의어로 사용될 정도였다. 따라서 주에게는 직稷을 시조로 하는 것이 중요한 의의를 갖는다. 물론 <생민生民>의 시詩가 지금과 같은 형태로 나타난 것은 빨라도 서주西周왕조 후기의 일이고, 결코 왕조 성립 이전까지 거슬러 올라갈 수는 없다.

그러나 이 설화가 서주 후기에 처음 만들어진 것이 아님도 당연한 일일 것이다. 아마 주나라 사람들이 제사 등에서 노래한 시조신의 덕이나 곡물신의 이야기가 오랜 기간을 거치면서 점차 지금과 같은 형태로 다듬어져 불려 오다가 비로소 정형화된 것이고, 그것이 기록 형태로 된 것은 춘추시대 이후일 것이다. 따라서 이 설화에서 주나라 사람들이 농업에 어떠한 의의를 부여하고 있었는지를 알 수는 있지만, 그것을 역사적 사실로서 이해하기는 불가능하다.

고공단보古公亶父와 농경민인 주족周族의 이주

주의 역사가 어느 정도 분명해지는 것은 계보 면에서 보자면, 후직으로부터 12대째인 고공단보 때부터다. 고공단보는 기산岐山(지금의 섬서성 기산현의 북쪽)의 남쪽 기슭에 펼쳐진 주원周原으로 옮겨 성곽을 비롯하여 집들을 짓고 또 함께 이주한 사람들도 각각 취락을 이

기산 풍경

루어 살고 있었다. 그때까지 유목에 가까운 생활을 영위해 온 주족은 토착 농경민인 강족姜族의 보호자가 되었으며, 고공단보는 강족 여성과 결혼했다고 한다. 또한 이때 주원의 이름을 따서 나라 이름을 주周라 불렀다고 한다. 그런데 과연 이렇게 생각해도 좋을 것인가.

여기서 문제는 고공단보 이주 이전에 주족은 도대체 어디서 살고 있었을까 하는 것과, 정말 유목민이었을까 하는 점이다. 앞서도 이야기했듯이

『시경』에는 주나라의 시조로 전해지는 후직의 이야기가 나오는데, 그에 따르면 태邰라는 곳에 거처를 정했다고 한다. 또한 계보 상으로 후직의 증손인 공유公劉라는 인물이 태를 떠나 빈豳으로 이주했다고 한다. 후직 이야기가 인위적으로 만들어진 것으로 여겨지듯이 공유 이야기 역시 작위적인 것이라고 일반적으로 생각되고 있다.

이들 이야기를 후직이나 공유라고 하는 개인의 행적으로만 본다면, 과연 그러한 일이 있었을까 하는 의문이 생길 것이다. 그러나 주족周族들 사이에 전해져 온 일족의 역사라고 생각한다면, 이러한 이주 문제도 어느 정도는 사실성을 가지고 있었다고 할 수 있다. 따라서 태나 빈이라는 지역이 어디에 있었는지 분명해진다면 그 역사도 어느 정도 확실해질 것이다.

이 두 지역은 현재의 산서성 남부 분하汾河 하류의 서쪽으로 흐르는 부분을 따라 펼쳐진 지역으로부터 남쪽에 있는 속하涑河의 북쪽 강변에 걸친 지역에 있었다고 생각하면 될 것이다. 빈은 분하가 서쪽으로 구부러지는 지점 근처고, 태는 속하에 가까운 문희현聞喜縣 부근으로 생각된다. 아마 현재 분하가 황하로 흘러 들어가는 지점보다 조금 남쪽에서 황하를 건너 서쪽으로 가서 기산에 도달했을 것이다. 분하의 이 부분 서쪽 강변에서 이리두기 문화가 몇 개 지점에서 발견되었고, 강을 건넌 지점에서 서쪽으로 나아간 경로에 해당하는 섬서성 동천현銅川縣으로부터는 은 전기문화가 발견되고 있다. 이곳은 모두 예로부터 농업지역이었다.

산악민·훈육薰育의 압박

그런데 은의 갑골문에는 주에 관한 기록이 몇 군데 남아 있다. 이 기록에 의하면 주가 한때 은에 복속하였던 것은 분명하지만, 제3기부터 제4기 이후에는 갑골문에서 주에 관한 기록을 찾아볼 수 없게 된다. 은과 주의 계보를 대비해 보면 바로 고공단보 때가 이 제3기에서 제 4기에 해당한다.

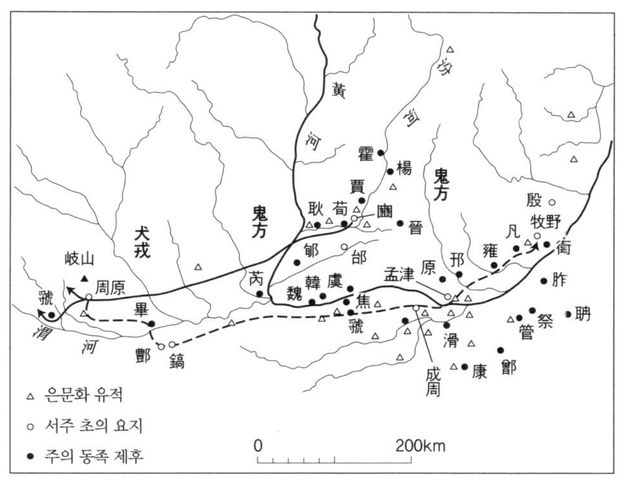

주의 서천과 동진

갑골문에서 주에 관한 기록이 없어진 것과 고공단보의 이주 배후에 있었던 역사적인 사실 사이에는 무언가 관계가 있었던 것이 아닐까 생각된다. 은의 문화는 하남성을 중심으로 동남쪽으로 널리 퍼져 있지만, 서쪽으로는 그다지 퍼져 있지 않았다. 말기에 겨우 기산 부근까지 이르렀지만, 정치적인 힘의 파급은 겨우 산서성 남부까지 도달하는 데 불과했다.

따라서 주가 갑골문에 나타난다는 것은 주가 산서성 내부에 있었음을 보여준다. 즉 주는 서쪽 지방에서 일어난 나라로서, 기산에 이르기 전에는 섬서성의 서북부에 있었다고 하는 주장이 널리 받아들여졌지만, 그것이 아니라 산서성 서남부에 있었던 것이다. 더구나 앞서 이야기한 것처럼 유목민이 아니라 아마 농경민으로서 생활하고 있었음에 틀림없다. 주가 유목민이었다는 자료는 어디에도 없다. 주라고 하는 이름은 고공단보 이전부터 사용하던 족명이고, 새로이 이주한 기산 남쪽 기슭의 들판에 그 이름을 붙인 것이다.

그렇다면 주는 왜 서쪽으로 이주하게 되었을까?

『사기』에 의하면 훈육이라고 부르는 산악민의 압박을 받았기 때문이라고 한다. 훈육은 갑골문에서는 귀방鬼方으로 불리며, 산서성 태항산맥에서부터 서쪽에 걸친 산서대지山西臺地에 거주하고 있었다. 은 부분에서도 설명했듯이 은은 반경 시대에 동남쪽에서 하남성 북부로 옮겨 산서대지의 산악민에게 도전했다. 그 결과 은의 세력이 하남성 북부에 정착하자, 그 압박을 받은 귀방은 서쪽으로 이동하기 시작했을 것으로 생각된다. 주는 이러한 귀방의 영향으로 서쪽으로 이동하게 된 것으로 여겨진다.

그 후에도 훈육은 기산에 있는 주의 북쪽에 있으면서 동쪽으로부터 서쪽까지 에워싸는 모양으로 주와 대립하는 세력이었던 듯하다. 주왕조가 성립한 후에도 주가 귀방을 정벌했다는 이야기가 소우정小盂鼎이라는 청동기의 명문銘文에 기록되어 있다.

고공단보의 아들과 손자

주의 문화는 원래 은의 정치적 행동 범위에 있었기 때문에 당연히 은문화에 강하게 영향을 받았다는 것은 말할 나위도 없다. 그러나 주원으로 옮겨가면서 섬서 서부에서 감숙 동부에 거주하던 종족의 문화로부터 영향을 받아 청동제 무기나 식기食器 등에 은과는 다른 주의 독자적인 특징이 보인다. 또한 일상적인 토기인 력鬲(용산문화 이래 가장 기본적인 일상용 토기였다) 등도 하남의 토기와는 약간 다른 형태를 띠고 있는데, 이것들도 은과 이질적이라기보다는 오히려 지역적인 차이에 기인한다고 이해하는 것이 좋다.

이리하여 고공단보는 기산 남쪽 기슭의 주원으로 이름 붙은 평야에서 주의 기초를 세우는 데 성공했다. 이곳은 비옥한 토지에 식량 생산력이 풍부한 지역으로 후에 주나라 발전의 기지가 되었다. 그에게는 태백太伯·우중虞仲·계력季歷이라는 세 아들이 있었는데 막내인 계력이 뒤를 이었다. 계력은 지摯라는 나라의 여자와 결혼했고 그 사이에서 태어난 이가 창昌으로 후에 문왕文王이라고 불리는 인물이다.

문왕은 어려서부터 덕이 있었다고 하며, 고공단보가 왕위에 있을 때부터 장래를 촉망받아 그 때문에 막내아들인 계력이 고공단보의 후계자로 뽑혀

178

장래 문왕이 주족의 왕이 될 수 있도록 했다고 전해진다. 이때 태백과
우중은 계력에게 왕위를 양보하고 남쪽으로 떠나 오吳나라의 시조가 되었다
는 설화가 남아 있다.

2. 동쪽으로의 길 - 서주 초기

문왕文王의 등장

이리하여 주족의 여망을 짊어지고 문왕이 등장하였다. 문왕은 서쪽으로
는 현재의 감숙성 영대현靈臺縣에 있었다고 전해지는 밀密(밀수密須)을 토벌하
고, 동쪽으로는 서안 부근에 있었던 숭崇을 멸망시켰다. 숭은 은과 관계가
깊었다고 한다. 숭의 군주는 호虎라는 사람으로, 문왕을 은의 주왕紂王에게
참언하는 바람에 문왕이 주紂에게 체포되었다는 이야기까지 만들어졌다.

1977년 주원이 발굴됨으로써 15,000점에 가까운 복점에 사용된 갑골이
발견되었는데 그 중 127편에 문자가 쓰여 있었다. 종래 문자가 있는 갑골편
은 극히 소수가 정주에서 발견된 것 외에는 거의 전부가 안양 소둔 일대에서
발견되었기 때문에 주원에서 발견된 갑골은 비상한 관심을 불러일으켰다.
현재 주원 갑골문의 성격은 완전하게 확인되지는 않았지만 그 대부분은
주원까지 이르렀던 은나라 사람들이거나 혹은 은의 정치적인 영향을 강하
게 받은 사람들의 것으로 추측된다.

그 이유로는 갑골문 속에는 주왕의 부친인 제29대 왕 제을의 제사를
모신 기록이나 제4대 왕 대갑의 제사를 지낼 때 주방백周方伯에게 봉사케
한 내용을 점친 기록이 있기 때문이다. 주방周方의 방方이란 은의 갑골문
용법에 의하면 은에 대립할 정도의 힘을 가진 나라를 의미하는 말이다.
따라서 주방백이란 주의 통치자를 의미할 것이다. 이 주원 갑골문의 글씨체
는 소둔 갑골문의 제5기 제을·제신 시대의 것에 가장 가까우며 또 제을에
대한 제사를 기록하고 있기 때문에 최후의 왕인 제신, 즉 주왕紂王 때의
것으로 생각된다.

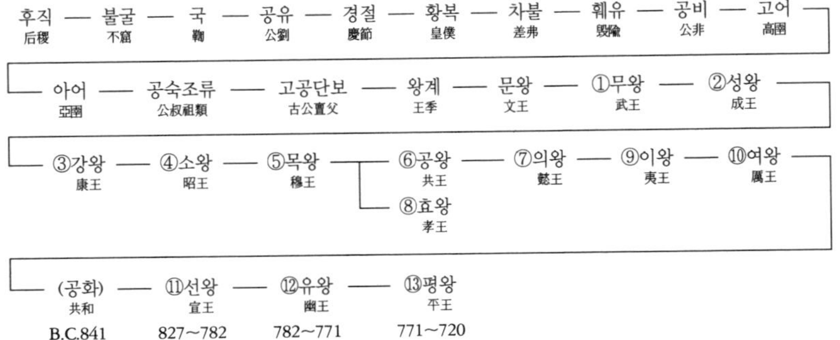

물론 주방백이 주의 문왕(주왕紂王에 의하여 서백西伯, 즉 서쪽 지역의 최유력 제후로 인정되었다)이라는 확증은 없으나 그 설화와 종합해서 생각하면 문왕의 어느 시기에는 은의 압박을 직접 받았다는 것이 거의 틀림 없다. 문왕이 주왕에 의해 붙잡혔으나 후에 가신들의 노력으로 용서를 받았다는 것도 이러한 정세와 아울러 생각해 볼 이야기다.

문왕은 동서로 주의 영역을 넓히기 위해 노력했다. 그러한 노력 가운데서도 유명한 이야기는 우虞와 예芮라고 하는 두 나라의 경계분쟁을 조정한 것이다. 우는 산서성 평륙현平陸縣에, 그리고 예는 섬서성 조읍현朝邑縣에 있었다고 한다. 이 두 나라는 오랫동안 영토의 경계를 두고 싸움을 벌였지만 해결을 보지 못하자 문왕에게 그 조정을 요청하기 위해 주나라에 갔다. 그런데 주나라 사람들이 서로 경계를 양보하고 연장자에게는 예의를 갖추는 모습을 보고는 자신들의 싸움을 반성하고 분쟁을 매듭지었다고 한다.

이것은 문왕의 덕을 찬미하기 위해 유가儒家가 꾸며낸 이야기에 불과하지만, 여기서 고대 왕이라는 존재의 성격을 일부 엿볼 수 있다. 왕은 그 세력 아래 있는 작은 나라들 사이의 재판관이기도 하여 조정자로서의 역할이 중시됐다. 작은 나라의 군주들로부터 그러한 역할을 인정받는 사람이 왕이 될 수 있었던 것이다. 동시에 이 설화는 이 무렵부터 주나라의 힘이 산서에 미치고 있었음을 말해준다.

180

이리하여 문왕은 기산에서 위하渭河를 넘어 동남쪽에 있는 풍鄷으로 도읍을 옮기고 점차 그 세력을 동쪽으로 신장시킬 태세를 갖추었으나, 이 무렵 갑자기 사망했다. 풍이라는 곳은 현재 서안시의 서쪽인 예하澧河의 서쪽 연안과 호현鄠縣 사이에 해당한다고 한다.

태공망太公望 여상呂尙과 문왕의 만남

문왕은 후에 유가에 의해 가장 존중받은 인물이기 때문에 여러 가지 설화가 만들어졌다. 앞에서 본 우·예의 소송 중재도 한 예다. 또한 문왕이 은나라에 도달하기 전에 이미 천하의 2/3를 장악하고 있었다는 이야기도 있다. 이것이 실제로 불가능했다는 것이야 말할 필요도 없지만, 그러한 설화 중에서도 가장 유명한 것이 태공망 여상과의 만남에 관한 이야기다.

어느 날 문왕이 수렵을 나가려고 그 전말을 귀갑을 써서 점을 쳐보니 '얻은 것은 용도 아니고 교룡도 아니다. 호랑이도 아니고 큰곰도 아니다. 그것이야말로 천하를 잡을 사람을 도울 스승일 것이다'라는 결과가 나왔다. 문왕은 위하 부근에서 수렵을 하다가 낚시 바늘도 없이 낚싯줄을 드리우고 있는 한 노인을 만나 이상한 생각이 들어 이야기를 나눠보니 범상한 인물이 아니었다. 급히 수레에 함께 태워 돌아왔는데 아무도 모르는 노인이어서 사람들의 신용을 얻지 못할 것이기에 "이 사람이야말로 나의 아버님(태공太公)이 주나라를 번영시킬 성인으로 간절히 기다렸던[望] 인물이다"라고 했다. 이렇게 하여 태공망太公望이라고 불리게 된 것이다.

노인의 본명은 여상呂尙이고, 그 선조가 하의 우왕을 도운 공로로 여呂라는 지역의 영주가 되면서 그 성을 여라고 부르게 된 것이다. 태공망은 이름이 상尙이고 후에 문왕의 뒤를 이은 무왕武王의 스승이 되었으므로 사상父師尙父라고도 불렸다.

은의 적인 강족羌族과의 결합

여상은 강족姜族(중국에서는 강성姜姓이라고 한다. 성姓이란 말은 혈통을 나타낸다) 출신이었다. 주의 시조인 후직의 어머니도 강족 출신이고 무왕의 비妃도 읍강邑姜이라고 하는 강족 여성으로 후에 성왕成王을 낳았다고 한다.

이들 이야기로 미루어 보더라도 희족姬族과 강족은 통혼에 의해 관계를 맺었으므로 은을 토벌하는 데 강족은 큰 힘이 되었을 것이다. 갑골문에 의하면 강姜(=羌)은 항상 은의 공격을 받았고 붙잡힌 강족 사람들은 왕 등에 대한 제사를 지낼 때 희생으로 참수되었다고 한다. 따라서 강족에게 은은 불구대천의 적이었음에 틀림없다. 주는 이 강족과 결합해서 은에 대항하는 힘을 얻었다고 할 수 있다. 태공망은 이 연합세력의 강족 대표자였을지도 모른다.

이 밖에 태공망은 경제적인 수완도 뛰어나고 병법에도 뛰어난 재능을 가지고 있어서, 후에 병법서의 원조가 된 『육도六韜』가 그의 저서라고 전해지고 있다. 후대로 내려오면서 여러 가지 사적이 태공망 개인에게 보태졌으나, 사료에서는 무왕이 은을 패배시켰을 때 공신의 한 사람으로서 사상보라는 이름이 보이는 데 불과하고 그 이외의 것은 대부분 알 수 없다.

무왕에 의한 은나라 주왕紂王의 토벌과 주왕조의 창시

주周 문왕과 무왕의 능(함양)

문왕의 뒤를 이어 즉위한 무왕은 태공망을 비롯하여 동생인 주공단周公旦·소공석召公奭·필공고畢公高 등 뛰어난 일족과 신하를 거느리고 문왕의 유지를 받들어 은나라 토벌에 나섰다.

마침 그 무렵 은은 일찍이 관계가 깊었던 회하 유역의 인방人方이라는 나라가 반란을 일으켰기 때문에 이곳에 총력을 기울여 토벌을 하러 나가 있었다. 제5기 갑골문에는 이 인방 정벌에 관한 내용이 빈번히 등장하며, 은 말의 청동기 명문에도 기록이 나온다. 이 인방 정벌은 은이 그때까지

182

취해 온 서방에 대한 압력을 늦추게 하였고, 그 틈을 타고 주를 중심으로 서방으로부터의 반격이 시작되었다고 할 수 있다.

무왕은 아버지인 문왕의 위패를 전차에 싣고 이 동정東征이 문왕의 유지遺志임을 사람들에게 알리고는 제후와 함께 맹진孟津(현재 하남성 맹현孟縣 서남부에 해당. 황하의 주요 도하 지점)에서 황하를 북쪽으로 건너 은의 수도로 향했다. 이를 안 은의 주왕紂王도 군대를 계속 투입하여, 수도에 가까운 목야牧野에서 양군이 접전하였다. 이 전투에서 주의 군대는 사기가 크게 올랐던 데 비해 은나라 측은 내부에서 반란까지 일어나는 등 완패하게 되었다.

주왕은 조가朝歌에 있는 이궁으로 도망가 재물을 모아둔 누각에 불을 지르고 스스로 타죽었다고 한다. 그를 뒤쫓은 주의 무왕은 그의 시체에 활을 쏘고, 도끼로 목을 베어 깃대 끝에 달고, 주왕의 두 애첩 머리도 베어 작은 깃대에 달아 모든 군사에게 승리를 알렸다고 한다. 기원전 1050년 전후의 일이다.

그 다음 날 무왕은 주공 이하의 신하들을 거느리고 은의 수도에 있는 토지신을 제사하는 사社에서 은 대신 천명을 받아 왕이 되었음을 선언했다. 드디어 주왕조가 창시된 것이다.

이상이 『사기』에 전해진 이야기다. 이 최후의 싸움이 일어난 것은 갑자甲子의 날이었다고 한다. 은에서 기술하였듯이 당시에는 10간과 12지를 조합한 60개의 기호를 만들고 그것에 의하여 날짜를 표시하고 있었다. 갑자란 60개 조합의 첫 번째인데, 후세인들이 이 날을 가지고 주나라의 역일이 새로 개시된 것이라고 여기고 이 싸움이 일어난 날을 갑자라고 한 것이 아닐까 하고 생각하였다.

그러나 1976년에 발견된 주 초에 만들어진 이궤利簋라는 청동기 명문에 무왕이 은을 정벌한 것이 갑자날의 이른 아침이라고 명기되어 있어 설화에 나오는 날짜와 완전히 일치하였다. 따라서 이 날짜가 주의 새로운 역일로 설정되었다고 해도 당시의 주나라 사람들에 의하여 설정된 것으로서 후인

이궤利簋와 명문의 내용

의 조작은 아니었다.

이 이궤를 만든 이利라는 인물은 그 부친의 이름으로 보건대 주 계통의 사람이며 목야의 싸움 7일 후인 신미辛未 날에 은의 도읍과 가까운 곳에서 무왕으로부터 은상을 수여받았던 것이 명문에 기록되어 있다. 무왕은 전쟁이 끝난 후 잠시 은 도읍지에 가까운 곳에 머무르면서 제사를 지내고 상도 수여하면서 전후 처리를 실시한 후에 낙읍洛邑(현재의 낙양)으로 귀환하였다.

역성혁명의 사상과 구현

이러한 의식이 사社에서 이루어졌다는 사실은 그 의의가 크다. 은의 경우, 앞서도 이야기했듯이 각각의 토지에는 그 토지신이 있었다. 은왕조는 그것을 자연신으로서 제사지냈는데, 그 자연신은 사실 은의 수호신인 제帝, 즉 천신에게 패배하여 제에 복종한 신이다. 따라서 승전 의식을 사社에서 치르고 천명을 받았음을 선언하는 것은, 사社에서 제사지내는 토지신을 천신에게 복종시키는 것을 의미한다. 이렇게 하여 사社가 정복자와 피정복자를 연결시키는 것이 된다. 그러한 풍습은 춘추전국시대에도 보인다.

갑골문에서는 은나라 수도의 사신社神은 토土로 불리고 신격神格은 자연신

184

과 유사하지만, 그 밖의 하河나 악嶽이라는 자연신에 비하면 그 힘이 약하다. 그것은 역시 반경이 천도할 때에 은의 수호신이었던 제帝(하늘의 신)에게 복종하게 되었기 때문이다. 다음에 설명할 봉건제도에서도 서임敍任이 그 토지의 사祉에서 이루어진 것도 토지신 앞에서 이것을 보고할 필요가 있었기 때문이다. 이렇게 하여 하늘의 명命이 바뀌었다는 것이 사람들에게도 알려지게 된다. 오늘날 우리가 쓰는 혁명이란 말도 사실은 이 '하늘의 명命이 바뀌다'는 데서 시작한 말로서 혁명의 '혁'은 바꾼다는 의미다.

중국에서는 왕조가 바뀌는 것을 역성혁명易姓革命이라고 한다. 혁명은 위와 같은 의미고, 역성이란 지배자의 혈통, 즉 성이 바뀌는 것이다. 주는 희성姬姓(희족姬族)이었던 데 반해 은은 자성子姓(자족子族)이었다고 한다. 그리고 천명이 은을 떠나게 된 이유는 주왕이 온갖 악덕한 행동을 하고 백성을 학대했기 때문으로, 하늘은 은에게 천하를 다스리도록 허락한 명을 거둬들이고 그 명을 주周에게 주었다고 설명하고 있다.

이리하여 주왕조가 성립하고 기원전 771년 이민족의 침입에 의해 낙양으로 동천하기까지 주왕周王의 통치가 이루어진다. 이 기간을 서주시대라고 부르고 있다.

백이伯夷 · 숙제叔齊 설화

이 같은 역성혁명이라는 사고방식이 주 초부터 있었는지는 매우 의문스럽다. 힘에 의한 권력의 탈취에는 항상 어떤 설명이 필요했다. 예를 들어 주 초의 것으로 생각되는 백이·숙제의 전설을 살펴보자.

이 두 사람은 고죽국孤竹國(현재의 하북성 북쪽 경계지역에 있었다고 한다)[3]의 왕자였지만, 아버지가 죽은 뒤 두 사람 모두 자리를 넘겨주고 마침내 함께 나라를 떠났다. 때마침 서쪽 주나라에 문왕이라는 덕 있는 군주가 있어 노인을 잘 공양한다는 소문을 듣고, 주나라로 가기로 하였다. 그런데

---

3) 고죽의 위치에 대해서는 약간의 논란이 있다. 고죽에 대한 연구는 다음 논문 참조. 배진영, 「출토자료로 본 고죽」, 『이화사학연구』 33, 2006 참조.

백이 · 숙제 묘 산동성 수양산首陽山에 있다.

주나라에 도착해 보니 문왕은 이미 없고 그의 아들인 무왕은 문왕의 위패를 전차에 싣고 은의 주왕紂王 토벌에 나서고 있었다. 두 사람은 말의 재갈을 잡고 "부군인 문왕의 상중인데 싸움을 하려는 것이 효행이라 할 수 있겠는가, 신하이면서 주군인 은왕을 죽이려고 하는 것이 인仁이라고 할 수 있겠는가"라고 했다. 무왕의 신하들이 그의 목을 베려고 하였지만 태공망이 구해주어 같이 보내주었다. 이후 두 사람은 주나라의 양식을 먹는 것이 수치스럽다 하여 수양산首陽山에 들어가 고사리를 먹다가 굶어 죽었다. 그때 "폭력으로 폭군을 갈아치우려 하면서도 그 잘못을 느끼지 못한다. 이제 순舜이나 우왕禹王 같은 성스러운 천자는 계시지 않는구나. 내 자신이 갈 곳은 과연 어디인가"라는, 세상을 하직하는 시를 남겼다고 한다.

이것은 전국시대에 만들어진 이야기다. 이러한 비폭력주의·예교주의에 대하여 무왕을 정당화시키기 위해서는 천명이 필요하게 되었다. 주 초의 사람들이 은에 대한 승리를 천신의 가호에 의한 것으로 믿고 있었던 것은 사실이다. 그러나 이때의 천신은 주나라 사람들의 천신이지 주나라 이외의 모든 사람들에게까지 공통적으로 신봉되는 천신은 아니었다. 따라서 하늘이 은을 포기하고 주에게 명을 내렸다고 생각한 것이 아니라, 주의 신이 은의 신을 쳐부수었다는 것이 당시 사람들의 생각이었다.

이것은 은 부분에서 설명한 제帝와 자연신, 방신方神과의 관계를 보아서도 충분히 알 수 있다. 모든 사람들에게 공통된 하나의 천신이라는 개념은 빨라도 서주시대 말기 이후에 출현한다.

서주의 기와

그런데 은을 무너뜨린 무왕은 아직 은의 잔존세력이 강대하여 직접 통치하는 것이 불가능하였기 때문에 주왕의 아들인 녹보祿父에게 아버지의

뒤를 이어 은의 유민을 다스리게 하고, 자기의
동생인 관숙管叔과 채숙蔡叔 두 사람을 파견하여
녹보를 감시하게 했다. 그리고 무왕 자신은 섬서
의 본거지로 귀환하여 수도를 풍에서 예하의
동쪽 너머에 있는 호鎬로 옮겼지만, 결국 은의
잔존세력을 일소하지는 못하고 죽었다. 은의 완
전 타도는 다음의 성왕成王 때 이루어졌다.

그런데 무왕이 도읍을 두었던 호는 현재의
서안시 서쪽, 예하의 동쪽 하안에 있었다고 한다.
따라서 예하를 에워싸고 문왕·무왕 2대의 수도
가 있었던 셈이 된다.

서주의 기와 위로부터 판와板瓦, 통와筒瓦, 반와당
半瓦當. 섬서성 부풍현扶風縣 출토

이 예하의 양안兩岸 지역은 중화인민공화국 성립 이후 종종 조사가 실시되
어, 동안의 백가장百家莊이나 낙수촌洛水村 부근에서는 서주시대의 주거지나
무너진 흰 벽, 기와가 발견되었다. 특히 기와의 발견은 의의가 크다. 은허
발굴에서는 큰 건축물의 기단 등이 다수 발견되었지만 기와는 끝내 발견되
지 않았다. 따라서 이 부근에는 서주시대 귀족의 주거시설이 있었다고
추측된다. 또한 동안의 보도촌普渡村에서는 목왕穆王 때의 명문이 담긴 청동기
가 부장된 묘도 발견되었다. 따라서 적어도 목왕 무렵에는 동안에 서주의
귀족이 거주하고 있었다는 것이 확실하다.

이에 비해 예하의 서안인 장가파張家坡나 객성장客省莊에서는 다수의 서주
시대 묘와 기와 등이 발견되고 있다. 따라서 이 지역에도 서주시대 귀족의
집 등이 세워지고 묘가 만들어졌음을 알 수 있다. 이 서안의 유적은 현재
판명되는 범위에서는 동안보다 시대가 조금 빠르고 성왕成王·강왕康王 무렵
까지 거슬러 올라가는 듯하다. 따라서 서안지역이 다소 빨리 개척되었음을
알 수 있다.

그러나 동안과 서안 모두 한나라 무제가 만든 곤명지昆明池나 상림원上林苑

등의 대토목공사 때 파괴되어 버린 듯하다. 예를 들면, 곤명지의 북쪽 제방 유적이라고 하는 곳에서는 제방의 흙 속에 다량의 서주시대 도기 조각이 들어 있었고, 부근에 있는 대평하大平河 동안의 제방 아래서는 수혈竪穴이 확인되었다. 토목공사가 유적을 파괴한다는 것은 옛날이나 지금이나 마찬가지다. 그 결과 서주시대의 유적은 그 윤곽조차 알 수 없게 되어 버렸다.

은문화 속에서의 패권쟁탈

이러한 유적의 파괴와 함께 서주시대 초기 연구의 또 하나의 큰 문제점은 그 당시에 쓰여진 기록이 없다는 점이다. 이제까지 이야기해 온 서주 초기의 역사는 『사기』나 그 토대가 된 『시경』 등에 의거하면서 쓴 것이지만, 말하자면 은대의 갑골문에 해당할 만한 것이 없기 때문에 구체성이 결여되어 있고, 때때로 비판받아 온 것처럼 전설의 진실성이라는 문제에 봉착하고 있다.

서주시대에 쓰여진 기록으로는 금문, 즉 청동기에 새겨진 명문에서 문왕 때로 단정할 수 있는 것이 아직 발견되지 않고 있다. 따라서 이런 점에서 은·주 교체를 이야기할 수는 없다. 그뿐 아니라 청동기를 놓고 보더라도, 은대 말기의 것과 서주 초기의 것은 모양이나 무늬 등도 완전히 구별되지 않고 은주식으로 일괄되는 것이 많아서 문화적 성격을 검토할 때 장애가 되고 있다.

이 사실은 거꾸로 서주문화가 은문화를 계승하였음을 보여주고 있다는 것은 앞서 이야기한 바다. 그러나 강성을 자랑하던 은이 멸망하고 서주왕조가 성립한 역사적인 대사건이 구체적인 자료에 의해 이야기되지 못한 점은 매우 유감스러운 일로 아쉬움이 많이 남지만 앞에서 든 이궤利簋 명문처럼 새로운 발견에 의해 분명해질 것이다.

은대에 황하 유역에서는 은문화로 불릴 정도로 균일한 문화가 보급되어 있었고, 각지에 유사한 작은 왕조가 성립하여 은은 그러한 왕조 속에서 가장 유력한 존재였다. 따라서 은과 주의 교체는 동질의 문화를 가진 각지의 왕조 사이의 패권쟁탈이라고 보아야 할 것이다.

서주의 새 무기

그렇다면 은과 서주 사이에 전혀 차이가 없었을까? 사실은 이 점에서 최근 흥미로운 사실이 지적되고 있다. 바로 무기의 변화다.

은대 무기의 기본은 과戈라고 불리는 것이다. 이것은 불을 끌 때 사용하는 갈고리나 피켈과 비슷하며 조금 편평한 머리 부분에 나무자루를 꽂은 것으로, 적을 공격하고 뾰족한 끝으로 적의 몸을 찔러 상처를 입혀 거꾸러뜨리는 데 사용되었다. 서주시대에도 이 과가 무기의 중심이 되었다는 점은 변함 없지만, 기능에는 변화가 나타난다.

섬서·감숙 지방의 은 말의 묘에서 발견되는 과는 단순히 뾰족한 끝으로 찌르는 것만이 아니라, 과를 상대방의 몸에 걸어 끌어당길 때 그 날로 상대를 벨 수 있도록 날의 각도에 변화가 나타나기 시작한다. 이러한 경향은 서주 전기(무왕에서 성왕·강왕 무렵까지)의 과에 확실하게 정착되어 오히려 상대의 몸을 베는 것을 주된 목적으로 하게 되었다. 그에 따라 자루도 길어진 듯하고, 서주는 이 개량된 과로 구식의 은나라 군대를 격파하였다는 주장도 나오고 있다.

과戈 왼쪽이 은대의 공내과銎內戈와 산자과山字戈, 오른쪽이 서주의 수문과獸紋戈다.

3. 성주의 건설

주공단周公旦의 동정東征

무왕의 동정과 승리로 성립한 주왕조는 여전히 중대한 시련을 견뎌야만
했다. 무왕은 강대한 은의 잔존세력을 그대로 남겨둔 채 죽었다. 그러나
그 아들인 성왕이 아직 나이가 어렸기 때문에 무왕의 동생인 주공단이
그를 보좌하게 되었다고 한다. 주공은 매우 뛰어난 인물로 주의 정치·군사의
중심이 되었고 여러 제도의 제정에도 공을 세운 것으로 전해진다. 그런
만큼 때로는 그 독재가 문제가 되어, 때로는 왕위를 찬탈하는 것은 아닐까
하는 의심을 받기도 하였던 듯하다. 당시 무왕의 명으로 은을 감시하고
있던 관숙 등도 주공에 대해 의심을 품고 있었다.

이 기회를 이용하여 은의 녹보는 관숙 등을 교사하여 주에 대해 반란을
일으키게 함과 동시에 스스로도 반기를 들기에 이르렀다. 이때 주가 실제로
장악할 수 있었던 것은 낙양 서쪽, 섬서성의 위하 유역에 불과했다. 은
등의 동방 세력은 하남성 북·중부와 산동성 서부에서 회하 부근에 걸쳐
있었기 때문에, 주나라는 이 반란으로 매우 곤란한 국면에 처하게 되었다.

주의 지배 아래 있던 제후들은 출정에 소극적이었다. 그때 주공이 제후와
백관에게 내린 훈계가 『상서』「대고편大誥篇」에 전해지고 있다. 그에 따르면,
주공은 문왕·무왕의 공업을 완성하기 위해 제후·백관이 협력해서 자신을
도와줄 것을 요청하고 있다. 주공은 소공석과 함께 성왕과 그의 어머니
읍강(금문金文에서는 왕강王姜으로 불린다)의 친정親征을 도와 동방으로 향했다.

이 동정東征에는 3년이 걸렸다. 그렇게 하여 녹보와 관숙을 주살하고

성왕(가운데)과 **주공단**
(왼쪽의 무릎 꿇은 사람) 한
대 화상석

반란을 평정할 수 있었다. 주공은 은 주왕紂王의 서자인 미자微子를 동남지역인 송宋(하남성 상구현商邱縣)의 제후로 봉하고 은의 조상제사를 계승하게 했다. 무왕의 막내 동생인 강숙은 은의 옛 땅의 중심인 위衛(하남성 기현淇縣)에 봉하여 은의 유민을 통치하게 함과 동시에, 은의 유민 가운데 특히 반항적인 집단을 현재의 낙양으로 이주시키고 여기에다 주의 제2의 수도인 낙읍洛邑을 건설하였다. 이것을 성주成周라고 부르고, 서쪽의 장안에 가까운 수도는 종주宗周라고 부르게 되었다. 종주는 서주왕조의 본거지로서 조상을 고시는 종묘를 비롯하여 왕궁과 귀족의 거처가 있었는데, 성주에도 왕실의 븐묘分廟나 여러 시설이 만들어져 필요에 따라서는 왕도 성주에 나와 행사를 했다는 것이 금문 자료에 나타난다. 아마 이 기회에 두 도시를 잇는 도로도 정비된 듯하다.

제2의 수도 낙읍洛邑

낙읍의 건설은 소공석이 중심이 되어 은의 이주민 등을 이용하여 이루어 졌다. 이 지역에는 예로부터 취락이 있었던 듯하다. 무왕도 목야의 싸움에서 돌아오는 길에 여기서 잠시 머물렀다. 사실 이 낙읍의 중요성에 대해서는 일찍부터 무왕이 주목하고 있었다. 성왕이 완성했던 낙읍 성주로 근거지를 옮기고자 왕족 가운데 한 사람인 하何에게 수여한 훈계를 기록한 하준何尊이라는 청동기 명문에 의하면, 무왕은 은을 멸망시킨 목야의 싸움에서 돌아오던 도중에 이 낙읍에서 머물며 낙읍을 중심으로 하는 지역이야말로 천하, 즉 세계의 중국(중앙의 나라)이며 이 지역에서 세계를 지배하려는 생각을 하고 있었으며 성왕이 낙읍에 천도하려고 한 것도 무왕의 뜻을 이어받는 것이라고 말하고 있다.

이 지역은 아마 일찍부터 동서·남북 교통의 요충이며 무왕은 이 땅을 빼놓고는 세계 지배의 거점은 없다고 생각했을 것이다. 사마천은 이 땅에 무왕이 도읍을 건설했다고 전하고 있다. 그러나 고향으로의 귀환을 원했던

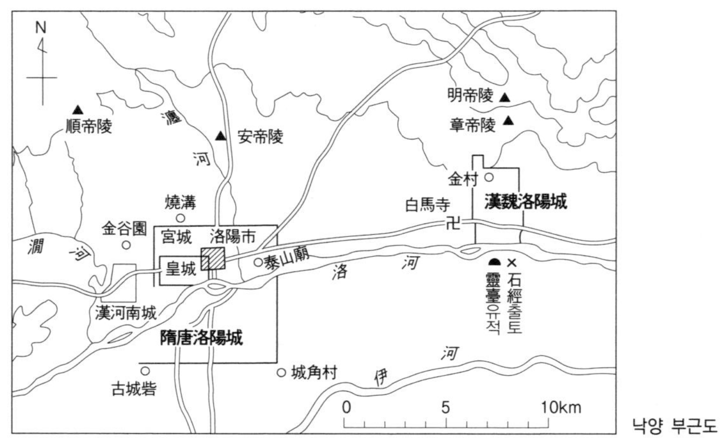

낙양 부근도

주나라 사람들의 의지에 눌려서 무왕도 귀향하였다. 무왕은 자기의 정치적
인 의도와 인민들의 의향 사이의 딜레마로 고민하면서 왕위를 아우인
주공에게 양위하여 낙읍에서 세계를 통치케 하고, 무왕 자신은 섬서의
근거지인 종주에서 주나라 사람들을 장악하려 했다고 전해지고 있다.

이 무왕의 양위 이야기가 사실인지 아닌지는 분명하지 않고 혹은 후술하
듯이 낙읍 일대에 영향력을 강화시키려 했던 주공의 입장에 의거한 설화일
가능성도 있다. 하여간에 이는 낙읍의 정치적 중요성을 전해주는 설화다.
낙읍이 완성된 후 성왕은 왕조의 낙읍 천이를 기도했으나 주나라 사람들을
설득하기 위해서는 아버지 무왕의 유지로써 말할 필요가 있었다는 것이
하준의 명문에 나타나 있다.

성왕 때의 이 낙읍 건설도 이전부터 있었던 성곽을 보수·확대하면서
이루어진 것이고, 이때는 성주성成周城과 왕성王城이 건설되었다고 한다.

이 두 성곽의 관계에 대해서는, 왕성은 내성內城, 성주성은 외성外城이었다
고도 하고, 또 전혀 별개의 장소에 각기 건설되어 성주성은 현재 낙양시의
동쪽 교외인 한漢·위魏의 낙양성터 부근의 어딘가에 만들어진 데 비해
왕성은 서쪽 교외인 한漢의 하남현성河南縣城 지점에 있었다고도 한다.

고고학에 의한 최근의 조사에 따르면 한나라의 하남현성은 남북이 약
1,400m, 남벽 1,460m, 북벽 약 1,000m의 사다리 모양의 성곽이다. 처음에는

192

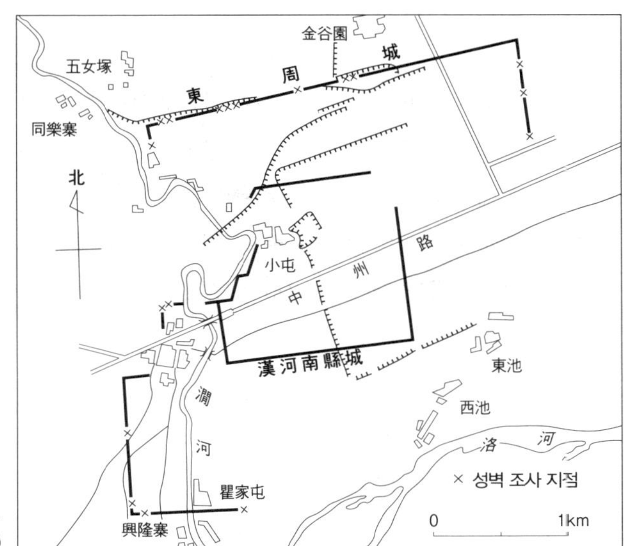

한의 하남현성(소)과
동주의 고성(대)

이 성곽이 주의 왕성이 아니었을까 하고 생각되었으나, 실제로는 한대의 것임이 분명해졌다. 그러나 이때의 조사에 의해 이 하남현성을 내성內城으로 하는 형태였고 이것을 다시 바깥에서 둘러싸는 오래된 성벽이 있다는 것이 밝혀졌다.

이 성벽은 심하게 파괴되어 거의 완전하게 남아 있는 것은 북벽뿐인데 길이가 2,890m이다. 이 고성古城은 수·당 시대에도 보수가 되었으며 수차례 손을 본 것이다. 북벽과 남벽의 서부가 가장 오래된 것으로 춘추 초기에 만들어진 것이 분명하지만, 서주시대로까지 거슬러 올라가지는 않는 듯하다. 따라서 현재까지는 서주시대의 성곽을 찾아볼 수 없지만, 묘나 유적의 분포로 미루어 보면 어느 정도 위치를 추측할 수 있다.

위에서 이야기한 것처럼 서주의 낙읍은 한·위의 낙양성 유적과 같은 장소에 있었다고 하지만, 이 낙양성과 하남현성 터와의 직선거리는 약 19km이다. 이 사이의 유적 분포를 보면 은에서 서주에 걸친 묘나 유적은 서쪽에 치우쳐 있다. 현재의 낙양시성에서 동쪽으로 전하瀍河를 건너면, 낙하洛河 가까이에 태산묘泰山廟가 있지만 그 부근이 동쪽 한계를 이루고 있다.

영방이令方彝와 명문
서주 전기

　이와 같은 유적 분포로 볼 때 아마 왕성은 한의 하남현성 땅이나 혹은 더 서쪽 지역에 건설되어, 서안에 있던 종주와의 교통을 확보하는 중요한 성으로서의 기능도 갖고 있었던 것으로 생각된다.

　이것에 비해 성주라고 불리는 지명은 이 왕성의 동쪽으로 넓게 미치는 동서 50km, 남북 25km에 걸쳐 이하伊河·낙하洛河 분지를 향하고 있으며 성곽은 없고 여기에 주나라에 항복한 은나라 사람들을 농민으로 살게 하며 전시에는 '성주팔사成周八師' 또는 '은팔사殷八師'로 편성하여 종군시켰다. 평상시에는 제공받은 농토를 경작하여 생활하였다.

　이에 반해 서쪽의 종주에는 주족 사람들에 의해 편성된 '육사六師' 또는 '서육사西六師'라고 불리는 군단이 배치되어 평상시에는 마찬가지로 위하 분지에서 농민으로 생활하였다. 이 분지 안에서는 종주성宗周城이라고 말할 수 있는 성곽도시는 아직 발견되지 않았다.

　이 육사와 팔사는 주왕조 직할의 군단이었다. 이 같은 정황으로 살펴보면 성주는 왕성에서 서쪽의 낙하·이하의 분지를 지칭하는 지역 이름이며 성주성이라고 할 만한 성곽도시는 없었던 것으로 생각된다.

종묘宗廟의 땅 종주宗周와 동방지배의 거점 성주成周

　이 낙읍의 건설에 즈음하여 그 위치를 주공이 성왕에게 보고한 말이라고 알려진 것이 『상서』 「낙고편洛誥篇」에 기록되어 있다. 그에 따르면, 황하 북쪽의 은의 수도에 가까운 서하黍河에 연한 지역이 어떨까 하고 점을

194

쳐보았는데 길하지 않았다. 그래서 황하의 남쪽에 있는 서쪽의 간하澗河, 동쪽의 전하瀍河에 끼여 있는 지역을 점쳐 보니, 낙하와 가까우면 길하다고 나왔다. 또한 전하의 동쪽은 어떨까 하고 점쳐 보니 역시 낙하에 가깝다면 길하다는 점괘가 나왔다고 되어 있다. 이 점복에서 길하다는 결과를 얻은 곳은 바로 은·서주의 유적이 많이 발견되는 지역이다.

「낙고편」은 『상서』에서도 가장 일찍 이루어진 편 가운데 하나로 서주 초기의 상황을 상당히 정확하게 전한다고 여겨지는 편의 하나다. 이 「낙고편」과 고고학의 성과를 대조해 보면, 당시 낙읍의 중심이 어느 부근이었을지 대충 추정된다. 즉 한의 하남현성 서부에서 간하의 서안에 걸쳐 그 중심이 있었고 현재의 낙양시 부근이 그 동쪽 근교가 아니었을까 생각된다.

낙읍은 성주라고 불리며 당시 중국의 중심으로서 정치상 중요한 위치를 차지하게 되었다. 종주라고 불리는 섬서의 수도는 주왕조의 조상을 제사하는 종묘를 비롯하여 중요한 시설이 있었지만, 위치가 서쪽에 치우쳐 있어서 새로이 세력권 속으로 들어온 동방을 지배하는 데는 불편했다.

그래서 선택된 곳이 낙읍이다. 낙읍은 황하의 주요 도하 지점인 맹진孟津에 가깝고, 회하 유역으로 남하할 때의 분기점이기도 했다. 따라서 은의 옛 영토를 비롯하여 동방·남방을 지배하는 근거지로서 가장 적합한 장소였다. 성주가 갖는 이러한 의의는 서주 후기에도 지속되었고, 혜갑반兮甲盤이라는 청동제 반盤의 명문에는 여기서 징세인이 동남으로 파견되고, 또 사방으로부터 온 조세가 집적되었다는 것이 기록되어 있다. 성주는 또한 신읍新邑이라고도 불렸는데, 그 이름이야말로 신민新民(새로이 귀순한 백성)을 지배하는 것이 목적이었음을 나타내고 있다.

이 신읍이 완성되자 성왕은 그 건설을 주재한 소공석을 동방으로 보내고, 대신 주공단을 이곳에 주재하게 했다. 이는 주공이 항상 성왕을 주위에서 보좌하고 있어서, 성왕이나 그의 어머니인 왕강王姜의 신뢰를 받았기 대문일 것으로 여겨지지만, 주공 자신이 성주 낙읍의 지리적 중요성을 알고 여기에 자기 세력을 심으려 했던 것은 아닐까 생각되기도 한다. 이상과 같은 낙읍의 정치·경제의 중요성은 이후 한漢·당唐 대에도 계속되어 모두 장안의 수도 다음으로 부도副都가 이곳에 설치되었다.

이 낙읍을 둘러싼 주공과 소공의 관계는 후에 세력싸움이 되었고, 소공 또는 그의 일족이 낙읍을 장악한다. 이 동안의 역사를 기록한 자료에 대해서 살펴보자.

주공에서 소공으로─서주의 내부 세력

성왕 아니면 그의 아들인 강왕康王 무렵에 만들어진 영이令彝라고 불리는 청동기의 명문에 주공단이나 그의 아들로 여겨지는 명보明保라는 인물이, 왕의 명령을 받고 성주에서 관리들과 지방의 촌장 등을 모아 군사·재정·행정에 관한 명령을 포고하고 동시에 제후를 모아 각각의 영역에 대한 명령을 포고한 내용이 새겨져 있다. 이는 주공의 아들이 성주에서 정치의 최고 지위에 있었음을 보여준다. 그와 더불어 성주라는 새로운 도읍이 주왕조의 정치 중심이었음을 보여준다. 이때 명보를 보좌한 서기관으로서 측령夨令이 라는 인물이 있었는데, 그의 공로에 대하여 명보가 은상을 준 것을 기념하여 만든 것이 영이令彝였다.

그런데 이 측령의 아들로서 역시 서기관이었던 대大라는 인물에 이르면, 대보大保의 관官이었던 소공 혹은 그 아들을 보좌하고 무왕·성왕의 제사를 거행하여 은상을 받았다는 사실이 작책대정作冊大鼎이라고 불리는 방정方鼎에 기록되어 있다. 당시의 관직은 세습되는 것이 많았고 영이나 작책대정 모두 낙양시의 북쪽 교외인 망산忙山이라는 구릉 남쪽 기슭에서 동시에 출토되었음을 감안하면, 측령과 대 일가는 서기관으로서 낙양에 재임하고 있었음을 알 수 있다. 이 2대에 걸치는 사이에 낙읍에서 주나라 상층부에 교체가 일어난 것이다.

『사기』에는 주공단의 만년에 성왕과의 사이가 원활하지만은 않았던

작책대방정作冊大方鼎**과 명문** 높이 26.7cm

듯한 내용이 전해지고 있다. 성주에서 동방 통치에 전력을 기울이고 있던 주공은 뛰어난 인물이었던 만큼 정치 실권을 쥔 성왕이 주공에 대해 의심을 품는 것도 당연했다. 주공은 죽기에 앞서 성주에 매장되기를 원했지만, 성왕은 허락하지 않고 문왕의 묘가 있는 필畢(현재의 섬서성 함양시咸陽市의 북쪽)에 묻도록 했다.[4]

이것은 주공 일족을 성주에서 후퇴시키는 것이 되었다. 게다가 성왕은 태자(후의 강왕)의 보좌를 소공에게 명했기 때문에, 주왕조에서 소공의 발언권은 강왕 시대에도 더욱 커졌다. 이러한 사정을 배경으로 성주 낙읍의 서주 세력 내부에서 주공계에서 소공계로의 변화가 생겼다고 여겨진다.

주왕조의 안정기

주왕조는 성왕 시대에 낙읍에다 성주라고 부르는 동도東都를 건설하고, 이것을 중심으로 각지에 일족의 유력자나 공신의 중심적인 인물을 제후로 봉건하여 그 힘으로 새로이 세력권에 들어온 지방을 지배하려고 했다. 이 봉건제도에 대해서는 다음에 자세히 소개하겠지만, 이 방침은 일단 성공을 거두어 성왕과 다음의 강왕 시대에 주왕조는 전성기를 맞이하였다. 즉 40여 년에 걸쳐 형벌이 필요 없어질 만큼 천하가 잘 다스려지고 인심은 안정되었다고 『사기』「주본기周本紀」는 전하고 있다.

그러나 이 시기에도 주왕실을 중심으로 많은 종족이 동방·동남방으로

---

4) 심재훈, 「주공묘 발굴과 의의-서주 왕릉과 岐邑 소재지와 관련하여-」, 『중국고중세사연구』, 2005.

계속 진출하고 있지만 사회의 안정이란 한편으로는 정체의 시작이기도 하였다. 그리하여 소왕昭王·목왕穆王 시대에 주周 세력의 진출 정지라는 사태가 일어난다. 그 문제를 다루기 전에 주의 봉건제도[5]란 도대체 어떤 제도고, 이 제도가 당시 사회와 어떠한 관련을 갖고 있었는지 살펴보자.

4. 주周의 봉건제도

성왕 치하의 동족 봉건

옛날 무왕이 상商(은殷)을 물리치고, 성왕이 평정하고 어진 덕을 갖춘 사람을 뽑아 세워 주나라의 번병藩屛으로 삼았습니다. 따라서 주공은 왕실을 도와 천하를 바르게 하여 주왕실과의 사이도 좋았기 때문에 그 아들인 노공魯公(백금伯禽)에게는 대로大路(동성 제후에게 주는 수레), 대기大旂(교룡交龍을 그린 기旗), 하후씨夏后氏의 옥, 봉보封父의 번약繁弱이라는 활, 은의 유민이었던 여섯 씨족인 조씨條氏·서씨徐氏·소씨蕭氏·색씨索氏·장작씨長勺氏·미작씨尾勺氏를 나누어 주고, 그 본가本家의 사람들을 끌어들이고 분가分家의 사람들을 모아 연고가 먼 사람들을 거느리게 하며, 주공의 법에 따라 주의 명령을 지키고 노魯나라를 다스려 주공의 아름다운 덕을 천하에 펴 보이게 했습니다. 나아가 좋은 토지와 제관복인祭官卜人, 여러 가지 보물, 전적典籍과 백관百官, 종묘 제사의 기물器物을 나눠주고 상商의 엄민奄民을 그대로 떠맡아 다스리게 하고, '백금伯禽'이라고 이름 붙여진 임명서를 주어서 소호小皥의 옛 땅(산동성 곡부曲阜 일대)에 나라를 세우게 했습니다.

또한 강숙康叔(무왕의 아우)에게는 대로大路, 흰 소기小旂, 엷은 복사빛의 대기大旂, 대려大呂의 종鍾, 은의 백성이었던 일곱 씨족인 도씨陶氏·시씨施氏·번씨繁氏·기씨錡氏·번씨樊氏·기씨饑氏·종규씨終葵氏를 나누어주고, 영지의 경계는 위衛의 북쪽 경계인 무보武父에서부터 정鄭의 포전圃田의 북쪽 경계까지 정했습니다. 유염有閻이라는 땅을 주어 강숙이 낙읍의 왕에게 문안드리러 올 때 숙박지로 삼게 하고, 상토相土(은의 옛 왕)의 동도東都를 주어 왕이 동방을 순수할 때 사용하게 했습니다. 담계聃季가 토지를 주고, 도숙陶叔이 백성을

---

5) 이춘식, 「서주(西周) 종법(宗法)봉건제도의 기원문제」, 『동양사학연구』 26, 1987 ; 박선희, 「주의 봉건과 군현의 출현」, 『인문과학연구』(상명대학교) 5, 1996.

주고, '강고康誥'라는 임명서를 주고, 은의 옛 땅에 나라를 세우게 했습니다. 노魯와 위衛도 본래 은의 정치방식으로 다스리고 토지의 경계는 주의 척도로 된 밧줄을 사용했습니다.

또한 당숙唐叔(성왕의 아우)에게는 대로大路, 밀수국密須國의 고鼓(북), 궐공闕鞏이라는 갑옷, 고세沽洗라는 종鐘, 회성懷姓의 아홉 씨족과 다섯 사람의 장관長官을 나누어주고, '당고唐誥'라는 임명서를 주어 하夏왕조의 옛 땅에 나라를 세우게 했습니다. 당숙은 하왕조의 정치방식으로 다스리고, 토지의 경계는 원주민인 융戎의 척도로 된 밧줄을 사용했습니다.

이 세 사람은 모두 왕의 아우지만 훌륭한 덕을 가지고 있었기 때문에 물건을 나누어주고, 그 덕을 사람들에게 알렸던 것입니다. 그렇지 않으면 문왕·무왕·성왕·강왕의 형에 해당하는 사람도 아직 많이 있는데, 분봉에 참여하지 못한 것은 나이의 많고 적음을 그다지 중시하지 않았기 때문입니다. (『춘추좌씨전春秋左氏傳』 정공定公 4년)

여기서 인용한 것은 춘추시대 위나라의 현자賢者인 축타祝佗가 말한 내용이다. 서주 초기에는 많은 주의 동족이 봉건되었지만, 그 가운데서도 대표적인 세 나라를 봉건한 사정을 설명하고 있다.

토지와 인민의 지배

이 세 제후국의 봉건에는 공통점도 있고 독특한 점도 있지만, 우선 주목되는 것은 어느 경우나 대로大路라는 수레를 비롯하여 깃발이나 악기 등이 주어졌다는 사실이다. 이것들은 신분과 왕의 은총을 상징하는 것이었다. 은나라 백성이나 회성懷姓의 아홉 종족은 그 제후에게 봉사하는 사람들이다.

그러나 그 이상으로 봉건제도에서 중요한 것은, 토지와 백성을 주고 그것을 지배하는 것이다. 토지에 관해 자세한 것으로는 위나라 강숙의 이야기로, 무보武父에서 남쪽, 정鄭나라 포전圃田의 북쪽 경계까지로 되어 있다. 무보는 현재 하북성 대명현大名縣 북쪽에 해당하는 지역이라 하고,

포전은 황하의 남쪽, 현재 하남성 중모현中牟縣의 서북지역이라고 한다. 안양安陽에서 하남성 급현汲縣 일대에 걸친 은의 중심부를 포함하는 은의 옛 영지가 위나라의 영토였다. 이러한 지역범위의 제시는, 남북은 나타나 있지만 동서는 나타나 있지 않아 얼핏 명확하지 않은 것 같지만, 서주시대의 청동기 명문에도 같은 표현방법이 채택되고 있기 때문에 당시 사람들에게 는 이것으로 충분했을 것이다.

노魯의 경우에는 단지 좋은 토지라고만 이야기되고 있을 뿐이고, 상商의 엄민奄民을 그대로 맡아 다스리게 했다고 한다. 노나라가 세워졌던 현재의 산동성 곡부曲阜는 당시는 변경이어서 상세한 것은 알 수 없었던 듯하다. 다른 한편으로는 이야기를 하고 있는 축타가 위나라 사람이었기 때문에 노나라 사정을 상세히 알지 못했던 것이다. 엄奄은 노나라가 있었던 산동성 곡부 일대의 옛 이름이다. 위나라에는 이러한 기록이 없지만 토지가 지정되 어 있기 때문에 그 토지에 사는 농민은 당연히 통치 대상이 되었던 것이다.

당시는 촌락과 주민이 하나로 묶여 있었기 때문에 촌락과 주민 중 어느 한 쪽을 가리키면 그것으로 양자가 분명해졌다. 그 증거로 위나라의 경우 담계가 토지를 주고 도숙이 인민을 주었다고 이야기하고 있는데, 이것으로 토지와 인민에 대한 지배를 명받았음을 알 수 있다. 단 이 토지와 인민을 받았다는 것은 임명식 때 토지대장과 호적기록부를 받았다는 뜻이다. 지금으로부터 3000년 전에도 토지에 대해서는 상당히 상세한 조사가 이루 어지고 있었다. 그 점에서 위와 노는 큰 차이가 있어, 노와 같은 변경지역에서 는 정확한 조사가 없었고 막연히 엄의 백성이라는 표현으로 전해진 것으로 보인다.

위나라의 토지는 어쨌든 은대에 중심으로서 가장 일찍 개척된 토지였기 때문에 자세한 대장臺帳을 만들 수 있었을 것이다. 이러한 토지나 인민의 문제가 당숙唐叔(후의 진晉나라)의 경우 아무것도 남아 있지 않은 것은, 진晉나라 가 산서성의 황토대지상에 있어서 융이라고 불리는 이민족에게 둘러싸여 있었기 때문에 주왕조나 다른 제후와의 교섭도 단절되기 쉬웠기 때문일 것이다.

이 진나라의 초대 당숙이 봉해진 땅인 당唐은 현재의 산서성 태원시太原市 근처로 전해지고 있다. 당이 태원에 있었다고 하는 설에 대해서는 의문점이 있기는 하지만 적어도 처음 봉해진 지역은 여기였다고 생각할 수는 있다. 다만 2대째인 섭變은 당후唐侯가 아닌 진후晉侯라고 불리고 있어서 이때에는 이미 당을 떠나 남천하여 진晉 즉 현재의 산서성 익성현翼城縣에서 곡옥曲沃 부근에 걸친 지역으로 천도하였을 것이다.

근년에 이 일대에 대한 발굴조사가 이루어졌는데 3대 무후武侯에서 11대 문후文侯까지의 8명의 제후와 그 부인의 묘로 추정되는 대묘가 발견되었다. 당唐에서 진晉으로의 남천은 융의 압박 때문이었을 것이다. 2대 진후인 섭의 것으로 생각되는 묘가 없다는 것은 남천 도중에 없어졌거나 다른 곳에 매장되었을 가능성도 있다.[6]

의후宜侯의 봉건

어느 것이든 이러한 이야기는 전설에 불과하며 후세에 만들어진 것일지 도 모른다. 따라서 이 이야기대로 당시의 봉건제도를 재현하는 것도 쓸질없 는 일로 생각될 것이다. 그러나 이 이야기를 설명할 근거가 있다. 그것은 중화인민공화국 성립 후인 1954년 6월 강소성 남경 부근의 단도현丹徒縣 연돈산煙墩山에서 10개의 청동기와 함께 발견된 의후측궤宜侯矢簋의 명문이 다. 내용은 다음과 같다.

시절은 4월, 날은 정미丁未일. 주왕은 무왕·성왕이 정벌하신 상商(은殷)의 판도를 시찰하시고 나아가 동국東國의 판도를 시찰하고 계셨다. (그 도중에)

---

6) 진(晉) 봉건과 발전에 대해서는 심재훈의 연구가 있다. ① 심재훈, 「상말 주초 산서성의 세력판도를 통해 본 진국 봉건의 새로운 이해」, 『동양사학연구』 66, 1999 ; ② 심재훈, 「진후소 편종 명문과 서주 후기 진국의 발전」, 『중국사연구』 10, 2000 ; ③ 심재훈, 「융생편종(戎生編鐘) 과 진강정(晉姜鼎) 명문(銘文) 및 그 역사적 의의」, 『동양사학연구』 87, 2004.

의후측궤와 명문 단도현丹
徒縣 출토

왕은 의宜의 어떤 사祉에서 남쪽을 향하고 계셨다. 왕은 건후虔侯(건虔이라는 지역의 제후)였던 측夨에게 명하여 다음과 같이 말씀하셨다. "측夨아, 의宜의 제후가 되어라. 향료주 1유卣(향료주를 넣은 청동기), 상商에서부터 전해온 력鬲 하나, 붉은 칠을 한 활 하나, 붉은 칠을 한 화살 100개, 검은 칠을 한 활 10개, 검은 칠을 한 화살 1,000개를 줄 것이다. 토지를 주겠다. 그 토지의 하천은 300여 갈래, 그 □은 120, 그 읍邑은 35, 그 □은 130이 있다. 또한 의宜에 사는 왕과 동족 17집단을 주겠다. 정鄭 땅의 7토호를 주겠다. 그 종자從者 1,050명(부夫)과 의宜에 본래 거주하고 있던 서민 616명(부夫)을 주겠다." 의후인 측夨은 왕의 은총을 사람들에게 알리고 건虔의 선군이었던 아버지 정공丁公을 위해 제기祭器를 만들었다.

이 청동기는 발견될 당시 파손되어 있었기 때문에 문자를 해독할 수 없게 된 부분이 몇 군데 있다. □표를 한 곳이 그런 부분이다. 이 문장에 의하면 의宜의 제후가 되라고 하는 말에 의해 측夨이 의후로 칭해지는 것을 허락받았음을 알 수 있다. 따라서 건후虔侯인 측은 글 끝부분에서는 의후라고 스스로 칭하게 된다. 그러나 아버지는 결코 의공宜公(의宜의 선군先君)이라 부를 수 없으며, 왕명을 받은 측에서부터 비로소 가능했다. 그리고 그 상징인 술 담는 청동기나 활·화살, 토지와 인민을 받는데, 자세히 분류하여 한사람 한사람 수까지 헤아리고 있다.

이 명문에서 말하는 의宜라는 땅이 어느 부근인지는 전혀 알 수 없지만, 이처럼 상황이 잘 파악되고 있었다는 것은 정확한 토지대장과 호적이 만들어져 있었음을 보여준다.

수탈을 위한 상세한 토지·인민 조사

그렇다면 왜 그렇게 상세하게 현지 상황을 파악할 필요가 있었을까? 그것은 말할 것도 없이 농민에게서 조세를 걷기 위해서였다. 이 장의 서두에서 언급했듯이 주왕실은 옛날부터 곡물 생산에 지대한 관심을 가지고 있었다.『춘추좌씨전』에는 주와 동족 제후는 50남짓 되었다고 전해지고 있다. 그들의 소재지가 대부분 고대의 주요 농업생산지였음을 생각해보더라도 그 봉건제도가 농업생산을 기초로 해서 이루어지고 있었음을 알 수 있다. 이에 각 토지의 사정을 가능한 한 잘 파악해 둘 필요가 있었던 것이다.

토지의 조사·관리는 사토司土, 인민의 호적은 사공司工이라는 관리가 담당하였다. 후에 사토司土는 사도司徒, 사공司工은 사공司空으로 쓰게 되었는데, 이때에는 주의 봉건제도가 붕괴되어 본래의 목적이나 임무를 알 수 없게 되어버렸다. 어떻든 토지와 인민을 통치하여 곡물을 징수하는 것이 중요했다. 따라서 노魯나 위衛에 대해서는 본래의 은의 통치방식으로 다스리고, 토지의 경계에 대해서 주의 척도로 쓰이는 밧줄을 사용하라는 것까지 지정되어 있었던 것이다. 토지의 경계에 대해서 주의 척도로 된 밧줄을 사용하라고 한 것은, 주의 척도에 의해 다시 한 번 토지를 측량하여 면적을 새로이 산출하라는 뜻일 것이다.

인민의 통치에 대해서는 본래 은대의 관습을 인정했지만, 토지에 대해서는 주에서 종래 해오던 대로 자신들에게 편리한 조세징수를 실시하였다. 은대에도 경제의 기본이 된 것은 물론 농업이었지만, 주대처럼 조직적으로 농업생산을 이용하여 조세를 징수했는지의 여부는 자료가 남아 있지 않아 설명할 수 없다.

무엇보다 서주 초에 토지와 인민에 대한 조사가 가능했다는 것은, 그 토대가 되는 것이 이미 은대에도 있었음을 암시한다. 물론 각지에 존재하던 소국小國마다 이러한 조사자료가 있었고, 그 나라의 왕족이나 귀족은 이

자료를 토대로 농민을 수탈하고 있었을 것이지만, 은 왕조는 자신이 직접 조직적으로 여러 나라의 토지나 인민을 장악하려고 하지는 않았던 것이 아닐까? 거기에 주왕조의 새로운 정치방침이 있었던 것이다.

정전제井田制

그러나 주의 경우에는 구체적으로 어떠한 토지제도가 시행되었는지 분명치 않다. 전국시대의 학자인 맹자孟子는 주의 제도로서 정전제[7]라는 것이 있었다고 이야기하고 있다. 정전제란 900무畝의 정사각형 토지를 정#자형 두렁으로 9등분해서 주위의 8구획을 8호의 농가가 각각 100무씩 경작하고, 중앙의 100무는 8호가 공동 경작하여 그 수확을 8호의 조세로서 나라에 바치는 것이다.

모든 지역에서 이렇게 정확한 형태로 실행되었다고는 보기 어렵지만, 청동기 명문에서 1전田, 2전, 5전 등으로 계산되고 있는 것으로 보아 어느 정도 규모의 표준은 있었던 것으로 보인다. 따라서 토지의 경계를 정할 때는 주가 척도로 삼은 밧줄의 길이를 표준으로 사용하는 것이 노나라와 위나라의 봉건에서 이야기되고 있는 것이다.

그런데 이 봉건제도는 새롭게 지배 하에 들어온 토지를 더욱 용이하게 통치하기 위해서 취해진 방책만은 아니다. 그 밖의 몇몇 기능도 서주왕조에 대하여 수행되고 있었다.

봉건제도의 여러 기능

그 하나는 다음에서 서술할 것처럼 군사상·교통상의 요충을 확보하는 것이고, 두 번째는 동족 인물을 제후로 삼아 독립된 생활을 유지하게 하고 그것으로 왕실에 봉사하게 하는 것이었다. 처음에 인용한 『춘추좌씨전』의 내용을 보아도 노나라에 대해서는 주의 명령을 지키라고 이야기하고,

---

7) 이성규, 「정전제(井田制) 연구의 제문제」, 『동양사학연구』21, 1985.

위나라에 대해서는 강숙이 왕에게 문안을 드리러 오는 것이나 왕의 순수巡狩에 대해 접대할 것 등을 명령하고 있다. 왕에 대한 문안에는 그에 따른 공물貢物이 있기 마련이고, 때로는 왕이 지내는 제사나 행사에 대한 참가나 역할 분담이 주어졌을 것이다. 왕의 동방 순수 때는 왕을 비롯해 그가 이끄는 군대의 숙박 등도 부담할 의무가 있었을 것으로 생각된다. 따라서 그 목적에 따른 토지도 따로 주어져 있었다.

유염有閻은 현재의 낙양에 가까운 장소였다고 한다. 위후衛侯가 낙양의 성주로 올라갈 때는 그 지역이 숙박지가 되었던 듯하고, 성주에서 장안에 있는 종주까지 간 경우도 있을 것이다. 앞서 인용한 영이令彝의 명문처럼 성주에서 여러 관리와 제후가 참석하여 큰 모임이 열리면, 위후衛侯는 당연히 출석해야 했다.

또한 위나라의 수도에 가까웠던 현재의 하남성 준현濬縣 신촌辛村에서 발굴된 목준虞尊이라는 청동기 명문에는 위후가 종주에 참관한 것이 기록되어 있고, 같은 신촌의 다른 묘로부터는 '성주成周'라는 두 글씨를 기록한 과戈가 발견되었기 때문에 위나라에는 성주의 경비를 번갈아 가며 맡고 있던 군인이 있었다고 생각할 수 있을 것이다. 노나라도 성주에 대한 근로에 참가할 때를 위해서 허전許田이라는 토지가 부여되었다는 것이 『춘추좌씨전』의 다른 항목에 쓰여 있다. 이러한 토지가 있었기 때문에 제후나 그 가신들은 먼 영지로부터 물자를 운반할 필요 없이 성주에 머물 수 있었다.

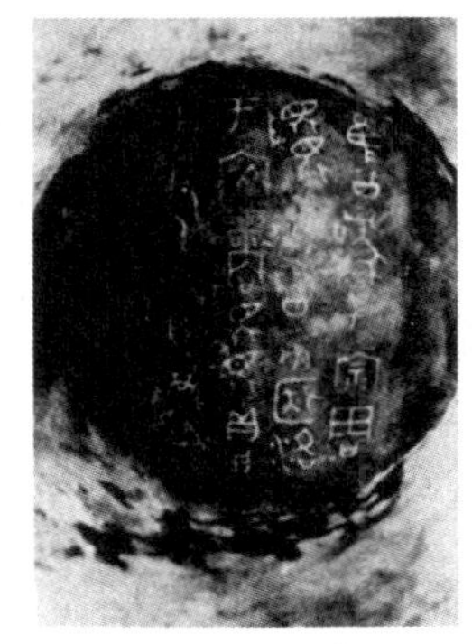

목준과 명문 서주 전기. 준현 신촌 출토, 높이 22.85cm. 명문의 첫 줄에 종주에 바쳤다는 것이 기록되어 있다.

주실周室과 동성 · 이성 · 토호土豪 제후의 관계

이같이 동성同姓 제후는 왕실에 대하여 의무를 지고 있었다. 왕실과 동성 제후 사이에는 같은 조상의 피를 나누었다고 하는 동족의식이 강조되어 왕실을 본가로 하고 제후를 분가로 삼는 연대가 이야기되었다. 왕실 제사에 제후가 참가한 것도 그러한 동족의 연대의식을 항상 새롭게 하는 것이 목적이었다.

제후는 정치적 구성에서는 왕과 다름이 없고, 규모에 차이가 있었을 뿐이다. 따라서 주왕은 한편으로는 제후에 대한 임명권을 가짐으로써 제후를 통솔하고, 다른 한편으로는 동족의식을 강조하여 제후와의 사이를 친밀하게 유지하려 했다. 이성異姓 제후에 대해서도 각종 의무가 부과되어 있었을 것이며, 왕실과 제후 사이의 혼인 등의 관계를 통하여 긴밀화를 꾀했다.

재지在地 토호제후

인두공극人頭銎戟
서주 조기早期

이들 동성이나 이성 제후는 주왕실로부터 새 영지에 봉건되어 그 토지로 이동했지만, 때로는 주에 복속된 재지 토호에게 본 영토의 토지소유권을 인정해 줌으로써 제후로 인정한 경우도 있었다. 예를 들면 송대宋代(1118년)에 현재의 호북성 효감현孝感縣에서 출토된 중정中鼎이라는 청동기 명문이 전해지는데, 그에 따르면 왕은 "중中이여, 너는 력지裏地의 사람인데, 주왕실에 와서 벼슬하여 무왕으로부터 은상을 받아 왕실의 신하가 되었다. 지금 서기관인 형兄(사람 이름)에게 명하여 너에게 력裏의 토지를 환부還附시켜 너의 채읍으로 삼게 한다"는 명령을 내리고 있다.

중中이라는 인물은, 함께 출토된 청동기 명문에 의하면 일족으로 편성된 군단의 통령統領으로 활약하고 있어 력䣕이라는 땅의 토호였음을 알 수 있다. 서주왕조에 의한 봉건은 이러한 재지 토호를 토지소유권의 인정이라는 형식을 통하여 제후로 인정한 것이 동성 등의 새로운 제후보다 많았을 것이다.

그러나 동성 등의 제후는 요충지에, 그것도 그 지역의 재지 토호인 소제후를 통괄하는 사람으로서 봉건되었다. 그에 비해 이성 제후,[8] 예를 들면 그 중에서도 왕실과 관계가 깊고 유력했던 태공망太公望은 아주 먼 지방인 제齊에 봉건되었다. 제에서 성주成周 사이에는 노나라와 위나라를 비롯하여 강력한 동성 제후가 배치되어 교통로를 장악하고 있었다는 점을 간과해서는 안 된다. 이 점에 대해서는 다음 장에서 더 자세히 살펴브겠다.

---

8) 김정열, 「서주의 이성제후 봉건에 대하여－서주 지배체제의 일면－」, 『동양사학연구』 77, 2002.

제8장 주왕조의 몰락

1. 소왕昭王과 목왕穆王

고대중국을 남북으로 나누는 회하淮河

다음의 지도에서 까만 점으로 표시한 것이 주와 동성 제후의 위치다. 이 점을 연결해 보면, 몇 개의 선이 종주宗周에서 지방으로 뻗어나가 있음을 알 수 있다.

우선 첫째는 산서성 분하汾河 유역, 둘째는 기원전 602년 이전의 황하와 태항산맥에 끼어 있는 하남성·하북성 내부를 북상하는 선, 셋째는 종주에서 동쪽으로 황하 남쪽을 따라 산동성에 있던 노魯나 등滕 에 이르는 선, 넷째는 성주에서 동남방으로 영하潁河·여하汝河 유역에 이르는 선이다. 그리고 다섯째는 회하 상류에서 서방으로 뻗어나가는 분포를 가진 선이다.

이 최후의 선은 서안에서 한수漢水 유역으로 남하한 것인지, 여하汝河 유역에서 서진한 것인지 분명치 않지만, 이 동서로 뻗은 선을 따라 주의 제후가 배치되었다는 점은 흥미롭다. 일본 동양사학의 개척자 가운데 한 사람이었던 구와바라 지쓰조桑原隲藏 박사는 이 회하라는 동서선이 중국을 남북으로 나누고, 이 남과 북이 자연조건·경제·문화 등 모든 점에서 분명한 차이가 있음을 지적했다. 이러한 지적은 후세의 자료에 기초해서 이루어진 것이지만 이 문제는 고대에서도 간과할 수 없는 것이다.

신석기시대에 대해 언급하면서 한수 하류 유역에 굴가령문화, 회하 하류 동해안 일대로부터 장강 남쪽에 걸쳐 대문구문화 남부지역과 마가빈

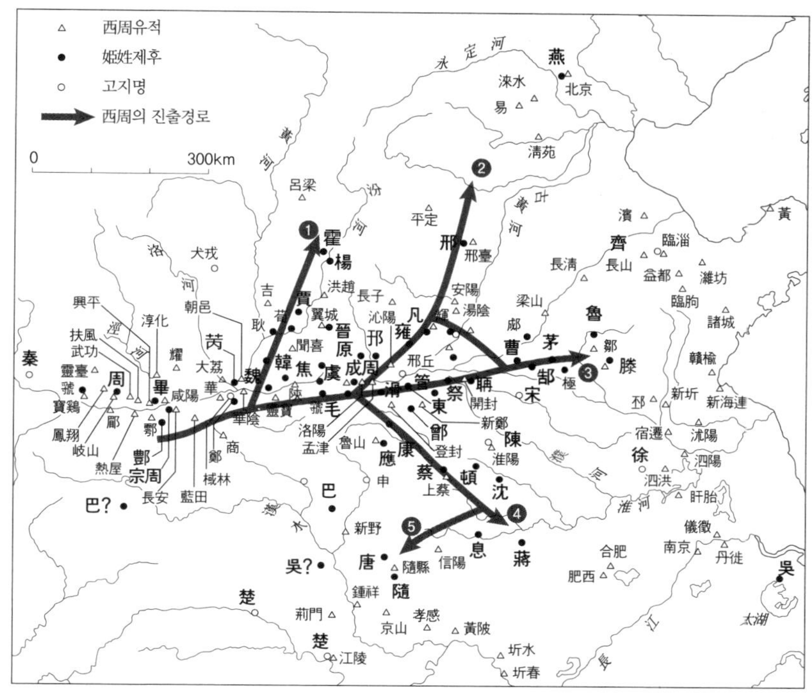

서주의 유적 분포도

문화가 있었다고 지적하였는데 이들은 모두 벼농사 사회였다. 이 점에서 황하 유역의 수수·조 경작과는 현저한 차이가 있었다. 또한 한수의 지류인 백하白河에 연해 있는 현재의 하남성 남양시南陽市 부근은, 서주 말기 쇠퇴하던 주왕조 세력권의 남쪽 한계다. 동시에 이 부근은 춘추시대에는 남방 초나라의 북쪽 한계이기도 했다. 따라서 회하의 선, 즉 북위 33도선을 낀 일대는 자연적으로 형성된 남북의 접양지대라고 할 수 있고, 장蔣·식息·당唐·수隨와 같은 주의 동성 제후는 남하한 서주 중심세력의 남쪽 끝이라고 할 수 있다.

은대의 군사적 진출, 예를 들면 제을·제신 시대의 동남 정벌도 대체로 회하를 한계선으로 하였다고 생각한다. 따라서 고대에서도 회하의 선이 남북을 나누는 하나의 선이었다고 할 수 있지만, 이 문제에 대해서는 뒤에서 언급하기로 하고 북방으로 되돌아가 보자.

언후우匽侯盂 능원凌源 출토
언후지정匽侯旨鼎의 명문

동진東進, 그리고 봉건

첫째의 분하 유역과 두 번째의 태항산맥 동쪽 선을 보면, 그 선에 겹쳐지듯이 은·주 문화 유적의 발견지를 연결하는 선이 통과하고 있다. 이것은 은·주 문화가 퍼져가는 경로에 주의 제후가 배치되고 있었음을 보여준다. 즉 고대의 교통로에 이들 제후가 존재했다는 것을 보여주고 있다. 특히 두 번째 선의 경우 그것이 명료하다. 첫 번째 선에 대해서는 춘추시대 무렵까지도 눈에 띤다.

동쪽에서 태항산맥을 넘어 산서대지로 들어간 것으로 보이는 문화유적은 매우 적은 것에 비해 그 동쪽 기슭으로 북상했다고 여겨지는 문화유적이 많은 것은, 은이 안양으로 천도했을 때 서방 산서대지의 산융山戎과의 싸움이 큰 과제였고, 그 대립이 서주시대에도 이어졌음을 보여주는 것으로 생각된다.[1] 따라서 주의 동성 제후는 산융과의 싸움을 차라리 피하기 위해 북진한 것이다. 그 최북단에 위치한 연燕은 주 초의 공신인 소공석이 봉해진 지역으로 전해지고 있으며 현재의 북경 부근이다.

이 연의 봉건[2]은 『사기』에는 무왕 때의 일처럼 쓰여 있지만, 사실은 성왕이나 강왕 초년이었고 그것도 소공석을 직접 봉한 것이 아니라 그의

---

1) 융(戎)에 대한 연구는 다음 참조. 심재훈, 「周書의 "戎殷"과 西周 금문의 戎」, 『동양사학연구』, 2005.

2) 연국의 봉건에 대해서는 다음을 참조. 배진영, 「서주 전기 연국의 성립과 희연(姬燕) 문화의 형성」, 『동양사학연구』 73, 2001. 이 밖에 연국에 관해서는 다음 연구 참조. 배진영, 「서주시기 북경지역 정치체-주초 중원 세력의 북경 진입과 충돌-」, 『중국사연구』, 2008 ; 배진영, 「갑골-금문으로 본 상대 북경지역 정치체」, 『중국사연구』, 2007 ; 배진영, 「고대 북경과 연문화」, 학술정보, 2009.

일족 가운데 한 사람을 봉한 것이었다. 연의 계보는 『사기』에도 석奭 이후 9대 동안은 불분명하며 전승이 빠져 있다. 그래서 연나라가 현재의 북경 부근에 있었다는 이야기가 의문시되어 왔으나 최근 북경시 서남 교외의 유리하진琉璃河鎭이 발굴되면서 서주 초기에 건설되었다고 생각되는 성곽과 묘, 수혈 등이 발견되었다. 유물 중에는 명문을 수반한 청동기가 여럿 있었는데, 그 가운데 하나인 여정䘏鼎 명문에 의하면 여䘏는 언후匽侯(금문金文에서는 연燕은 언匽이라고 쓴다)의 명을 받아 종주에 있는 대보大保(관직명)인 소공석에게 연의 토산품(식료품으로 추정)을 상납하고 대보로부터 상으로 보패寶貝를 하사받았다고 기록되어 있다.

또 하북성 역현易縣 지역에서 언후지匽侯旨라는 사람의 청동기가 발견되었다. 그 청동기는 서주 전기(무왕·성왕·강왕 무렵)의 것이기 때문에 이 인물은 소공석과 매우 가까운 인물이었음을 알 수 있다. 또 근래 요령성 능원현淩源縣에서도 '언후匽侯'라는 명문이 있는 같은 시기의 청동기가 발견되었기 때문에, 성왕에서 강왕에 걸친 시기에 소공 일족이 북경 일대까지 진출했음을 알 수 있다.

더욱이 주의할 점은 유리하진 유적에서 출토된 청동제 무기 가운데에는 감숙 동부에서 남쪽의 섬서 서부·사천 북부에 걸친 지역에서 다수 출토되는 것과 같은 것들이 포함되어 있었다는 사실이다. 연후(언후)에 따르면 북정北征한 군대에는 서주 정권의 배후지인 감숙·섬서·사천 지구 출신자가 포함되어 있었다. 무왕이 은을 토벌했을 때의 동정군 중에도 주의 서쪽, 서남 지역의 몇 종족이 참가하였다는 전승이 내려오고 있다. 그 중 하나인 미微라는 지역의 토호는 그 공을 인정받아 무왕으로부터 주원에 봉지를 수여받고 그 후 서주 말까지 귀족으로 존속하였다는 사실을 주원에서 출토된 많은 청동기 명문을 통해 증명할 수 있다. 이 동방 진출은 단순한 군사행동이라기보다는 민족이동과 같은 양상을 띠고 있었던 것이다.

더구나 재미있는 것은 이 언후 일족이 북방으로 향하기에 앞서 주공단의

아들인 백금伯禽이 봉해진 노나라 일대를 한때 점거하였다는 점이다. 아마
주의 세력이 동진함에 따라 성왕 초년의 동방 정벌에서 소공 일족이 당시
엄奄으로 불리던 노나라 일대로까지 나아가 은의 잔존세력을 진압하자,
거기에서 더 북방으로 파견되어 그 지역에 백금이 봉건되었을 것이다.
이 노나라도 처음부터 산동성 곡부에 건국된 것이 아니고, 그에 앞서
하남성 중부, 현재의 노산현魯山縣 가까이에 있다가 후에 산동으로 옮겼고,
노산에서는 무왕의 아들이 봉해져 '응국應國'을 세웠다.

이러한 상황은 현재의 하북성 형대현邢臺縣에 있던 형邢나라에 대해서도
이야기할 수 있다. 이 나라는 처음에는 섬서성 화현華縣의 동쪽 역림棫林이라
고 불린 지역에 있었으나, 후에 일족의 일부만 남기고 동쪽으로 옮겨나가서
하남성 온현溫縣 부근의 형구邢丘에 한때 머무르다 형대邢臺에 나라를 세웠다.

이러한 이동은 서주의 봉건이 한 시기에 완성된 것이 아니라 서주의
동진에 따라 이루어졌음을 보여주는 동시에, 군사상의 필요에서 교통의
요충을 확보하면서 이루어졌음을 나타내고 있다. 그러나 연나라와 같이
매우 멀리 진출한 여러 나라들은 중앙과의 관계가 끊기고 이민족 속에
매몰되어 버렸기 때문에 여러 전승도 사라져 버렸다.

계획적인 하나의 군사행동

다음으로 제3선과 제4선에 대해서 보면, 이 두 개의 선에 낀 삼각형
지역은 서徐라고 불리는 족속을 중심으로 한 동이東夷·회이淮夷 같은 이민족
세력이 강했던 지역으로, 본래는 은과의 관계도 긴밀한 지역이었다.

은 말기에는 이 지역에 살던 인방人方으로 불리는 집단과 대립하게 되고
결국은 그것이 은의 종말을 초래하게 되지만, 이 지역에서는 주의 동성
제후는 보이지 않는다. 오히려 그 바깥을 둘러싼 형태로 동성 제후가
배치되어 있다. 이것은 이夷라고 불리는 이민족이 중앙으로 진출하지 못하
도록 억누르기 위한 것으로 여겨진다. 유적의 분포를 보아도 이 삼각형

안에 은의 유적은 보이지만 서주 유적은 그
동쪽 변경을 남하하는 형태로 분포하여 내부
에 들어가 있지 않은 것도 위와 같은 사정을
말해주고 있다.

더구나 제3선, 제4선의 정점에 가까운 안쪽
에 송宋과 진陳이라는 두 개의 이성 제후국이
있었다는 점에도 주의할 필요가 있다. 송은
은 제신(주왕)의 서형인 미자를 봉건한 나라고

시굉兒觥 단도현丹徒縣 출토, 서주시대, 높이 21cm

진은 전설적인 제순帝舜의 후예를 주가 봉건한 나라라고 전해지고 있다.
그러나 두 나라 모두 주가 직접 접촉을 원하지 않는 이민족과의 완충지역에
봉건되었다고 하는 것은 앞서 언급한 제齊의 위치와 아울러 고려해 보면,
주가 유력한 이성 제후를 어떻게 이용하려 했는지를 알 수 있다.

따라서 서주왕조가 시행한 봉건제도는 그 동방 진출에 따라, 순차대로
계획적으로 이루어진 하나의 군사행동이기도 했음을 알 수 있다. 앞서
인용한 의후측궤의 측矢이 건虔에서 의宜로 옮겼던 것도 주왕의 시찰 결과
군사통치의 필요에 의해 이루어진 것으로 여겨진다.

회하 이남으로의 진출과 정지

그런데 지도를 보면 회하의 바깥(남쪽)에서 장강 유역을 따라 서주 시대
유적들이 많이 있다. 그리고 이들 유적은 목왕 무렵의 것이 많다. 이는
서주 세력의 동남 진출이 목왕 무렵까지 계속 이루어지고 있었다는 것을
말해준다. 예를 들면, 지금 언급한 의후측궤 그 자체는 강왕 무렵의 것으로
여겨지지만 그와 동시에 출토된 것은 목왕 시대의 형식을 가진 청동기다.
더구나 이것이 장안 부근에서 발견된 목왕 시기 청동기와 형식이 같다고
하는 것은, 단도현에서 발견된 묘에 매장되었던 인물이 목왕 시대에 종주의
도읍과 연락을 취하고 있었음을 보여준다.

이에 비해 안휘성 둔계시屯溪市나 호북성 기춘圻春 등의 유적은 한편으로는 중앙의 목왕 시기를 나타내는 유물을 포함하면서, 또 한편으로는 중앙과 이질적인 남방적인 유물도 많이 있기 때문에 토착문화와의 융합이 이루어지고 있었음을 알 수 있다. 더구나 이러한 남방 유적 출토물은 목왕 무렵을 경계로 중앙과의 관계가 단절되는데, 다시 중앙 문화와의 관련이 분명히 나타나는 것은 서주 말까지 기다려야만 한다. 이러한 점은 보다 중요한 역사적 의미를 가지고 있다.

서주 세력은 목왕 무렵까지 동남으로 계속 진출하지만 그 무렵부터 무슨 이유에서인지 진출을 멈추고, 남방으로 향한 사람들은 토착문화와 융합하기 시작하더니 점차 토착문화에 매몰되어 갔다. 그와 동시에 중앙으로부터의 연락은 두절되었음을 보여주고 있다. 거기에는 당연히 이유가 있었지만 그것은 나중에 다시 이야기하기로 하자. 장강 유역의 서주 세력이 점차 소멸되어 간 것은, 회하 이남지역이 서주 사람들과는 본래부터 생활환경을 달리하는 지역이어서 오랫동안 견뎌내지 못하고 쇠약해져 원주민에게 흡수되어 버린 것이라 생각된다. 그러나 이 지역의 토착문화의 성격, 서주문화가 끼쳤을 영향 등은 현재까지의 연구에서는 아직 밝혀져 있지 않다.

소왕의 남정南征과 목왕의 북서北西 진출

그런데『사기』에는 강왕을 이은 소왕에 대하여 "소왕은 남방을 순시했으나 수도로 돌아가지 못하고 한수漢水에서 죽었다"고 하고 있다. 과연 정말 한수에서 죽었는가, 죽었다면 한수의 어느 부근인가라고 하는 물음에 대해서는 답할 수 없지만, 소왕이 남정南征을 한 것은 사실이다. 소왕의 손자인 공왕共王 때에 만들어진 장반墻盤이라는 청동기의 명문은 문왕부터 공왕까지 일곱 왕의 중요한 사적을 열거하고 그 중에 소왕이 남쪽의 강국인 초를 제어하고 남쪽으로 적극적으로 진출하였다고 기록하고 있다. 또한 종주종宗周鐘이라고 부르는 악기의 명문에도 분명히 다음과 같이 기록되어 있다.

즉 종의 명문에 따르면 문왕·무왕이 손에 넣었던 영역에 남방의 복<rb>이라는 나라가 침입하였기 때문에 소왕이 그 나라를 쳐서 수도까지 공격해 들어갔다. 복<rb>의 수령이 항복하고 소왕을 맞이하였는데 그때 남이南夷, 동이東夷 26국의 수령이 함께 와서 소왕을 배알했다고 한다. 이 종주종을 만든

종주종宗周鐘과 명문

호후獄侯라는 사람은 주왕실 출신의 소제후로서 소왕의 승리를 기념하기 위해 이 종을 만들었다. 이로 미루어 보면, 소왕이 직접 남방으로 진출한 것은 사실이다. 서주 유적의 분포를 보더라도 소왕 시대에도 서주의 진출은 계속되고 있었음을 알 수 있다.

그러나 앞서도 이야기한 것처럼 소왕이 한수에서 죽었다는 이야기가 전해진다는 점에 주의해야 한다. 물론 이 죽음이 사실인지 여부는 매우 의문이지만, 이러한 이야기가 『춘추좌씨전』이나 그 밖의 책에도 여러 가지로 변형되어 전해졌다는 것은, 이 소왕 시기에 남방 주민의 반격이 점차 강해져 주 세력의 남진이 둔화되기 시작했다는 일반적인 정세를 반영한 것이 아닐까 생각된다. 다음 왕인 목왕 시대에 주 세력의 남진이 멈추게 되는 징조가 소왕 시대에 시작되고 있었던 것이다.

다음의 목왕은 방향을 바꾸어 그 예봉을 서북으로 돌려 견융으로 불리는, 당시 섬서성에서 감숙성에 걸쳐 있었던 이민족을 정벌했다고 한다. 이때 목왕의 중신重臣이었던 제공祭公이라는 인물이 "왕 되는 사람은 덕에 의해 사방을 따르게 할 수 있는 자이니 군사를 동원하는 것은 잘못이다. 하물며 견융은 지금까지 주의 덕을 따라 조공하고 있었기 때문에 이를 정벌해서는 안 된다"고 간언했다. 그러나 목왕은 그 말을 듣지 않고 마침내 견융을 정벌했다. 그 이후 제후 가운데는 주를 따르지 않는 자가 나타났다고

한다.

목왕과 신녀神女 서왕모西王母

처음 이야기했듯이 목왕 시대에도 동남으로의 진출이 끊임없이 이루어
지고 있었음을 고려하면 제공이 말한 것처럼 덕치주의가 정치이념으로서
이 시대에 제창되었을지는 의문이지만, 동남 진출이 둔화된 것은 도리어
사람들에게 서북 진출을 생각하게 했을지도 모른다. 아니면 서북의 견융이
주에서 떨어져 나가기 시작한 것이 주나라 사람들에게 남방에 대한 경계심
을 잃게 했을지도 모른다.

견융 등 북부·서부의 산지 주민에 대한 공격이 강왕 때에도 대대적으로
이루어져 많은 포로를 비롯해 큰 전과를 올렸다는 사실은 소우정小盂鼎이라
고 불리는 청동기 명문을 통해 알 수 있다. 주가 건국될 당시부터 주를
둘러싸듯이 위치하여 주와 계속 대립해 온 융이라는 산지민도 이 강왕
때의 정벌에 의해 한때 주에 복종했다가 다시 이반하기 시작한 것이 실상이
아닐까 한다. 거기에는 주왕조 내부에 큰 변화가 생기기 시작한 것과도
관련이 있을 것이고, 나아가 그것이 동남 진출도 정체시켰을 것이다.

이 소왕·목왕 시대는 사실 주왕조에서 하나의 큰 전환기였다. 그것은
다음 시대에 들어가서 분명한 형태로 역사 표면에 나타나지만, 여기서는
목왕에 관한 전승 하나를 이야기하는 것으로 끝을 맺겠다.

서기 279년(진晉나라 함녕咸寧 5년) 현재의 하남성 급현汲縣에서 전국시대의
위왕魏王 묘가 도굴되었다. 그때 대나무패(죽간)에 글을 쓴 옛날 책 몇 수레가
출토되었다. 후에 칙령을 받아 학자가 정리하여 본래의 책으로 복원했다.
그 중에 『기년紀年』(통칭 『죽서기년竹書紀年』)과 『목천자전穆天子傳』(본래는 『주왕유행
周王遊行』으로 불리고 있었다)이라는 두 권의 책이 있었다. 『기년』이란 오제五帝
이래의 연대기이며 『목천자전』은 주의 목왕이 천하를 주유周遊한 기록이라
고 한다.

이 두 권의 책에 의하면, 목왕의 주유는 북방에서 황하 유역에 걸쳐 6년 동안 이루어졌다. 곤륜崑崙에서 서왕모라는 신녀神女의 환대를 받고 마음이 즐거웠지만 때마침 앞에서 언급한 제3선, 제4선에 끼인 동남지역의 서徐라는 이夷가 반역을 한다는 보고를 받고, 서왕모와 3년 후 다시 만날 것을 약속하고 하루에 천리를 달리는 말을 타고 급히 돌아와 서를 정벌하고 반란을 평정했다고 한다.

이 이야기는 물론 역사적인 사실은 아니다. 그러나 목왕의 서정西征은 『초사』 등에도 보이는 것으로, 전국시대에는 상당히 널리 유포되고 있었다. 아마 목왕 시대의 서방 정벌이 이야기로 전해져서 마침내 『목천자전』 같은 형태로 정비되었을 것이다.

2. 왕권의 쇠퇴

금문金文이 상징하는 시대의 성쇠

은대를 밝혀주는 자료는 갑골문이지만, 서주시대의 자료는 청동기에 새겨진 금문이다. 청동기의 기종器種, 형태, 문양 등이 시대에 따라 변화했듯이 금문의 자체字體, 서풍書風, 내용 등도 시대에 따라 변화가 있었다. 가령 자체와 서풍에 대해서 보자.

은 말부터 서주 전기(강왕 무렵)에는 글씨가 느슨하면서도 유동감 있는 선으로 쓰여지고 글 전체의 문자 크기는 고르지 않지만, 전체적으로 성기가 넘치며 기개를 느낄 수 있다. 이에 반해 중기(목왕을 중심으로 한 시기)가 되면 균형이 갖추어지고 야무진 선으로 쓰였으며, 문자의 크기도 균일호-되고 상하좌우 문자의 행行이 갖추어지게 된다. 전기와 같은 생기는 없지만 운필運筆에 따라 다소 비수肥瘦3)가 나타나고 유동감은 남아 있다. 그런데 후기(공왕 이후)가 되면 펜글씨처럼 굵기가 일정해지고 필력筆力이 상실되며, 특히 말기에 가까워지면 문자도 서풍書風도 어지러워진다. 글 전체에서도

---

3) 굵기와 가늘기.

| 전기 금문 (보유保卣 명문) | 중기 금문 (맹궤盂簋 명문) | 후기 금문 (사사궤師族簋 명문) |

생기가 없어지고 아름다움도 없어진다.

문자와 서풍에 보이는 이러한 변화는 그 나름으로 시대의 기풍을 보여준다고 할 수 있다. 예컨대 전기에서는 서주왕조 건설기의 왕성한 기운이 느껴진다. 이에 반해 중기에는 정체停滯의 기풍이 나타나기 시작하고, 동시에 사회가 전반적으로 정돈기에 들어가는 것을 보이고 있다. 후기는 사회가 생기를 잃고, 말기에는 쇠망한 혼란기의 양상을 반영하고 있다고 볼 수 있다.

그러면 이 같은 사회변화는 어떻게 해서 나타나게 된 것일까. 먼저 눈에 띄는 것은 금문의 내용에 현저한 차이가 나타나는 점이다.

기록의 변화―은상恩賞에서 임관任官으로

전기부터 중기에 걸친 금문에는 주로 군공軍功이나 특수한 행사에서 이룬 공로에 대해 패貝(자안패子安貝로서 귀금속과 마찬가지로 재보로 취급되었다)나 금金(동銅으로 청동기를 만드는 소재), 말 등을 왕이나 상관으로부터 받은 것이 기록되어 있다. 때로는 배신陪臣에 대해 직접 주왕이 은상恩賞으로 준 것도 있다. 그리고 기록하는 방식이 간단하여 사실만을 썼다.

그런데 후기가 되면 공로에 대한 은상을 기념하는 것이 아니라, 어떤 관직에 임명받고 그에 따라 그 자격을 상징하는 거마의복車馬衣服을 준 것이 기록되었다. 임명식의 날짜, 장소, 절차, 입회인 등을 기록할 뿐 아니라,

218

때로는 선조의 공적과 그에 대해 왕이 회고한 말을 자주 인용한다. 이러한 금문 내용의 차이는 무엇을 말해주는 것일까?

첫째, 이는 전기부터 중기에 이르기까지는 왕을 중심으로 한 주왕조 사람들의 행동은 그다지 형식에 치우치지 않았고 왕조의 정치조직도 단순했다. 주왕조를 구성한 것은 주의 일족 가운데 중요 인물, 그리고 주와 함께 은 정벌에 참가한 강족 등의 유력한 족장이나 토호들이었다. 더구나 군사행동이 주된 일이었기 때문에 왕을 중심으로 명령 계통은 각급 군단의 우두머리인 족장에게 전달되었다. 족장들 사이에는 일족의 세력 크기에 따라 상하관계가 있었지만, 그것은 조직적인 관제의 상하관계와 같이 고정된 것은 아니었다.

끊임없는 이동이 반복되었으며, 앞 절에서 본 형나라처럼 일족이 분할하면 족族 사이의 세력관계나 상하 통솔관계도 따라서 변화하는 것이 당연했다. 성주를 둘러싼 주공 일족과 소공 일족의 세력 다툼도 이러한 일반적 정세를 배경으로 해서 이루어졌음에 틀림없다. 그러나 전기나 중기에도 관제가 전혀 없었는가 하면 반드시 그렇다고 할 수는 없다.

주의 관제 [4]

경사료卿事寮나 삼유사三有司로 일괄되는 사토司土·사마司馬·사공司工 등의 관직과 사씨師氏·소자小子 등으로 불리는 관직이 있었다. 경사료는 아마 제사를 관장하는 가장 중요한 관직이었다고 생각되며, 『주례周禮』에서 말하는 총재冢宰와 춘관종백春官宗伯이라고 불리는 관직을 합친 것과 같다. 본래는 이 경사료 안에 삼유사도 포함되어 최고의 행정기관이었지만 중기에 삼유사가 경사료에서 분리되면서 경사료는 궁宮의 내관內官이라는 성격이 강해졌다.

주의 관제에 대해서는 『주례』(『주관周官』이라고도 한다)라는 책이 있으며,

---

4) 서주 관제에 관해서는 다음을 참조. 민후기, 「서주 五等爵制의 기원과 성격-서주 금문의 분석을 중심으로-」, 『중국학보』, 2005.

미현郿縣 출토의 이이盨彝 그릇의 명문에 사토, 사마, 사공이　미현 출토 이이의 명문
삼유사三有司로서 일괄되어 있다. 높이 18cm

이 책에 적힌 관리의 조직 및 역할은 주 초에 활약한 주공단周公旦에 의해 제정되었다고 한다. 그러나 최근 연구에 따르면 이 책은 빨라도 전국시대 후반에 만들어진 것으로, 책에 등장하는 관명은 실재한 것도 있지만 그 역할이나 통솔관계는 사실과 다르다.

사토司土는 『주례』에는 사도司徒라 쓰여 있는데 토지·조세·호적·교육 등 민정을 통할하는 관직이며, 사마司馬는 군정, 사공司工은 사공司空으로 쓰고 나라의 토목공사 등을 통할하는 관직이었다. 그러나 금문에 나타난 범위로는 본래 사토司土는 토지, 사마는 군사, 사공은 조세·노역에 관한 행정과 기록을 취급하는 관리였다.

이에 반해 후기가 되면 어떤 관직에 오르게 되면 과징금을 징수할 권리를 인정받았고, 그것이 관직에 부수된 수입원이 되었다. 이들 관직 중 상급관직에는 귀족이나 영주가 취임했기 때문에 그 수입은 오히려 귀족에 대한 우대책이라는 의미를 갖고 있다. 실무를 관리하기 위해 점차 같은 계열의 관직 사이에서도 상하의 통솔관계가 생겨났다고 생각한다. 관직 임명의식도 이러한 관직의 조직화라는 현상과 병행해서 정해진 것으로 생각된다.

그런데 이와 같은 관직의 조직화는 주왕실에게는 치명적 폐해를 가져왔다. 특히 유력 귀족이 중요 관직에 오르면, 그 아래에 있던 소귀족들이 관직의 통솔관계를 통해 유력 귀족의 사신私臣 같은 입장을 취하기 쉬웠다. 따라서 모두 주왕의 직속신하였던 존재가 어느샌가 배신陪臣과 같은 위치로 전락하게 되고 때로는 소영주가 왕으로부터 받은 영지까지 대영주에게 빼앗겨 버렸다. 이는 왕을 중심으로 하여 봉건제도에 의해 형성된 질서를 파괴하는 것이었다.

뿐만 아니라 주왕은 직할령을 귀족에게 나누어 주거나, 원유苑圃 등의 토지를 관리케 하여 그 수입의 일부를 귀족이 자신의 몫으로 취하는 것을 인정했다. 이는 왕실 수입을 감소시켰고 왕실의 권위를 점차 저하시켰다. 그렇다면 왜 이러한 사태가 초래된 것일까?

진출력의 상실과 족族 집단의 고정화

앞 절에서 보았듯이 서주의 세력 진출은 목왕 때까지 계속되었다. 그러나 목왕의 부친인 소왕 무렵이 되면 남방의 이夷 등 원주민의 반격이 점차 강해지기 시작하고, 때로는 성주 근처까지 침입하게 되었다. 이 때문에 주나라 사람들이 동방과 남방으로 진출하는 것이 불가능해지기 시작했다.

이는 새로운 토지의 획득을 곤란하게 했다. 봉건제도는 군사적·정치적 목적뿐만 아니라 농업생산의 수탈도 하나의 목적으로 하고 있기 때문에, 토지의 획득이 곤란해지면서 동남으로 진출할 매력을 잃고 이주 의욕을 상실하게 되었다. 또한 은 말기부터 계속된 전쟁은 황하 유역 사람들을 피로하게 만들어 점차 계속 진출할 여력을 잃게 만들었다.

후기가 되면 청동기의 출토가 섬서의 위하 지역을 중심으로 한정된 지역에 집중되는 것은 주왕조를 형성하고 있던 귀족들의 이주가 정지되었음을 보여준다. 그리고 이것은 그때까지 이주에 의해 분열된 족族집단을 고정화시켜 나갔다.

목왕에 이은 공왕, 의왕懿王, 효왕孝王 시대는 사회 전반에 걸친 이러한 움직임이 정지된 시기였던 듯하다. 금문을 보아도 전쟁 관련 기사는 거의 없고, 이에 반해 관직 임명식 의례 등이 제도로서 고정되기 시작했다. 약 3백년간의 서주시대 가운데 이 시기가 가장 조용한 시대라고 생각할 수 있다. 그러나 이 시기에 일어난 사회의 고정화는 한편으로 귀족들 사이에 새로운 가족관계를 발생시켰다.

제후 · 귀족의 왕권 무시=봉건제도의 동요

중기 무렵부터 가계家系의 영속을 바라는 기풍이 일반화되기 시작했다. 분가가 불가능해지기 시작하자 가장을 최상급으로 하여 가족 사이에 상하관계가 나타났다. 가족 내의 상하는 주로 연령을 기준으로 하여 가장은 영백榮伯·미백彌伯이라 불렸다. 그 동생들은 영계榮季·미숙彌叔이라 불렸는데, 가장에 대한 봉사를 요구받았을 뿐 아니라 때로는 동생이 가장에 대해 집사執事와 같은 임무를 지는 경우까지 나타났다.[5] 백伯·계季·숙叔 등은 형제간의 연령 서열을 보여주는 말이다.

토지를 비롯한 가족의 재산은 가장부자家長父子에 의해 상속되었으며, 가장의 자제나 그 자손은 점차 가장에 대한 종속도를 강화시켜 나간 것 같다. 5세대로 구성된 일족의 집단 내부에서 죽은자를 위해 상복을 입을 의무를 부과한 종법제宗法制라는 가족조직은, 가장을 중심으로 한 일족의 단결과 더불어 채읍으로 받은 토지 등을 분할하지 않는다는 조건 아래 성립했다고 할 수 있다. 이는 채읍의 분할로 일족의 토지가 점차 세분화되어 이에 따라 일족이 약화되는 것을 막기 위한 방책이었다. 그러나 이것은 결과적으로 일족 내부에 계층분화를 초래했다. 즉 영락하는 자가 나타나고 신분적으로 가장의 강한 규제를 받는 자가 나타났다고 생각된다.

이와 같은 귀족사회의 고정화는 당연히 생활을 보수적으로 만들고, 그것이 의례의 형식화, 가령 관직 서임 의식의 형식화 혹은 주왕과 귀족과의

---

5) 민후기, 「서주 국의 등차적 족연합(族聯合)－금문(金文)을 중심으로 한 서주 내작(內爵)의 탐색－」, 『동양사학연구』 91, 2005.

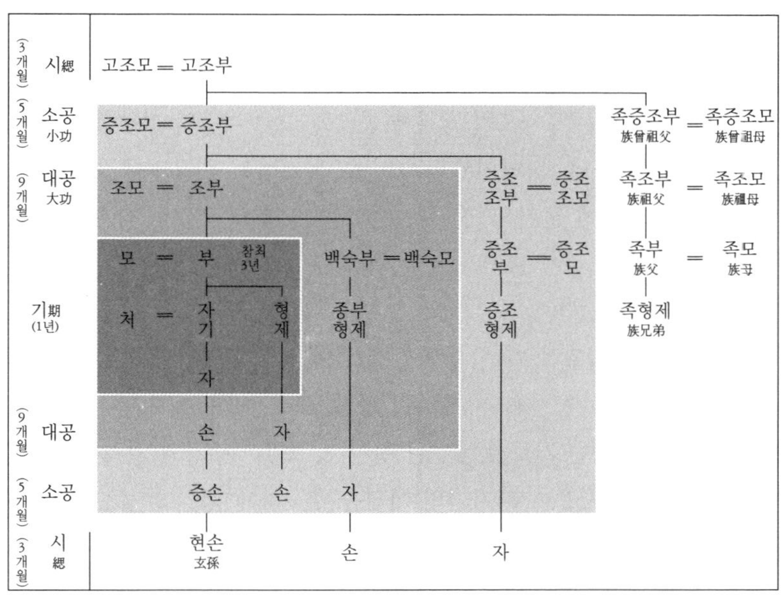

상복제 일족의 상喪=장례에 대한 규정을 보여준 것. 참최斬衰 등의 용어는 상복의 종류를 가리킨다. 아버지가 특히 중시되었다. 동세대 이상에 대해서는 대해서는 증조부모와 족형제 등 일정 관계를 나타내는 호칭이 있지만 아래 세대에 대해서는 종조從祖형제의 자손(자식)이라는 부르는 방법이 있다. 이 표가 상喪에 관한 것이기 때문이기도 하지만 일반적으로 유교의 예禮가 자기와 상장자上長者와의 관계를 중시했던 것이기 때문이기도 하다. 자식 세대가 되면 고조부터 출발했던 족族 증조부의 일족과는 분리했음을 알 수 있다(『의례도儀禮圖』 권5에 의거).

군신관계 등의 상하관계의 강조로 나타났다. 또한 유력 귀족들은 조금이라도 일족의 이익을 늘리기 위해 자기와 연줄이 닿는 하급귀족을 관직에 등용하여 왕 직할령의 관리권을 수중에 넣고자 했다. 그뿐만이 아니었다.

왕조의 기간基幹 군단이었던 육사六師·팔사八師도 쇠퇴 경향이 현저해졌다. 앞에서 서술한 것처럼 이 군단을 구성하는 병사는 일가족 등에 경지를 주어서 일상생활을 영위하였다. 그러나 세대를 거치면서 당연히 토지 부족 현상이 생기고 장남 외에는 생활 기반을 잃고 가족의 유지가 곤란해지면서 군단 내부에서는 병역의 의무를 기피하는 분위기가 퍼져서 군단의 전투의식은 저하되었다고 생각된다. 서주 말기에 가까워지면 동남에서의 침입을 이 두 군단이 막을 수 없게 되었다는 것이 금문에 기재되어 있다. 군사 면에서도 왕조의 권위가 쇠퇴하였다는 것은 분명해졌고 제후와 귀족

에 대한 왕의 통제도 차츰 차츰 약해지게 되었다.6)

선왕宣王 때 사람인 혜갑兮甲(『시경詩經』에서는 윤길보尹吉甫라 한다)이라는 인물이 만든 반盤의 금문에는 주왕조가 정복한 동남쪽 회하 지방의 이夷에게 농산물이나 직물織物의 공납, 노역인부의 공출을 독촉하는 내용과 함께 제후나 주의 동족들 사이에 물자의 절취나 은닉이 횡행하는 것에 대해 주의를 환기시키는 내용의 글이 보인다. 이는 제후가 왕명을 무시했음을 보여주는 것이다.

제후는 본래 주왕조의 기구 속에서 각기 영지에 대한 통치를 주왕으로부터 인정 받고 공납·군사를 비롯하여 왕에 대한 여러 가지 봉사를 통해 주왕조의 지배를 돕는 자로서 봉건된 것이다. 그러나 주왕의 권위가 약해지자 왕실에 대한 봉사보다도 자기의 이익을 추구하게 되었고 경제적으로도 왕실을 약화시켰다.

3. 서주의 멸망

여왕厲王의 도망

공왕 이후 대부분의 주나라 왕들은 앞에서 말했듯이 무능했지만, 그들이 모두 제후와 귀족이 하는 대로 맡겨두었던 것은 아니다. 예컨대 제10대 여왕은 영이공榮夷公을 대신으로 기용하여 경제적 이익을 한손에 넣고자 했다고 한다. 이때의 이익이 어떠한 것인지는 내용이 확실하지 않지만 아마 제후의 공납을 가혹하게 수취하거나 왕이 인정한 원유苑囿 등에 대한 귀족의 관리권을 거두어들이거나, 나아가서는 산림이나 소택에 대한 이용권 및 그곳에서 나는 산물의 처리권 등을 백성들로부터 거두어들이려고 한 것이 아닐까 생각된다.

이러한 것들은 모두 제후, 귀족, 백성이 좋아하는 바가 아니었기 때문에

---

6) 서주 군사에 관한 연구는 다음을 참조. 심재훈, 「금문에 나타난 서주 군사력 구성과 왕권」, 『중국사연구』, 2006 ; 최재용, 「금문 분석을 통해 본 서주 군제—읍인을 중심으로」, 『경북사학』, 2001 ; 박건주, 「주의 중앙병단과 향수제도 시론」, 『역사학연구』, 호남사학회, 1992.

갖가지 비판이 일어났다. 여왕은 엄벌로 비판을 봉쇄하고자 했다. 그래서 한때는 이에 성공했지만, 사람들이 쌓이고 쌓인 분노를 무력으로 분출하는 사태를 불러왔다. 제후와 귀족의 공격을 받은 여왕은 체彘(지금의 산서성 곽현霍縣)로 도망치게 되었다. 기원전 841년의 일이다. 중국 역사는 이때부터 연대가 분명하다. 이 해를 공화원년共和元年이라고 한다.

그러면 왜 이런 사태에 이르렀을까? 앞서 서술했듯이 이 시기에는 왕의 직할지마저 점차 대소 귀족에 의해 그 이익을 중도에서 탈취당했기 때문에 여왕은 이것을 자기 수중으로 재차 장악하고자 하였다. 그러나 이는 귀족들의 이익과는 상반된 것이었다. 왕이 규정대로 조세를 징수하면 중간에서 착취하던 귀족의 이익은 그만큼 줄어들었고, 이를 만회하기 위해 농민에 대한 과세를 늘리게 됨에 따라서 농민의 불만은 더욱 커졌다. 귀족들은 이러한 불만을 품은 농민들을 교묘히 선동하면서 왕에게 반대하였고 마침내 왕을 망명시켰다.

공백화共伯和에 의한 왕정王政 대행

『사기』에 의하면 망명한 여왕을 대신해 주공과 소공(모두 주공단, 소공석의 자손)이 공동으로 국정을 맡았기 때문에 공화共和라고 칭했다고 한다. 이는 주왕실을 공동으로 도울 수 있는 자는 옛날의 주공단·소공석과 마찬가지로 그 자손밖에 없다고 하는 주공단과 소공석을 중시하는 유가의 사고방식에 의한 것이었다.

사태귀師兌簋의 금문 넷째 줄 끝에 사화보(공백화)의 이름이 보인다.

그러나 전국시대 위魏의 왕묘에서 출토된 『죽서기년』에 따르면, 공백共伯인 화和라는 인물이 왕위를 대행했다고 하며 또 서주의 금문에는 이 공백화가 사화보師和父로 나타난다. 이에 따르면 그는 한때 군사관계를 관장하는 사마司馬였던 듯하며, 본래 왕의 신하인 소귀족을 자기의 가신처럼 삼아 자신의 영내에서 사업을 감독시켰다. 더구나 그러한 역을 임명할 때 왕과 같은 태도로 임했다는 점에도 주의해야 한다.

예컨대 후기 금문에는 주왕이 귀족을 어떤 관직에 임명한 기록이 다수 있고, 그때 왕의 말은 대부분 "왕이 이와 같이 말한다"라로 시작한다. '이와 같이'란 왕이 신神의 뜻에 따라서 임명한다는 것을 의미하는데, 사화보 즉 공백화는 "사화보가 이와 같이 말한다"라고 하여 왕과 똑같은 표현을 쓰고 있다. 이 점은 공백화가 한때나마 큰 권력을 쥐고 있었음을 보여준다. 전설에 따르면 공백화가 왕위를 찬탈했다고까지 한다. 과연 그 정도로까지 말할 수 있을지는 의문이지만, 여왕이 망명한 후 당시 유력했던 사화보가 왕정을 대행하며 공위空位시대를 다스렸을 것이다.

선왕宣王의 중흥과 좌절

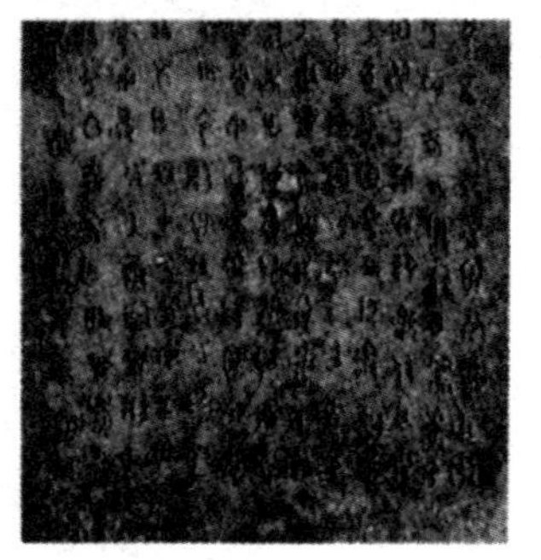

혜갑반兮甲盤과 명문

여왕은 14년간 체彘로 망명하여 그곳에서 죽었고, 아들 선왕이 그 뒤를 이었다. 선왕은 훌륭한 천자로 문왕·무왕의 유풍을 부흥시키고 훌륭한 인물을 재상으로 등용하였으며, 북으로는 험윤이라는 이민족을 토벌하고 남으로는 회이淮夷에 대한 지배권을 다시 강화했다는 것이 『시경』에서도 노래되고 있다. 이 시기의 재상이 윤길보尹吉甫라는 인물로서 금문에서는 혜갑兮甲이라고 되어 있다. 혜갑이 만든 반盤의 금문에 대해서는 앞에서도 인용한 바 있는데, 첫머리에 선왕 스스로 험윤을 정벌하고 혜갑은 이에 종군하여 공적을 세워 후에 회하 지역으로 파견되어 조세와 노역인부를 징수하는 데 활약했다고 기록되어 있다. 사료에는 공백화가 선왕에게 정치 실권을

226

반환할 때, 제후와 선왕 사이에 어떠한 약속이 있었는가를 말해주는 것은 없다. 그러나 혜갑반의 명문을 통해 볼 때, 선왕은 제후와 타협을 하지 않고 왕의 권위를 부흥시키려고 했던 것 같다. 동생인 우友를 정鄭(지금의 섬서성 화현華縣 근처, 당시는 역림棫林이라고 했으며 목왕 이래 주왕의 이궁이 있었다)에 봉했는데, 여기에는 본래 형백邢伯이라는 주의 동성 제후가 분가되었다. 목왕부터 공왕에 걸쳐 이 형백은 사마로서 주 왕실의 군사권을 장악하고 국정에서도 큰 영향력을 행사했지만, 곧 힘을 잃고 이왕夷王·여왕 때에는 다른 귀족들에게 채읍을 빼앗기는 경우까지 자주 있었다.

선왕은 아마 약체화한 형백 일가나 다른 영주들을 배제하고 여기에 동생을 봉건하여, 본래 영주란 왕의 권위에 의해 봉건된다는 사실을 새삼 제후에게 보이려 했을 것이다. 예전의 문왕·무왕 시대를 부흥하려는 하나의 표현이었다. 또한 혜갑(윤길보) 외에 소백召伯인 호虎에게도 남방을 정벌시켜, 재차 지배 하에 둔 사謝(지금의 하남성 남양시南陽市 부근) 지역에 신백申伯을 봉건한 것도 선왕 시대의 왕성한 의기를 반영한 것이다.

그러나 왕권의 부흥을 노린 선왕도 노의 제위 계승문제에 개입하여 노나라 귀족들이 옹립한 백어伯御를 공격해 죽이고 대신 효공孝公을 세웠기 때문에, 제후가 선왕의 전제를 싫어하게 되고 왕명을 어기는 자가 많아졌다.

주왕실의 힘 또한 쇠퇴했다. 북방 이민족인 융戎과 천무千畝(위하의 북안北岸일 것이다)에서 싸워 주나라 군은 대패하고 북융의 남하를 허용하는 한편, 남방에서도 주나라 군대를 잃어 한때 남북에 걸쳐 주의 위엄이 회복되는가 싶던 기세는 결국 실패로 끝나버렸다. 뿐만 아니었다. 남방에서 잃은 육사와 팔사의 병력을 보충하기 위해 선왕은 인구를 조사하고 백성을 장악하고자 했다. 그러나 그것은 제후와 백성으로부터 더욱 반감을 샀고, 이는 다음 유왕幽王 때 서주왕조 멸망을 향해 크게 나아가는 결과로 끝났던 것이다.

좌절의 배경

여왕·선왕의 두 왕은 왕 개인의 역량으로서는 결코 평범하지는 않았을 것이다. 그러므로 주왕조의 권위가 약해지고 경제적 기반도 잃어가고 있을 때 이를 제지하여 재차 문왕·무왕 시대의 융성한 왕조를 재건하고자 하였고, 선왕은 동생을 봉건하고 아마 그 힘을 이용하여 제후의 전횡도 누르고자 했을 것이다. 무왕과 성왕 이래 주왕실을 도와 지키는 자로 봉건된 일족의 주요 제후들은 대부분 멀리 동방에 위치하여 점차 왕실과 소원해져서 믿을 수 없게 되었다. 때문에 새삼스럽게 정鄭의 봉건이 이루어 졌다고 생각된다.

노魯나 위衛 등 동방의 유력 제후는 서주 중기 정도까지는 종주 왕실과 연락을 하고 있었음이 금문 자료에 의해서도 밝혀졌지만, 주의 동진이 멈춘 후기가 되면 이들 제후에 관한 자료는 보이지 않게 된다. 이 밖에 섬서성 내의 위하 북안에는 필畢 등 주와 동족제후가 있었지만, 그 중에는 주왕에 의해 무너지거나 형백처럼 쇠멸해 간 경우도 있어 위기에 처한 주왕실을 도우려는 자는 없어져 버렸다.

선왕의 행동은 이러한 정세를 고려한 것이지만, 북방의 융이나 남방의 이夷의 힘이 주를 압도할 정도로 강해지고 있었기 때문에 주의 힘도 결코 위하 유역에서 뻗어나갈 수 없었으며, 선왕의 의도는 좌절되어 버렸다.

또한 주의해야 할 점은 여왕·선왕 모두 스스로 직접 백성을 장악하려고 했다는 것이다. 선왕이 백성의 수를 조사하고자 했을 때 중산보仲山甫라는 귀족은 "예로부터 백성에 관해서는 사도司徒 등의 관리가 조사하여 그 증감과 이동을 파악하는 것이 관례입니다. 왕은 백성의 생활리듬을 막지 않도록 제사를 지내고 수렵을 하며 군대를 훈련시키면 백성의 일은 저절로 알 수 있습니다. 왕이 스스로 백성을 조사하는 것은 백성에게 부정을 알게 하며 제후도 싫어합니다. 그러므로 그러한 일은 해서는 안 됩니다"라고 간했다. 여기에서 중산보가 말한 것은 아마 서주 전기의 강왕부터 중기인 공왕이나 의왕 때, 즉 서주에서 가장 움직임이 적었던 시기의 상황을 가리키는 것이라고 생각된다. 당시에는 읍이나 족을 단위로 하여 꽤 상세한 인구조사가 이루어졌다. 그러나 그 후 사회 전체의 움직임이 전기나 중기와는 크게 달라졌고, 백성에 대한 파악에도 다른 의미가 생겨났다. 이 점에 대해서는 다음 절에서 검토하고자 한다.

유왕幽王의 실정失政

부흥에 실패한 선왕의 뒤를 이은 것이 악명 높은 유왕이다. 그의 즉위 초년에 섬서 지방에서는 대지진이 있었고, 위하와 그 지류인 경하涇河, 낙하洛河는 물이 마르고 기산岐山이 무너졌다. 뿐만 아니라 일식도 일어났다. 이 모두가 멸망의 조짐처럼 생각되었다고 한다.

이보다 앞서 여왕 때부터 귀족이나 영주들 사이에서 토지에 관한 소송사건이 빈발하였고, 금문에도 몇 가지 소송사건에 대한 기록이 남아 있다. 영주들 중에는 다른 귀족에게 토지를 빼앗기고 그의 가신으로 몰락하는 자도 나타났다. 이러한 경향은 유왕 때 절정에 달했다. 유왕은 자신에게 아첨하는 귀족들에게 언제나 유리한 판정을 내렸다고 한다. 그 결과 귀족들의 결속은 점차 무너지고, 마음은 더욱 왕실에서 멀어지게 되었다. 뿐만 아니라 유왕은 여색을 즐겨 다수의 여성을 총애한 듯하다. 그들 여성 일족을 정치에 기용했기 때문에 우수한 사람들이 모두 밀려나 버렸다. 특히 유왕이 포사褒姒라는 여성을 총애한 일은 유명한 이야기다.

총희 포사와 함께 몰락하다

옛날 하왕조 말기에 두 마리 용이 왕실 뜰에 나타나 "나는 포국褒國의 두 군주다"라고 하고서 모습을 감추었다. 그 자리에는 용이 토한 정기가 침으로 남아 있었다. 사람들은 이 침을 그릇에 담아 창고에 보관해 두었다. 그 후 이 그릇은 은·주로 전해졌는데 누구도 뚜껑을 연 자가 없었다. 그런데 여왕 말에 이 뚜껑을 열었는데 침이 뜰로 흘러나와 제어할 수 없었다. 이에 부인을 나체로 하여 그 침을 향해 소리내어 울게 하자 침은 도롱뇽으로 바뀌어 왕의 후궁으로 들어갔다. 도롱뇽은 후궁에서 자라고 있던 어린 여자아이를 만나 모습을 감추어 버렸다. 그런데 그 여자아이가 성장하자 남편도 없는데 임신을 하여 여자아이를 낳았다. 그 여자는 불길하다고 생각하여 어린아이를 버렸다. 한 부부가 이 아이를 싸서 데리고 가서 길렀다. 후에 죄를 범한 자가 속죄로써 그 여자아이를 얻어 왕의 후궁으로 바쳤다. 이 여자가 포사다. 유왕은 포사에게 빠져 정비인 신후申后와 태자 의구宜臼를 폐하고 포사를 왕후로 삼고, 포사와의 사이에서 태어난 백복伯服을 태자로 삼았다.

그런데 포사는 이상하게도 전혀 웃지 않았다. 유왕은 어떻게 해서라도 웃게 하려고 필요도 없는 봉화를 올려 제후를 불러모았다. 제후는 봉화를 보자 적이 습격한 줄 알고 일제히 도읍으로 달려왔다. 그런데 도읍은 조용하고 적의 그림자도 보이지 않아 맥이 빠져 버렸다. 이를 본 포사가 비로소 웃음을 지었다. 이에 유왕은 포사의 웃는 얼굴을 보고 싶어 다시 봉화를 올려 제후를 불러모았다. 그리하여 제후는 마침내 유왕을 신용하지 않게 되어 집합하지 않게 되었다.

정비 자리에서 쫓겨난 신후申后의 아버지 신후申侯는 유왕에게 원한을 품고 있다가, 제후가 유왕을 신용하지 않음을 알고는 이를 좋은 기회로 여겨 북방의 견융 등을 꾀어 도읍으로 공격해 들어갔다. 그리하여 구원할 제후를 모을 수 없었던 유왕을 여산驪山(현재의 서안시 동쪽) 기슭에서 죽이고 포사를 잡아서 왕실 재보와 함께 가지고 달아나 버렸다. 기원전 771년의 일로, 3백년 가까이 계속된 서주왕조는 이에 멸망해 버렸다.

서주 귀족의 덧없는 꿈

포사 이야기가 과연 사실인지는 현재로서는 확인할 수 없다. 오히려 설화에 지나지 않을 것이다. 그러나 이 이야기는 『사기』「주본기」에도

전하고 있으며, 그 후에도 오랫동안 주가 멸망한 역사로서
이야기되어 왔다. 선왕부터 유왕 시기의 것으로 추정되는
금문에는 후기의 특색이었던 관직 임명 기록이 보이지
않으며, 특별히 기념할 이유도 없는데 귀족이 자신이나
가족을 위해 청동기를 제작한 사실을 기록한 것이 대부분
이다. 이 점은 역시 주왕이 관직을 통제할 능력까지 상실했
다는 점, 나아가 귀족이 자신의 일에 마음을 쏟고 있었음을
보여준다. 즉 선왕 말년 이래 외적의 침공이 격화되고,
왕실은 점차 고립되어 갔다. 만약 포사라는 여성이 실재했

기부호㸤父壺 섬서성 부풍현 제가촌
출토. 서주 후기

다면 그 멸망을 가속화하는 역할을 했을 것이다. 그러나
포사가 존재하지 않았다고 하더라도 멸망은 피할 수 없었을 것이다. 역사의
움직임은 주왕실의 멸망을 향해 나아가고 있었던 것이다.

　1960년 섬서성 부풍현扶風縣 제가촌齊家村에서 39개, 1961년 장안현長安縣
장가파張家坡에서 53개의 청동기가 발견되었다. 종래 청동기가 발굴된 장소
는 묘가 대부분이었다. 그런데 이 두 곳은 묘가 아닌 수혈竪穴이었다. 더구나
대부분이 서주 여왕·선왕 때의 것이고 목왕 혹은 공왕 때의 것이 한두
개 포함되어 있다.

　이것들은 서주 말 귀족이 제사 등에 사용한 것으로 서주가 멸망하여
도읍에서 탈출할 때 묻어놓은 것이라고 한다. 이미 그 이전부터 많은
사람들이 도읍을 버리고 동방으로 달아났지만, 최후까지 도읍에 미련을
갖고 있던 귀족도 많았을 것이다. 그들이 도읍을 떠날 때 가보인 청동기는
무거워 가져갈 수 없었기 때문에, 묻어 두고 다시 도읍으로 돌아와 꺼내려고
했을 것이다. 그러나 도읍은 견융의 손에 들어갔고 서주왕조는 다시 돌아오
지 못했다. 그 청동기가 오늘날 햇빛을 보게 된 것이다.

서주의 옥 장신구　① 용문옥황龍紋玉璜　② 기룡문옥황夔龍紋玉璜　③ 기룡문옥패夔龍紋玉佩　④ 인형옥패人形玉佩　⑤ 공수옥인拱手玉人　⑥ 쌍각옥록雙角玉鹿　⑦ 옥우玉牛　⑧ 옥호玉虎　⑨ 옥로자玉鷺鷥　⑩ 옥응玉鷹　⑪ 옥록玉鹿

4. 서주시대의 농민

제후가 소유했던 세 종류의 사람들

그러면 서주시대는 이것으로 끝내고 마지막으로 이 시대의 농민에 대하여 살펴보자. 앞서 주나라의 봉건제도에 대해 서술할 때 인용한 의후측궤에 따르면 의후에게 주어진 사람에는 세 종류가 있다.

첫째는 왕인王人으로 본래는 주왕실과 동족이며 일찍부터 의宜 땅에 살고 있었다. 왕인은 17성姓, 즉 17개의 대가족 집단이다. 한 집단의 인원이 어느 정도인지는 분명치 않지만, 이미 은의 경우 5대에 걸친 혈연관계로 맺어진 대가족제가 성립해 있었던 것으로 보아 이와 비슷할 것이다. 그러나 그들은 귀족이 아니라 자작농으로서 대가족에 포함된 많은 세대를 단위로 해서 경작을 하고 있던 사람이라고 생각된다.

232

둘째는 정鄭의 일곱 소귀족이 거느리고 있는 1,050명이다. 이는 전차를 관리하거나 전차를 끄는 말을 사육하는 등, 여러 가지 잡역에 종사한 자들로 생각되며, 평균 소귀족 한 명당 150명이 소속되어 있었다. 그들은 새로이 의壺 땅으로 옮겨진 자들로서 아마 토지를 받아 그것으로 생활하면서 역을 부담했을 것이다.

셋째는 본래부터 의 땅에 살고 있던 서인庶人 616명으로 농민가족 세대주가 대부분이라고 생각된다.

이러한 세 종류의 사람들 중 여기에서 문제가 되는 것은 왕인과 서인이다.

대가족 집단을 구성한 왕인王人

왕인이라 불린 첫 번째 사람들은 가족집단을 만들어 가장을 중심으로 하나의 읍에 거주하고 있었는데 자세한 숫자는 알 수 없다. 왜냐하면 그들과 의후의 관계, 바꾸어 말하면 그들이 의후에 대해 부과받은 부담은 대가족 단위로 이루어졌기 때문임을 알 수 있다. 그들의 주요 임무는 아마도 대가족을 구성하는 많은 세대의 호주인 남자가 비상시에 병사로서 종군하는 것이었으며, 농업생산물에서 곡물을 내는 비율은 극히 적거나 또는 그럴 필요가 없었던 것은 아닐까라고 생각된다. 그들은 의후의 지배 하에 있었지만 본래 주와 동족이었기 때문에 완전한 피지배민이라기보다는 반협력자라는 의식이 있었던 것으로 생각된다. 그 족장들은 의壺의 대부가 되고 사토나 사마와 같은 관직에도 취임하고 있지 않았을까 생각된다. 단 족인 대부분은 자작농으로서 농경에 종사하고 있었다.

선주先住하였던 1읍1혈족 집단인 서인庶人

이에 반해 세 번째인 의의 서인으로 불린 농민은 일찍부터 이곳에 살고 있었으며, 몇 개의 읍에 나뉘어 각기 하나의 혈족집단을 이루고 생활하고 있었다. 그 구성이 예컨대 귀족 등에게서 보이는 5세대를 포함한 대가족제였

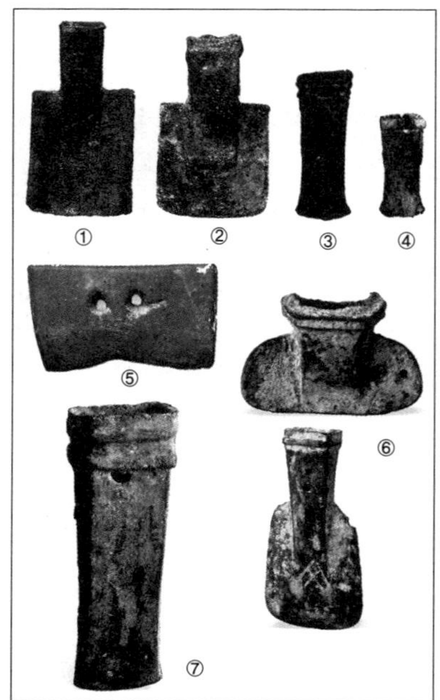

서주시대의 농기구 ① 근斤 ② 부斧 ③ 산鏟 ④ 사耜
⑤ 석도石刀 ⑥ 산鏟 ⑦ 곽钁

는지 아니면 옛날의 씨족제였는지는 알 수 없다. 그러나 은대나 서주시대의 역사 전체에서 볼 때, 하나의 읍이 하나의 혈족집단으로 구성되어 그들이 읍 주변에 펼쳐져 있는 경지(전田이라고 불렸다)를 경작하며 생활하고 있었음에 틀림없다. 읍과 경지와 농민은 하나로 떨어질 수 없었던 것이어서 예로부터 농민은 자신이 거주하는 집이나 경지를 함부로 다른 읍의 사람에게 매도할 수 없었다. 가령 오늘날에도 조금 시골이다 싶은 곳에서는 타지에서 들어오는 사람을 좀처럼 쉽게 받아들이지 않는데, 당시의 촌락이 대단히 폐쇄적이었을 것임은 쉽게 추측할 수 있다.

그리고 농경은 읍장이나 족장의 지휘 하에 공동으로 종사하는 경우가 많았다고 생각된다. 『시경』에 전하는 몇 편의 농사시農事詩는 서주시대의 것이라고 단언할 수는 없지만, 중국 고대의 농민 생활이나 촌 전체가 하나로 농업에 종사하는 정경을 노래하고 있다. 따라서 제후가 농민을 지배할 때에는 읍장을 통해 촌민을 하나의 단위로 다루었고, 결코 개개 농민을 대상으로 하지는 않았다. 앞 절에서 인용한 중산보仲山甫의 간언은 이러한 상황에 대응하는 것이다.

그러나 이렇게 생각하면 당연히 다음과 같은 의문이 생긴다. 그렇다면 왜 616명이라는 상세한 사람 수까지 거론한 것일까, 왕인의 경우와 마찬가지로 몇몇 집단이라고만 해도 충분하지 않았을까 하는 것이다.

농민 인원의 정확한 파악

앞에서도 말했듯이 서주왕조는 조직적으로 농업생산을 수탈하기 위해

234

장소에 따라 그에 편리한 토지 크기를 측량하거나 토지 크기의 표준을 정하고자 했기 때문에, 수확을 알기 위해서는 농민 수를 정확히 알아둘 필요가 있었다. 특히 원주 농민은 자생적으로 촌락을 형성하였기 때문에 개개 촌락 크기는 일정하지 않았다. 따라서 몇 개의 집단이라고 할 경우에는 영내 농민 총수를 파악할 수 없었을 것이다.

이에 반해 왕인의 경우는 이주해 온 자이기 때문에 당연히 어느 정도 조직화가 이루어져 있었을 것이다. 그 이유는 당시 군사행동을 필요로 하는 자연발생적 혈족집단은 이주할 때 군사행동에 적합하도록 재편성되는 것이 고대세계 각지에서 보이는 민족이동기의 공통 현상이기 때문이다. 따라서 집단의 수를 헤아리면 대략의 규모는 명백해진다. 주왕조의 기간 군단이었던 6사師도, 처음에는 고공단보가 이끌고 주원으로 이주할 때 편성되었던 군사조직으로서 주원에 정착할 때 일정한 토지를 주어서 정주 시켰으니, 군사조직을 그대로 지역 촌락조직으로 반영시킨 것이었다고 생각된다. 아마도 왕인 17집단 역시 똑같은 성격을 갖고 있었을 것이다.

읍 단위의 농정農政

그런데 의후는 농민으로부터 어떻게 수입을 얻었을까?

오늘날 국가는 한사람 한사람의 수입에 따른 세금을 현금 형태로 개인에게서 징수한다. 그러나 당시는 화폐가 유통되지 않았다. 그렇다고 경지에서 수확한 곡물의 일정 비율을 납부한 것도 아니다. 앞에서 언급한 바와 같이 고대 중국에서는 공전公田이라는 것이 있어, 농민은 자신에게 할당된 토지의 수확을 가지고 생활하는 대신 공전公田을 읍인邑人들이 공동으로 경작해서 그 수확을 후侯에게 납입했다고 생각된다.

앞서도 다루었듯이 900무畝의 정방형 토지를 9등분하여 그 중 주변의 8등분은 8호의 농가에게 사용지私用地(사전私田)로 주고 나머지 중앙의 100무는 공전으로 삼았다. 이 수치는 꼭 맞는 것은 아니고 대략적이었을 것이다.

부담을 평균화하기 위해서도 농경은 읍인이 공동으로 함께 행할 필요가 있었다. 제후는 개개 농민을 파악하기보다는 촌락 단위로 파악하는 편이 편리했다. 그러므로 이들 농민은 태어난 읍, 경작할 토지, 같은 읍인과 일체가 되어 생활하였고 제후는 영주로서 농민들을 읍 단위로 지배하고 있었다.

따라서 이러한 농민을 노예라고 해야 할지, 농노라고 해야 할지, 아니면 자유민이라고 해야 할지는 대단히 어려운 문제다. 촌의 내부 생활을 보면 읍인은 모두 평등한 자유민처럼 보이는 경우가 있고, 영주와의 관계를 보면 읍인이 전부 똑같이 노예처럼 보인다는 점에서 학계에서 논쟁이 벌어지고 있다. 그러나 적어도 영주와의 관계에서 볼 때, 농민에게는 이렇다 하게 반항할 힘이 있었던 것이 아니라는 점에서 대부분은 노예나 농노와 다름없는 상태에 놓여 있었다고 할 수 있다. 사실 그들은 자유롭게 이동도 할 수 없었고 토지에 속박된 존재였다.

하남성 준현 신촌에서 발굴된 서주시대의 묘지를 보아도 귀족의 묘와 일반인의 묘는 규모에서도 현격한 차이가 있고, 최근 서안 부근에서 발견된 몇 가지 예처럼 귀족은 일상적으로 수십 개의 청동기를 소장하고 있는 것을 보아도 사회 기반층인 농민과는 생활차가 대단히 컸고, 그만큼 귀족이 농민을 착취했음을 알 수 있다.

혈족집단의 해체-농민의 도망

그런데 서주 후기 효왕, 이왕 이후가 되면, 그때까지 읍과 일체였던 농민의 혈족집단 내부가 분해되기 시작한다. 예컨대 여왕 때의 것으로 생각되는 청동기 대극정大克鼎의 명문에 의하면, 어떤 읍의 호적이 극克이라 는 인물에게 넘어가 다른 영지로 도망친 농민을 호적과 대조해서 붙잡아오 는 것을 허락하고 있다. 이는 태어난 읍을 떠나 다른 영주에게 도망쳐서 생활하는 자가 있음을 보여주며, 또한 이전 같으면 태어난 읍을 떠나

대극정과 명문
총높이 93.1cm

생활하기가 거의 불가능하였는데 당시는 다른 영지에서 생활의 길을 찾는 것이 가능해졌다는 증거다.

앞에서도 보았듯이 이 무렵이 되면 새로운 영지를 손에 넣는 것이 불가능해졌기 때문에 귀족이나 영주는 개간을 통해 산림을 경지로 바꾸려고 하였는데, 이때 다른 영지의 농민들을 유인했을 것이다. 농민의 입장에서 볼 때 농민은 읍에 계속 얽매어 착취를 당하기보다는 새로운 토지로 가서 조금이라도 유리한 생활을 하려고 했을 것이다.

또한 귀족들은 영지를 둘러싸고 격렬하게 싸웠다. 후기에는 이러한 토지에 대한 소송을 기록한 금문이 몇 개 남아 있다. 그 중 하나인 도정(曶鼎)이라는 명문에 의하면, 한 읍내의 농민 가운데 5명이 그 읍에 거주하며 본래의 토지를 경작하는 조건으로 다른 영주에게 양도된 기록이 있다. 즉 하나의 읍이 두 명의 영주에게 분할된 것이다. 이것은 본래 하나의 생활체였던 읍이 인위적으로 분할되었다는 이야기가 된다. 이때 5명을 양도받은 영주는 본래 읍의 관리자에 대해 5명이 읍에 거주하며 전지를 경작하도록 서약을 맺었던 것이다.

따라서 이 5명은 자신들의 생활을 확보하기 위해서도 새로운 영주의 강력한 비호를 필요로 했고, 때문에 영주와 농민 사이에는 개인적인 관계가 생겨 영주는 개개 농민을 지배하게 된 것이 아닌가 하고 생각된다. 이 점은 다른 영지로 도망친 농민도 마찬가지였다.

읍에서 강화되는 농민의 독립성

이렇게 개개 농민에 대해 지배하는 방법을 알게 된 영주는 종래 읍 단위로 지배하고 있던 농민에 대해서도 점차 개개 농민을 파악하는 방향으로 나아가게 된 것이 아닌가 생각된다.

이러한 변화의 근저에는 읍을 구성하고 있던 혈족집단 내부에 개개 세대(부부와 자식을 중심으로 한 세대)의 독립성이 강화되어 간 사실이 있었을 것이다. 선왕宣王이 다시 인구조사를 행하여 개개 농민까지도 직접 파악하려고 한 것은 이러한 혈족집단=읍이라는 단위가 분해되는 상황, 즉 사회의 새로운 움직임에 대응하려는 것이기도 하였다. 그리고 당연히 이것은 중간에서 농민을 관리하고 있던 사람이나 귀족과는 그 이해가 상반되는 것이었다. 결국 선왕의 새로운 시도는 실패로 끝났다. 그러나 이러한 새로운 움직임은 춘추시대에 걸쳐 서서히 진행되어 시대를 전환시키게 되었다. 그러한 의미에서 당시 중국에서도 여러 방면에서 가장 앞서나가고 있던 섬서 지방에서 먼저 그런 움직임이 나타났던 것이다. 이 점에서 서주 후기라는 시대의 특수성이 있다.

제9장 패자覇者의 시대

1. 주왕조의 동천 전후

춘추전사春秋前史 50년

기원전 771년 유왕이 살해되고 서주왕조가 멸망하자, 이듬해인 기원전 770년 유왕의 아들 평왕平王이 동쪽 낙양에 있던 성주에서 주왕에 즉위하였다. 이때부터 주왕실이 진秦에게 멸망당하는 기원전 256년을 거쳐, 진에 의해 중국세계가 통일된 기원전 221년까지를 동주東周 혹은 춘추전국春秋戰國 시대라고 부른다. 엄밀히 말하면 동주시대란 기원전 256년 주왕실이 멸망할 때까지며, 춘추시대는 기원전 722년부터 기원전 479년까지다. 춘추시대란, 공자가 주공단 자손의 나라인 노魯의 공실公室에 대한 기록을 기본으로 하여 편찬했다고 전해지는 연대기에 기록된 기간으로서 이 연대기의 이름이 『춘추春秋』라고 불리기 때문이다.

그러나 보통 평왕이 즉위한 기원전 770년부터 진晉의 귀족이었던 한韓·위魏·조趙의 삼가三家가 진의 집정자 지백知伯을 살해함으로써 사실상 진이 3분된 기원전 453년까지를 춘추시대라고 한다. 따라서 약 50년간의 『춘추春秋』 전사前史와 약 30년간의 후사後史를 포함하여 춘추시대라고 한다. 우선 문제로 삼을 것은 앞 부분인 50년 동안 어떠한 일이 일어났는가 하는 점이다.

동천한 주 평왕을 도운 곽虢·정鄭 두 나라

곽국虢國의 토끼 모양 청동기

1956년부터 57년에 걸쳐서 하남성 섬현陝縣의 동쪽 교외 상촌령上村嶺에서 황하의 댐공사로 발견된 다수의 묘가 발굴조사되었다. 그때 몇몇 묘에서 많은 청동기가 나왔다. 그리고 명문銘文을 통해 이 묘가 곽국虢國 귀족의 묘이며 서주 말부터 춘추 초의 것임이 밝혀졌다.

곽이라는 나라는 현재 섬서성 서부 보계현寶鷄縣에 문왕의 동생인 곽숙虢叔이 봉건받은 나라였다. 선왕宣王 때에는 곽의 문공文公이 왕실 대신이 되어, 선왕이 적전藉田(천자가 천제조묘天帝祖廟에 바치기 위해 스스로 경작하는 땅)의 예禮를 폐지하려는 것에 대해 간하고 있다. 곽은 이후 평왕이 성주로 동천했을 때 하남성 섬현으로 옮겼다고 한다. 그러나 실제로는 이보다 앞서 이미 선왕 때에 이주를 시작했던 것 같다.

또한 선왕에 의해 현재 섬서성 화현 역림棫林에 봉건받았던 정鄭도 평왕의 동천 때에 함께 동쪽으로 옮겨, 현재 하남성 신정현新鄭縣에 정착했다고 한다. 그러나 정에 대해서는 이미 초대 환공 때 동방으로의 이주를 시작했다는 자료가 고전에 전해진다.

곽·정 두 나라는 동천한 평왕을 도와 주왕실을 성주에 정착시키고 왕실의 체면을 유지하는 데 기여했다고 한다. 이 두 나라는 선왕 때 종주에서 동서로 나뉘어 왕실을 보호했던 것과 마찬가지로 성주를 중심으로 동에 정, 서에 곽이 동서에서 왕실을 도왔다.

『춘추좌씨전』이 전하는 바에 의하면 정의 환공은 예로부터 역림으로 옮겨와 있던 은민殷民의 자손과 함께 동쪽으로 가서 잡초를 베고 황무지를 개척하여 고초를 거듭한 끝에 차츰 나라를 세웠다고 한다. 물론 이는 과장된 이야기지만 평왕과 동시에 동천했다고 한다면 아마 자국 건설에

240

힘을 쏟느라 평왕을 돕는 것은 도저히 불가능했을 것이다. 이 점은 괵도 마찬가지다. 아마 유왕 때에는 이미 양국 모두 동방에 발을 디뎌놓았을 것으로 생각된다.

서주 말기 귀족의 동방 이동

그런데 최근 고고학의 성과에 따르면 서주 말기, 춘추 초기로 생각되는 청동기가 각지에서 발굴되고 있다. 앞서 서주에 대해 설명할 때 서주 후기가 되면 청동기 출토가 주로 위하 유역으로 한정되어 간다고 설명한 적이 있다. 확실히 후기에는 그러한 현상이 보이며 그 나름의 역사적 의의를 갖고 있지만, 혼선을 피하기 위해 서주 말기부터 춘추 초기의 문제에 대해서는 일부러 포함시키지 않았다. 이에 다시 이 문제를 다루고자 한다.

예를 들면 산동성의 추현鄒縣이나 호북성의 경산京山 유적은 유적 연대로는 서주 말·춘추 초기지만, 발견된 청동기는 서주 후기 양식을 띠면서 일부는 약한 선이

증중유부호鄫中游父壺 호북성 경산京山 출토. 서주 말기

있는 것도 있다. 또한 금문의 문자는 서주 후기 그대로다. 따라서 이들 청동기가 서주 말기의 것인지 춘추시대 이후의 것인지를 구별하기는 불가능하다. 또한 금문의 내용을 보면 제후나 대부가 스스로 즐기기 위해, 혹은 일족의 여성을 시집보내는 도구로 청동기를 제작했다고 기록된 간단한 것이 많기 때문에 이런 점에서도 시대를 명확히 판별하기 곤란하다.

그러나 서주 후기 도시에서 제작되었던 것과 같은 양식의 청동기가 말기에 급격하게 지방에서 제작된 것은 도시 기술자들이 그 시기에 동방으로 이주했기 때문이 아닐까 생각된다. 그리고 그 이주는 유왕 때의 서주 멸망이라는 한 시점에서 시작된 것은 아니고, 아마 여왕의 망명과 공화행정

共和行政이라는 대사건이 쇠퇴해 가는 주왕실의 귀족에게 큰 동요를 일으켜 동방으로의 이주가 이루어졌을 것이다.

그 결과 공왕 때부터 점차 소원해지고 있던 주왕실과 동방 제후의 관계가 다시 긴밀해지기 시작했다. 그 하나의 징후가 앞서 서술한 노魯의 후위侯位 계승에 대한 선왕의 간섭이다. 이것은 결과적으로 왕실에게는 부정적으로 막을 내렸지만, 동방에 대한 관심을 보인 것임에는 틀림없다.

주왕실 동천의 배후인 북방민족의 압력

그런데 이때 동방과 다시 관련을 맺게 된 것은 전기 때와 같이 서주왕조의 힘이 넘쳐 동쪽으로 분출한 것이 아니라, 쇠퇴해 가던 왕실을 단념한 사람들이 동쪽으로 도망한 것이라는 점에서 큰 차이가 있다. 유왕은 견융에게 살해되었지만, 서주 말기에는 왕조의 쇠퇴를 틈타 북방으로부터 견융 등이 남하를 강화하여 그것이 점차 왕실을 약화시키고 사람들의 동방으로의 유출을 촉진시켰다. 정鄭 환공桓公이 이미 왕실이 멸망하기 이전에 동방으로의 이주를 의도한 것도 이러한 정세를 고려했기 때문일 것이다.

이처럼 북방 산지로부터 융족의 남하는 주실의 동천 후에도 계속되어, 섬서 지역은 훗날 진秦의 세력이 커질 때까지 완전히 이민족의 손에 넘어갔다. 동시에 남하의 경향은 동방에서도 있었다고 생각된다. 즉 기원전 706년에는 북융北戎이 제齊에 침입했기 때문에 정의 태자 홀忽이 이를 구원하여 북융을 패배시켰고, 또한 기원전 7세기 전반에 형邢과 위衛가 적狄이라는 북쪽 이민족에게 각 도읍에서 내몰린 것도 기원전 8세기 이래 북방 이민족의 남하라는 큰 움직임에 의한 것이었다. 더욱이 융과 적의 북방인 시베리아로부터 몽골 초원에 걸쳐 새로운 움직임이 시작되었으며, 이것이 중국 북부의 융이나 적 등으로 불린 이민족에게 영향을 주어 남하하였을 것이다.

서주가 도읍을 동방으로 옮긴 것은 동아시아에서 일어난 커다란 움직임의 일환으로서, 단순히 유왕 때의 왕조 멸망이라는 한 사건에 의한 것은 아니었다. 이미 이 사건 이전부터 시작된 것이었다. 그러므로 정의 무공武公은 낙양으로 동천해 온 평왕을 도와 왕실 체면을 유지시킬 정도의 힘을 스스로 갖추고 있었던 것이다.

그런데 동방에 봉건받은 제후는 서주 후기가 되면 그 역사가 분명치 않게 되는데, 이는 제후가 멸망했다는 뜻은 아니다. 예를 들어 하-남성 준현 신촌의 발굴에 의하면, 위후衛侯나 위 귀족들의 묘지로 서주의 목왕 때부터 춘추 초기 사이의 묘가 다수 있으며, 더욱이 각 시대에 걸쳐 대귀족을 매장한 것으로 보이는 대묘大墓도 있다.

또한 노魯 지역에서 서방으로부터 이주한 기술자를 받아들여 귀족들이 많은 청동기를 만든 것을 보면, 자료로 구체적인 설명은 할 수 없지만 서주 전기의 봉건에 이어서 노후魯侯를 중심으로 귀족들이 농민을 수탈하면서 이 지방을 지배한 것을 알 수 있다. 노나 위만이 아니고 황하 하류인 동방의 나라들이 모두 같은 상황이었으리라고 생각된다.

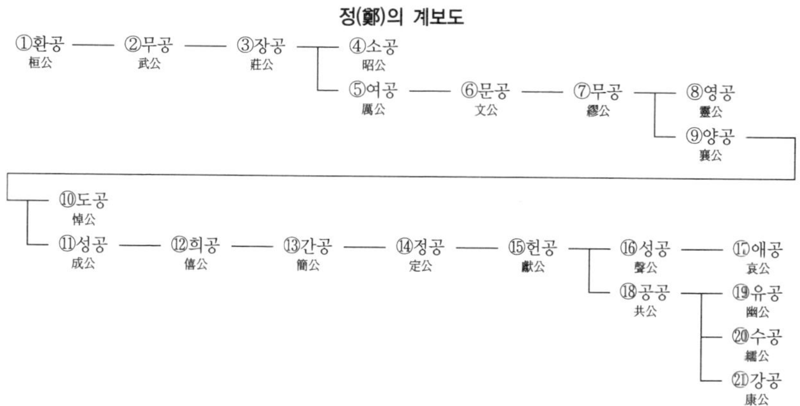

동주 왕권의 실추

이리하여 『춘추』에 기록된 시기로 들어가게 된다. 사마천은 『사기』 「십이제후연표十二諸侯年表」에서 이 시기에 활약한 주요 나라로 노魯·제齊·진

晉·진秦·초楚·송宋·위衛·진陳·채蔡·조曹·정鄭·연燕·오吳 등 13국을 들고 있다. 이 가운데 가장 먼저 두각을 나타낸 것은 정나라였다.

정의 초대 환공을 이은 무공은 주왕실의 사도司徒로서 주왕실 부흥에 힘썼다. 그런데 그 뒤를 이은 장공莊公 때에는 세력이 점점 커져 주의 영내를 침입하고 수확을 앞둔 곡물을 약탈하기도 했다. 이에 노한 주의 환왕桓王이 인사하러 온 장공을 예禮로써 대우하지 않았다. 귀국한 장공은 주에 대한 분노로 기원전 715년 정의 팽祊이라는 토지와 노의 허許를 교환해 버렸다. 이는 주왕에 대한 중대한 도전이었다.

서주의 봉건제도에 대해 설명했듯이 제후는 영지 이외에도 토지를 받아 왕실에 봉사할 의무를 지고 있다. 여기에서 말한 정의 팽은 노에 가까운 현재 산동성 비현費縣의 땅으로, 왕실 대신 정이 태산泰山에 제사지낼 때 그 경비를 충당하기 위한 토지로서 주어진 것이었다. 또한 허는 현재 하남성 허창현許昌縣에 있는 땅으로 정의 남쪽에 있었다. 이는 노후魯侯가 왕실에 조근朝覲할 때 사용하도록 주어진 땅이었다. 따라서 정과 노가 그러한 토지들을 교환한 것은 주왕에 의해 부과된 임무를 내팽개친다는 것을 의미했다. 즉 노는 조근을 그만두고 정은 태산 제사를 폐한다고 천하에 선언함으로써 주왕의 권위를 부정한 것이었다.

이뿐만이 아니었다. 기원전 712년이 되면 주의 환왕은 멋대로 정나라의 오郞(지금의 하남성 언사현偃師縣 서남) 등의 땅을 거두어들이고, 대신 주의 온溫(지금의 하남성 온현溫縣 서남) 등의 토지를 주었다. 오는 황하의 남안인 정나라에 가까운 땅인 것에 비해, 온은 황하의 북쪽에 있는 땅이어서 정나라 사람들은 이 교환에 불만을 품었으며 또한 주어진 온 땅은 원래 주왕이 천신天神의 명을 받아 지신地神에게 맹세하는 곳으로, 이를 멋대로 교환한 것은 주왕 스스로 자신의 배후에 있는 종교적 권위를 부정한 셈이었다.

이처럼 주왕실은 서쪽의 종주를 버림으로써 실추하고 있던 권위를 자신의 손으로 저하시켰을 뿐 아니라, 제후의 신뢰도 떨어뜨렸다.

이러한 교환을 싫어한 정나라의 장공은 마침내 주왕실에 대한 조근을 그만두어 버렸다. 이에 노한 환왕은 기원전 707년 채蔡·위衛·진陳 등의 제후 군대를 모아 직접 정나라 정벌에 나섰으나 오히려 패배하고 환왕 자신도 정나라의 장군 축담祝聃이 쏜 화살에 어깨를 맞아 부상당해 체면을 실추했다.

정의 내란을 틈탄 중원의 전장화戰場化

한편 정나라는 이 기회를 틈타 제齊에 침입한 북방의 융을 토벌하고 제를 구원하기 위해 태자 홀을 파견하여 융을 격퇴하였다. 이제 황하 유역의 역사는 정나라를 중심으로 움직이는 것 같이 보였다. 그러나 정도 장공의 사후 후위侯位를 둘러싸고 내란이 일어났고, 더욱이 이에 송宋·노魯· 위衛·채蔡·진陳 등의 제후가 개입했기 때문에 중원은 싸움터로 변했고 정의 국력은 쇠약해졌다. 중원中原이란 고대 중국에서 중심이 되는 지역으로 황하 유역에서도 특히 하남성 내의 지역, 즉 낙양을 중심으로 하는 지역이다. 본래 중국이라는 말도 이 중원과 동의어였다.

이 사이 중원 이외의 주변 지역에서 새로운 움직임이 일어났다. 즉, 서쪽의 진秦, 북쪽의 진晋, 동쪽의 제齊, 남쪽의 초楚가 각기 자국의 주변을 개척하거나 소국들을 그 지배 하에 두고 큰 힘을 쌓고 있었다. 그 가운데에서 도 최초로 중원에 나온 것은 제나라였다.

2. 패자의 출현

제齊의 번영을 말해주는 거대한 도시 유적

제나라는 서주왕조 건설에 최대 공로자의 한 사람이었던 태공망 여상이 현재의 산동성 임치臨淄에 해당하는 영구營邱에 봉건받은 나라다. 원대元代에 만들어진 지금의 임치현성臨淄縣城 북쪽에 거대한 유적이 있으며 성 내에서 서주 후기 이래의 유물과 유적이 발견되고 있는데, 특히 그 대부분은

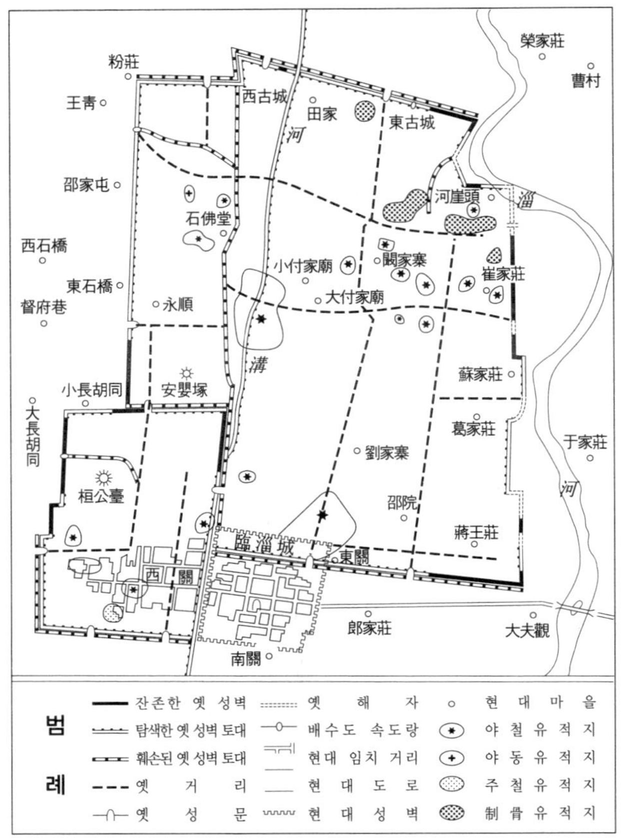

제나라 임치 도성 평면도

춘추부터 전한前漢시대의 유적으로서 제齊의 수도가 춘추 이래 대상공업
도시로 번영하였다는 이야기를 잘 보여준다. 이 성지는 동주시대를 대표하
는 것이기 때문에 이야기가 약간 옆길로 빠지기는 하지만 이에 대해서
약간 설명해 두고자 한다.

제나라 수도의 성곽은 대성大城과 그 서남 모서리에 돌출한 소성小城으로
이루어졌다. 모두 거의 장방형이지만 자연 조건 등으로 인해 성벽은 굴곡이
있다. 현재는 이미 소멸된 부분도 있지만 대부분의 형태는 복원할 수
있다. 대성의 서쪽 벽은 2,812m, 북쪽 벽은 3,316m, 동쪽 벽은 5,209m,
남쪽 벽은 2,821m이고, 기저부의 벽 두께는 가장 얇은 남쪽 벽이 17~25m,
동쪽 벽이 20~26m, 이 밖에는 33~43m나 되는 거대한 성이다. 소성은

246

동쪽 벽 2,195m, 남쪽 벽 1,402m, 서쪽 벽 2,274m, 북쪽 벽 1,404m, 벽 두께는 기저부가 20~30m 정도다. 결국 이 소성만으로도 현재 임치현성의 배 이상이 된다. 대성의 동쪽 벽은 치하淄河에 접하여 치하가 자연 호濠로 되어 있지만, 그 밖의 곳은 모두 성벽 바깥쪽에 폭 10~30m에 깊이 3m 정도의 호수를 파서 물을 끌어들여 성곽을 보호하고자 했다. 소성의 동·서·북 등 세 벽에는 각각 하나, 남벽에는 둘, 대성의 동·서 벽에 각각 하나, 남·북의 벽에 각 두 개의 성문이 남아 있다. 그 부분은 성벽에 난간을 내어 달고 건물을 지어 문의 수비에 편리하게 했으며 호수에는 다리를 놓았다.

문의 폭은 10~20m에 달하며, 문에서 동서, 혹은 남북으로 폭 10~20m의 간선도로가 거의 직선으로 통하고 있다. 보존이 잘된 곳은 대성 북벽의 동문과 남벽의 서문을 잇는 도로로 전체 4,400m가 남아 있다. 이 밖에 성 내에는 배수구가 만들어져 있고, 성벽에 만들어진 수문을 통해 해자나 치하로 흘러나가게 되어 있다.

소성 내에는 북반부에 광대한 기단이 있고, 그 위에 환공대桓公臺라고 불리는, 현재 14m 높이만 남아 있는 토대가 있다. 남북 86m의 타원형이며 3층으로 되어 있다. 이 대臺는 춘추 제일의 패자인 환공의 이름을 따서 현재까지 환공대라고 불리고 있다. 그러나 과연 환공에 의해 조성된 것인지 는 분명치 않다. 제나라 하면 환공을 떠올릴 정도로 역사에 이름을 남긴 인물의 이름을 붙인 것이리라.

이러한 토대는 춘추부터 한漢에 걸쳐 널리 조성되었던 대사臺榭[1] 건축이라 고 불리는 고루高樓의 토대로, 귀족들은 이 위에서 제사를 지내고 경치를 즐기며 주연을 열고 활로 새를 사냥했다. 이 토대에 있는 소성의 북반北半은 제후齊侯가 거주하는 장소였을 것이다.

토대 주변은 문화층 퇴적도 두텁다. 대성 내에는 동북부에 문화층이 퇴적되어 있고, 서주 후기부터 한대에 걸쳐 4~5층으로 퇴적되어 있는

---

1) 누각과 정자로서, 주로 호화스러운 건물을 가리킨다.

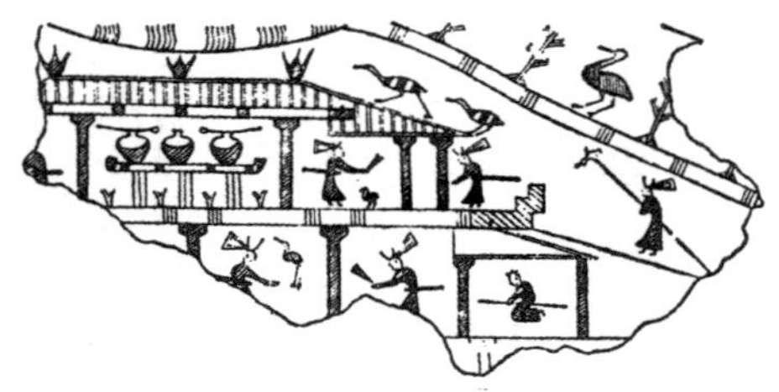

대사臺榭 건축 산서성 장치시長治市 분수령分水嶺 출토

곳도 있다. 이 지역에서는 동주시대의 제철, 철기 주조의 유적지라고 추정되는 장소가 몇 군데 발견되었다. 또한 소성 내에서도 주철소나 전국시대의 화폐 주조소가 발견되었다. 더욱이 흥미로운 것은 이들 유적지나 문화의 퇴적 장소가 간선도로에 의해 몇 개의 구획으로 나눠진 점이다. 이것은 성이 조성될 때 간선도로를 따라 성내를 계획적으로 구획하고 거기에 사람들을 거주시켰음을 알려준다.

이처럼 다소라도 계획성을 갖추고 거주가 이루어진 점은 하북성 역현易縣 근처에서 발견된 전국시대 연燕의 수도에서도 마찬가지였다. 임치의 대성 안은 동북이 높고 서쪽이 낮게 되어 있기 때문에 거주 지역을 비롯한 유적지가 동북부에 집중되어 있다. 『전국책戰國策』「제책齊策」에는 "전국시대 제의 수도 임치에는 하층 시민만도 7만 호가 있었고 유사시에는 20여만 명의 병사가 있었다. 도시는 부를 누렸고 길에서는 수레가 서로 부딪히고 사람과 사람의 어깨가 부딪혔으며, 만약 사람마다 한 번 땀을 흘리면 비가 오는 것처럼 생각될 정도로 붐볐다"라고 전하여 상공업 중심지인 이 도시가 얼마나 번영했던가를 말해주고 있다.

제의 도읍은 춘추전국시대의 선진도시를 대표하는데, 최근 들어 춘추시대에는 후진지역으로 여겼던 진秦의 도읍인 옹성雍城의 모습이 부상되었다. 옹성은 현재의 섬서성 봉상현치鳳翔縣治 바로 남쪽에 있으며 동서 3,300m, 남북 3,200m의 약간 마름모꼴의 방형 성곽으로 둘러싸여 있다. 여기에 진이 도읍을 둔 것은 제6대 덕공德公 원년(기원전 677년)부터 제24대 헌공獻公 2년(기원전 383년)까지다. 성내에서는 여러 곳에서 궁전의 건축유적이 발견되었다.

요가강姚家崗 서쪽에서는 궁전이라고 생각할 만한 것이 1기基, 겨울철에 절단한 천연 얼음을 저장해 두는 능음陵陰(얼음창고)으로 보이는 유적이 하나,

248

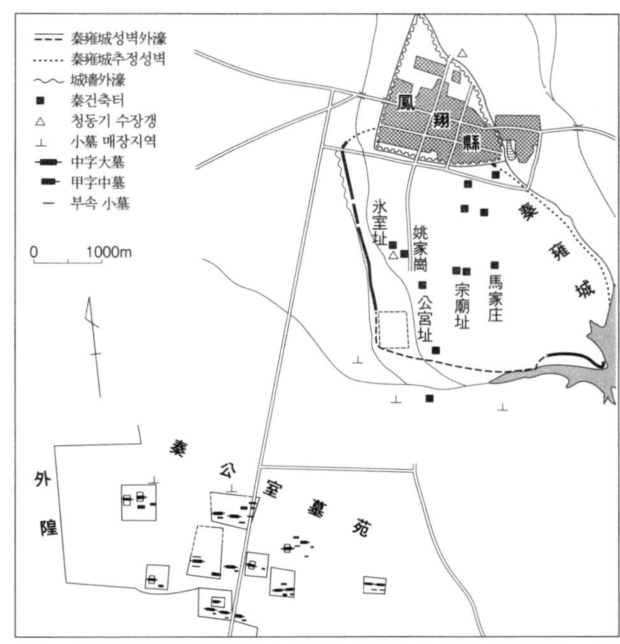

진秦의 옹성雍城과
묘원墓苑의 근교도

청동제의 건축조립용 부품이 많이 매장된 수혈 3개 지역이 발견되었다.
또 마가장馬家莊 북쪽에는 4개의 건축군이 발견되었는데, 그 중 하나는
남쪽의 정전正殿과 동서의 행랑과 대문으로 이루어져 있었으며 이 건물들에
둘러싸인 중정中庭에는 희생된 사람, 소, 양 등이 매장된 제사 갱이 181개
발굴되었다. 이 건축군은 조상제사를 지낸 종묘터로 생각된다.

종묘의 서쪽 500m 지역에서는 각각 중정中庭을 갖고 주위를 토벽으로
둘러싸고, 각 부분의 남쪽 토벽에 달린 문으로 남북 한 줄로 연결된 5개
부분으로 구성된 건축군이 발견되었다. 이 건축군은 조침朝寢, 즉 진공秦公이
공적·사적 생활에 사용한 건물과 귀족들의 집회용 건물을 포함한 것이라고
전해지고 있다. 말하자면 옹성 내에서 중심이 되는 공궁公宮이었다.

이 밖에 2개의 건축군은 파괴가 심해서 건물 형태나 배치는 판명되지
않았지만 두 건축군 모두 춘추 중기에서 말기까지의 것이다. 이 밖에
옹성 주위에서도 몇몇 지역에서 건축터가 발견되었는데 그 중에는 전국시
대의 것도 있고 진왕 정政(후의 시황제)이 가관加冠 의식을 거행했다고 전해지는

기년紀年 궁터로 생각되는 유적도 있다.

한편 이 옹성의 서남쪽 10km 지점에는 진 공실의 묘원墓苑이 설치되어 있었다. 묘원 전체는 외황호外隍濠(공굴空堀)에 의하여 방호되었고 다시 몇 기의 묘가 무리를 이루어 중굴中堀로 에워싸여 있다. 이것은 공公 한 명의 묘를 중심으로 하여 그의 부인 또는 수장되는 거마車馬를 넣은 갱 등 같은 시기에 매장된 묘를 일군으로 하여 그 주위를 에워싼 굴이었다. 다시 장방형 묘실에 동서로 묘도를 만든 中자형 대묘의 묘실 부분을 둘러싼 내굴內堀이 만들어져 있는 것도 있는데, 이는 가장 안쪽의 묘실 부분으로의 침입을 막기 위한 것이다. 이 中자형 대묘는 18기가 발견되었는데, 아마도 진공과 그 부인의 묘라고 생각된다.

이 묘원 안에서는 44기의 묘가 확인되었으나 아직 발굴되지 않은 묘도 있고 발굴된 것도 도굴로 인한 파괴가 심하여 어느 묘가 어느 공公의 묘인지는 불분명하다. 中자형 대묘 가운데 제일 큰 M1호 묘는 묘실이 동서 59.4m, 남북 38.45m, 깊이 24.5m, 동쪽 묘도의 길이가 156.1m, 서쪽 묘도 84.5m, 양 묘도와 묘실을 합하여 동서 전체 길이가 300m나 되는 거대한 것으로, 선진시대의 왕묘와 공묘들 가운데에서 최대 규모다. 다행히 필자는 발굴이 곽실 윗부분까지 진행되어 20m에 이르는 단계에서 이 묘를 볼 수 있었는데 그 깊이에 압도되어 현기증을 느낄 정도였다.

이 묘에서 출토된 석경石磬(석제 타악기) 위의 각문刻文으로 보건대 제13대 경공景公(기원전 576~537년 재위)의 묘가 아닌가 추측된다. 이 묘에서는 200명 가까운 순장자의 인골이 발견되었으며 이 묘원과 옹성 사이에는 많은 중소형 묘가 발견되었다. 아마 귀족이나 서민의 묘역이었다고 생각된다.

이와 같이 살펴볼 때 종묘라든가 조침이라든가 하는 건축군의 구조는 고전에 전해진 제도에 가까우며 또한 中자형 대묘의 규모, 묘원의 구성으로 보아 이제까지 관념적으로 얘기되어 온 진의 후진성이라는 것도 재고하지 않을 수 없다.

250

춘추 전반기에 활약하고 춘추 오패五覇에도 속하는 제9대 목공穆公(기원전 659~621년 재위) 때의 『춘추좌씨전』에서 보이는 진의 정황은 경제적으로도 막강한 힘을 갖고 있었다고 추측된다. 서주왕조 멸망 후 섬서 지방은 황폐화되었다고 하지만, 춘추 초기에는 서북 감숙 지방으로부터의 인구 유입이 상당히 많아서 진은 이들 서북 이민족을 지배 하에 두고 토지 개발을 실시하여 경제적인 면으로나 병력 면으로나 힘을 갖고 있었다고 생각된다.

이 서북으로부터의 인구 유입은, 옹성 남쪽의 일반인 묘지에 매장된 소묘에 서북 지역과 같은 굴지장이 많이 보이고 또한 앞에서 언급한 M1호 대묘의 순장자에서도 굴지장이 많이 발견되는 것으로 보아도 명확하다. 서주시대의 묘는 신전장을 기본으로 하였던 데 비해, 굴지장은 이민족의 유입과 함께 섬서 지구로 확대된 풍습으로 생각된다. 춘추시대에 와서도 신전장이 기본이었던 중원 지역 사람들에게 굴지장 풍습은 야만적인 것으로 여겨졌고 그것이 문화적으로 진의 후진성을 나타내는 한 원인이 된 것이다.

그러면 이제 본 주제로 돌아가자.

동쪽의 패자覇者 ― 제齊의 환공桓公

태공망 여상에 의해 건국된 후 제나라의 역사는 다른 제후국과 마찬가지로 거의 분명치 않지만 제14대 양공襄公(기원전 697~686 재위) 때부터 다시 분명해진다. 양공은 임치의 동남쪽에 있던 기紀를 압박하여 기원전 690년에 제에 병합했다. 본래 기는 제와 같은 성姓(강姜)의 나라로서 산동성 수광현壽光縣에 있었지만, 예로부터 노魯(지금의 산동성 곡부曲阜)와 친한 관계에 있었고 노를 통해 주왕실과도 혼인관계를 맺고 있었다.

노는 기紀를 제와의 완충지대로 삼고 있었던 것 같다. 따라서 기가 제에 병합될 때, 이를 막지 못했던 사실은 노에게는 큰 타격이었다. 노는 본래 동방의 진호鎭護로서 주공(실제로 나라를 세운 것은 장남 백금伯禽이다)에게 봉한 나라였지만, 제에 의해 발언을 봉쇄당한 것은 노의 세력 내지는 주 일족의 세력이 쇠퇴한 것을 보여주는 것이었다. 뿐만 아니라 양공은 노의 환공에게 시집간 여동생 문강文姜과 사통하다가 이 일이 적발되자 노 환공을 죽였다. 이에 노의 체면은 완전히 무너졌다.

양공이 죽은 후 제는 한때 어지러웠지만 뒤이은 환공이 제위를 다투던 자규子糾의 신하 관중管仲을 재상으로 삼아 국정을 맡겨 패자가 되었다. 『춘추』에 따르면 기원전 6세기 전반에 제를 중심으로 한 회맹會盟이 자주 이루어졌고, 여기에 참가한 것은 제를 비롯하여 노魯·송宋·조曹·진陳 등 동제후東諸侯로 불린 나라들이었다. 또한 회맹의 장소가 동방에 치우친 것은 당시 국제관계가 제를 중심으로 움직이고 있었음을 보여준다.

환공은 이 회맹에서 신의를 가장 중요시하였다고 한다. 특히 기원전 667년 유幽(지금의 산동성 조현曹縣 서남)에서 행한 회맹으로 동방 제후의 연합이 이루어지고 제 환공이 그 중심을 차지하게 됨으로써 주왕으로부터 패자霸者로 삼으라는 명을 받았다고 한다.

환공에 의한 '존망存亡'과 '계절繼絶'

그 후 제 환공은 적적赤狄이라는 이민족에게 멸망당한 위衛를 도와 문공을 세워 초구楚丘(지금의 산동성 복양현濮陽縣)에서 위를 재흥시키고, 제후를 이끌고 위를 위해 초구에 성을 쌓아주었다고 한다. 또한 적적은 형邢나라도 멸망시켜 버렸는데, 이에 이의夷儀(지금의 산동성 연성현聯城縣)로 나라를 옮겨 재흥시켜 주었다.

위는 원래 주의 일족이었던 강숙康叔이 봉건 받은 나라로, 은殷의 옛 땅을 받았기 때문에 하남성 조가朝歌 부근에 수도를 두고 있던 중요한 나라였다. 형나라도 주나라와 동성이라고 하는데, 처음에는 하북성 형대시邢台市에 나라를 세웠다. 그러나 춘추시대에는 이보다 남쪽으로 이주했던 것 같다. 위는 은의 지역을 다스리고 형은 북방에 대비해야 할 중요한 나라였지만, 이때에 이르러서는 두 나라 모두 북방으로부터 이민족의 압박을 받아 고전하고 있었다. 그러한 상황에서 환공이 그들의 멸망을 막고 재흥시켜 준 것을 '존망存亡'이라고 하고, 또 노의 내란을 수습하여 희공僖公의 자리를 안정시킨 것을 '계절繼絶'이라고 하여 모두 환공의 훌륭한 업적으로 전하고 있다.

이러한 일들은 본래 주왕이 해야 할 일로서, 그 점에서 중국을 통솔하는 왕된 자로서의 면모가 서는 것이다. 따라서 환공이 융적을 물리치고 증국의 제후를 구했다는 것은 왕된 자를 대신한 일로서 중시된다. 환공은 주왕조에 의해 세워진 질서를 유지하고자 했던 것이다.

그런데 이때 남방의 초楚가 점차 강력해지며 북상을 꾀하고 있었다.

규구葵丘의 회會

초楚나라는 형荊나라로도 불렸는데, 예로부터 강회江淮 지방에 세력을 두고 있던 나라였다. 서주 전기의 금문에도 초의 정벌 사실이 기록되어 있다. 춘추시대에 들어와 기원전 7세기 말경부터 주변 제후를 압박하였고, 특히 초의 북방진로에 해당하는 정은 제와 초 사이에 끼어 때로는 제와, 때로는 초와 관계를 맺고 있었다.

기원전 658년 초가 정에 침입했다. 이에 기원전 657년 제 환공은 초를 토벌하기 위해 제후를 모아 그 이듬해 제齊·노魯·송宋·진陳 등 각국의 군대가 초를 토벌하였으며, 마침내 제후는 소릉召陵(지금의 하남성 언성현郾城縣 동쪽)에서 초와 맹세하여 일단은 초의 북진을 막을 수 있었다.

기원전 651년 환공은 제후를 규구葵丘(지금의 하남성 고성현考城縣 동쪽)로 불러 모아 회맹을 행했다. 이를 '규구의 회'라고 하는데, 춘추시대의 회맹 중에서 가장 유명하다. 이때의 맹약 내용이 『맹자』「고자하편告子下篇」에 기록되어 있다.

제1조 불효자를 죽이며, 태자를 교체하거나 첩을 처로 삼지 않는다.

제2조 현인을 존경하며, 재능 있는 사람을 키우며, 우수한 사람을 빛나게 한다.

제3조 노인을 공경하고, 어린이를 사랑하며, 멀리서 온 사람이나 여행자에게 마음을 쓴다.

제4조 사土가 벼슬을 세습하지 않게 하고, 관의 업무를 겸임하지 않게 하며, 사土를 뽑는 데에는 반드시 우수한 자를 얻도록 한다. 군주라고 해도 멋대로 대부大夫를 죽이지 않는다.

제5조 제방을 멋대로 변경하지 않으며, 수리水利를 독점해서는 안 된다. 타국 사람이 곡물을 구입하는 것을 막아서는 안 된다. 사람을 분봉할 때에는 맹주盟主에게 보고해야 한다.

패자의 책무

제1조부터 제3조까지는 도덕적 문제지만, 일부다처인 제후나 귀족의 입장에서 제1조 등은 자칫 내란을 야기할 수도 있는 중대한 위험이 있었다. 제4조와 제5조는 정치적 문제다. 더구나 이 정치적 문제는 제후가 회합해서 맹세한 것이지만, 외교적인 것은 아니고 오히려 국내 정치적인 것이다. 제5조는 확실히 대외적인 것을 포함하고 있지만, 그것조차도 세력관계에 기초한 것은 아니다.

그 이유는 이들이 주왕의 명령에 의해 행해진 봉건제도에 기초한 것으로 그 제도와 정신을 각 국이 지키면 중국은 평화로이 보전된다고 생각하고 있었기 때문이다. 설령 주왕이 실제적 권위를 잃었다고 해도 주왕조로 대표되는 중국의 문명을 지키는 것이 패자의 중요한 임무였던 것이다.

이 회맹 때에 주왕은 경사卿士(재상)인 주공공周公孔을 파견하여 문왕과 무왕의 제사에 올렸던 간육干肉을 보내고, 또 섬돌 아래로 내려가 절하는 것을 면제해 주고자 했지만, 환공은 왕자王者를 존경하여 섬돌 아래로 내려가 사자에게 절하고 사물賜物을 받았다고 한다. 이는 제후가 주왕에 대한 존경을 보인 것이라고 한다.

이 '규구의 회'는 춘추 제1의 패자로서 환공의 최고 절정이었다. 이 때부터 환공은 노쇠함을 역력히 드러내고 정치에 싫증을 느꼈다. 특히 관중이 죽고나서부터는 완전히 생기를 잃고 마침내 기원전 643년에 죽었다. 환공은 생전에 많은 부인을 사랑하여 그의 사후에 계승 다툼으로 내란이 일어나, 그 유해가 65일이나 방치되어 구더기가 들끓어 문밖으로 삐져나오기까지 했다고 한다. 생전의 활약에 비하면 비참한 사후였다. 환공으로부터 사후의 일을 의뢰받았던 송의 양공襄公은 조曹(지금의 산동성 정도현定陶縣 서북)·위衛·주邾(지금의 산동성 추현鄒縣)의 병사를 이끌고 제로 진격하여 환공의 유촉대로 효공孝公을 세웠으며, 이에 제의 내란은 평정되었다.[2]

3. 중원의 확대

홍하泓河의 싸움 — 초의 북상과 '송양宋襄의 인仁'

송宋은 은 주왕紂王의 배다른 형인 미자가 지금의 하남성 상구현商邱縣 남쪽에 분봉 받은 나라로, 옛 문화를 지녀 주왕조로부터 특별한 대우를 받고 있었다. 양공은 이러한 입장을 이용하면서 제 환공 대신에 동방의 제후를 모아 패자가 되려고 하였다. 그리하여 조曹·주邾 등의 제후와 회맹하였지만, 기원전 638년 남방의 초와 벌인 싸움에서 대패하였다. 이듬해 양공 자신도 그때 입은 부상으로 사망하였으므로 결국 패자가 될 기회를 잃어버렸다.

이 싸움에서 홍하泓河를 끼고 대치하던 초의 대군이 홍하를 건너 진격해 왔다. 양공襄公의 신하인 목이目夷는 초가 홍하를 건너 진을 갖추지 못한 틈을 타서 공격할 것을 권했다. 그러나 양공은 적의 틈을 이용해 공격하는 것은 군자가 할 바가 아니라고 말렸으며, 결국 중과부적으로 패했다. 사람들은 양공의 이러한 태도를 '송양宋襄의 인仁(배려)'이라고 하여 양공을 분수를 모르는 어리석은 자의 대표로 보고 있다. 결국 패자가 될 만한 통찰력이

---

2) 박봉주, 「제국 경제와 『관자(管子)』의 경제 정책론」, 『동양사학연구』 52, 1995.

없었다고 할 수 있다.

어쨌든 만족蠻族시되었던 초에게 오랜 전통을 지닌 송宋이 패한 것은 새로운 시대의 시작을 알린 것이었다. 이 싸움이 일어난 것은 기원전 638년, 『춘추』에 따른다면 노 희공 22년이지만, 『춘추』나 『춘추』를 역사적 입장에서 해석한 『춘추좌씨전』을 통해 보면 희공 20년대부터 역사의 움직임에 큰 변화가 나타나기 시작한다. 이를 단적으로 보여준 것이 홍하의 싸움이었다.

은·주 이래 중국의 역사는 무어라 해도 황하 유역이 중심이었고 강회江淮 지방이 등장할 경우도 황하 유역과의 관련에서 문제가 되는 것이 대부분이었다. 그러나 초의 북진 이후 양자는 대등한 주역으로, 역사는 황하 유역으로부터 회하, 장강 유역까지 포함한 무대 위에서 전개된다. 그리고 먼저 주도권을 잡은 것이 산서성 남부에서 발흥한 진晉이었다.

진晉의 대두─무공武公과 헌공獻公

진은 주의 성왕이 동생 숙우叔虞(=당숙唐叔)를 현재 산서성 태원시 근처의 당唐에 분봉한 것이 처음으로, 그의 아들 섭燮 때에 남쪽의 익翼(산서성 익성현翼城縣)으로 옮겨 진이라고 칭하게 되었다. 진의 봉건에 대한 것은 6장 초에 인용한 『춘추좌씨전』에 언급되어 있지만, 그 기사에 함께 언급된 노·위와는 다른 점이 있었다. 특히 노·위가 은의 정치방법을 기준으로 하고 또 토지의 측량에는 주의 척도를 따랐던 데 반해, 진의 경우는 주의 전전대前前代인 하夏의 정치를 기준으로 삼고 토지의 측량에는 원주민인 융戎의 척도를 이용해야만 했다.

익성현은 분하汾河의 지류인 회하澮河에 연한 지역으로 부근에는 이전에 주의 선조가 살던 곳이 있었으나 서방으로 이동할 때 융적에게 점거당해 버렸다. 따라서 진이 산서에 봉건되었을 때 융적을 통치하게 되었고, 주변의 융적을 정벌하면서 나라를 유지해 왔을 것이다. 앞에서 다루었듯이 최근

이 일대의 발굴이 실시되어 3대째인 무후武侯부터 제11대 문후文侯까지의
묘가 판명되었다. 묘 규모의 변화로 보아 진의 국력이 점점 부강해졌음을
알 수 있다. 다만 정치·사회 같은 진 역사의 구체적인 움직임에 대해서는
명확한 사료를 구할 수가 없다.

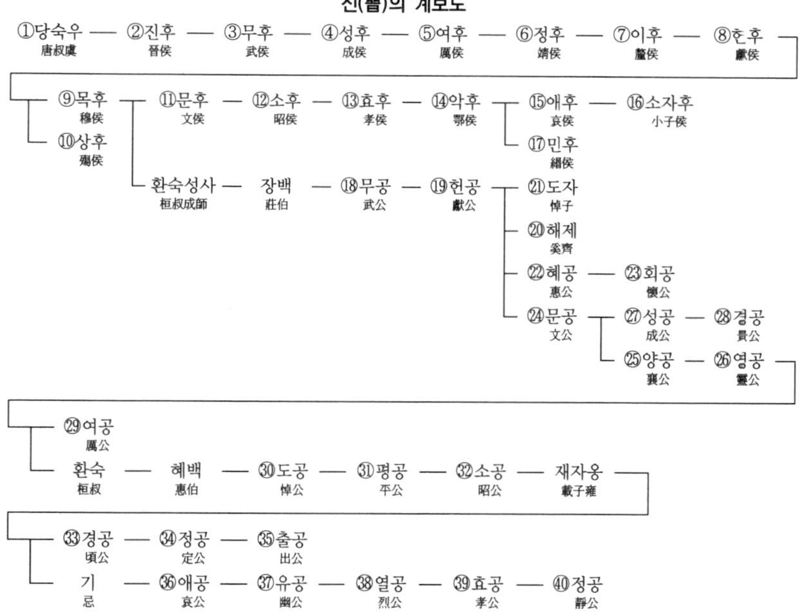

진(晉)의 계보도

제11대 문후 때에는 주 평왕의 동천을 도와서, 그 공을 평왕이 칭찬했다는
말이 『상서』에 남아 있다. 다음 소후昭侯 때에는 문후의 동생인 성사成師를
분가시켜 곡옥曲沃(지금의 산서성 곡옥의 서쪽 후마시侯馬市 부근)에 분봉했다. 당시의
곡옥은 수도인 익翼보다 컸고 성사도 인망을 얻어 점차 본가本家를 압도하게
되어 결국은 성사의 손자인 무공이 기원전 678년에 본가인 진의 민후緡侯를
무너뜨리고 재보財寶를 모두 주 희왕僖王에게 바쳤다. 이 때문에 희왕은
무공을 진후로서 인정해 버렸다.

주왕에 의해 임명된 봉건제도는 토지를 지배하는 한편 일족 사이의 본가·분가의 질서를 지키는 중요한 지주였기 때문에, 주왕은 당연히 제후와 함께 무공을 토벌해야 했음에도 역으로 이를 승인했다는 것은 봉건제도 자체를 주왕 스스로 부정한 것이 되어 버렸다. 물론 이러한 움직임은 시대 그 자체가 봉건제도를 붕괴시켰기 때문이기도 하지만, 이를 주왕이 공인한 셈이 되어 주왕 그 자체의 필요성도 약화시키는 결과를 낳았던 것이다.

이어서 무공의 아들인 헌공獻公(기원전 676~651 재위)은 일족 가운데 증조부인 성사와 조부인 장백莊伯 계통의 세력이 강하여 공실公室을 능가할 정도가 되었기 때문에 수년에 걸쳐 그 일족을 분열시켜 모두 죽여 버렸다. 그 결과 헌공은 정치권력을 자신에게 집중할 수 있게 되었다.

그 후 헌공은 힘을 밖으로 뻗쳐 곽霍(지금의 산서성 곽현 서쪽)·경耿(지금의 산서성 하진현河津縣 동남)·위魏(지금의 산서성 예성현芮城縣 서쪽) 등 주왕실 계통의 소국들을 정복하고, 기원전 655년에는 괵虢(지금의 하남성 섬현) 및 우虞(지금의 산서성 평륙현平陸縣)를 멸망시켜 산서성 남부에서 하남성 서부를 확보하는 데 성공했다. 진의 본거가 있던 익은 본래 교통이 편리하지 못해 중원으로부터 고립되는 경향이 있었지만, 우를 얻고 괵까지 얻게 되면서 중원 특히 낙양과의 왕래가 편리해지게 되었다.

서두에서도 언급했지만 동천한 주왕실을 도운 것은 정과 괵이었으므로, 그 하나인 괵을 얻은 진은 이후 주왕실에 대한 영향력을 발동하기가 더 쉬워졌다. 지도로 보면 이 익성현의 동쪽에도 소수小水(지금의 심하沁河)와 청수淸水(지금의 호청하㴞淸河)의 상류가 있었지만, 당시 이 지역에는 융의 세력이 강해 진이 이를 이용하기에는 아직 충분치 못하여 서쪽으로 돌아가는 길을 취했던 것이다.

중원에 대한 거점 확보-진晉의 문공文公

헌공 사후 진晉에는 내란이 계속되었지만 19년 동안이나 여러 나라에 망명해 있던 중이重耳가 진秦 목공穆公의 도움을 받아 기원전 636년에 귀국해서 회공懷公을 죽이고 제후 자리에 올랐다. 그가 문공(기원전 636~628 재위)이다.[3] 문공은 내정을 정비하고 특히 옛 공신들의 자손을 등용하여 진 일족을 대우하며 인재를 발탁하여 민정을 담당케 하고, 사士에게는 공전公田을 주었다고 한다. 토지 그 자체를 준 것인지, 혹은 일정한 토지에서 나오는 조세를 준 것인지는 분명치 않다. 그러나 이것은 국가가 전사戰士의 경제적 기반을 직접 마련해 줌으로써 안심하고 싸울 수 있는 체제를 갖춘 것을 의미하며 그 후 진의 확장을 가능케 했다.

때마침 기원전 636년 주왕실에 내란이 일어나 북방 이민족이 여기에 개입하였다. 그 이듬해 문공은 이 내란을 진정시켰으며, 정으로 도망한 주나라의 양왕을 복귀시켰기 때문에 양왕은 문공에게 남양南陽 땅을 주었다. 남양은 황하와 태항산맥 남쪽 사이에 낀 지역으로 원래 위衛의 땅이었지만, 북방 이민족인 적狄이 위를 쫓아내고 차지하고 있었다. 문공은 이 기회에 왕실을 돕는다는 명목으로 행동을 개시하여 적을 내몰고 남양 땅을 지배하에 두었고, 주왕은 이를 승인하였을 것이다.

이로써 진은 수도인 익으로부터 호청하와 심하沁河 유역을 거쳐 중원으로 직접 통하게 되었고, 또한 동방 및 남방으로의 교통이 용이하게 되었다. 이 남양의 땅을 얻지 못했다면 훗날 초와의 싸움에서 승리를 거둘 수 없었을 것이고, 진의 패업霸業도 없었을 것이다.

문공文公, 패자霸者로

그런데 『춘추』에는 진이 남양 땅을 얻은 기원전 634년의 이듬해 즉 기원전 633년에 "초인楚人·진후陳侯·채후蔡侯·정백鄭伯·허남許男이 송宋을 포

위했다"고 기록되어 있다. 여기에서 초인이란 초의 대부로 보이기 때문에 위의 기록은 진후·채후·정백·허남 등의 제후가 신분이 한 단계 낮은 초의 대부에게 이끌려 송의 수도를 포위한 것이라고 생각된다. 즉 하남 동부에 있던 제후가 초의 세력 하에 들어가게 된 것이다.

이때 송은 진에게 원조를 구했다. 진은 문공이 망명해 있는 동안 송의 보호를 받은 적이 있고 또한 이를 기회로 초를 물리쳐서 패자가 되고자, 이군二軍을 삼군三軍으로 늘리고 기원전 632년 먼저 초의 동맹국인 조曹·위衛 두 나라를 공격하여 항복을 받아냈다. 초는 두 나라를 구하고자 했으나, 진은 제齊·송宋·진秦의 군대와 함께 성복城濮(지금의 산동성 복현濮縣 동남)에서 초를 대패시켰다. 이로써 초의 북진을 재차 막아낸 것이다.

진 문왕은 돌아오는 길에 천토踐土(지금의 하남성 형양현滎陽縣 동북)에 임시로 왕궁을 지어 주왕을 초청하여 제후와 회맹하고, 초의 포로와 탈취한 전차를 왕에게 헌납했다. 왕은 문공을 패자로 인정하고 대로大輅(제후의 신분을 상징하는 청동 장식이 달린 수레)와 동궁동시彤弓彤矢(붉은 활과 화살) 등과 호분虎賁(용사) 3백 명을 주었다고 한다. 이때 문공은 제후와 더불어 "모두 왕실을 도우며 서로 해치지 말라. 이 맹세를 어기는 자가 있으면 명신明神이 이를 타도하여 그 군軍을 잃고 나라가 온전치 못하게 될 것이다. 그의 현손玄孫에 이르기까지 어린이와 노인뿐 아니라 백성도 없어지리라"라고 맹세했다고 한다.

패자로서의 진晉의 후계자들

그런데 제 환공이 규구에서 행한 맹세가 구체적인 목적을 갖고 있었던 데 비하여, 이번의 맹세는 추상적인 것이었다. 이런 차이는 단순히 표현의 차이만은 아니다. 환공과 문공이 똑같이 패자라고 불리면서도 실질적으로는 큰 차이가 있었음을 알 수 있다. 진 문공의 맹세는 왕실을 돕는 것만을 말하며, 이에 따른 구체적 행위와 이로써 형성된 질서는 보이지 않는다. 그만큼 존왕尊王은 명목에 지나지 않았던 것이다. 그리고 문공이 주왕을

영공靈公과 조돈趙盾 진晉의 영공
은 충신 조돈(좌)을 싫어하여 개
를 부추겨 덤벼들게 하여 그를
습격하였다(한대 화상석).

천토踐土로 불러낸 태도 그 자체가 이미 존왕에 대한 진실한 의식이 약했음을
보인 것이다.

이후 진晉은 당시 서방에서 차츰 힘을 기르고 있던 진秦 목공穆公(기원전
659~621 재위)을 누르는 데도 성공했다. 진秦 목공은 이전에 진晉 문공을
도와 진후晉侯의 자리에 오르게 했고, 성복의 싸움에서도 진晉과 행동을
같이했기 때문에 진晉에게는 좋은 동맹국이었다. 문공이 죽은 기원전 628년
의 이듬해 진秦이 정을 침입하고자 했다. 패자로서 중원의 평화유지를
임무로 삼고 있던 진晉의 양공(기원전 627~621 재위)은 진秦의 정벌에 나서
효殽(지금의 하남성 낙영현洛寧縣 북쪽)에서 패배시키고 진秦을 섬서로 몰아내는
데 성공했다.

진晉의 국세는 이후 양공, 영공靈公(기원전 620~607 재위), 성공成公(기원전
606~600 재위) 시기에는 오히려 쇠퇴했지만, 여전히 중원에서 패자의 지위를
지키고 있었다. 그러나 중심이 된 것은 진후晉侯가 아니라 경卿인 조돈趙盾이
었다. 그런데 그의 정책은 무력행사보다는 현상을 어떻게 평화로운 무위無爲
속에 보존해 갈 것인가 하는 소극적 정책이었다고 전해진다. 그리고 이
사이에 남방 초의 세력이 강대해져 남북대립의 형세가 뚜렷해져 갔다.

4. 남북의 대립

초楚의 대두 4)

---

4) 초나라에 관한 연구는 다음을 참조. 박봉주, 「춘추시대 초국의 중앙정치 구조」, 『역사문화연구』,
  2005 ; 박봉주, 「전국시대 초지역의 우주자연관에 대한 일고찰」, 『역사문화연구』 21, 2004 ; 박
  봉주, 「전형 초문화의 발전과 그 의미」, 『중국학보』 45, 2002 ; 박봉주, 「곽점초간의 군천론과
  그 초국사적 의미」, 『동양사학연구』, 2002.

초나라의 기원에 대해서는 웅역熊繹이란 자가 주 무왕에게서 형荊(지금의 호북성 자귀현秭歸縣) 지역을 분봉받은 것에서 비롯되었다고 하나 확실치 않다. 그러나 서주 전기 금문에도 초후楚侯·초백楚伯·초楚 등을 정벌했다는 기록이 있고, 또한 중기에는 남으로 초형楚荊을 정벌했다고도 되어 있다.

따라서 초가 일찍부터 남방에서 세력을 지니고 있었음을 알 수 있으며, 춘추시대에는 기원전 710년에 "채후蔡侯와 정백鄭伯이 등鄧(지금의 하남성 언성현鄢城縣 동남)에서 회합했다"고 한 것에 대해, 이는 "이때 비로소 초의 위협을 느꼈기 때문"이라고 설명되어 있는 것이 초에 대한 최초의 기록이다. 하남 남부에 있던 채·정 두 나라에 초의 영향이 나타나기 시작한 것이다.

기원전 706년에는 "초의 무왕武王이 수隨를 침입"했다고 한다. 즉 주의 일족인 수(지금의 호북성 수현隨縣)에 초의 무왕이 군사를 이끌고 침입한 것이다. 기원전 704년 무왕은 남방 제후와 침록沈鹿(지금의 호북성 종상현鍾祥縣 동쪽)에서 회맹하여 수隨를 정벌하여 항복시켰다. 이 남방의 제후가 어느 나라들인가 는 구체적으로 분명치 않지만, 그때 수와 황黃이 회맹에 참가하지 않았다는 점이 문제로 되고 있다. 황이 회하 상류, 지금의 하남성 황천현潢川縣 서쪽에 있던 나라라는 점을 생각하면, 앞서 언급한 채(지금의 하남성 상채현上蔡縣) 부근까 지 초의 힘이 침투했음을 알 수 있다. 앞서 채후와 정백이 등에서 만난 것도 이러한 초의 세력 파급을 두려워했기 때문이다.

이 사이 초는 등鄧(앞의 등과는 다른 지역으로 지금의 호북성 양양현襄陽縣 동남)·신申(지금의 하남성 남양시南陽市 북쪽)을 멸망시키고, 한편으로는 채·정 등에 침입하여 북방에 대한 압력을 가중시켰다. 한편 성왕成王(기원전 671~626 재위) 때부터 북방 여러 나라에 사자를 보내 외교적으로도 중원의 제후와 정식으로 교섭을 갖게 되었다. 그러나 이러한 초의 북진도 앞서 살폈듯이 제 환공과 진 문공에 의해 두 차례에 걸쳐 저지당하였다. 그러나 진 문공이 죽은 후 진이 소극적 정책을 취하자 재차 침공을 시작해 목왕穆王(기원전 625~613 재위)은 강江(지금의 하남성 정양현正陽縣 동남)·육六(지금의 안휘성 안현安縣 북쪽)·요蓼(지

262

금의 하남성 당현唐縣 남쪽)를 멸망시켜, 역사는 진과 초의 대립이라는 형세로
움직여 나갔다.

장왕莊王 때 확대된 초의 세력

목왕의 뒤를 이은 것이 장왕莊王(기원전 613~591 재위)이다. 장왕이 즉위한
직후 국내에서는 대부들의 항쟁과 대기근이 있었고, 더구나 용국庸國(지금의
호북성 죽산현竹山縣)의 침입을 받는 등 국난이 겹쳤다. 그러나 오히려 용국을
멸망시켜 위기를 극복하고 내정을 수습하여 국력을 부흥시켰다. 이런
정세를 보고 정은 진晉의 규제를 벗어나 초와 동맹을 맺고, 초와 함께
진陳·송宋을 침입하게 되었다. 이때 진과 송을 구원하려 했던 진晉의 군대는
정·초 동맹군에게 북림北林(지금의 하남성 정주시鄭州市 동남)에서 패했다.

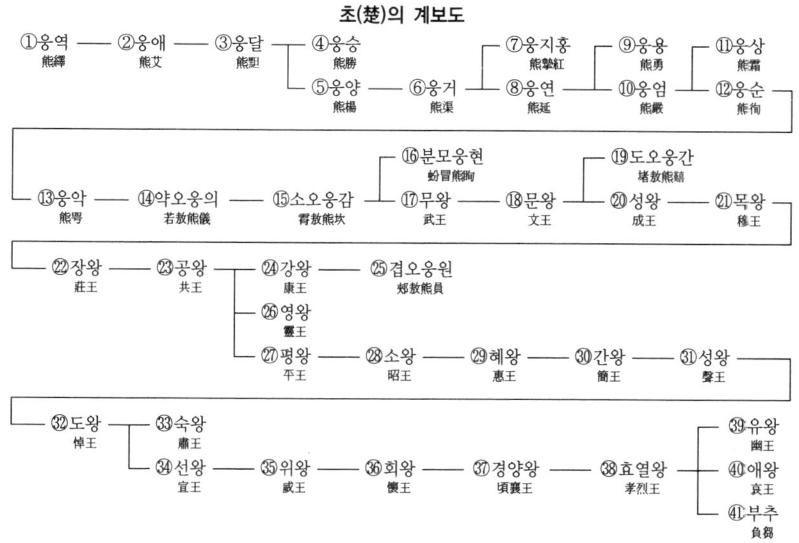

초(楚)의 계보도

이에 기원전 606년에 장왕은 하남 남부인 이하伊河 상류에 있던 육혼陸渾의
융戎을 치고 계속해서 낙하洛河 부근인 주의 국경에서 성대한 관병식觀兵式을

거행했다고 한다. 그때 주 정왕定王은 대부인 왕손만王孫滿을 사자로 보내 장왕을 위로하게 했는데 그 자리에서 장왕은 주왕실에 전수되고 있던 9개의 보정寶鼎의 크기와 무게를 물었다고 한다. 이 보정은 왕위의 상징으로서 하·은·주로 전수되어 왔다고 하는 것이다. 장왕의 질문에는 이를 초로 옮기고자 하는 의도가 있었던 것이다.

이 말은 물론 후인이 초의 힘을 보이기 위해 지어낸 것이겠지만 그 힘의 일단을 보여주는 것이라 하겠다.

기원전 601년에 장왕은 배후인 남쪽을 안전하게 하기 위해 안휘에 있던 군서群舒를 정벌하고, 나아가 이때 겨우 역사에 등장하기 시작한 오吳·월越과 맹약盟을 맺었다고 한다.

기원전 599년이 되면 진陳에서는 하징서夏徵舒라는 인물이 그 군주인 영공靈公(기원전 613~599 재위)을 죽인다. 진晉은 패자로서 이 하징서를 토벌하지 않았지만 초의 장왕은 이를 물리쳐 그 죄를 바로잡았는데 이는 장왕이 패자에 걸맞는 태도를 갖추고 있었음을 보여준 것이라 할 수 있다.

진晉·초楚의 대립과 중원 여러 나라의 이합離合

이처럼 북방으로 진출하기 시작한 초와 패자인 진晉 사이에 끼인 나라들은 그때그때의 압력에 따라 어느 쪽인가에 복종하는 태도를 취했다. 특히 정은 교통상의 요충에 위치하였기 때문에 양국으로부터 압력을 한 몸에 받았다. 기원전 600년 전후로 양국으로부터 자주 침입을 받고 그때마다 초를 따르거나 진을 따르거나 했는데 그러한 상황을 보여주는 것으로 다음과 같은 이야기가 기록되어 있다. 기원전 598년 봄, 초가 정을 정벌하여 역櫟(지금의 하남성 우현禹縣)까지 침입해 왔을 때 정의 대부인 자량子良이라는 자가 다음과 같이 말했다.

진과 초 두 나라는 덕을 닦으려 하지 않고 힘을 다해 싸우고만 있다. 그러므로 우리로서는 공격해 오는 쪽을 따르기만 하면 된다. 진도 초도

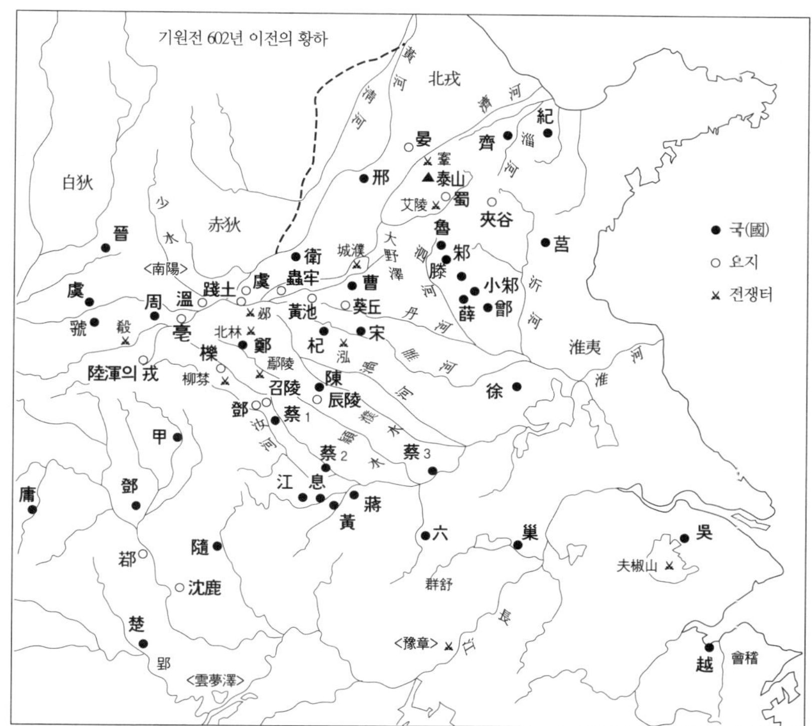

진초晉楚의 대립 상황도

신의가 없기 때문에 우리도 의리를 내세울 필요는 없다. (『춘추좌씨전』 선공宣公 11년)

이 말은 당시 중국에 힘의 시대가 도래하였음을 보여준다. 이 전후의 정황을 『춘추좌씨전』에서 발췌하여 보면 다음과 같다.

선공宣公 5년(기원전 604) 겨울, 초 장왕이 정을 공격했다. 이때 진陳은 초와 동맹을 맺고 있었기 때문에 진晉의 순림보荀林父가 정을 구하기 위해 진陳을 공격했다.

선공 6년(기원전 603) 봄, 진晉과 위衛가 진陳을 침공했다. 진陳이 초楚를 따랐기 때문이다. 겨울, 초의 대부가 정을 공격해서 화목을 약속받고 귀환했다.

선공 7년(기원전 602) 가을, 정이 진晉과 화의를 맺었다. 이는 정의 공자公子

송宋의 생각에 의한 것이다.

선공 8년(기원전 601) 겨울, 진陳이 진晉과 화의를 맺었다. 이에 초의 군대가 진陳을 공격하여 화해를 약속받고 귀환했다.

선공 9년(기원전 600) 9월, 진후晉侯·송공宋公·위후衛侯·정백鄭伯·조백曹伯이 호扈(지금의 하남성 원무현原武縣 서북, 정鄭의 영지)에서 회합했다. 진晉을 따르지 않는 제후를 공격하려는 상담을 하기 위해서였다. 진후陳侯는 초를 따랐기 때문에 참가하지 않았고, 진晉의 순림보는 제후의 군대를 이끌고 진陳을 공격했다. 겨울에는 초자楚子가 정을 공격했다. 진晉의 극결郤缺이 정을 구원하고 정백은 초군을 유분柳棼(지금의 하남성 양성현襄城縣 동쪽, 정鄭의 영지)에서 패배시켰다.

선공 10년(기원전 599) 여름, 정이 초와 화해를 맺었다. 이에 노한 진晉·송·위·조曹의 군대가 정을 공격하고, 화해를 약속받고 돌아왔다. 겨울, 정이 진陳과 화해한 것에 노한 초자(초왕의 작위는 '자子'였다)가 정을 공격하자 진晉의 사회士會가 정을 구원하고 초의 군을 영하潁河의 북쪽에서 물리치고 제후의 군대가 정의 수비에 임했다.

선공 11년(기원전 598) 봄, 초자가 정을 공격하고 력櫟(지금의 하남성 우현禹縣, 정鄭의 영지)까지 이르렀다. 여름, 초자·진후陳侯·정백이 진릉辰陵(지금의 하남성 회양현准陽縣 서남, 진陳의 영지)에서 회맹했다. 진陳·정이 초에 복종했기 때문이다.

선공 12년(기원전 597) 봄, 초자가 정의 수도를 포위했다. 정백에게 화해를 허락하고 자량子良이 초의 인질이 되었다. 여름, 진군晉軍이 정을 구원했다.

필邲의 전투—진의 패배와 초의 제패

위와 같이 기원전 597년 초는 정을 포위하고 이를 구원하려 한 진晉나라 군과 싸우게 되었다. 이것이 유명한 필邲(지금의 하남성 정현鄭縣 동쪽, 정鄭의 영지)의 전투다. 이 싸움에서 진晉은 크게 패하였고 초는 북쪽을 집어삼켜 초 장왕의 위세가 크게 올라갔으며, 중원 제후에 대한 그의 압력이 더욱 커졌다. 그 후 장왕은 제와 연합하여 진晉에 맞서고, 또 노魯와 관계를 맺고 있던 송을 공격하여, 정·진陳·송·노 등의 중원 제후는 모두 초를 따랐다. 진晉의 위신은 실추되고 장왕의 패업覇業이 이루어졌다.

그렇다고 해도 장왕은 제 환공이나 진晉 문공의 경우처럼 제후를 모아 회맹會盟을 행하여, 주왕실을 중심으로 중국 질서를 유지하려고 하지 않았다. 그 이유는 첫째로는 중원 제후의 정신적 유대로 되어 있던 주왕실이 명분과 실제의 양면에서 존재 의의를 잃어버렸기 때문이다. 이에 따라 지켜야 할 예도 질서도 잃어버렸던 것이다.

또 초로서는 중원 문화를 적극적으로 받아들이고는 있었지만 애츠부터 중원과는 다른 정신적인 배경을 갖고 있었으므로, 이제까지와 마찬가지로 중화적 사고방식으로 제후를 엮으려고 하지 않았기 때문이다. 그리고 중원 제후의 입장에서 보면 야만시하던 초가 중원으로 진출함으로써 '중원中原이 곧 중화中華'라는 의식은 엷어지게 되었을 것이다. 여기서 춘추오패에 대해서 보자.

춘추오패春秋五霸

제 환공과 같이 일단 주왕을 대신하여 중원 제후에게 호령을 한 뛰어난 제후를 오행설五行說에 맞추어 5명이라고 한 것은 전국戰國시대에 오힝설이 유행했을 때 나온 것이다. 가장 이른 자료는 『순자荀子』다. 그 「왕패편王霸篇」에는 ① 제 환공·진 문공·초 장왕·오왕吳王 합려闔閭·월왕越王 구천勾踐을 들고 있다. 한대漢代의 『백호통白虎通』「호편號篇」에는 ② 제 환공·진晉 문공·진秦 목공·초 장왕·오왕 합려를, 또한 ③ 제 환공·진晉 문공·진秦 목공·송 양왕襄王·초 장왕이라는 설도 들고 있다. 또 『한서漢書』에서는 ④ 제 환공·진 문공·진 목공·송 양공·오왕 부차夫差를 들고 있다. 그러나 실제로 5명을 반드시 필요로 하는 것이 아니며 또한 역으로 5명으로 한정될 필요도 없지만, 문제는 ①, ②, ④의 설처럼 오왕이나 월왕을 넣기보다는 같은 춘추시대라 하더라도 각기 활약한 시대적 배경이 다르므로 연대적으로 초 장왕을 하나의 획으로 삼고 그 이후는 따로 생각하는 편이 나을 것이다.

즉, 초 장왕의 패업은 중국의 역사라는 것이 중원만의 역사가 아니며 실은 오랑캐로 천시하던 초까지 포함할 뿐만 아니라 그것 없이는 성립할

수 없다는 사실을 북방 제후에게 절감케 하였다. 뿐만 아니라 이는 주왕실이
정한 봉건제도에 기초한 사회질서의 무력화와 붕괴도 분명히 보여준 것이
다.

북쪽 진晋의 세력 만회

동검과 상아로 만든 칼집 낙양 중주로中州路
2415묘 출토. 춘추 중기

그런데 초의 압력으로 한때 눌려 있던 진晋은 그
사이에 힘을 서북으로 향했다. 산서·하북의 북부에
거주하고 있던 적狄은 위와 형 등을 멸망시키고 남하
했지만 제 환공·진 문공 등의 힘에 눌렸다. 그러나
문공 사후 다시 남하를 시작하여 진晋에도 침입했다.
문공의 뒤를 이은 양공은 스스로도 전쟁에 나가
백적白狄을 패배시켰지만, 진晋의 총대장 선진先軫까
지 전사할 정도의 격전에서 적狄의 힘은 강했다.
경공景公(기원전 599~581 재위) 때가 되면 진晋은 적의
세력을 끊기 위해 그 중심 세력이었던 적적赤狄을
고립시키고, 기원전 593년에는 먼저 일부인 갑씨甲氏
·유우留吁·탁신鐸辰을 멸망시켰다. 나아가 기원전 588년에는 진晋·위衛 연합
군이 장구여廧咎如라는 적적의 일부를 멸망시켰다. 이로써 적적을 비롯한
본래의 적은 전멸하고 산서 경내는 완전히 진晋의 세력에 들어가게 되었다.

이로써 진은 다시 힘을 키우고 그 힘은 또 한 번 큰 영향력을 갖기
시작했다. 즉 진이 적을 전멸시키기 1년 전, 초의 세력에 자극 받은 제가
노를 공격하고 노를 구원하러 온 위衛도 패배시켰다. 이에 노·위는 진에
구원을 청했다. 진은 이에 응하여 제를 공격하여 제의 군대를 제하濟河
중류에 있던 안鞌(지금의 산동성 제남시濟南市 서쪽)에서 대패시켰다. 이리하여
북방에서 진晋의 통제력이 재차 강화되었다.

268

송宋의 회합－대부의 주도로 이루어진 남북 평화

그런데 안鞌의 싸움에서 중요한 것이 하나 있다. 그것은 이 전쟁에서 진晉이 출동한 것은 노·위 두 나라의 요청이 있었기 때문이지만, 그 밖에 진의 대부 극극郤克의 제齊에 대한 개인적 복수가 큰 이유 가운데 하나였다. 앞서 진晉의 경卿인 조돈趙盾이 여러 나라를 지휘한 것에 대해 지적했지만, 당시 여러 나라 내에서 대부의 권력 강화 경향이 점차 현저해졌고 이는 그 하나의 현상이었다. 즉 일국 내에서 대부 등이 국가의 구성원으로서 중요한 주도권을 잡게 되었음을 알 수 있다. 또한 그렇기 때문에 국제관계에서는 대부 등의 이해관계에 따라 전쟁이 발생하기도 했다.

안의 싸움 때 초는 제와 동맹관계였기 때문에 정·채蔡·허許 등의 군대를 이끌고 위·노를 공격했다. 위·노는 저항하지 못하고 초와 화해를 맺었지만, 초는 이 기회에 제·노·송·위·정·진陳·채·허·조曹·주邾·설薛·증鄫 및 서방의 진秦 등의 나라와 촉蜀(지금의 산동성 태안현泰安縣 동쪽)에서 회맹했다.

한편 진晉은 기원전 588년 노·송·위·조曹의 제후와 함께 정을 공격하고, 나아가 기원전 586년에도 정을 공격하여 그 기회에 제·노·송·위·정·조·주邾·기杞 등의 제후와 충뢰虫牢(지금의 하남성 봉구현封丘縣 북쪽)에서 회맹을 했다.

이 두 회맹에 참가한 나라들을 보면 대부분의 나라가 두 회맹에 참여하고 있다. 이로써 이들 나라가 늘 진晉·초 양국으로부터 압박을 받고 있었음을 알 수 있다. 더구나 이 사이에 정이나 송을 둘러싸고 작은 싸움이 자주 일어났기 때문에 이들 소국을 비롯한 여러 나라에서는 점차 평화에 대한 요구가 강해졌다. 그 결과 기원전 579년에 송의 대부인 화원華元이 진·초를 설득하여 양국이 부전조약을 체결하게 하는 데 성공했다.

그러나 이 평화는 기원전 576년 초가 정·위를 침공함으로써 깨지고, 기원전 575년에는 진·초 사이에 언릉鄢陵(지금의 하남성 언릉현 서북쪽)에서 대회전大會戰이 벌어졌다. 이 싸움에서 진이 대승을 거두고 초는 공왕共王까지 부상을 당할 정도였다. 이 뒤에도 싸움이 계속 반복됐을 뿐 아니라 진을 비롯해 각국 내부에서는 내란이 빈번히 일어났기 때문에 각국에서는 재차 화평에 대한 요구가 일어나게 되었다. 송의 재상 향술向戌은 초의 영윤令尹인 자목子木, 진의 경卿인 조맹趙孟과의 개인적인 친교관계를 이용하여 양국에 평화를 설득하여 기원전 546년 진晉·초·노·정·채·진陳·허·조·위의 대부가 송의 수도에 모여 평화를 약속했다.

이 송의 회會에서 진·초 양국은 서로 각자의 세력권을 인정하였고, 그 세력권 아래 있는 소국은 상대방 대국에 대해 조공의 의무를 부여받았다. 따라서 소국들은 결국 양국에 조공의 의무를 지게 되어 종속적 입장을 인정해 버렸지만, 어쨌든 그 후 십여 년에 걸친 화평이 보장되었다.

도덕적인 회맹에서 현실적인 회맹으로

송의 회會에서도 알 수 있듯이 당시 중국은 진晉과 초에 의해 남북으로 양분되어 각기 국가 그룹이 형성되어 있었다. 이 점은 향술이 송의 회를 개최하기 위해 진·초와 교섭한 과정에서도 알 수 있다. 그때 서방의 강국 진秦과 동방의 강국 제齊에 대해서는 진·초라고 해도 마음대로 할 수 없었지만, 그 밖의 나라들에 대해서는 그들의 의향을 고려할 필요 없이 교섭을 진행하였다.

이에 대해 각각의 진영 내부에서도 별도의 회맹이 이루어져 공동행동을 기도했다. 그 한 예로서 시대는 조금 거슬러 올라가지만, 기원전 562년 진晉 도공悼公을 중심으로 노·송·위·조·제·거莒·주邾·등滕·설薛·기杞·소주小邾의 제후가 박亳(지금의 하남성 언사현偃師縣)에서 행한 회맹의 맹약을 들 수 있다. 맹서 내용은 다음과 같다.

우리 동맹국은 서로 해마다 수확을 비축하여 흉년에 서로 나눠야 한다. 산이나 강의 산물을 한 나라만 독점해서는 안 된다. 죄인을 은닉해서는 안 된다. 나쁜 일은 조속히 없애야 한다. 재난이나 내란에 서로 돕고 좋은 자와 나쁜 자를 구별하는 기준을 모두 같이하여 왕실을 돕자. 이 맹盟을 어기는 자는 사신司愼·사맹司盟(모두 신의 이름)·명산名山·명천名川·군신群神·군사群祀·선왕先王·선공先公·칠성七姓(희姬·조曹·자子·강姜·기己·사姒·임任의 일곱 혈통) 등 12 나라 신들의 벌을 받으며, 그 백성을 잃으며 군君이 망하며 씨족이 망하며 국가가 무너짐에 이를 것이다.

이 박亳의 회맹 내용을 제 환공의 '규구의 회맹'과 비교해 보면 규구의 회맹이 더욱 도덕적이고, 박의 회맹은 분명히 현실사회의 경제적 혹은 법률적인 면으로 좁혀져 있음을 알 수 있다. 이 점이 시대 차이를 분명히 보여주는 것이라고 할 수 있다. 또한 전국시대에는 많은 소국이 일곱 강대국으로 통일되어 가는 전단계로서, 경제적·법적인 면에서 공동행동을 취했음을 알 수 있다.

이리하여 역사는 춘추시대에서 전국시대로 점차 움직여 갔는데, 그 사이 남방에서는 돌연 큰 변동이 일어났다.

5. 오월吳越의 흥망

합려闔閭에 의한 오吳의 강성 [5]

진·초를 각각 중심으로 하는 남북의 항쟁 속에서 기원전 6세기 중반 무렵이 되면, 강남 지방에서 새로운 두 세력이 나타난다. 오吳와 월越이다.

오는 전설에 의하면 주 문왕의 백부인 태백太伯이 막내동생 왕계王季에게 왕위를 양도하고, 바로 밑의 동생 중옹仲雍과 함께 나라를 떠나 남방의 형만荊蠻으로 가서 몸에 문신을 하고 머리를 풀어헤쳐 그 지방의 풍습을 따르며 그곳에 세운 나라라고 한다. 『사기』에는 그 후의 계보를 게재하고 있지만, 그 밖의 일은 전혀 알 수 없다. 태백의 이야기도 오나라가 강성해졌기 때문에 주와의 관계를 결부시켜 그 가계를 유서 깊은 것처럼 보이려고 만든 것으로 생각된다.

제19대 수몽壽夢(기원전 585~561 재위) 때에 오는 급속히 강성해져서 진晉과

---

5) 이명화, 「춘추시대 오국(吳國)의 패권에 관한 분석」, 『동양사학연구』 73, 2001.

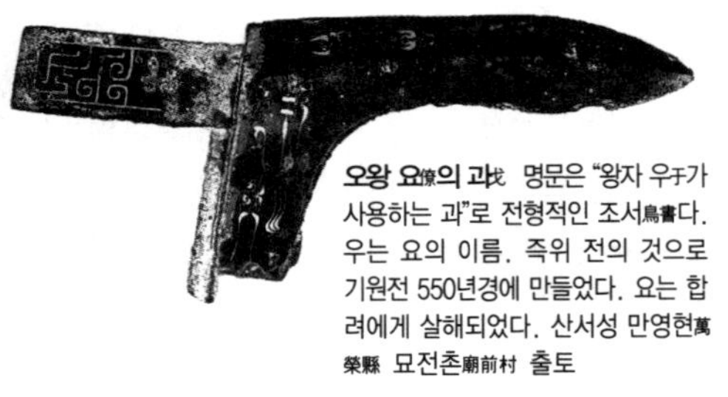

오왕 요僚의 과戈 명문은 "왕자 우于가 사용하는 과"로 전형적인 조서鳥書다. 우는 요의 이름. 즉위 전의 것으로 기원전 550년경에 만들었다. 요는 합려에게 살해되었다. 산서성 만영현萬榮縣 묘전촌廟前村 출토

관계를 맺고 배후에서 초를 위협하게 되었다. 수몽 때에는 강소성의 무석無錫에 국도國都를 두었다. 후에 그의 손자인 합려(기원전 514~496 재위)가 즉위하여 초에서 망명해 온 오원伍員(자는 자서子胥)을 기용하여 국정을 개혁하고 병력을 강화했다. 기원전 508년에 초의 군대를 여장予章(지금의 안휘성 안경시安慶市 일대의 소택지)에서 깨뜨리고, 나아가 이를 추격하여 소巢(지금의 안휘성 소현巢縣)에서도 격파했기 때문에 초는 동쪽 국경을 후퇴시키지 않을 수 없었다.

이어서 기원전 506년에는 채蔡·당唐 두 나라에 응하여 함께 초를 공격하였다. 내분이 일어난 초군楚軍을 격파하고 초의 수도인 영郢(지금의 호북성 강릉현江陵縣 동북부)을 공격했다. 초의 소왕昭王은 불붙인 땔나무를 코끼리에게 끌고 오게 하여 오의 진영에 돌입시키며 방어했지만, 결국 성을 지키지 못하고 성을 탈출해서 운몽택雲夢澤으로 달아났다. 이리하여 오군吳軍은 초의 수도를 점령했다. 이때 오자서伍子胥는 자신의 아버지와 형을 살해하고 일가를 망명하게 만든 초 평왕平王의 묘를 파헤쳐 그 시신에 3백 차례 채찍질하여 부형의 원한을 풀었다고 한다.

초 소왕은 진秦의 원군을 얻어 곧 수도로 돌아올 수 있었다. 그러나 오가 초로 원정한 사이에 남쪽의 월이 오를 공격하였고, 그 혼란을 틈타 동생 부개夫槪가 나라를 탈취하려는 사건이 일어났다. 합려는 급히 귀국하여 부개를 물리치고 수도를 탈환했다.

그러나 그 후에도 오는 매번 초를 격파했다. 이 때문에 초는 다시 국도가 공격받지 않을까 두려워하여 북쪽의 약鄀(지금의 호북성 의성현宜城縣)으로 천도하고 나서야 겨우 안정을 찾을 수 있었다.

오吳의 세력 하에 들어간 채蔡

당시 오와 함께 초를 공격했던 채는 본래 주 문왕의 아들 숙도叔度가
하남성 상채현上蔡縣에 분봉받았던 나라였다. 춘추시대에는 초의 압박을
받아 기원전 530년에는 한때 초의 영왕靈王에게 패망 당하였다. 그러나
이듬해인 기원전 529년에 초 평왕에 의해 나라의 부흥을 인정받아 평후平侯
가 자리를 이었다. 이 평후 때 현재의 신채현新蔡縣으로 옮겼고, 소후昭侯
때 하채下蔡(지금의 안휘성 수현壽縣의 대안對岸)로 옮겼다고 한다. 이 소후 때가
바로 오왕 요僚와 그 다음 합려의 시기에 해당한다. 양국은 친밀한 관계였던
것 같다. 하채로 옮겨 오의 세력 하에 들어가 초의 압력을 피하려고 했을
것이다.

1955년 5월 수현壽縣 현성의 서문西門 안에서 세로 8.45m, 가로 7.1m,
깊이 3.35m의 묘가 발견되었는데, 그 속에서 30여 점의 청동기가
나왔다. 그 중 몇 개는 장문의 명문이 있었는데 그 안에 채의
소후가 누이를 오왕 요에게 시집보낼 때 혼수 도구로 만들었다는
기록이 있고, 또한 오왕 광光(합려가 즉위하기 전 이름)이 채후에게
시집보낸 딸을 위해 만들었다는 명문을 새긴 큰 거울도 나왔다.

이러한 발견은 당시 채와 오의 관계를 뒷받침해 주는 중요한
자료이며, 연대가 분명하여 춘추시대의 청동기 연구에도 귀중하
다.

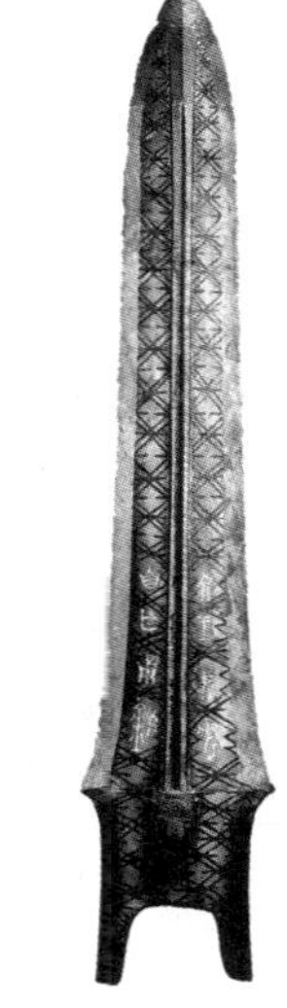

오왕 부차모吳王夫差矛
길이 29.5cm, 호북성 강
릉江陵 마산馬山 5호묘 출
토, "吳王夫差自乍用鈘"
의 8글자가 2행으로 기록
되어 있다.

월왕越王 구천句踐이 오군을 맞아 싸우다

앞서 오를 공격한 것은 월왕 윤상允常이었다. 월은 하夏의
후예인 무여無余라는 자가 회계會稽(지금의 절강성 소흥시紹興市)에 분
봉받은 나라라고 하지만, 계보도 전하지 않는다. 본래는 오와
마찬가지로 연해 지방의 단발문신斷髮文身 풍속을 지닌 이민족이
었다. 윤상은 기원전 496년에 죽고 아들 구천(기원전 496~465

재위)이 그 뒤를 이었다. 이 기회를 노려 오왕 합려는 앞서 침입을 당한 원수를 갚고자 월을 공격했다.

구천은 결사대를 조직하여 오나라 군대의 주의를 끌게 하고, 그 사이에 대군으로 습격하여 오군을 대파했다. 이 때 합려도 부상을 당하여 급히 군을 후퇴시켰지만 도중에 죽었다. 죽음에 임박하여 합려는 태자 부차夫差(기원전 495~473 재위)에게 왕위를 잇게 하고 "구천이 너의 아버지를 죽인 것을 잊지 말라"는 유언을 했고, 부차는 3년 이내에 복수할 것을 맹세했다고 한다.

그 이후 부차는 매일 밤 땔나무 위에서 자며 몸의 통증을 느낄 때마다 아버지의 원수를 생각했다고 한다. 또 뜰에 서 있는 사람들에게 자신이 방으로 들어갈 때마다 "당신의 부친을 죽인 자가 월왕越王인 것을 잊지 마십시오"라고 말하도록 시켜 그때마다 복수를 맹세했다고 한다. 부차는 초에서 온 망명 귀족 백비伯嚭를 재상으로 삼아 군비를 정비하고 병사를 훈련시켰다.

우한왕馭邗王(오왕 부차) 호壺와 그 명문 명문에는 오왕 부차가 황지 회맹(기원전 482)에서 진의 경인 조돈으로부터 증여받은 청동을 사용하여 만들었다고 기록되어 있다.

'회계會稽의 치恥'

기원전 494년 부차는 정병을 모두 이끌고 월을 공격하여 부초산夫椒山(강소성 남부 태호太湖 가운데 있는 섬)에서 월군越軍을 격파하고 그 승리를 기회로 수도를 공격했다. 구천은 5천 명의 군사와 함께 회계산에서 농성籠城했지만 오군吳軍에게 포위당해 도망갈 길을 잃고 화해를 청했다. 이때 오자서는 이를 거절하고자 했지만 구천으로부터 뇌물을 받은 재상 백비의 권고로 부차는 구천을 용서했다.

부차는 월에 승리하여 복수를 했다는 느긋한 느낌으로 교만해져 궁전을 짓고 월에서 보낸 미인 서시西施와 사랑에 빠지기도 했지만, 기원전 488년에는 노魯를 공격하여 오의 반半속국으로 삼았고, 무거운 세금을 거두었다. 또 기원전 484년에는 노와 함께 제를 공격하여 애릉艾陵(지금의 산동성 태안현泰安縣 남쪽)에서 제齊의 군대를 격파했다. 제는 오에게 화해를 구했다. 그야말로 파죽지세였다.

북방에서는 중원의 중심이었던 진晉이 오의 세력을 억제할 필요를 느끼게 되었다. 그 결과 기원전 482년 부차와 제후가 황지黃池(지금의 하남성 봉구현封丘縣 남쪽)에서 만났다. 부차는 이 회맹에서 진晉 정공定公과 맹주 자리를 다투어 마침내 맹주의 자리에 올랐다. 그러나 부차가 정병을 이끌고 황지로 나간 사이 수도에 월군이 공격해 들어와 오의 태자 우友가 살해 당하는 위기가 덮쳤다.

'와신상담臥薪嘗膽'

회계산에서 오에게 항복한 월왕 구천은 현인 범려范蠡와 대부 종種을 기용하여 국력 회복에 힘쓰고, 스스로는 쓸개를 몸 가까이 두고 일이 있을 때마다 이를 맛보며 그 쓴 맛을 느끼며 회계의 수치會稽之恥를 떠올리고 설욕할 기회를 기다렸던 것이다.

부차는 다행히 수도를 회복했지만 마침내 그 타격에서 회복하지 못하고 이후 매년 월의 공격을 받아 다시 이전의 위세를 떨칠 수 없게 되었다. 더구나 월왕 구천이 이에 만족하지 않고 기원전 475년 오를 공격한 이래 3년간 오의 수도를 포위하였다. 기원전 473년에는 마침내 부차를 자결시키고 완전히 오를 멸망시켜 회계의 수치를 씻었다.

이리하여 오의 영토를 병합해 장강 하류지역을 장악한 구천은 북상정책을 취하여 한때 수도를 소주蘇州에서 산동반도의 낭야瑯琊로 옮겼다. 때로는 동방의 제후를 공격하고 혹은 제·진晉 등의 제후와 서주徐州(지금의 서주는 아니고 지금의 산동성 등현滕縣의 남쪽이었다고 한다)에서 회맹하여 주 원왕元王으로부터 백伯이라는 칭호를 허락받았으며, 제후

월왕 구천의 칼
호북성 강릉 출토

는 구천을 패왕이라고 칭했다고 한다. 이리하여 오를 대신하여 중원으로 진출한 월은 한때 중원의 나라들을 압도하는 듯하였다. 그러나 오를 멸망시킨 이후의 월에 대해서는 불분명한 점이 많고, 또 구천이 죽은 후 월의 힘도 점차 약해졌다. 춘추도 종말에 가까워져 갔다.

본 절에서 서술한 오와 월의 역사는 와신상담臥薪嘗膽이라는 고사로 유명하지만, 문자 그대로 '와신臥薪'과 '상담嘗膽'을 했는지는 물론 의심스럽고 설화적인 색채가 강하다. 그러나 50년도 되지 않은 사이에 두 나라가 발흥하여 북방의 제후를 위협하고 서로 사투를 반복하면서 모두 급속히 쇠퇴해 버린 것은 무엇 때문일까?

오월吳越의 문화

이 지역은 신석기시대 말기에는 양저문화라는 황하 유역과는 다른 문화가 있었고, 서주시대 이후는 호숙湖熟문화라는 독자적인 문화가 있었다. 분명히 서주시대에는 은대 후기부터 계속해서 중원 문화가 이 지역에도 상당히 전파되었지만, 한편으로 중원 지방에는 보이지 않는 기물과 무늬도 보이고 또한 유약을 사용한 도기가 많이 만들어졌고 이 점에서는 중원보다도 발달되어 있었다.

부차나 구천 때에는 '오왕광감吳王光鑑', '공오왕부차감攻吳王夫差鑑' 등 훌륭한 청동기가 제작되었고, 1965년에 호북성 강릉현江陵縣에서 발견된 월왕 구천의 검처럼 훌륭한 청동검도 제작되었다. 이 구천의 검에 있는 명문銘文은 조서鳥書라고 불리는 이 지역의 독특한 자체로 씌어져 있다.

그러나 이처럼 우수한 문화와 급속한 발전이 어떠한 사회를 기반으로 가능했는지에 대한 연구는 아직 시작 단계일 뿐 충분히 해명되지 않았다. 그리고 이들 문화와 문신단발의 풍속이 있는 오·월이라는 민족과의 관계도 불분명하여 앞으로의 큰 과제로 남아 있다.[6]

---

6) 이명화, 「춘추시대 오국의 청동기문화-중원문화와의 관계를 중심으로-」, 『진단학보』, 1997.

제10장 귀족 사회의 붕괴

1. 실력의 시대

제후諸侯 · 대부大夫 · 사士 · 서인庶人

앞 장에서는 춘추시대의 대략적인 정치사의 변천을 보았다. 그 중에서
본래 제후에 의해 행해져야 할 중요한 회맹이 각 국의 대부大夫에 의해
행해진다는 변화가 있었다. 예를 들면 두 차례에 걸친 송의 회합처럼
중국 전역에 걸친 평화가 각국 대부들의 알선으로 성립했다는 것은 이
시대에 제후를 대신하여 대부들이 정치적 실권을 잡았음을 시사한다.

서주 이래 중국 사회는 주왕을 가장 높은 자리에 두고 이하 제후·경대부·
사·서인으로 계층화되어 있었다고 한다. 이 가운데 대부까지는 영지를
갖고 이른바 귀족으로서 지배층을 구성하고 있었다. 주요 지역은 주왕실의
분가로서 동성 가운데 중심이 되는 자에게 봉건하고, 제齊·송宋·진陳 등
이성을 봉건하기도 했다.[1]

제후의 나라도 역시 일족 가운데 중요한 자를 분가하여 영지를 주고,
또한 그 지역에 본래 살고 있던 토호도 봉건하여 영지의 소유를 인정해
주었다. 이들 제후국 내의 소영주가 대부이며, 대부 가운데에서 대신大臣이
된 자가 경卿이다. 관직의 지위라는 측면에서 보면 경이 한 단계 위지만
계층으로서는 같은 대부다. 이러한 점은 서주 후기 주왕실에서도 마찬가지

---

[1] 춘추시기 작제 및 국가 체제에 대한 연구는 다음 참조. 민후기, 「춘추작제(春秋爵制)의 성격과
변화－족(族)에서 국(國)으로－」, 『중국고대사연구』 12, 2004 ; 민후기, 「춘추시대의 작, 관,
군 일체론 -위계, 관직, 군직 미분리 상태의 국가운영론」, 『중국학보』, 2006.

여서 여왕의 경이었던 영백榮伯, 여왕이 망명한 후 정권을 장악한 공백共伯 등은 본래 주왕실의 직할영지 내에 있던 소영주로서 왕실의 경이 되었던 자들이다.

이에 비해 사士라는 계층은 출신이 그다지 분명치 않다. 대부의 일족 가운데 하층의 사람, 혹은 대부에서 몰락하여 농촌에서 자작농이나 소지주 가 된 사람, 혹은 원주 농민의 읍장邑長이나 그 밖의 집단의 장長이었을 것이다. 이들 사는 지배계층인 제후·대부와 피지배계층인 서인 사이에서 상의하달上意下達의 역할을 맡았으며, 서인의 실정에 대해 잘 알고 있었으므 로 이를 장악하고 있었다.

실권, 이족異族 대부에게 넘어가다

진晉에서 패자 문공이 죽은 후 정치를 담당한 것은 대부 조돈趙盾이었다. 조돈은 후에 진을 3분해서 독립한 조趙의 선조로서 진후晉侯를 대신하여 국제적으로도 거의 패자의 실권을 장악하였다. 그 후 진晉에서 유력해진 대부는 제와의 전쟁인 '안鞌의 싸움'의 장본인이었던 극극郤克의 극씨다. 극씨는 본래 진晉의 공실에서 갈라진 일족이었지만, 그 세력이 너무 강하여 여공厲公(기원전 580~573 재위)은 극씨가 국정을 좌우할까 두려워하여 극씨를 멸망시키고 정권을 장악하고자 했다. 그러나 난씨欒氏와 중항씨中行氏(=순씨荀 氏) 등의 귀족들이 자신들의 지위까지 위태로워지지 않을까 의심하여 여공을 습격해서 살해했다.

이후 대부들 사이에 권력투쟁이 격화되어 난씨가 난을 일으키자 범씨范氏 (=사씨士氏) 등이 연합하여 난씨를 몰아냈다. 그리하여 난씨를 대신하여 범씨 가 전횡을 휘두르게 되었다.

이처럼 대부들이 권력투쟁을 반복하는 사이에 진晉의 공실은 점차 무력해 지고, 또한 대부들 가운데에서도 공실 출신의 대부들은 쇠퇴하고 이족異族 출신의 대부가 유력해졌다. 『춘추좌씨전』에는 다음과 같은 이야기가 전해지고 있다.

기원전 538년 제의 대신이었던 안영晏嬰이 사신으로서 진晉에 갔다. 이때 진의 공족 출신이자 현인으로 평판이 높던 숙향叔向(=양설힐羊舌肹)과 회담을 했는데 숙향은 진의 실정을 보여주는 다음과 같은 말을 했다. "진의 공실과 동족으로서 경卿이 된 가문이었던 난欒·극郤·서胥·원原·고孤·속續·경慶·백伯의 8가는 몰락하여 낮은 관리로 떨어졌습니다. 정치의 실권은 본래 경이 아니었던 '일반 대부'의 손으로 넘어갔습니다." 여기서 말하는 경이 아니었던 '일반 대부'란 진의 공실과는 혈연관계가 없었던 조趙·한韓·위魏·범范·중항中行 가문을 가리킨다.

이는 제齊에서도 마찬가지여서 안영은 진陳의 내란으로 망명해 온 진씨陳氏에게 백성의 인기가 집중되어 제의 공실이 쇠약해지고 있다고 말하고 있다. 제는 본래 공족 출신인 고高·국國 씨가 경을 세습하고 군대는 제후齊侯와 고·국 씨가 1/3씩을 지휘하고 있었다.

안영과 숙향 이야기는 전국시대 사람이 지어낸 것으로도 생각되지만, 그렇다고 해도 당시 제·진 두 나라의 정황을 이해하는 과정에서 지어넣은 것일 터고, 그런 의미에서 이 이야기를 통해 당시 사정을 추측해 볼 수 있을 것이다.

실력의 시대로－서주 이후의 질서붕괴

따라서 춘추 후기에 들어서면 종래의 가품을 대신하여 새로운 실력자가 생겨나고 있음을 알 수 있다. 그리고 국가 간에 영토를 다투었던 것과 마찬가지로 일국 내에서도 귀족들 사이에서 토지나 재산을 서로 다투어 내란으로까지 발전한 경우도 자주 있었다. 그리고 그때마다 유력 귀족에게 토지가 집중되어, 진晉의 한·위·조·범·지 등의 귀족이 가진 영지가 공실을 훨씬 능가하게 되었다. 춘추시대 전반에 제齊·진晉·초楚 등의 제후가 낙양 부근을 겨우 유지하고 있던 주왕실보다 훨씬 강대했던 것과 마찬가지로,

후마맹서

제후국 안에서도 제후보다 대부의 힘이 훨씬 강대한 상황이 현저해지고 있었던 것이다.

이와 같은 사회적 움직임을 나타내는 새로운 사료를 소개하겠다. 1965년 겨울, 춘추시대 진晉의 수도 부근인 산서성 후마시 동쪽 교외에서 춘추시대의 제사유적이 발견되어 많은 돌과 옥에 붉은색으로 쓴 맹서가 발견되었다. 앞에서도 언급한 바와 같이 춘추시대에는 맹주를 중심으로 하여 제후 또는 각 국의 대부들에 의해서 회맹이 행해졌다.

'회會'란 일시와 장소를 미리 정해서 행하는 회합이고, '맹盟'이란 희생인 소의 왼쪽 귀를 잘라 그 피로 맹서盟書(재서載書라고도 하는데 약속한 내용을 쓴다)를 쓰고 맹주가 먼저 그 피를 마신 후 이어서 제후가 차례로 피를 마시면서 맹서를 낭독하고 선서를 하는 것으로, 천지신명에게 선서하는 것이다. 그리고 나서 땅에 구덩이를 파서 희생을 그 속에 넣고 그 위에 맹서를 올려놓고 묻었다고 한다.

이 후마에서 발견된 것은 돌이나 옥에 주서朱書[2]로 쓰여진 맹세들이며 어느 것이나 갱 속의 희생 동물 위에 놓여 있었다. 내용은 진의 유력한 대부 가운데 하나인 경卿인 조씨趙氏의 가장 조앙趙鞅(선조 조돈의 현손)이 일가족과 가신 또는 그 영지를 관리하는 읍재邑宰(대관代官이라고도 한다. 가신이나 읍재 등은 나중에 사士라는 계층의 중심이 되었다고 생각된다)들과 행한 서약문이다.

이 서약이 행해진 배경에는 다음과 같은 사건이 있었다고 생각된다. 기원전 500년(『춘추좌씨전』 노 정공 10년), 조앙이 위衛의 수도(현재 하남성 복양현濮陽縣 서남)를 포위하였기 때문에 위는 조앙에게 500호의 민民을 보내고 포위에서 풀려났다. 조앙 영지의 본거지인 진양晉陽은 산서성 태원시 남쪽 교외에 있어서 거리가 멀었기 때문에 한때 이 500호의 민을 한단邯鄲(지금의 하북성

---

2) 주묵으로 글씨를 씀. 또는 그 글씨. 붉은빛을 띤다.

280

한단시)에 있던 분가인 조오趙午에게 맡겼
다. 기원전 497년 조앙이 이들을 진양으로
옮기려고 하자 한단의 분가에서는 이 민
을 사용하고 있었기 때문에 이전에 반대
하였다. 그러자 조앙은 조오를 진양으로
불러들여 죽여버렸다.

지백감知伯鑑　진晉의 유력 귀족이 지씨知氏가 만든 동기.
높이 22.7cm

　조오의 아들 조직趙稷은 경의 벼슬을 가진 장인인 중항문자中行文子와
그의 처의 친정집에서 경이었던 범씨范氏와 더불어 조앙을 공격했다. 중항씨
와 범씨는 이 기회를 이용하여 조앙의 영지를 손에 넣으려고 한 것이다.
조앙은 고향인 진양으로 도주하였는데 경인 한씨韓氏·위씨魏氏·지씨知氏의
도움을 받아 조직과 중항씨·범씨를 토벌하여 중항씨와 범씨를 제로 망명시
켰다. 분가 가족도 국외로 추방시켜 한단 일대는 조앙의 지배 하에 들어가게
되고 중항씨·범씨의 영지와 재산은 지·한·위·조 4씨에 의해 분할되었다.
　후마에서 발견된 맹서는 이 전란 후에 조앙이 일족, 가신, 읍재 등에
대한 지배를 강화하기 위하여 다시는 분가나 범씨 등에게 복종하지 않을
것, 망명자가 진으로 돌아왔는데 이것을 못 보고 놓친다든가 죽이지 않는다
면 벌을 받을 것을 맹서한 것이다.
　이와 같이 해서 진의 국내에서는 진의 공실과는 혈연관계가 없는 4
경卿의 집안이 더욱 강력해져 다음 단계인 한·위·조 3씨에 의한 진 분할이라
는 형세가 준비되는 동시에, 한 집안 내부에서는 가장의 권력이 강화되어
전국시대에 여러 나라의 군주권 확립과 사士의 관료화가 준비된 것이다.
　이 조씨의 근거지가 되었던 진양의 고성과 태원시의 중간에 있는 금승촌金
勝村 동쪽에서 1988년에 M251이라고 불리는 대형 묘가 발굴되었다. 묘구墓口
는 동서 11m, 남북 9.2m, 깊이 14m 정도였다. 이 묘실은 앞서 언급한
서주시대 진후晉侯 묘의 것보다 훨씬 크다. 묘도는 없고 수혈 토갱의 묘실뿐이
었다. 묘 밑 중앙에 동서 7.2m, 남북 5.2m, 높이 3.4m의 곽실이 있으며

그 내부 중앙 동편에 삼중의 목관에 안장된 주인이 매장되고 그 주위에 각각 목관에 넣어진 순장자가 매장되어 있었다.

이 묘는 도굴을 당하지 않아 거의 매장 당시와 가까운 상태로 발견되어 99개의 예기, 19개의 악기, 778개의 병기 등의 청동기와 13개의 석경을 비롯한 다수의 옥기가 발견되었다. 또 묘의 동북 모퉁이에서 7.5m 떨어진 곳에 이 묘에 부속된 거마갱車馬坑이 있는데, 44필의 말과 16대의 마차가 매장되어 있었다. 청동기의 형태나 문양으로 보아 이 묘는 춘추 만기의 것이며, 청동기의 수량과 형식 또는 거마의 수로 보건대 춘추시대의 대묘 중에서도 최대 규모다.

또 이 묘에서 출토된 청동과戈 가운데 하나에 '조명어과趙明御戈'(조명이 사용한 창)라는 글이 쓰여져 있는데, 여기에서의 조명이란 조앙(조맹趙孟, 조간자趙簡子라고도 불린다)을 가리킨다. 춘추 만기에 진의 실권을 장악하여 여러 나라를 주도한 인물이 아니었다면 이런 묘는 만들 수 없었을 것이다. 조명이 조앙 바로 그 사람인지는 현재 전혀 확언할 수는 없다. 그러나 진양의 거리가 조앙과 긴밀하게 연결되어 있었던 것은 앞에서도 말한 기원전 500년의 사건에서도 분명한 것으로 생각하면, 이 묘는 조앙의 묘가 틀림없을 것이다. 부장품의 수로 보더라도 그 경제력은 진의 공실을 훨씬 능가했음을 보여준다.

좀더 소급해서 생각하면 이미 서주 말기에 장안을 중심으로 한 종주 일대에 이러한 경향이 나타나고 있었던 것은 이미 서술한 대로다. 따라서 서주 후기부터 생겨난 이러한 경향이 점차 중국 전토로 파급되었다고 할 수 있다.

그리하여 대부에 의한 토지 쟁탈은 한 나라의 범위를 넘어서는 경우까지 나타났다. 기원전 549년 성주의 왕성 성벽이 홍수로 무너지자 제가 이를 수리해 주었는데, 그때 제의 대부 오여烏余가 제의 늠구廩丘(지금의 산동성 범현范縣 동남)라는 읍을 진晉의 실권자인 범개范匄에게 주고, 그 대신 위魏의 양각羊角(지금의 산동성 범현 남쪽) 및 노魯의 고로高魯(범현의 동남, 늠구의 동쪽)라는 읍을 자기 소유로 해버렸다. 이때는 진晉이 황하 유역의 제후를 통솔하는 맹주였는데, 그 진의 실권자 스스로가 이러한 일을 한다는 것은 서주 이래의 질서가 완전히 붕괴되었음을 보여준다. 그리고 제후는 자국의 영지도 확보하지 못하고 대부가 이것을 제멋대로 처분해도 어쩔 수 없었음을 보여준다. 이렇게 대부 등의 귀족이 거대해지자 점차 역사에 등장하게 된 것이 사士라고 불린 계층이다. 그 전형적인 예로서 노魯를 들 수 있다.

사士의 대두 - 대부를 뛰어넘는 권력

노魯에는 환공桓公(기원전 711~694 재위)의 세 아들에서 나온 맹손씨孟孫氏·숙손씨叔孫氏·계손씨季孫氏라는 대부가 있었다. 이 3가三家는 모두 환공에서 나왔기 때문에 삼환씨三桓氏라고도 불린다. 삼환씨는 춘추 중기부터 계손씨를 중심으로 세력을 얻어 노의 정치 실권을 장악하였다. 종래 2군二軍단으로 편성되었던 노의 군대를 3군으로 편성하여 3가가 각각 한 군을 사병처럼 삼았고, 나아가 조세를 모두 3가가 거둬들이고 그 가운데에서 얼마를 공실에 주었다. 즉 3가가 정치·경제·군사를 지배하고, 공실은 3가의 부양을 받는 존재가 되어 버렸다.

노의 소후昭侯(기원전 541~510 재위)는 삼환씨를 타도하고 정권을 탈환하기 위해 군대를 모으고자 했으나 실패하고 나라에서 쫓겨나 일생 동안 귀국할 수 없었다. 주의 여왕이 망명한 것과 아주 흡사하다.

그러나 이 삼환씨도 안전하지는 않았다. 기원전 505년 계손씨의 가장인 계평자季平子가 죽자 그 장례를 둘러싸고 가로家老들 사이에 싸움이 일어나, 가로 가운데 하나였던 양호陽虎라는 자가 반대측을 몰아내고 계평자의 뒤를 이은 계환자季桓子를 유폐하였으며 계손 일족의 유력자를 추방하여 계씨에 대한 지배를 인정받았다. 나아가 양호는 맹손씨와 숙손씨도 누르고 마침내 노의 정권도 장악해 버렸다. 삼환씨에 의한 귀족과두정치가 벼락출

세자의 독재정치로까지 되어 버렸던 것이다.

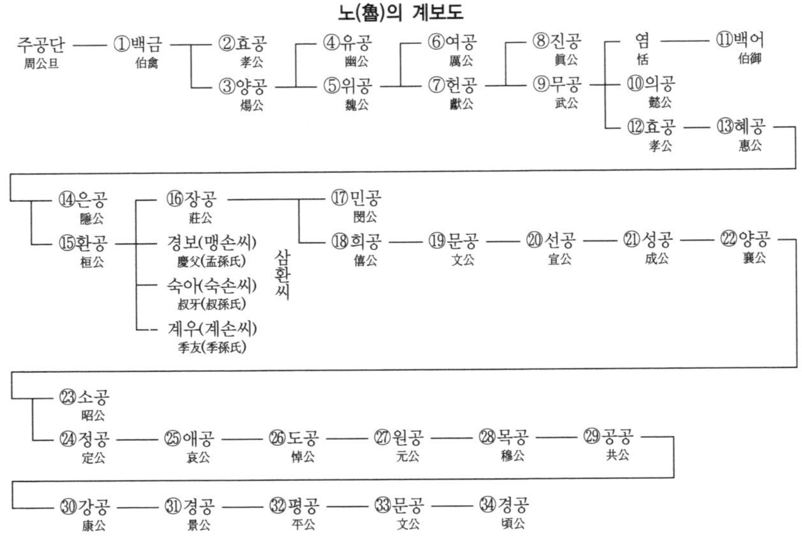

　이어서 양호는 자신의 지위를 확실히 다지기 위해 기원전 502년 삼환씨의 가장들을 살해하고 자신에게 동조하는 자들로 3가三家를 구성하려 했다. 그러나 곧바로 이 계획을 알게 된 맹손씨가 사전에 양호를 공격하여 국도國都에서 격렬한 시가전을 벌여 양호를 물리쳤다. 양호는 노의 공궁公宮에서 공위公位의 상징인 보옥寶玉과 활을 탈취하여 제로 망명했다. 이로써 노의 정권은 다시 삼환씨의 손으로 돌아갔다.

　양호는 계손씨의 가로家老였는데, 맹손씨와 숙손씨에게도 전횡하는 가로들이 있었다는 것이 『춘추좌씨전』에 전한다. 그렇다면 어떻게 양호 등 사士에 해당하는 계층이 권력을 잡게 되었을까?

사士 계층의 등장 원인

　대부의 권력이 강해지고 토지가 그들의 가문에 집중되면서 영지가 커지자, 가장인 대부는 스스로 직접 이를 지배할 수 없게 되었다. 이에 가신에게 이를 분담시켜 지배하였다. 이렇게 되자 가신들은 그 토지의 주민과 직접 관계를 맺고 당연히 그 토지에 대해 권력을 휘두를 수 있게 되었다. 특히 영주인 대부가 본거를 떠나 국도에서 살게 되자 대부는 영지에서 붕뜬 형태가 되었다. 양호에게 삼환씨의 가장을 죽이라고 부추긴 자는 계손씨의 본거인 비費라는 읍邑의 지방관이었다. 결국 이러한 대부의 가신인 사士가 사회 실정에 밝았으므로 그 힘을 빌지 않으면 대부로서는 영지를 통치할 수 없게 되었다. 이 점은 대부뿐만 아니라 제후도 마찬가지였다.

이리하여 실무에 능한 사 계층이 정치의 중심으로 등장하는 경향이 생겨났으며, 이들이 다음 전국시대에는 실무관료로서 국가의 통치에 필수적인 존재가 되어 갔다. 더구나 이들 관료는 주군主君과 개인적인 충성관계를 맺는 자가 많았는데 이런 경향은 춘추 말기에 이미 나타나고 있었다.

예를 들면 기원전 481년에 일어난 송의 내란 때 경공을 도운 대부 황야皇野에게는 두 가신층이 있었다. 예로부터 황가皇家의 가신이었던 자들은 황가의 안전을 제1로 하여 경공을 돕는 데 반대했지만, 황야 때 새로 가신이 된 자들은 황야의 뜻에 따라 경공을 돕기 위해 싸웠다. 옛 가신들은 황가와 관계를 맺은 반면, 새로운 가신들은 주인이라는 개인과 관계를 맺고 있었음을 알 수 있다.

이처럼 춘추시대에는 제후를 대신하여 대부가 나라의 실권을 장악하게 되고, 나아가 본래 피지배계급이었던 사士가 점차 정치에 참가하게 되었다.3) 이윽고 중국 사상의 중심이 된 유교의 기초를 구축한 공자도 이러한 사가 대두하는 시대풍조 속에서 나타난 것이다. 사가 대두하는 배경에는 나중에 언급하겠지만, 각 국에서 행해진 정치상의 개혁들이 있었다.

---

3) 장승현, 「춘추전국시기 사의 기능과 성격」, 『학림』(연세대) 20, 1999 ; 구자원, 「선진시대 사계층의 형성과 발전」, 『동국사학』 37, 2002.

2. 춘추의 현인재상賢人宰相

정鄭의 자산子産

앞 장에서 등장했던 안영이나 숙향은 춘추 후반에 각 국에서 출현하여 현인으로 불린 사람들이다. 그들 대부분은 같은 대부 계층에 속하면서 그 나라의 재상이나 대신인 경보다 한 단계 낮은 가문에서 출생하였으나, 우수한 개인적 재능을 바탕으로 가품 차이를 극복하고 재상이 되었다. 안영의 경우 본래는 제후齊侯 일족에 속하지 않는 이성 출신의 대부였지만, 영공靈公(기원전 581~554 재위)·장공莊公(기원전 553~548 재위)·경공景公(기원전 547~490 재위)의 3대에 입사入仕하여 대신에서 재상에까지 올랐다.

즉 춘추 후반기에는 가문보다 개인의 재능을 중시하였고, 대부와 사가 정치적 권력을 잡게 된 일반적 경향의 이유도 여기에 있었다. 그리고 안영보다 조금 이른 시기에 또 하나의 유명한 현인재상 자산子産(기원전 ?~522)이 정鄭에 나타나 많은 개혁을 행했다.

당시 정에는 목공穆公(기원전 627~606 재위)으로부터 나온 일곱 가문이 있어 7목七穆이라 불리고 있었다. 국정은 이 7목에 의해 이루어지고 특히 재상인 정경正卿은 사씨駟氏·양씨良氏라는 두 가문이 세습하여 이 두 가문이 정치를 제멋대로 하였다.

이에 대해 공실과 하급 대부·사 등의 불만이 높아져 기원전 563년 진晉을 비롯한 제후의 군대가 정에 침입한 것을 기회로 하여, 사士가 중심이 되어 반란을 일으켜 실권자인 자사子駟(사씨駟氏의 가장)4) 등 유력 대신을 죽이고 간공簡公을 인질로 잡아다가 농성했다. 대부의 가문 가운데에는 가재를 들고 도망가는 자가 많았다.

이때 자산의 아버지 자국子國은 사마司馬(국방대신)였기 때문에 사들에게 살해되었지만, 자산은 먼저 집안을 굳게 방비하고 공궁公宮으로 가서 사士들을 내쫓고 간공을 구출해 냈다. 이후 정에서는 사들이 멋대로 공궁을

---

4) 공자(公子) 비(騑)의 자(字). 목공(穆公)의 아들.

출입할 수 없게 만들고, 정치는 경卿만의 합의에 의거한다고 맹세한 문서를 만들었다. 그 의도가 반란에 의한 결과임은 물론이었다. 그러나 실제의 정치 운용에 필요불가결한 사나 하층 대부를 배제하는 것은 시대에 역행하는 조치였다. 사실 이 때문에 사들 사이에 재차 불온한 움직임이 나타나기 시작했다. 그러나 이런 움직임은 자산이 맹세한 문서를 태워버리게 함으로써 수습되었다. 이때 자산은 "설사 실권자라 해도 자신 1인의 의지를 관철하기는 어렵다. 사를 포함하여 모두가 불만이 없도록 합시다"라는 취지의 말을 하였다.

자산의 개혁

당시 정에는 지방귀족의 교육을 위해 지방에 향교가 세워져 있었는데, 그곳에서 자주 정치비판이 이루어지고 있었다. 이 때문에 향교를 폐지하자는 주장이 있었지만, 이 경우에도 자산은 오히려 비판은 비판으로서 받아들여야만 하고, 사람의 입을 힘으로 막아서는 안 된다는 주장을 폈다고 한다. 그러나 왜 이 같은 주장이 필요하게 되었을까?

서주시대 이래 제후국의 정치는 군주를 중심으로 하여 그 분가의 주요한 대부, 즉 경卿에 의해 이루어졌다. 그러므로 군주나 주요 대부 사이에 협조가 지켜지면 그것으로 국내 정치는 일단 안정되었다. 그러나 춘추 중기를 지나면서 지방에도 도시가 발생했고, 또한 농민을 직접 파악하지 못하면 거듭되는 전쟁에도 대처할 수 없게 되었다.

또 다른 한편 농촌에서는 종래 단일한 혈연집단으로 구성되어 있던 촌락이 분해되기 시작했다. 이리하여 읍장을 통해 농민을 지배하는 것도 점차 곤란해지기 시작했고, 더욱 섬세한 정치, 바꿔 말해 다수의 비판이나 의견을 받아들이는 정치가 필요해져 갔다.

이에 자산은 기원전 543년 실권자였던 자피子皮로부터 정치를 위임받아 재상이 되자, 도시와 농촌의 구별을 엄격히 하고 신분 구별을 분명히 하였으며 의복에서도 귀천에 따라 구별을 두었다. 또한 농지구획을 정리하고 농민 사이에 5인조를 조직했다고 한다. 결국 자산은 한편으로는 사士의 비판을 받아들이면서 다른 한편으로는 엄격한 통치를 시도했던 것이다. 특히 5인조 제도는 상술한 농촌의 변화에 대응한 것이었다.

자산은 기원전 538년 농민에 대해 새로운 군사비의 부담을 명했는데, 그 부담률은 종래의 평균적인 할당과는 달리 전지田地 크기에 비례했다고 생각된다. 더욱이 기원전 536년 중국에서는 최초의 성문법을 반포하고, 이를 청동기의 정鼎에 명문으로 주조하여 백성이 알 수 있게 하였다. 자산이 이러한 정책을 실행한 배경에는 ① 농민 사이에 빈부의 차가 현저해졌다는 점, ② 종래의 촌락은 혈연집단으로 관습법에 따라 운용될 수 있었지만, 혈연집단이 분해함에 따라 관습법으로는 더 이상 촌락을 유지할 수 없게 되었다는 점을 들 수 있다.

유교 원리에 이어지는 정치사상

이러한 시책에는 당연히 반대가 뒤따랐다. 예를 들면 토지의 크기에 따라 군사비를 할당하는 데 대해서 농민들은 자산을 죽여버리겠다고까지 하며 저항했다. 그러나 자산은 "나라에 이익이 된다면 나는 죽어도 상관없다. 그러나 백성을 멋대로 두어서는 안 되며, 일단 정해진 규칙을 고쳐서는 안 된다"고 했다.

또한 성문법의 반포에 대해 진晉의 현인 숙향은 "벌칙을 만들면 도리어 백성에게 소송으로 다투는 마음이 생겨나고 이에 따라 뇌물이 횡행하여 정나라도 망하게 될 것이다"라고 비판했다. 그러나 이에 대해서 자산은 "장래의 일은 알 수 없다. 무엇보다도 현재의 혼란을 수습하는 것이 급하다"고 대답했다.

이러한 대화가 사실인지는 의문이다. 그러나 여기에서도 새로운 정치정세와 그에 대응하는 대책과 함께 새로운 정치태도가 나타나고 있음을 알 수 있다. 그 하나는 법에 의해 통치하고자 하는 태도고, 또 하나는 종래에는 위정자인 상층 대부와 국가의 이익이 일치하였던 반면, 이제는 위정자와 국가를 분리하여 국가를 우선하려는 사고방식이 나왔다는 점이다.

그리고 자산은 정치원리로서 예禮라는 것을 생각했다. 그 구체적 표현이 도시와 농촌의 구별이고 신분에 따른 여러 가지 구별이었다. 예라는 것을 단순히 연회와 의식 등의 예의범절이라고 생각한 것이 아니라, 신분제를 분명히 한 객관적 질서라고 생각했던 것이다.

이러한 사고방식은 후에 공자에게 이어져 유가의 국가질서의 원리가 되는 한편, 법에 의해 국가를 다스리고 정치가와 국가를 구별한 것은 훗날 관료정치의 연원이 된 것으로서 법가의 정치사상으로 이어진다.

이러한 자산의 사고방식은 다른 면에서 본다면 위정자와 군주의 분리, 군주와 국가의 분리라는 사고로도 발전할 가능성이 있으며 더욱이 정치가는 국가의 통치에 대해 책임을 지고 군주의 일신상의 일에 대해서는 척임질 필요가 없다는 사고에 도달한다. 자산의 사고는 이 정도까지는 미치지 않았고, 이러한 사고방식을 보여준 것은 제齊의 안영晏嬰이라고 전해지고 있다.

제齊의 안영晏嬰의 사상

당시 제의 군주는 장공莊公이었다. 그런데 장공은 국정을 담당하고 있던 경卿인 최저崔杼의 처와 사통을 하고 그것을 차츰 노골화하여 결국 최저의 가신들에게 살해당했다. 이때 장공의 신하들이 많이 주살되었다. 이를 본 안영의 부하가 안영에게 어떻게 해야 하느냐고 물었다. 안영은 이렇게 대답했다고 한다.

군주는 나라를 다스리는 것이 일이고 신하는 이를 돕는 것이다. 그러므로 군주가 나라를 위해 죽을 때에는 신하도 함께 죽고 군주가 나라를 위해 망명하게 되면 신하도 망명한다. 그러나 설사 군주라 하더라도 개인적인 일로 죽을 때에는 신하로서는 아무런 책임을 질 필요가 없다.

『춘추좌씨전』이 전하는 이러한 대화는 모두 후인에 의해 상당히 윤색된 것이라고 하지만, 당시 정치정세의 변화를 더듬어 가면 이러한 사고방식이 나오게 된 것도 자연스런 추세였음에 틀림없다. 국가와 군주와 신하는 국가를 다스린다는 행위를 매개로 맺어지고 만약 그 매개가 없다면 서로 무관해질 수 있다는 것이다. 그리고 신하는 군주로부터 채읍采邑 등을 받지만 국가에 대해서만 책임을 진다고 생각했던 것이다.

이에 대해 당시 장공과 함께 죽은 신하들은 대부분 사士 계층 출신자로 특히 장공의 사종私從들이었다. 안영은 이에 대해 군주가 개인적인 일로 죽거나 망명할 때에 그를 따르는 것은 군주의 사적인 측근만 해도 된다고 하였다. 이것은 당시 국가의 제도로 인정받던 신하 외에 많은 사적인 신하가 군주에 입사入仕하고 있음을 보여주는 것이다.

전국시대가 되면 제후나 대귀족들의 신하로서 사인舍人이라는 사람이 다수 존재하였다고 사서史書에 등장하는데, 사인은 춘추 후기에 등장한 사 출신의 사종私從에서 나왔다. 이에 반해 정치를 담당하는 신하는 전국시대의 관료로 점차 변화해 가며 법가적 통치를 행하게 된다.

자산과 안영의 차이가 생긴 배경

여기에서 자산과 안영의 사고방식을 비교해 보면, 자산의 경우에는 그다지 의식되지 않았던 군주의 성격이 안영에게서는 강하게 의식되었다는 차이가 있다. 이런 차이는 어떻게 생겨난 것일까? 이를 고찰하는 단서는 두 사람의 출신을 조사하여 얻을 수 있다.

자산은 본래 재상인 정경正卿이 될 정도는 아니었지만 보통 대신 정도는 될 수 있는 가문의 출신이었다. 더구나 정의 이전 군주인 목공穆公에서 나온 7목七穆이라 불리는 명문가의 하나로서, 정후鄭侯와는 동족의식으로 연결되어 있어서 본가의 정후를 보좌하는 것은 당연한 일이었다. 여기에 그가 국가와 군주를 분리할 수 없었던 이유가 있다.

한편 안영은 현재 산동성 제하현齊河縣 서북에 있던 안룽이라는 지역의 토호 출신으로서 제의 공실과는 혈연 관계가 없었고, 따라서 경卿(일반 대신)조차 될 수 없는 가문 출신이었다. 기껏해야 차관이나 보좌관 정도의 가문이다. 그러므로 군주와 국가를 명확히 구별할 수 있었던 것이다.

이처럼 두 사람의 출신 차이와 사상 차이를 분명히 대응시켜 생각한다면 위에서 인용한 두 사람의 말도 단순히 후인이 지어낸 것이라고만 치부할 수 없을 것이다. 설사 위작이라 하더라도 그 당시의 정세를 충분히 연구한 후 지었다고 봐야 할 것이다.

제齊의 공손곡호公孫竈壺 기원전 545년경 공손곡은 자아子雅라고도 불린 제의 귀족. 제 경공 3년(기원전 545) 쿠데타로 집정한 경씨慶氏를 추방하고 정권을 잡았다. 이 그릇은 쿠데타 직전에 만들었다.

전국戰國 사상의 선구

이상과 같은 안영의 사고방식을 한 걸음 전진시킨다면 군주와 국가의 관계를 절대적·고정적인 것이 아니라 변화할 수 있는 것이라고 생각할 수 있고, 경우에 따라서는 반란도 긍정할 수 있다. 또 한편으로는 태어난 나라를 떠나 타국의 군주에게 벼슬하여 거기에서 자기의 정치적 사상을 실현시키고 수완을 발휘하는 것도 생각할 수 있다. 이러한 경향은 모두 전국시대에 실현되었으며, 특히 후자는 한 발 앞서 춘추 말기에 공자에 의해 표면화되었다.

이처럼 안영은 새로운 정치사상의 선구자로 묘사되는데, 그 또한 경공이 재위했을 때에는 재상에 가까운 신분에 오르기도 한다. 바꾸어 말하면 시대는 가문보다 개인의 재능을 점차 중시하게 되었던 것이다. 이 점은 진晉에서 지씨나 한씨·위씨·조씨 등이 옛 가문을 대신하여 중요한 위치를 차지하고 마침내 진을 탈취하게 되는 시대의 일반적 경향 속에서 출현한 것이다. 이리하여 공자가 출현할 무대가 점차 형성되고 있었다.

3. 공자孔子의 출현과 그 의의

공자학단孔子學團의 탄생

공자가 노魯에서 태어난 것은 기원전 552년이라고 한다. 이때는 바로 자산과 안영이 활약하던 시기로 공자도 소년 시절에 그들의 활약을 같은 시대의 한 사람으로서 들었을 것이다. 특히 자산을 대단히 존경했다고 한다. 공孔은 성이고 이름은 구丘였다. 아버지 숙량흘叔梁紇은 사士 계층에 속하는 사람으로 무용武勇에 능하였다고 하는데, 공자의 유년 시절에 공자의 어머니와 함께 고향인 추郰(지금의 산동성 곡부현성曲阜縣城 동쪽 교외 마을)를 떠나 노의 수도인 곡부曲阜로 옮겼다. 빈곤한 가운데서도 15세 무렵부터 학문에 뜻을 두고 혼자 힘으로 나아갈 길을 열어, 30세 무렵에는 일단 자신의 입장을 확립할 수 있었다. 이때 삼환씨三桓氏의 필두인 계손씨季孫氏에게 벼슬하여 농민으로부터 조세(곡물)를 거두는 자리를 얻었는데, 공평한 처리로 사람들에게 환영받았다. 이어 목축을 담당하는 일을 맡자 가축이 잘 번식했다고 한다. 이렇게 의식 비용을 벌면서 면학을 계속했지만 공자는 삼환씨의 전횡에는 비판적이었고, 소공昭公이 삼환씨를 억누르려다 실패하고 제로 망명하자 공자도 그 뒤를 따랐다.

이때 공자와 소공 사이에 직접적인 교섭이 있었던 것은 아니며, 공자의 망명은 아마 소공을 동정했기 때문일 것이다. 그러나 다른 한편으로는 이를 기회로 당시 중국 최대 도시의 하나였던 제의 수도 임치로 가서 견문을 넓히려는 뜻도 있었을지 모른다. 이때 그는 제의 궁정 음악을 듣고 그 훌륭함에 감동하여 3개월간이나 고기 맛을 느끼지 못했다고 한다.

기원전 510년 소공이 망명처에서 죽자, 공자는 귀국하여 사숙私塾을 열고 제자를 양성하기 시작했다. 공자학단이 탄생한 셈인데, 이는 중국사상 최초의 사설학단이었다. 여기에서는 말린 고기 한 덩어리를 사례로 내면

공자(왼쪽), **노자**(오른쪽)**의 회견** 한대 화상석

빈부귀천을 가리지 않고 누구나 배울 수 있었다. 그때까지의 학문이 귀족의 교양 도구로 생각되었던 것에 반해 공자는 인격 형성을 목적으로 가르침을 폈다. 여기에 공자 이전의 교육과 큰 차이가 있는 것이다. 이러한 점은 『논어論語』에 실려 있는 그와 제자와의 대화에 잘 나타나 있다.

노魯의 국정개혁의 단행과 좌절

공자의 명성은 점차 노나라에서 커져 갔다. 기원전 502년 공자 나이 50세에 노나라에서 양호陽虎의 반란이 일어났다. 그 이듬해 초, 노나라 공실에 벼슬하여 중도中都라는 현재의 산동성 문상현汶上縣 서쪽에 있는 읍邑을 다스려 그 수완을 인정받고, 나아가 사공司空(건설상공대신)이 되었으며 외교관으로도 활약했다.

예컨대 기원전 500년 종래 불화관계에 있던 제齊와의 관계를 조정하기 위해 노 정공定公(기원전 509~495 재위)이 제의 협곡夾谷(지금의 산동성 내무현萊無縣 남쪽)에서 제 경공(기원전 548~490 재위)과 회합하고 평화협정을 맺었는데, 경공은 무장한 병사를 회의장으로 들여보내 정공을 위압하고자 했다. 이때 공자는 주저 없이 경공의 태도를 힐책하며 도리어 회의를 유리하게 이끌어, 이전에 제가 노로부터 빼앗은 문양汶陽(지금의 산동성 영양현寧陽縣)의 토지를 반환시키는 데 성공했다. 『사기』에는 이 회의에 안영도 출석했다고 전하고 있다.

이듬해 공자는 대사구大司寇(사법대신)가 되어 국정에서도 점차 중요한 지위를 차지하게 되었다. 이때 공자는 노의 군주권을 강화하기 위해 삼환씨

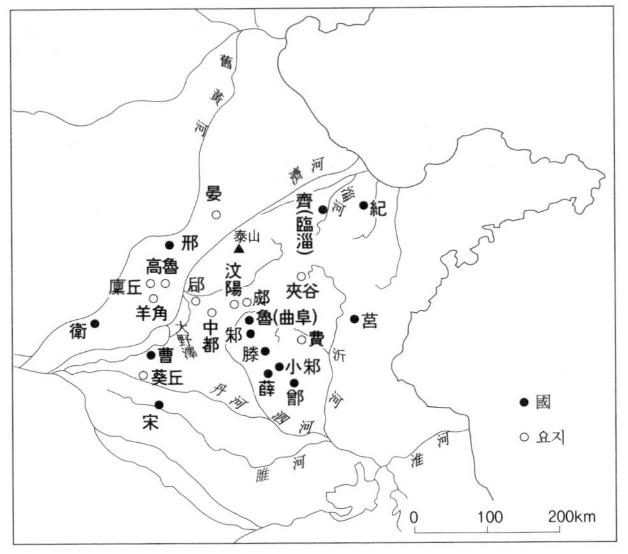

공자 관계 지도

의 근거지인 계손씨의 비費(지금의 산동성 비현費縣 근교)·숙손씨의 후郈(지금의 산동성 동평현東平縣 동남)·맹손씨의 성郕(지금의 산동성 영양현 동쪽) 등 세 읍의 성벽을 무너뜨릴 생각을 하였다. 이에 제자 가운데 한 사람인 자로子路를 추천하여 계손씨의 가로家老로 삼게 하고, 채읍采邑이 강대해지면 도리어 사람들의 의혹을 사서 가문에 좋지 않다고 설득시켜 성벽 부수는 것을 승낙 받았다.

기원전 498년에 먼저 숙손씨가 후郈의 성벽을 부수고, 이어서 계손씨가 비費의 성벽을 부수었다. 그런데 비의 읍을 맡고 있던 가로인 공산불뉴公山不狃가 이 일에 반대하여 숙손씨의 불만분자와 함께 군사를 이끌고 국도를 급습했다. 공자는 정공과 삼환씨의 가장들과 함께 계손씨의 저택으로 도망쳤다가 고전 끝에 반란군을 격파하고 공산불뉴 등을 제에서 쫓아내고 비의 성벽을 부수었다. 그러나 맹손씨는 성郕의 위치가 제에서 가까워 제에 대한 방어상의 필요를 들어 성벽 철거에 반대했다. 이에 정공은 성읍郕邑을 포위하고 약속을 수행시키려 했다. 그러나 명령에 따르게 할 수 없어 결국 성郕의 성벽은 그대로 남게 되었다.

이렇게 시간이 경과하면서 삼환씨의 사람들은 공자의 의도를 간파하고

294

경계하기 시작했다. 이 때문에 공자는 마침내 실각하고, 기원전 497년 공자는 노를 떠나 위魏로 가서 이후 14년 동안의 유랑 생활을 시작했다. 공자는 위에서 송宋·진陳·채蔡를 거쳐 초까지 갔다고 한다.

공자는 이들 나라에서 제후와 귀족들에게 자기의 정치적 이상을 유세하여 귀족을 누르고 군주권을 확립하고자 했지만, 이러한 사고방식은 당연히 귀족의 반발을 사서 어떤 나라에서도 벼슬길에 오를 수 없었다. 뿐만 아니라 여행 도중에 습격을 받기도 하고 식량도 떨어지는 등 14년간은 고난에 찬 기간이었다. 그러나 특기할 만한 것은 이러한 고난의 여행에도 불구하고 핵심적인 제자들이 늘 그를 따르며 고난을 함께했다는 것이다.

인仁의 이념

공자 사상의 근본은 '인仁'이라고 한다. 이는 자기도 그렇고 타인도 그렇고, 모두 하나의 인간으로서 서로의 인격을 인정하고 그 위에서 자기를 눌러서라도 다른 사람을 위해서 행하는 것이다. 공자의 제자들은 이 사상을 중심으로 공자를 스승으로 받들고, 각자의 인격을 완성하기 위해 학문을 닦았다. 이처럼 사상을 매개로 해서 굳은 결합이 이루어진 것은 중국 역사상 최초의 현상이었다.

이 사이에 노에서는 정공이 죽고, 애공哀公의 시대가 되었다. 공자는 자신의 사상이 각 국에서 받아들여지지 않음을 알고 낙담함과 동시에 한편으로는 더욱 제자들에 대한 교육의 필요성을 통감하고 노로 귀국하게 된다. 공자 나이 69세, 기원전 484년의 일이다. 이후 기원전 479년, 74세로 죽을 때까지 공자는 제자들을 교육하며, 『시경』과 『상서』를 편찬했고 또한 예禮와 음악을 정리했다고 한다.

공자가 주장한 '인仁'의 원리는 빈부귀천의 구별이 없으며 모든 사람에게 통용되는 것이었다. 공자에게는 이 원리의 체득 여부가 인간의 가치를 결정하는 것이었다. 더구나 이 원리는 교육과 수양에 따라 얻어질 수 있다고 본 것이 교육자로서 공자의 출발점이다. 이것은 또한 훗날 유교를 중심사상으로 삼는 독서인讀書人이 발생한 이유다.

한편 이 원리가 모든 사람에게 적용되면서 학문을 하는 자는 중국 어디에 있어도 스스로 믿는 원리를 위해 활동할 수 있는, 아니 활동해야만 한다는 사고를 도출해 냈다. 유랑 여행 동안에도 공자가 제후에게 자신의 이상을 유세하며 돌아다닌 것은 그 때문이었다.

전국시대의 사상가 집단－제자백가의 선진先陣

곡부 대성전에 걸려 있는 공자의 초상

이처럼 공자에 이르러 중국의 사상은 안영과 자산에서 더욱 크게 한 걸음 내디뎠다. 안영 등이 귀족사회에서 태어난 데 반해 공자가 사士 출신이었다는 점이 안영 등과 일반 서민 사이에 있었던 선을 넘게 했던 것이다. 이와 함께 귀족사회가 여전히 혈연의식에 붙잡혀 있었던 반면에 오히려 공자를 배출한 하층 사람들은 혈연의식에 구애받지 않는 '인간' 일반이라는 사고방식에 도달하기가 쉬웠던 것이다.

춘추시대의 중국 세계는 초기에는 황하 유역이 중심이었다. 그러다 중엽에 이르면 초楚 등의 남방 세력이 북상함에 따라 장강 유역으로까지 확대됐다. 그러나 이때까지는 아직 정치적·군사적 세계의 확대에 불과했다.

이에 반해 춘추 후기에는 문화적·사상적인 세계의 확대도 이루어졌다. 자산이나 숙향 혹은 안영 등 그들 사이에는 정치에 대한 것이지만, 사고방식의 교류가 있었다. 또 이보다 좀 앞서 오吳의 공족公族인 계찰季札이 외교사절로서 여러 나라를 돌아다닐 때, 노에서는 시詩(『시경』 중의 시詩가 중심이었다)에

곡부 공묘의 최대 건축물인 대성전

대해 논하고 또 안영이나 자산과도 정치에 대한 논의를 주고받은 것은 남북을 통해 하나의 공통된 문화적 기반이 생겨나고 있음을 보여준다. 공자는 이런 기반 위에서 출현하였다. 이리하여 공자는 자기의 사상을 유세하며 전국을 돌면서 활약하는 전국戰國시대의 사상가 집단, 이른바 제자백가諸子百家의 선구가 되었다.

4. 춘추기春秋期의 개혁들

노魯의 '구갑제丘甲制'

앞 절에서 서술했듯이 정의 자산은 몇 가지 개혁을 실시했다. 그것이 사회 변화에 대응하기 위한 것이었다는 점도 지적한 바다. 그러나 이러한 개혁은 당시 중국 세계에서 자산이 처음으로 행한 것은 아니다. 정보다 약 50년 앞선 기원전 590년에는 노에서 구갑제丘甲制를 정했다는 기록이 있다. 이 제도도 정의 경우와 마찬가지로 농민 150호 정도의 지역을 구丘라는 단위로 삼아 군비 부담을 새로이 부과한 것이다. 이 경우도 농민에 대한 부담은 평균 1할이 아니라 수입에 따른 것이 아니었을까 생각된다. 노에서는 이보다 앞선 기원전 594년, 농민에게 수확에 따라 조세를 납부하도록 제도를 고쳤다.

그렇다면 그 이전에는 어떠한 제도가 행해지고 있었던 것일까.

서주를 언급할 때도 이야기하였듯이 옛날에는 정전법으로 불리는 것과 유사한 제도가 행해지고 있었다고 전한다. 즉 농민은 공전을 공동으로 경작하고 그 수확을 조세로서 납부하고 있었던 것이다. 따라서 개개 농민은 직접 곡물을 군주에게 납부한 것이 아니라 공전이라는 장소에 노동력을 제공하는 형식으로 조세를 납부했다. 이를 노역지대 혹은 노동지대라고 한다.

그런데 서주 후기부터 나타난 촌락의 분해는 이러한 공전의 공동경작을 불가능하게 했고, 또한 농민들 사이에 토지를 비롯하여 빈부의 차가 나타났기 때문에 이러한 노역지대의 세 부담에는 불균형이 생겨났다. 이에 개개 농민이 갖고 있는 경지에 입각한 세제를 정했고, 노에서는 이리하여 새롭게 농촌의 변화에 대응하는 정책이 실시되었던 것이다.

이때 노의 정책에는 자산이 행한 것처럼 경지의 재구획 및 정리는 없었지만, 아마 농민층의 분해로 대토지를 소유한 농민 혹은 토지를 잃고 도망한 농민이 생겨나 자연히 토지의 구획변경이 진행되었을 것이다. 이처럼 토지의 수확에 따라 일정한 비율을 납부하는 것을 현물지대라고 하며, 그 세율은 일반적으로 10퍼센트를 기준으로 하였다고 하지만 점차 가중되는 경향이 있었다.

진晉의 '주병제州兵制'와 '원전제爰田制'

이러한 노의 개혁보다 대략 50년 정도 앞서 진晉에서도 역시 두 가지 개혁이 이루어졌다. 하나는 주병제州兵制로서, 주州라는 2천 5백 호 정도의 지역을 하나의 단위로 하여 무기를 정비하기 위한 경제적 의무를 부과한 제도다. 또 하나는 원전제爰田制라는 제도로 토지를 재구획하고 정리하여 숨겨진 토지나 새로 개간된 토지를 공적이 있는 자에게 나누어 주는 개혁이었다. 이때 진의 군주는 혜공惠公(기원전 650~637 재위)이었다. 그런데 기원전 645년 진秦과 싸워 패하고 포로가 되었기 때문에 국내의 동요를 누르고 군비를 충실히 하기 위해 이 제도를 시행했다고 전해진다.

그러나 이런 제도가 실행될 수 있었던 데는 당시 진晉에서 예로부터의 경지 외에 새로운 토지가 늘어나고 있었기 때문일 것이다. 혜공 전의

헌공(기원전 676~651 재위) 때 산서 남부로 진출하여
영토를 확대한 것도 이를 가능케 한 요인의 하나였
다. 이외에 국내에서도 종래 방치되었던 황무지를
개간했을 것이다. 진이 봉건받은 토지는 하천에
연한 지역을 빼면 농업에는 부적합하였다. 더구나
그 주변을 융이라는 이민족이 에워싸고 있었기
때문에 그 경영은 더욱 곤란했다.

춘추 초기의 전차

이 황토지대의 토지개량은 지금도 대단히 어려
운 작업이다. 그러나 춘추시대에도 상당한 노력이 있었으며, 특히 이 시대에
이르러 나중에 언급하듯이 철제 농기구가 점차 보급되기 시작한 것이
그 노력에 기여했을 것이다.

혜공의 뒤를 이은 문공文公(기원전 636~628 재위)은 혜공 때의 새로운 제도를
발전시켜, 군대의 중심을 이루는 사士에게 공전을 지급하고 그 경제적
생활기반을 확보해 주었다고 한다. 이에 대한 『춘추좌씨전』 등의 기록은
간략해서 그 실태를 분명히 알 수 없지만, 진은 사士를 자작농으로 육성하고
전시에는 전사로 이용했을 것이다.

이 시대의 병제兵制는 은대 이래 전차가 중심이었지만, 진晉에서는 문공이
기원전 632년 전차를 중심으로 한 3군三軍 외에 보병步兵을 중심병력으로
하는 3행三行이라는 군대를 편성했다고 하는데, 위의 사士는 아마 이 3행의
주요 구성원이었을 것이다.

그리고 이때 이런 보병부대가 편성되었다는 사실은, 실제로는 그 이전부
터 존재하였던 보병이 점차 중요해졌으며 또한 실제로 사용되고 있었음을
말해준다. 그래서 이를 확고한 상비군으로 삼기 위해 공전을 나눠주어
보병으로 삼을 자작농을 확보했던 것이다.

사실 진의 국토를 이루는 황토지대는 비에 의한 침식으로 깊은 골이
종횡으로 뻗어 있었기 때문에 주변의 융적과 싸우려면 전차는 오히려

불리하여 일찍부터 보병이 중시되었다. 문공은 혜공 때의 토지개혁을 기초로 이를 병제와 하나로 연결해서 병사가 되지 않는 농민에게는 군비를 부담하게 했다. 이렇게 축적된 군사력을 동원하여 패자覇者가 될 수 있었던 것이다.

제齊의 '3국5비제三國五鄙制'

진晉 문공이 이상의 개혁을 기본으로 춘추 제2의 패자가 되었다면, 제1의 패자인 제의 환공은 어떠했을까?

『춘추』나 『춘추좌씨전』에는 이 점에 대해 아무것도 전하지 않지만, 『국어』(서주·춘추 시대 각 국의 이야기집)나 환공의 재상이었던 관중管仲이 지었다는 『관자管子』(실제로는 전국시대에서 한漢 초에 저작되었다는 설이 많다)에 관중이 환공을 위해 실시했다는 '3국5비제'라는 것이 전하고 있다. 그 내용은 다음과 같다.

제의 영내는 국도를 중심으로 하는 지역과 교외로 나눈다. 국도 지역에는 사士의 향鄕 15개, 상공업자의 향鄕 6개를 두고 이를 3분해서 국國이라는 단위로 삼는다. 즉 하나의 '국'에는 사士의 향이 5개가 있다. 제후齊侯와 국자國子·고자高子라는 두 명의 경이 각기 이 '국'을 통솔했다. 그 조직은 다음 표와 같은 단위로 구성되어 있다.

3국5비제(三國五鄙制)

국國(토士)			비鄙(농민)	
행정단위	장 관	군제단위(명)	행정단위	장 관
궤軌　5가家	궤장 軌長	오伍 5	읍邑 30가家	사관 司官
이里 10궤軌	이유사 里有司	소융小戎 50	졸卒 10읍邑	졸수 卒帥
연連　4리里	연장 連長	졸卒 200	향鄕 10졸卒	향수 鄕帥
향鄕 10연連	향량인 鄕良人	여旅 2,000	현縣　3향鄕	현수 縣帥
국國　5향鄕	원수 元帥	군軍 10,000	속屬 10현縣	대부 大夫

　* 3국5비제 : 국國에서는 한 집에서 병사 한 명씩을 뽑고, 제의 군대는 3군 3만 명이었음을 알
　　수 있다. 비鄙의 농민에게는 병역의 의무가 없었다.

이 조직은 동시에 군의 편성단위라는 점에 주의해야 한다. 상공업자의 6향은 3분되었는지 제후齊侯만 장악했는지 분명치 않다. 교외 지역은 국도 주변과 그 바깥쪽의 동서남북 사방을 5개의 '비鄙'로 나누었다. 그러나 하나의 '비'는 행정상으로는 속屬이라고 부르고 모두 제후齊侯가 장악하였다. 이 지역도 거의가 농민으로 구성되었고, 그에 대한 조세는 일률적으로 징수한 것이 아니라 그 토지의 생산에 따라 징수했다.

그 교외의 조직도 위의 표와 같게 된다.

따라서 사士의 향은 병역을 주로 한 반면에 농민은 조세부담의 의무를 졌다. 더구나 모두 자연촌락이 아닌 인위적인 조직이었다는 점이 주목된다. 때문에 종래 이 조직은 춘추 전기에 행해진 것이 아니라고 추정되어 왔다. 그러나 최근 서주사西周史 연구성과로 볼 때, 이는 작위적인 것이 아니라 어느 정도 실재성을 갖는다고 생각된다.

즉 서주 후기부터 시작된 농민촌락의 분해가 점차 각지로 확대되었기 때문에 그에 따른 정치적 재편성이 이루어졌는데, 제齊는 변경에 위치하고 있다는 점 때문에 농민에 대한 대부의 지배가 중앙에 비해 철저하지 못한 점을 이용하여 공실이 농민을 재파악하기가 쉬웠을 가능성이 있다. 제의 공실은 서주의 여왕이나 선왕이 의도한 농민층의 직접장악 방법을 배워 이를 실행에 옮기기 쉬웠던 것이다. 물론 이러한 5단계 조직이 환공 때 한꺼번에 완성되었다고는 볼 수 없지만, 이에 가까운 정책을 취하고 이를 기초로 하였으므로 환공은 패업을 달성할 수 있었을 것이다. 이때의 사士도 아마 진晉에서와 마찬가지로 자작농이었을 것이다.

사회변화와 역사

이처럼 춘추기를 통해 각 국은 농민을 파악하고 군비를 충실히 하기 위해 여러 개혁을 추진했다. 그런데 이러한 경향은 춘추시대가 되어 비로소 나타난 것은 아니고, 일찍이 서주시대 말기부터 보였다. 따라서 고대 사회구조의 변화와 이에 대응하는 새로운 정책이라는 면에서 볼 때, 서주왕조의 멸망으로 시대를 구분할 수는 없고 오히려 서주 후기부터 계속된 시대라고 보아야 할지도 모른다. 그리고 이런 개혁을 가장 철저히 시행하여 국가 전체를 군사적으로 재편성한 것이, 나중에 말하는 진秦나라에서 상앙商鞅이 기원전 359년과 기원전 350년 두 차례에 걸쳐 행한 개혁이라고 할 수 있다.

그러나 한편으로는 기원전 6세기 말경이 되면서 대부마저 밀어제칠 만한 세력으로 사士라는 계층이 정치의 실권에 접근하게 되고, 때로는 다른 나라에서 망명해온 사람들까지 중요 지위에 오르게 된다. 그리고 이러한 면은 전국시대에 들면 극히 일반적이게 된다. 서주시대부터 행해진 봉건제도는 이때 완전히 붕괴되고, 각각의 나라에서는 새로이 손에 넣은 토지를 현縣이라고 하여 제후가 직접 지배하려는 경향을 보이기 시작했다. 물론 초기의 현은 통치를 임명받은 대부의 채읍이라는 성격도 남기고 있었지만, 기존의 대부 채읍과는 달리 지방행정조직이라는 성격을 띠었다.

더 중요한 것은 기원전 5세기가 되면 서주 이래 제후 가운데에서도 대표적인 나라의 하나였던 진陳과 채蔡가 초에게 멸망 당해 소멸하는 커다란 정치적 사건이 일어나고, 또 기원전 453년에는 진晉의 유력한 경이었던 지백知伯이 같은 경이었던 한·위·조의 3씨三氏에게 망하여 춘추기를 통해 늘 패자에 가까운 세력을 유지해 오던 진晉이 사실상 3분되고, 한·위·조가 독립한 사건이다.

이러한 사건들은 오히려 전국시대적인 정치정세의 선구적 사건이라고 할 수 있다. 정치적 중대 사건과 사회적인 변화, 그리고 이에 대한 새로운 정책이 서로 앞다투어 역사를 움직여 갔다.

그러나 사회적 변화라는 것은 어느 나라에서나 완만하게 진행되며 또한 역사 표면에는 쉽게 나타나지 않는다. 따라서 사회 변화를 파악하고 어느 한 시점에서 역사의 시대를 긋는 것은 매우 어렵기 때문에 서주의 멸망과 동천, 진晉의 3분三分 등 대사건을 들어서 춘추시대의 시작과 끝을 설정하지만, 이들 대사건의 배후에는 계속 진행되어 온 사회적 변화가 있으며 이들 사건은 어떤 점에서는 그 변화를 상징하는 것으로 이해해야 할 것이다.

5. 동철銅鐵과 은주殷周 사회

철기와 동기의 역할

앞에서 지적한 것처럼 춘추시대가 되면 철기가 출현하여 급속히 보급되어 각지에서 서鋤 등이 농구로 사용되었다는 것이 고고학 조사를 통해 분명해지고 있다. 여기에서 문제가 되는 것은 중국의 철기 제조가 어디에서 어떻게 시작되었는가 하는 점이다.

은말 주초에 단철鍛鐵로 만들었던 과戈라는 병기가 여럿 발견되고 있지만 그 후 이 기술은 중도에 두절된 것 같다.

중국의 철기를 고찰할 때 주목해야 할 점은 춘추시대에 이르러 거의 주조된 철기가 보급되었다는 사실이다. 이는 세계 철의 역사에서 보면 대단히 특이한 점이다. 서아시아에서 최초로 나타난 철기는 단철鍛鐵이며, 주철鑄鐵이 나타난 것은 훨씬 뒤인 14세기경부터다.

그러므로 중국의 철기 기술은 서아시아에서 전해졌다기보다는 중국에서 독자적으로 개발되었다고 보아야 할 것이다. 그리고 전국시대가 되면 단철 기술도 나타나게 된다. 주철을 만들 때는 단철보다 높은 온도가 필요한데, 그 온도를 얻기 위해서는 산소 공급이 필요하다. 이는 송풍 장치, 즉 풀무가 일찍부터 중국에서 발명되었기에 가능했다고 생각된다.

그런데 주철은 철을 녹여 주형鑄型에 넣어 제조하는 것으로 형태는 원하는 대로 주조할 수 있지만, 높은 경도硬度에 비해 부서지기 쉬워 무기로는 부적당하여 농구로 사용되었다. 그래서 철은 악금惡金이라 불렸고, 무기에는 청동이 사용되어 청동을 미금美金이라고 하였다. 청동 검이 매우 뛰어나다는 것은 1955년 호북성 강릉현江陵縣 망산望山에서 발굴된 월왕 구천의 검을

전국시대의 철제농구 거푸집 위로부터 서철범鋤鐵
范, 곽범钁范(호미 제작에 쓰인 거푸집), 철쌍겸범鐵双
鎌范

통해서도 잘 알려져 있다. 얼마나 예리한지 지금도 사람을 벨 수 있을 정도라고 하니, 참으로 미금이라는 이름에 어울린다고 하겠다.

춘추전국시대의 전설에는 남방의 오나 월에서 우수한 검이 만들어졌다고 한다. 오왕 합려 때 명장인 간장干將은 합려의 명으로 정선한 동銅을 모아 두 자루의 검을 주조하고자 했지만 3년이 걸려도 동이 녹지 않았다. 이에 간장의 처인 막야莫邪가 머리카락과 손톱을 잘라서 화로에 던져넣고 300명의 동녀童女에게 풀무질을 시키자 동이 녹아 주조하는 데 성공했다. 한 자루에는 간장, 또 한 자루에는 막야라는 명銘을 새겼다. 이 검도 분명 청동이다. 청동제 무기는 모矛나 과戈 혹은 극戟 등으로 사용되었으며, 이미 은대에 다량으로 만들어졌다고 한다. 그 후 주조 형식도 점차 개량되어 춘추시대 후기에는 최고의 단계에 달했지만, 전국시대가 되어 단철 기술이 개발되면서 단철의 강인한 성질이 무기에 적합했기 때문에 검·창·방패 등을 비롯해 거鋸(톱)와 추錐(송곳)도 철로 만들어지게 되었다.

농구의 변화─석기에서 철기로

이에 대해 농구 등은 한대漢代에도 여전히 주조가 주류를 차지하였지만 주조라고는 해도 철제 농구가 제작됨으로써 농업생산을 일약 발전시켰다. 자연발생적인 혈연집단으로 구성된 농촌이 춘추시대에 분해되고 그러한 정세가 중국 전체로 침투해 들어간 것도 생산의 발전에 따라 개별 세대가족의 독립이 촉진되었기 때문이다. 이와 함께 자작농 안에서도 점차 소지주가 출현하기 시작하여 이들이 종래의 영주인 제후나 대부를 대신하여 농촌에서 중요한 힘을 지니게 되고, 소농민이나 농노를 지배하게 되는, 그 이후

304

중국의 독특한 농촌사회를 형성하게 된다.

철제농구의 보급이 직접 농경 작업을 쉽게 하고 생산을 높인 것은 아니다. 이를 이용해 새로운 토지가 개간되어 경지가 증가하였으며, 전국시대에는 대규모 수리 토목 사업을 통해 경지의 질적인 개량도 가능해졌다.

이 철제농구가 사용되기 이전의 농구는 목기 혹은 골제骨製나 패각제貝殼製도 있었지만 신석기시대 이래 주가 된 것은 석기였다. 물론 은·주 시대에도 청동제 부斧나 착鑿·산鏟 등이 제작되기는 하였으나 그 수량은 극히 한정되었고 족기호族記號의 명문銘文이나 도철饕餮 무늬 등을 새긴 것이 있었는데 소재인 청동 그 자체가 귀중품으로서 일반 농민의 손에는 들어갈 수 없었기 때문에 그것들은 오히려 귀족의 전유물이었다.

그러므로 농업생산 면에서 볼 때 농구는 석기에서 철기로 변화하였고, 이런 점에서 청동은 생산에 직접 관계하지 않았다고 할 수 있다. 영향이 있었다면 금속 주조기술이 청동기의 제작 과정에서 발달·보급된 점으로, 이것이 주철 농구의 급속한 일반화를 가능하게 했다고 생각할 수 있다.

그렇다면 중국의 청동 기술은 어떠했는가?

은대 후기의 청동기

앞에서도 서술했듯이 은대에는 다수의 청동제 모矛나 과戈가 무기로 만들어졌다. 그러나 이 기술이 크게 발휘된 것은 연구자들이 이기彝器라고 총칭하는 청동기다. 이것은 술이나 음식을 넣는 용기로 그 밖에는 수기水器·악기樂器 등으로 나눌 수 있다.

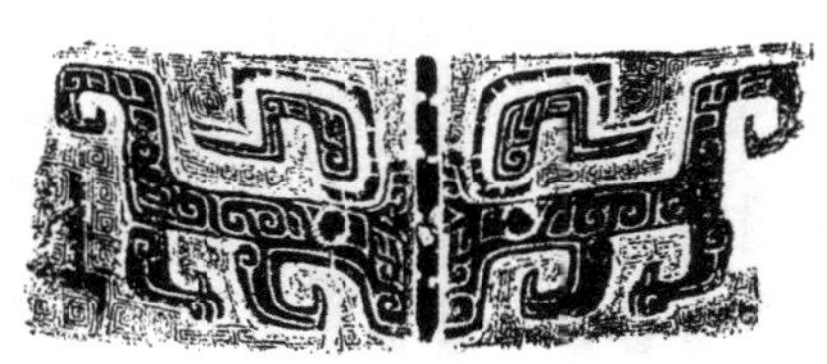

동기의 문양 도철둔

즉 청동기는 은대 후기부터 서주시대에 걸친 시기가 종류와 형태에서도 가장 다양하여 최고 단계였다. 문양도 가느다란 뇌문雷文을 지문地文으로 하여 신비한 아름다움을 갖는 도철문을 주조한 것이 많다.

호랑이 머리를 한 시굉兕觥   주기酒器

도철문은 은대 전기에 나왔는데, 그것은 평면적이고 기하학적이다. 이에 반해 후기가 되면 기형器形이 모두 변화되어 동물 형태에 가까운 것, 반대로 각 부분으로 분해된 것, 또 삼족기三足器의 다리 부분이나 사각기형四角器形의 모서리 부분에 입체적으로 표현된 것도 있다. 시굉兕觥의 머리 부분頭部도 이를 입체화한 것이다.

그러나 그 어느 것도 모두 큰 눈과 힘 있는 상하의 턱을 갖고 있으며 눈 위에는 뿔이 나 있다. 이런 괴수가 무엇을 의미하는지는 분명치 않다. 몸은 호랑이 같은 것도 있고 뿔은 물소나 산양 같기도 하다. 아마 강력한 동물을 복합시켜 여러 가지 힘을 합친 것인 듯하다. 도철이라는 문양 이름도 태고의 탐욕스러운 인물로서 도철이라는 사람이 있었다는 전설에 의거해서 뒷시대 사람들이 그 이름을 따서 붙인 것이고, 은대의 사람들이 이것을 무엇이라고 불렀는지는 알 수 없다. 아마도 이런 문양을 사용한 목적은 동기銅器 안의 공물供物을 찾아오는 악령을 큰 눈이나 입으로 으름장을 놓아서 쫓아버리려고 한 것이라 생각된다.

그러나 은이나 주의 청동기의 도철문에서 알 수 있듯이 이것들은 결코 밖으로부터 오는 자에 도전하는 공격적인 힘을 갖고 있지는 못하였다. 오히려 대단히 정적이며 힘을 안에 감추고 어딘지 모르게 다른 것을 빨아들이려는 듯한 느낌을 준다. 또 보는 자에게 다음 순간 어떤 변화를 일으킬 것인가 하는 예측할 수 없는 불안감을 느끼게 한다.

이것은 은대의 사람들이 상상한 영靈이 이처럼 예측할 수 없는 뭔가 으스스한 존재고, 그 같은 힘을 표현하고자 했기 때문이다. 갑골문에 의하면 조상의 영혼이라 하더라도 언제나 자손을 지켜주는 것만은 아니고 때로는

306

돌연 양화를 입히기도 한다. 도철문이라는 것은
이러한 으스스함을 표현한 것으로서, 공격적으
로 으름장을 놓는 힘을 표현한 것은 아니다.
여기에 은·서주의 청동기가 갖는 으스스한 힘
과 아름다움의 이유가 있는 것이다.

　　어쨌든 청동제 이기彝器는 신에게 제사지낼
때 사용된 것이었다. 정鼎과 력鬲은 고기를 삶는
데 쓰이고, 작爵·치觶·고觚 등은 술을 바치거나
대지에 뿌려 신을 부르는 데 쓰였다. 갑골문에
기록된 대로 제사에는 술을 대지에 붓는 관祼이
라는 의례가 빈번히 행해졌고 수많은 소와 양이
희생으로 사용되었음은 많은 정鼎·력鬲이나 작
爵 등의 출토 사실과 대응하는 것이다.

호랑이 형태의 주전자 인간의 형상을 한 악령을
먹는 호랑이

　　특히 주기酒器는 은대에 가장 많이 제작·사용되었던 것 같고, 작은 묘에
한두 개의 청동기를 부장한 경우는 거의 작爵 같은 보통 음주용 그릇이었다.
은보다 먼저 세워진 이리두 유적에서는 흙으로 만든 고觚·작爵·화盉·규鬹
등의 주기가 부장되는 경우가 보편적으로 보여 술 마시고 제사에 술을
바치는 것이 일찍부터 널리 일반인에게 행해진 풍습이었음을 알 수 있다.
이 풍습은 그대로 은으로 계승되어 만약 이리두기를 하왕조 시대라고
생각한다면 적어도 술을 동반한 제사 형태는 하에서 은에 걸쳐 본질적으로
변화되지 않았다. 한 발 더 나아간다면 하와 은은 문화 근간이 하나라고
할 수 있을 것이다.

　　특히 이 청동기는 한편으로는 그것을 소유한 사람의 권위를 상징하는
것이었다. 일반인들이 토기를 사용하고 청동기를 소유할 수 있는 경우는
한정된 족장들에 지나지 않았기 때문이다. 그리고 이들은 때로 자기의
공적을 명문으로 청동기에 기록하였다.

서주 전기와 그 이후의 청동기

그런데 서주 전기에 이르면 청동기에 변화가 나타나기 시작한다. 문양이 기봉문夔鳳文으로서 서조瑞鳥가 자주 쓰이고, 궤簋라는 곡물을 담는 그릇이 많이 만들어지기 시작하여 주기류酒器類는 점차 감소하는 경향을 보였다. 이러한 경향은 후기에 현저해진다. 또한 중기부터 파도무늬가 나오기 시작하고, 후기에는 이것과 함께 비늘무늬鱗紋 등 도안문이 주류를 이룬다. 도철문이나 기봉문은 원형을 찾기 힘들 정도로 분해되어 도안화되어 버렸다.

앞서 서술했듯이 주周는 본래 곡물신이었던 후직을 자신의 시조로 삼았는데, 주나라 사람들이 궤를 많이 만든 것도 곡물 중시와 서로 표리를 이루는 현상이었다. 그리고 청동기는 제사를 목적으로 하는 것이기 때문에 연회용이나 혼수감의 성격을 띠게 된 것을 명문에서 알 수 있다.

물론 이 시기에도 음주는 행해졌을 것이다. 이는 술을 저장하는 호壺를 만든 것에서도 알 수 있다. 음주를 위한 잔 등은 아마 나무나 칠기로 만들어진 것 같다. 잔에 해당하는 것을 청동으로 만들지 않은 것은 사람을 도취시키는 불가사의한 힘을 갖는 술의 종교적 의미가 점차 사라지면서 이것을 귀중한 청동기로 마실 필요가 없다고 생각되었기 때문일 것이다.

이것은 은대부터 서주 전기까지는 종교제사가 주술적인 성격을 강하게 남기고 있었지만, 중기 이후에는 의식적인 성격을 보다 많이 갖게 되었음을 보여준다. 술이 갖는 도취력은 오히려 인간의 즐거움으로 변했다고 할 수 있다.

이러한 경향은 춘추시대를 통해 계속되는데 문양은 파도무늬 등을 대신하여 훼룡문虺龍文이나 반리문蟠螭文 등이 많아진다. 그리고 춘추시대 말기가 되면 이런 문양 외에 수렵이나 전쟁·연회 모습을 그려넣거나 혹은 금·은·유리 등을 상감하거나 전면에 도금을 입히기도 한다. 그러나 이때에는 기형器形도 매우 합리적이고 실용화되어 은과 서주의 청동기가 갖고 있던 종교성은

동기의 문양 위가 기봉문, 아래가 반리문이다.

완전히 상실되고, 귀족이 일상적으로 부를 과시하는 것이 되어 버렸다. 즉 이전에 청동기가 갖고 있던 특색을 점차 잃고 단순한 도구로 되어 버렸다.

청동은 이러한 이기나 무기 외에 수레 장식품이나 목제 기물 장식에도 사용되었는데, 어느 것이든 그 기술은 은대 후기에 최고 단계에 도달했고 그 이후에는 오히려 쇠퇴했다고 할 수 있다. 은이나 서주의 청동기는 현재의 기술로도 도달할 수 없는 정교함을 지니고 있어 그 당시 기술자의 우수한 능력을 볼 수 있다. 그래서 기술자들은 왕후王侯나 극히 한정된 대귀족들만을 위해 청동기를 제작했으며, 그만큼 주인들에 대한 예속도가 강했다고 생각된다.

이런 점에서 보아도 청동 기술이라는 것이 농업생산과는 거의 무관하다는 사회적 성격을 이해할 수 있다.

다음으로 은·주 시대의 황금에 대해서 살펴보자.

황금의 위치

춘추시대 후반이 되면 도금이나 상감에 황금을 사용하게 되지만, 그 이전에는 거의 사용되지 못했다. 발굴에 따르면 은대 후기의 묘에서 작은

금사金沙의 태양신조太陽神鳥 금박장식

금박이 여러 조각 발견되었다고 하지만 그 이외에는 거의 예가 없다. 전 세계에 걸친 고대문명에서는 어느 지역에서나 황금을 사용한 장신구나 가면, 용기 등이 활발히 만들어졌으나 중국에 관한 한 그 사용 예가 거의 없다. 그 이유는 알 수 없지만 매우 이색적임에는 틀림이 없다.[5] 여기에서 주목해야 할 것은 역시 청동기다.

현재 우리가 보는 은·주 시대의 청동기는 대부분 전면이 녹청綠靑으로 덮여 있는데, 양질의 청동기를 만들 때에는 황금과 비슷한 색으로 광을 내어 결코 지금 우리가 보는 색은 아니었다. 즉 그런 황금색이었기 때문에 왕이나 족장의 권위를 나타낼 수 있었던 것이고, 이것이 은주 사람들에게 청동기에 대한 강한 의식을 북돋아 주어 그만큼 황금에 대해서는 욕망을 불러일으키지 못했을 것이다. 이러한 점도 중국의 고대 금속문화가 지닌 큰 특색이라고 할 수 있다.

이 장을 끝맺으면서 마지막으로 문자에 대해 간단하게 마무리지어 보겠다.

신석기시대에는 도기에 일一, 이二라는 기호가 붙은 것이 있는데 이것은 도기 소유자가 기억할 수 있도록 붙인 표시로서, 많은 기호를 연결하여 하나로써 통합된 의미를 전달하는 문장을 구성하는 문자로서의 기호와는 다르다. 또 신석기시대 후반의 강남에서 널리 볼 수 있는 원圓(태양 바퀴)과 불 또는 산으로 생각되는 형체를 조합시킨 기호는 권력자를 상징하는 기호라고 생각된다. 말하자면 휘장徽章 또는 문장紋章이다.

이에 비해서 은 전기가 되면 강서성 청강현淸江縣 오성吳城에서 발견된

---

5) 단, 근래 발굴된 사천의 삼성퇴(三星堆)와 금사(金沙) 유적에서 황금 마크스클 비롯한 황금을 사용한 유물이 다수 출현하였다.

310

도기 조각 위에 10개 가까운 기호를 새긴 것이 여럿 있다. 그 사례가 적어서 아직 해독은 되지 않지만 문자라고 보아도 좋을 것이다. 따라서 확실하게 문자라고 할 수 있는 것은 은대 후기의 갑골문이다. 이 문자는 귀갑이나 소의 견갑골에 예리한 칼로 새겨져 있다. 문자 대부분은 직선을 조합시켜 만들어 단단한 느낌을 준다.

은 후반기 끝 시기가 되면 청동기에 30자 정도의 문자를 새기게 된다. 금문이다. 이것은 모래와 흙으로 된 주형鑄型에 문자를 부조하여 썼던 것을 사용한 것이므로 문자는 갑골문에 비해 곡선이 많고 또 같은 문자라도 갑골문에 비해 자획字畵도 많고 복잡한 구성을 이루기 때문에 갑골문보다 장식성은 풍부하지만 문자의 구성법은 근본적으로 같다.

서주시대의 금문은 은의 금문을 계승한 것이지만 춘추시대가 되면 장강 유역에는 조서鳥書라고 불리는, 극단적으로 장식적인 문자가 청동기 명문에 사용되고 있다. 이에 비해 황하 유역에서는 서주 이래의 전통적인 서체가 사용되고 있다. 지역에 따라 분화했던 것이다.

청동기란 은·주 시대에는 주로 제사의 공물을 담는 것이며 종묘에서 신 앞에 바치고 제사 후의 직회直會6)에서 일가족이 그 공물을 같이 먹는 데 쓰는 그릇이었다. 그러나 서주 말이 되면 점점 귀족들의 향연을 위한 도구로 되었다. 그러나 이 향연은 의식적 행위이며 은대부터 춘추전국에 걸쳐서 청동기는 신, 또는 사람들의 앞에 놓는 장식품의 성격을 갖고 있기 때문에 그 그릇에 표기된 문장의 문자에도 장식적인 성격을 갖추었다고 말할 수 있다.

그렇다면 일상생활에 문자는 사용하지 않았는가. 적어도 서주시대에는 주의 궁정에 토지와 인구에 관한 대장이 비치되어 있었을 것이며 필기용 서체가 있어서 붓과 먹을 사용하여 목판 등에 글자를 썼을 것이다. 이것이 춘추시대에도 계속되었으며 앞에 다루었던 후마 출토 맹서는 주서로 옥이나 돌에 쓰여졌는데, 현존하는 최초의 필기용 문자 자료 가운데 하나다.

6) 음복잔치. 제사를 지낸 제수(술과 음식)로 베푼 연회.

　이 서체는 같은 시대의 금문보다 하남성 신양현信陽縣에서 발견된 초나라의 죽간 서체에 가까워 황하 유역과 장강 유역에 공통된 필기체 문자가 있었다고 생각된다. 춘추시대에는 각 국의 사신이나 군대가 각 지방에 파견되어 각지에서 맹약이 맺어지고 또 각 국은 각각 자국에서 발생한 중요 사건이나 군주의 사망, 새로운 군주의 즉위 등을 통보하여 왔으므로 당연히 공통된 문자가 사용되었을 것이다.

　춘추 말기의 공자를 비롯하여 제자백가라고 일컬어지던 다수의 사상가가 여러 나라를 편력하여 자설自說을 유세하고, 문답을 실시하여 사상의 교류를 시도한 것도 단지 구두의 말뿐이 아니라 필기체의 공통된 문자의 존재를 전제하지 않으면 설명이 되지 않는다. 이런 공통 문자를 기반으로 진의 문자통일이 가능하였던 것이다.

제11장 전국시대戰國時代의 의의

1. 전국시대의 시대구분

12제후표十二諸侯表와 6국표六國表

전국시대戰國時代란 문자 그대로 전쟁하는 국가들의 시대라는 의미다. 전국시대는 춘추시대의 뒤를 이어서부터 진秦의 시황제始皇帝가 중국을 통일(기원전 221년)할 때까지의 261년간을 가리키는 것으로 되어 있다.

이 춘추시대와 전국시대를 어디에서 나눌 것인가, 춘추에 뒤이은 전국시대는 언제 시작하는가라는 문제를 둘러싸고 과거 중국 역사가들 사이에는 여러 설이 제기되었다.

먼저 역사에서 시대구분을 처음으로 의식한 역사가는 한의 사마천이다. 그는 『사기』에 보통 왕조의 편년적인 연대사年代史 뒤에 표表, 즉 연표年表를 붙여 연대사를 보충하고자 했다. 그 표 가운데 '12제후표'가 있는데 이것이 우리가 말하는 춘추시대에 해당한다. 그리고 이 '12제후표'에 이어서 사마천은 '6국표'라는 것을 만들었다.

'12제후표'는 공자가 저술했다는 『춘추』에 기술된 시대, 즉 춘추시대의 대부분에 해당하는 시대다. 그러나 『춘추』는 기원전 481년으로 끝났기 때문에, 그때부터 주周의 경왕敬王이 죽은 기원전 475년까지를 '12제후표'에 넣었다. '6국표'는 기원전 475년부터 시작하고 있다.

그런데 춘추와 전국의 시대구분을 어떻게 하는가라는 문제에 대해 많은 이설이 나온 데에는 다음과 같은 사정이 있다.

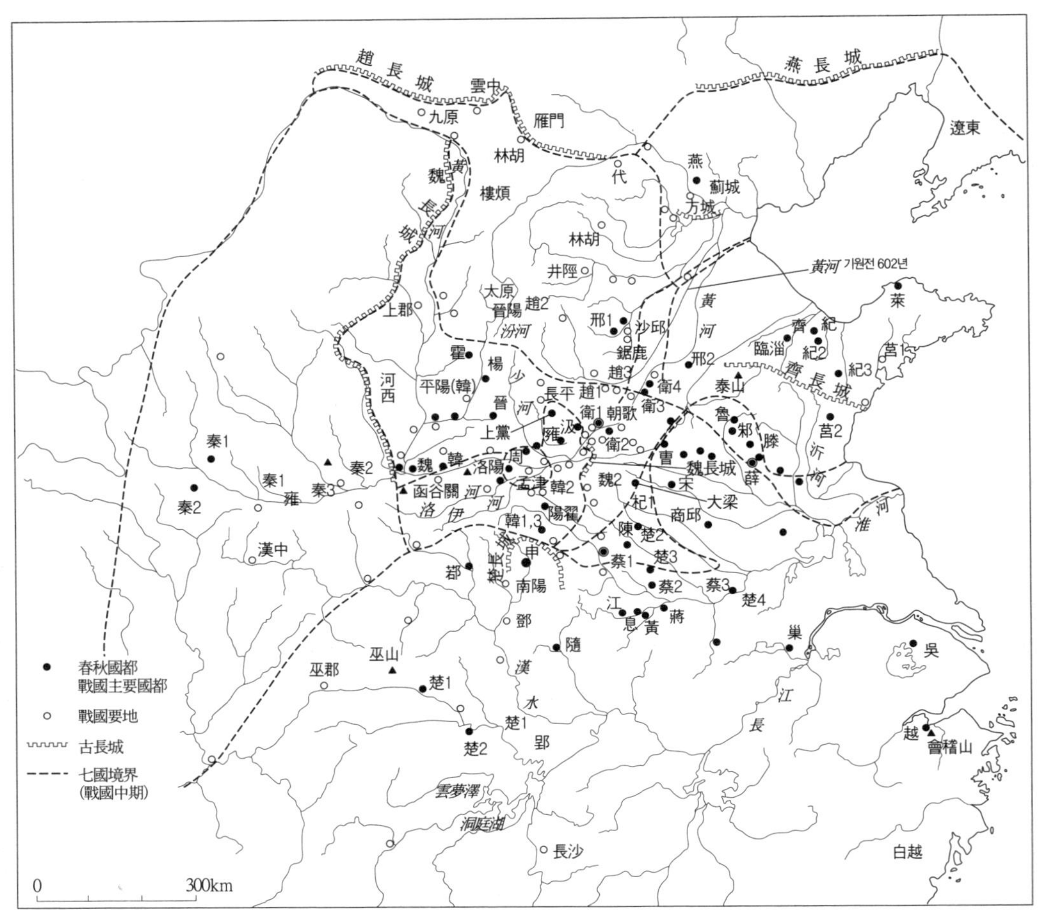

춘추전국 지도

중국 전체 역사상의 큰 과도기

사마천은 주왕조의 귀족제적 국가군國家群—그것은 도시국가군이었는데
—, 그 가운데 가장 유력한 12나라를 취해 12제후표의 연대표를 만들었다.
이 봉건제적 귀족국가(혹은 봉건적인 귀족국가, 또는 도시국가라고도 한다)가 붕괴하
고 점차 영토국가라고 불리는 광역의 국가가 성립한다. 이러한 영토국가로
발전해 가는 과정이 사마천의 '6국표'에 해당하는 시대다. 사마천은 원래
중원에 여섯 국가가 분립해 있었기 때문에 '6국표'라고 했지만, 실제로는

314

6국 연표 외에 서방의 강국인 진秦의 연표를 덧붙였으므로 7국 연표가 된다. 즉 7대 강국이 고대 중국의 패권을 다투며 끊임없이 싸웠기 때문에 이 시기를 일반적으로 전국시대라고 부르게 된 것이다.

그러므로 춘추전국시대라는 것은 주의 귀족제 도시국가군으로부터 7개의 대립하는 영토국가가 생겨나고 그것이 진秦에 의해 통일되는 과정이라고 할 수 있다. 이는 중국 고대사뿐만 아니라 이제까지의 중국 역사상 대과도기에 해당한다. 춘추와 전국의 시대구분이 어려운 이유도 이러한 대과도기에 속하기 때문이다. 이 대과도기는 전기와 후기로 나눌 수 있는데 연대구분을 확실하게 정하기는 곤란하다.

그런데 사마천은 어떤 점에서는 시대구분을 행하기도 했는데, 역시 정치사적인 면을 표준으로 삼고 있다. 이는 서양 역사학의 시대구분도 그러하지만, 역시 분명히 나뉘는 것은 정치사적인 것이기 때문이다. 시대를 연대적으로 구분한다면 정치 세계의 현상으로 정하는 것이 오히려 역사서술에서 보편적 방법이 아닐까 생각한다.

『춘추』와 『사기』의 기술

사마천은 주왕실이 쇠퇴하는 징후가 서주 말기인 제10대 여왕 때에 나타났다고 보았다. 결국 여왕은 전제를 행하여 주의 귀족을 비롯해 일반 민중의 반감을 초래하였고, 그 결과 수도에서 쫓겨나 도망가야 했다. 그 후 제11대 선왕에 의한 중흥이 있었지만, 제12대 유왕 때 서북 이민족의 침입을 받아 서주는 멸망했다. 수도는 섬서성 서안 부근에 있었는데 유

조수고족이鳥首高足匜 전국시대 조기무期, 높이 16.5cm, 하북성 당현唐縣 북성자北城子 출토

왕의 뒤를 이은 평왕은 성주라 불리던 하남성 낙양으로 옮겼다.

사마천은 이 천도를 주의 동천東遷이라 하여 역사의 획을 긋는 매우 중대한 사건으로 생각했지만, 그 발단은 거슬러 올라가 여왕 시대에 있다고 보았다. 그리고 서주왕조의 그러한 현상이 계속 이어진 것이 춘추시대라고 생각했다. 바꾸어 말하면, 서주왕조의 권위가 쇠퇴했기 때문에 마침내 제후들 중에서 유력 국가가 패자가 되었는데 그 제후는 도시국가의 군주이며, 가장 유력한 자가 여러 도시국가를 모아 회합을 열고 맹주가 되었던 시기, 즉 끊임없이 패권을 다투던 시대가 춘추시대라고 생각했던 것이다.

이러한 패자의 시대 마지막에 중국 고대 사상을 집대성한 공자가 등장하였다는 것은 이미 앞서 다룬 바 있다. 그리고 이 공자의 등장으로 주의 역사에 대한 반성이 일어났다. 서주의 멸망과 주왕조의 동천(동주東周)이라는 역사적 사건에 대한 의의를 물은 것이다.

공자는 동주가 중국을 지배할 왕조로서의 힘을 이미 잃어버린 이상, 주공단이 남긴 주왕조의 전통을 계승한 것은 노魯나라라고 보고 노나라의 연대사를 중심으로 한 역사서를 편찬했다. 그것이 『춘추』이며, 공자에 의한 역사적 자각이 높아진 결과 중국에서 진정한 의미의 역사가 나오게 된 것이다.

사마천은 『춘추』에 이은 6국사를 썼는데, 이 서술은 매우 곤란한 점을 안고 있었다. 춘추시대의 경우는 공자가 쓴 『춘추』라는 정통 편년사가 있어서 역사를 연대적으로 알기 쉬웠고, 전국시대의 경우는 중원의 6국과 서쪽의 진秦을 합친 7대 강국이 각기 자신의 기년紀年을 기본으로 해서 만든 연대기를 갖고 있었다. 그런데 중국을 통일한 진秦이 이 각국의 연대기에 자기 나라에 대한 부정적인 기록이 많다는 이유를 들어 모두 말살해 버렸다. 이 때문에 사마천은 진秦의 연대기를 주로 해서 전국시대 7국의 대조연표를 만들고, 전국시대의 외교를 기술한 『전국책』이나 전국시대의 사상가 집단인 '제자백가'를 참조하여 각 국의 역사를 편찬했다. 그러나 중국의 서쪽 변경에 위치해 있던 진秦나라가 동방 여러 나라들의 사정을 명확히 파악할 수는 없었다. 따라서 진秦의 연대기에 의지해서 쓴 사마천의 역사 기술에도 당연히 부정확성과 오류가 생겨날 수밖에 없었다.

정치사적 자료의 부족

전국시대보다 600년 후인 서진西晉 초(297년)에 하남성 급현汲縣에 있던 전국시대 위魏의 왕릉으로 알려진 고분을 도굴꾼이 발굴하여 다량의 죽간(대나무로 만든 조각에 글을 써서 합친 책)을 발견했다. 그 가운데 전국시대 위의 연대기로 추정되는 것이 있었는데,『죽서기년』이라고 불린다. 그 원본은 없어졌지만 다른 책에 인용되어 남아 있는 부분은『사기』에 기록된 6국 대조연표의 오류를 바로잡는 귀중한 자료가 되고 있다. 즉 이『죽서기년』을 제외하면 믿을 만한 편년적인 자료는 매우 드물다.

전국시대는 사상적으로 제자백가라고 불리는 사상가 집단이 등장하여 공자를 잇고 이를 더욱 발전시켜 다양한 학파가 나온 시대다. 사상적 수준은 대단히 높아 중국 사상의 기초는 이 전국시대에 성립되었다.

그런데 제자백가라고 불린 사람들의 저서는 스승의 말을 제자가 받아 적은 것으로 저작 연대가 불분명하고 동시에 각 학자의 연대도 분명치 않다. 결국 제자백가가 활동한 전국시대는 사상적으로는 황금시대였지만, 편년적인 연대기가 결핍됐다는 점에서 정치사적으로는 암흑시대나 마찬가지였다. 따라서 전국시대의 역사를 연대기적으로 정확하게 서술하기란 대단히 곤란하다.

이처럼 구체적으로는 그다지 분명치 않은 전국시대가 가진 역사적 의의를 살펴보자.

2. 전국시대의 정치사적 의미

종교적 권위의 소멸

춘추시대 이전에 종교적 권위는 동시에 정치적 권위였다. 주왕조는 종교적 권위에 의해 당시 전 중국을 통치했다. 그런데 이 종교적 권위가 쇠퇴해 감에 따라 주왕조의 정치적 권위도 쇠퇴해 갔다. 그래서 동주東周는 춘추시대에 이미 중앙권력을 잃고 이미 일개 소국가로 전락했다.

그러나 춘추의 패자들은 무언가를 주장할 경우 주왕실의 권위를 빌었고, 주왕을 받들면서 전국을 호령하는 분위기가 아직도 남아 있었다. 즉 주왕조는 소국이면서도 전통을 갖고 각 국으로부터 그만큼 중시되고 있었던 것이다. 그런데 다음 전국시대에 들어가면 주왕실의 권위는 완전히 땅에 떨어져 버렸다. 전국시대에 들어서도 여전히 주왕실의 종교적 권위를 빌리는 경우가 있었지만, 그런 경우도 주왕은 완전히 꼭두각시 같은 존재에 지나지 않았다.

이러한 결과는 주왕실과 제후와의 혈연관계가 점차 약화되어 희미해지고, 주왕실의 종묘 제사에 대한 공통 신앙이 흔들린 데서 연유한 것이다. 춘추시대의 열국들은 아직 주왕실을 본가, 즉 종주로 인정하고 있었으며 관념적으로는 그 종주가 아직 중국 전토를 지배한다고 생각하는 전통이 있었지만, 그것은 점차 사라져 버렸다. 그것이 바로 전국시대다.

7강국 대립의 역사적 배경

주周나라는 전통적으로 봉건적 국가라고 불려 왔는데, 그 귀족제 하에 있는 도시국가군이 집합한 것이 춘추의 국가다.

도시국가의 특색은 제정일치, 즉 제사를 행하는 자와 정치를 행하는 자의 일치다. 즉 서구에서 말하는 신정국가神政國家(Theocracy)다. 그러므로 국가의 지도원리는 종교적 관습 위에 입각한 예禮라는 질서였다. 도시국가는 각기 부족의 조상에게 제사를 지내고 그 종교적 권위에 의해 국가를 지배했다.

춘추 때까지 도시국가는 서로 패권을 겨루는 전쟁을 했지만, 본래 종교적 권위에 의해 국가가 섰기 때문에 어떤 국가가 다른 국가를 멸망시킨다는 것은 종교적으로 대단히 어려웠다. 왜냐하면 각 국은 종묘에서 조상신에게 제사를 지내고 그 조상신은 그 자손들에 의해 제사를 받았으며, 그 혈족이 아닌 자는 제사에 관여할 수 없다는 관습이 있었기 때문이다. 결국 혈족제도 이기 때문에 혈통을 대단히 중시하여 자손이 아니면 제사를 지낼 수 없었다. 그러므로 다른 국가가 침입해 멸망할 경우에는 제사를 유지할 수 없게 된다. 그 신의 제사를 유지하지 못하면 그 조상신의 영혼(신의 영혼 즉 죽은 선조의 영혼)은 종묘를 떠나 세상에 떠돌게 되고 침략국에게 앙화를 입힌다고 굳게 믿고 있었다.

그래서 어떤 국가를 멸망시켜 그 군주를 추방하고 그 나라를 세운 씨족과 무관한 자가 이를 지배하고 관리한다는 것은, 이상과 같은 조상신에 대한 신앙이 존재하는 한 불가능하였다.

그러나 이처럼 정치적인 현상이 종교에 기초하고 있다는 신념이 희박해 짐에 따라 점차 스스럼없이 타국을 멸망시켜 나갔다. 이런 경향은 춘추시대 부터 서서히 나타나 소도시국가를 멸망시키거나 복속시키고 그곳에 장관을 두어 지배하는 현상이 생겨나게 되었다. 이러한 경향이 강해지고 타국을 멸망시키는 것이 대규모로 행해진 시대가 다음의 전국시대다.

춘추시대는 끊임없이 전쟁을 치르면서도 서로 다른 나라를 멸망시킨다 는 것은 곤란하였다. 멸망시킨다고 하더라도 그것은 전술한 바와 같이 종교적인 저항이 매우 심했다. 그러나 전국시대가 되면 그 저항이 약허지고, 스스럼 없이 타국을 멸망시키고 탈취하게 되었다. 이렇게 하여 영토국가가 생겨났다.

사마천은 춘추시대의 '12제후표'(12강국)를 썼는데 12는 대표적인 국가만 을 든 것이고 실제로는 알려진 나라만 해도 200개가 넘었다. 그것이 전국시 대에는 점차 강국에게 멸망당하고 합병되어 6국으로 되었다. 전국 말기까지 12열국의 주요 국가는 살아남았지만 역시 대국에 대항할 실력은 없었다. 그리고 6국에 진秦이 더해져 7대 강국의 전국戰國 세상이 등장한 것은 결국 씨족을 기초로 한 종교가 중국사회 속에서 권위를 상실했기 때문이다. 이것이 전국시대의 첫 번째 정치적 의의다.

세습 귀족제의 붕괴와 새 관료제의 발생

칠채漆彩 **목용**木俑 귀족의 종자. 하남성 신양현信陽縣 장대관長臺關 2호묘 출토. 전국시대

전국시대가 갖는 역사적 의의에서 다음으로 문제가 되는 것은 각 국의 내부 체제다. 이전의 각 국가는 씨족제를 기초로 통치되었다. 군주는 세습적인 귀족 대표자의 의견에 따라 국가를 통치했다. 그리고 실권을 장악한 것은, 예컨대 노나라에서는 군주와 동족인 삼환씨三桓氏였다. 유력귀족에 의한 세습적 국가지배체제였던 것이다.

그러나 이미 서주시대부터 귀족 내에서도 구귀족에서 신귀족으로 부단히 변화하기 시작했다. 앞 장에서 서술했듯이 춘추 후기가 되면 귀족 집안에서 가장의 권위가 후퇴하고 가신들이 세력을 쥐게 되었다. 그들은 제후의 입장에서 보면 배신陪臣에 해당하는 자로서 사士라고 불리는 계층에 속하는데, 귀족 집안을 지배하였을 뿐 아니라, 점차 귀족을 누르고 국가를 지배하게 되었다. 이러한 하극상의 시대에 해당하는 현상이 기원전 수백년의 춘추시대 중엽부터 매우 빈번하게 일어났다. 이것이 바탕이 되어서 구귀족제가 완전하게는 아니지만 거의 붕괴하게 된다. 이러한 세습귀족제의 붕괴에 이어 새로운 관료제가 생겨난 시대가 전국시대다.

봉건적 군신관계의 국가로

세 번째로 문제가 되는 것은 새로운 관료적 국가체제가 생겨나게 된 정치적 과정이다. 중원에서는 최대 강국인 진晋이 한·위·조의 3국으로 나뉘어진다. 이를 3진三晋이라고 하는데, 이 분할은 진의 공족에 속하는 귀족들이 아니라 모두 대신이었던 신흥 호족에 의해 이루어진 것이다.

본래 진의 여섯 호족(지·범·중항·한·위·조) 가운데 가장 유력한 호족은 지씨知氏였는데, 지씨가 범씨·중항씨를 병탄하고 한·위·조의 3가三家를 압박하며 전제를 휘둘렀다. 이에 대해 기원전 453년 한·위·조 3가가 연합하여 지백知伯을 멸망시켰다. 이후 진晉의 공실은 있으나마나한 존재가 되어 기원전 403년 주周 위열왕威烈王이 한·위·조 3씨를 제후로 공인했다.

이러한 진의 분열, 즉 3진의 분립이라는 사건을 전국시대의 출발로 잡는 것이 중국역사가들의 통설이다. 그러나 여기에도 진이 사실상 분열한 기원전 453년으로 획기로 보는 설과 주왕이 한·위·조를 제후로 공인한 기원전 403년을 획기로 보는 두 가지 설로 나뉜다.

또한 동쪽에서 가장 유력한 나라였던 제齊에서는 신흥귀족인 전씨田氏(소국 진陳의 공족 출신으로서 진씨陳氏라고도 부른다)가 제를 멸하고, 새로운 제를 세워 3진과 보조를 맞추었다(기원전 386년). 이에 태공망 여상이 세운 구제舊齊에 대해 새롭게 선 제齊를 전제田齊라고 하여 구별한다.

진晉과 제齊는 중원에서 정치적으로 유력했을 뿐만 아니라 문화적으로도 우수한 전통을 지닌 나라였다. 그들이 분할되거나 군주가 교체되어 새로운 나라로 바뀐 것은 정치적으로 대단히 중요한 사건이었다.

이들 나라들은 그리스사로 말하면 이른바 참주僣主(Tyrant)다. 그리스의 아테네 참주들은 옛 귀족체제에 대항하여 각 도시국가의 시민들을 자기 편으로 삼아 귀족의 세력을 빼앗고, 시민들을 민주적인 정신에 눈뜨게 하여 국정에 참여시키는 길을 열었다. 한편 3진과 전제의 군주들은 국민 가운데 유능한 자를 자신의 가신으로 삼아 참주의 나라를 만들었다. 즉 구귀족의 세습제는 완전히 붕괴하고 신국가가 생겨났는데, 그러한 새로운 국가의 성립 과정에서 도시에서 시민의 발언권이 크게 증대했다.

옛 도시국가의 귀족들은 원칙적으로 같은 혈통의 조상에서 나온 동족이었다. 군주와 귀족들은 같은 조상에서 나온 혈연적 관계를 갖는 본가와 분가 관계에 있었고, 이를 기본으로 한 종교적 결합이 이루어졌다.

이에 반해 새로운 군주는 자신의 혈통과 관계없는 유능한 다수의 가신들을 모은 신흥 호족이었다. 군주와 유능한 가신의 결합은 이미 혈통에 의한 것이 아니었다. 이는 군주와 가신 사이에 맺어진 새로운 서약에 의한 것이었다. 서양이나 일본에서 말하는 소위 봉건적인 관계에 가까운 것이었다. 즉 신하는 새로운 군주에게 충성을 바칠 것을 선서하고, 이에 대해 군주는 보호와 은혜를 부여하였다. 당시 중국에서 봉건적 농업이 중심이었으므로 신하는 군주로부터 영지를 받았다.

한 마디로 말하면, 이전의 본가와 분가의 관계, 즉 종교적 결합을 이루고 있던 옛 국가가 군신관계=충성·보호의 관계를 중심으로 한 국가로 변화해 간 것이다. 이러한 중요한 사회구조의 변화는 이미 춘추시대에 어느 정도 기반이 마련되어 있었지만, 혈족관계·종족관계를 대신하여 봉건적 관계를 유대로 한 국가가 발생한 것은 전국시대의 가장 중요한 특색 가운데 하나다.

3. 전국시대의 봉건제

종족적 국가에서 봉건적 국가로

춘추 말에 등장한 공자는 동시에 전국시대로 가는 대과도기의 사상가이기도 하다. 공자는 하층 사士 출신이지만 3천 명의 제자가 있었다고 한다. 그러나 이 숫자는 과장된 것으로서 이름이 알려진 제자는 70명 정도였고 이름이 알려지지 않은 제자까지 합치면 백 명에서 2백 명 정도였을 것이다. 이 제자들 가운데 귀족계급 출신자는 두세 명밖에 없었고 대부분은 도시의 일반 시민이었다고 생각된다. 그리고 그때까지는 귀족계급의 문화였던 학문이 공자 학단을 통해 일반 시민의 것으로 확산되었다는 점이야말로 춘추에서 전국에 걸친 과도기를 대표하는 사상가로서 공자의 성격을 분명하게 해주는 점이다.

공자의 학문에서 계통을 이어받은 전국시대 최초의 학자는 묵자墨子다.

묵자는 수공업자 출신이었다고 하는데, 상현주의尙賢主義, 즉 귀족의 세습제에 반대하여 신분에 관계없이 능력 있는 자에게 정치를 맡겨야 한다는 한다는 주장을 폈다. 이것이 전국시대의 선구를 이루는 정치이론이라고 할 수 있다.

이러한 현상이 일어나게 된 것은 사실 나중에 서술할 것과 관계가 있는데, 전국시대에 옛 국가에서 새로운 국가로 정권이 교체되고 참주가 등장하고 3진(한·위·조)과 전제라는 새로운 국가가 생겨난 데에서 기인한다. 이들은 종래 진晉이나 제의 구귀족에 대해 신흥귀족에 속하는 자들로, 이것이 가능하였던 것은 다수의 무사들을 자기 가신으로 흡수하여 큰 세력을 형성하였기 때문이다.

그러므로 진이 3분되고 제가 전제田齊로 대치된 것은 귀족적 시민으로 대표되던 고대국가 체제가 붕괴되고 주군과 그에게 충성을 맹세한 가신의 단결이 그것을 대신하게 된 것이고, 이는 고대의 종족적 국가에서 봉건적 국가로 이행한 것이라고 볼 수 있다.

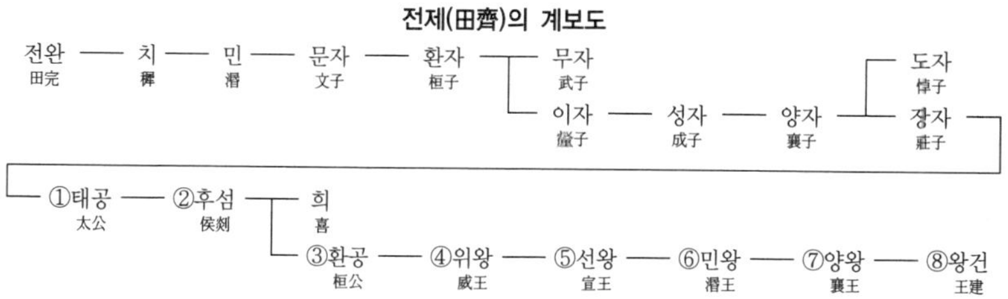

전제(田齊)의 계보도

사실 춘추시대 말부터 전국시대에 걸쳐 이러한 호족과 가신 사이의 견고한 단결에 의해 반란을 일으킨 예가 특히 북방에 가까운 진晉나라 등에서 보인다. 그리고 춘추시대의 대국과 그 후의 전국시대의 국가에는 지역적으로 혹은 나라에 따라 각기 다소의 개성이 나타났다.[1]

---

[1] 전국시대 각 국의 봉군 양상에 대해서는 다음의 논문 참조. 이용일, 「전국시대 초 封君의 설치」, 『인문연구』, 영남대학교, 2007 ; 이용일, 「전국시대 魏 봉군의 설치」, 『경주사학』, 2007 ; 이용일, 「전국시대 조 봉군의 설치」, 『중국사연구』, 2006 ; 이용일, 「전국시대 秦

제齊와 그 이행 과정

춘추시대 초, 제에서는 관중管仲, 즉 관자管子가 재상으로서 제 환공을 보좌하여 환공의 패자로서의 위치를 높였다. 관중은 본래 환공 형의 가신이었다가 뒤에 환공에게 벼슬한 정치가로서, 환공이 패자가 될 수 있었던 것도 관중에 힘입은 바가 컸다.

제는 국토도 그다지 크지 않았고 농업생산력도 낮은 나라였다. 이에 관중이 취한 정책은 산업을 장려하고 백성을 부유하게 하는 것이었다. 즉 관중은 제염·견직물 등의 공업을 장려하고, 이와 관련하여 상업에도 힘을 쏟아 제를 상공업 중심 국가로 만들고자 하였다. 전국시대가 되면서 제는 제철업도 성하게 되었다.

이리하여 상공업을 중심으로 한 제에서는 시장을 중심으로 한 상공업 시민이 정치적으로 상당한 발언권을 갖고 있었다. 그러므로 전씨田氏(=진씨陳氏)는 제나라 국왕의 자리를 빼앗을 때 도시 상공업민으로부터 인기를 얻기 위해 여러 가지 우대책을 취했다.

전국시대가 되면 화폐경제가 일어나지만, 그 이전인 춘추시대까지는 현물경제로, 조세도 곡물로 납부했다. 전씨는 조세로 납부할 곡물이 부족한 시민이나 특히 곤궁한 자에게 싼 가격으로 식량을 대여했다. 또한 이 무렵부터 점차 도량형을 정비했다. 전씨의 선조(진씨陳氏)는 곡물을 대여할 때는 큰 되를 사용하고 시민에게 반납을 받을 때에는 작은 되로 계산했다. 결국 이러한 조치가 서민의 인기를 모았던 것이다.

이처럼 상공업을 주로 하던 제에서 시민의 인기를 모은 전씨가 전국시대 들어 더욱 강대한 세력을 얻게 되었고, 이 인기를 배경으로 마침내 제나라 국왕을 내몰았던 것이다.

3진=晉의 경우

봉군의 설치와 봉읍」, 『대구사학』, 2004.

이에 반해 3진, 즉 진을 분할한 한·위·조 3국은 대체로 몽골 고원의 북방 유목민족과 접해 있었다. 이들 북방민족은 춘추 말기부터 기마騎馬의 습관을 익혀 급속히 강력한 무력을 지니기 시작했다. 한편 진의 신흥호족인 한·위·조 3씨 가운데 특히 조趙는 북의 변경에 위치하여 북방민족과 직접 접하고 있었기 때문에 진나라뿐 아니라 각 국으로부터도 용맹하고 무예에 뛰어난 사람을 모아 자신의 가신으로 삼아 세력을 넓혔다.

전국시대 초에는 월이 산동반도의 낭야로 진출하여 이를 근거로 한때 중원의 패자로 군림했지만, 그 직후부터 시작하여 중기에 걸쳐서는 3진이 중원에서 가장 중요한 역할을 하였다. 3진은 각기 유력한 무사를 흡수한 새로운 참주의 나라였으므로, 그대로 계속 발전할 경우 봉건제 국가가 될 것이었다. 가령 일본의 가마쿠라 막부 같은 나라나 서양 중세의 도시국가 같은 봉건제도의 국가가 되었을지도 모른다. 그러나 그렇게는 되지 않았다. 왜 그럴까.

봉건제는 바꾸어 말하면 군사봉건제로서 어디까지나 무사를 중심으로 하는 사회다. 전국시대에는 분명 군사를 담당하는 장군이 상당히 중요시되었지만, 정치의 중심에 있었던 사람은 무사가 아니라 지식계급, 즉 공자를 비롯하여 노나라에서 일어난 유가학파로 구성된 문인관료의 꼭대기에 선 재상이 행정적으로 이들 군인을 지배하고 있었다. 3진은 초기에는 군사봉건제였지만 전국시대가 진행됨에 따라 문인관료가 우위를 차지하였다. 즉 유교를 지도이념으로 하는 관료제 국가가 전국시대에 비로소 등장하고, 이는 진秦의 시대로 계승되어 이른바 왕조국가체제가 성립되었다.

중국 봉건제의 특색

봉건제─봉건제도는 넓은 의미로 사용되는 경우와 좁은 의미로 사용되는 경우가 있는데, 예를 들면 마르크스 K. Marx가 사용한 봉건제는 넓은 의미의 봉건적 사회를 가리킨다. 그리고 좁은 의미의 봉건제는 서양 중세의

법률적 제도, 즉 군사봉건제도로서 세계의 많은 나라들 가운데 이와 가장
비슷한 것은 일본 가마쿠라 시대 이래의 중세봉건제뿐이라고 일컬어지고
있다. 일본은 나라·후지와라 시대의 율령국가, 즉 왕조국가가 쇠퇴하자
가마쿠라의 봉건제도로 이행했다. 그러나 중국은 훨씬 이전에 은·주의
씨족제도를 기본으로 한 고대국가가 붕괴한 후, 군사를 중심으로 한 좁은
의미의 봉건제 국가로 이행하지 않고 유교 원리에 입각한 관료국가로
바뀌었던 것이다. 전국시대를 거쳐 성립한 진·한 국가는 이러한 관료제
국가의 선구라고 할 수 있다.

이러한 의미에서 중국의 이른바 왕조국가, 관료국가의 기초는 춘추시대
에 만들어졌던 것이다.

4. 한漢민족 세력의 확대

이민족의 통합 추진

민족적으로 중국 민족 가운데에 이른바 한漢민족의 조상인 한족漢族 혹은
화하족華夏族이라고도 불리는 사람들은 주대周代에는 평원에 거주하는 농경
민이었다.

이에 반해 주周 시대에도 많은 소수민족이 삼림지대에 살고 있었는데,
그들이 이른바 만족蠻族으로서 중국 평원에 거주하고 있던 주 민족의 여러
나라를 자주 침략하고 약탈했다. 예컨대 서주왕조는 서쪽의 이민족인
융적에게 수도인 종주(=서안)를 빼앗기고 쫓겨나 낙읍으로 동천할 수밖에
없었다.

이러한 소수 이민족은 춘추시대 초·중기까지는 여전히 대단한 힘을
갖고 있었다. 춘추시대 초기 무렵에는 한민족의 선조들은 황하 중류의
평원지대를 지배하고 있었기 때문에 소수민족이 거주하는 삼림지대까지
중국의 지배력이 완전히 미칠 수는 없었다.[2]

---

2) 이에 대해서는 다음의 논문 참조. 심재훈, 「상주시대 移民과 국가 ; 동서융합을 통한 절반의

그러나 춘추시대 중기부터 중국 도시국가군
의 세력이 점차 커졌고, 전국시대에 들어가면
각기 200개로 나누어져 있던 나라가 7국으로
합병되었기 때문에 한족은 이러한 세력결집에
의해 중원에 살고 있던 소수 이민족을 점차 정복
하고 동화시켜 나갔다.

소수 이민족에 대한 이러한 동화작용은 점차
평원에서 삼림지대로 뻗어나가, 보다 넓은 지역
으로 한족의 거주지역이 확대되어 광역국가廣域
國家로 이행하니 이것이 전국시대다. 그럼 어떻게
하여 도시국가가 광역국가로 되었을까? 이는

삽전식인수방주형기柄栓式人首方柱形器 전국시대.
백월百越은 전국시기에 초나라에서 생활하던 월의
이남지구 부족이었다. 이 청동기는 백월의 문화적
분위기와 초 문화의 융합을 잘 보여준다.

중국 사회에 다음과 같은 사회적·경제적 변화가 있었기 때문이다.

철제 농구의 보급과 농업생산의 비약

한민족 세력의 확대 요인 가운데 첫째는 역시 상공업의 발달이다. 춘추시
대까지 중국은 청동기문화시대였다. 즉 동과 주석 등을 합금한 청동기가
주로 무기로 사용되고 있었다. 그 이전에는 석기를 사용하였는데 청동제
무기를 사용하게 되었던 것이다. 이러한 청동기문화 시대로 들어간 것은
산업·기술·경제뿐 아니라 사회적으로도 중대한 혁명이었다.

그런데 서주시대에 이미 청동기문화 시대에 들어간 중국은 전국시대에
이르러 철의 야금기술을 발전시켰다. 즉 춘추 중기 이후 풀무의 사용,
요컨대 불에 바람을 불어넣어 고열을 내는 방법에 의한 제철 기술을 발전시
켰다. 이와 함께 제철 원료인 철광산이 중국 각지, 특히 산동반도의 제나라에
서 다수 발견되고 개발되었다.

철제 농구가 그때까지 조금 이용되고 있던 청동제를 대신했다. 현재도

중국형성」, 『동양사학연구』 103, 2008.

전국시대의 철제 농기구
① 삽揷 ② 철구목뢰鐵口木耒 ③ 철구서鐵口鋤 ④ 대철화大鐵鏵 ⑤ 육각철서六角鐵鋤

그렇지만 동銅의 생산량은 본래 그다지 많지 않았다. 그러므로 농구라고 하더라도 청동기의 경우 주로 낫 등으로 쓰이고 그 양은 많지 않았다. 결국 춘추시대에는 주로 석기나 목기가 농구로 사용되었다고 생각된다.

그런데 철광의 생산량은 동에 비해 압도적으로 많았고 제철 기술의 발전에 따라 철기는 청동기뿐만 아니라 목기와 석기 농구를 대신하게 되었다. 철은 경작을 위한 도구인 서鋤나 초鍬(가래) 등에도 사용되었다. 그러나 농경에서 가장 힘을 발휘한 것은 수확에 쓰인 낫 종류였다. 이것이 농업생산을 비약적으로 증대시킨 하나의 원동력이 되었다.

수리 · 관개 사업의 발전

이 밖에 농업기술의 진보로는 수리·관개 사업의 발전이 있다. 강국끼리 늘 교전을 벌이고 있던 전국시대에는 군사력의 기초의 하나인 농업생산력을 높이는 것이 매우 중요했기 때문에 각 국은 경쟁적으로 수리·관개의 향상을 도모하였다. 수해를 방지하기 위한 제방을 만들고, 수리를 확보하기

328

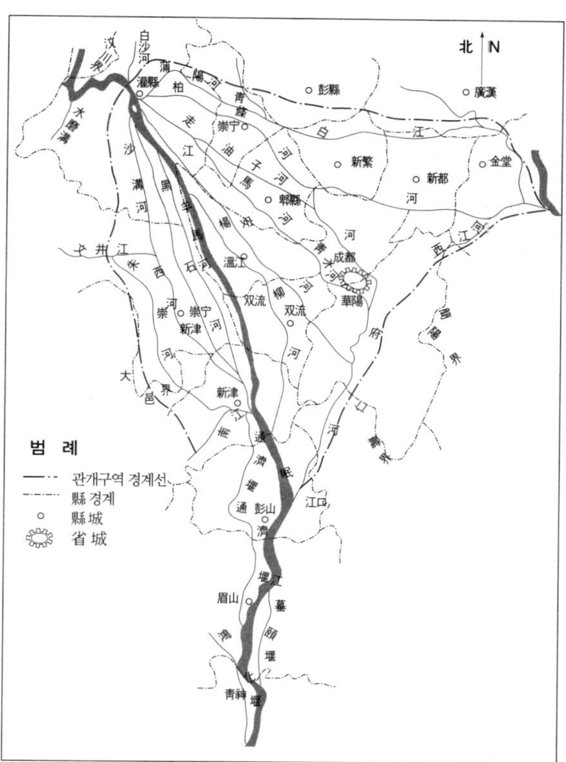

도강언都江堰

『都江堰流域平面圖』 1937년판. 진秦 소왕 후기(BC 306~251) 촉 군수 이빙李氷이 주도한 수리건설. 사천 성도 평원에 위치한다. 평원은 이전에 항상 건조와 범람으로 재해가 발생하였다. 주 원인은 민강岷江 상류의 지세가 험준한 민산岷山으로부터 고개 중간을 뚫고 지나가 물 흐름이 급하고 성도 평원으로 진입한 후 유속이 갑자기 감속하여 강물이 가져오는 모래가 퇴적되어 쌓여 막혔기 때문이다. 따라서 우기에 홍수가 범람하여 재해가 발생하고 우기가 지난 후에는 다시 한재旱災가 조성되었다. 도강언은 이러한 성도 평원의 수한水旱 재해를 해결하기 위해 건설되었다.

위한 용수로로 운하를 만들었다. 수량조절용 수문水門도 고안해냈다.

춘추시대부터 이미 약간 그러한 경향이 있었는데, 운하는 단순히 농업용수를 확보하는 것뿐만 아니라 중요한 물자수송로로서도 경제적 기능을 하고 있었다. 특히 전시에는 군용식량의 수송에 큰 역할을 했다. 이러한 수리·운수를 겸한 운하의 개발도 춘추 말부터 성하게 되었고 전국시대의 특색 가운데 하나가 된다.

이러한 수리에는 두 가지 의미가 있다.

하나는 그때까지 농업용수가 부족한 지역에 이를 공급함으로써 황무지를 경작지로 바꾸는 것이 첫 번째다. 그 밖에 중국의 치수사업은 배수공사라는 의미를 갖고 있다. 물이 괸 습지대 때문에 농업을 영위할 수 없는 곳에 배수로를 만듦으로써 경작 가능한 토지를 만들게 된다.

도강언

이러한 여러 조치를 통해 전국시대의 농업생산이 비약적으로 증대했다. 또한 황무지의 개간이 진전되고, 소수 이민족을 정복해 한민족의 문화에 동화시켜 가는 과정에서 더욱 주변 지대가 개발되어 갔다. 즉 여러 종류의 기술 개혁과 정치적 움직임이 결합하여 농지가 확대되었다.

상공업의 발전에 따른 화폐·시장의 확립

공업생산력에서도 철을 공구工具로 하여 먼저 수공업이 크게 발전하고 이에 따라 일반 상공업도 발전했다. 결국 춘추전국시대에는 치수·관개로 교통이 편리해졌고, 한편으로는 소국을 병합해서 나라의 영역이 넓어졌으며 더욱이 전국시대 말기에는 대상공업자와 상인들이 각 국가 사이를 왕래하며 크게 무역을 행하게 되었다. 이러한 상공업의 발전은 상공업민의 거주지역인 도시 발전을 촉진시켰다. 이러한 상공업의 발전과 이에 따른 도시의 확대·번영은 역시 춘추기에 맹아를 보였지만, 그것이 전국시대에 더욱 두드러졌다. 이것 역시 전국시대의 특색으로 들 수 있다.

또한 전국적으로 상공업이 일어나고 이에 따라 상품의 전국적 시장이 성립하였다. 전국적 시장은 주로 상인들의 도시간 무역으로 성립되었는데, 그 무역에서는 그때까지 주였던 실물경제에서 화폐경제로의 변화가 필요하게 되었다. 화폐경제의 확립 없이는 자유로운 교역이 불가능했기 때문이다. 이 화폐경제의 맹아도 역시 서주·춘추 시대에 이미 있었지만, 전국시대가 되면 각 국이 각각의 화폐를 주조하였고 그것이 다량으로 국경을 넘어 넓은 지역에서 유통되었다. 이것도 주목해야 할 전국시대의 현상이다.

330

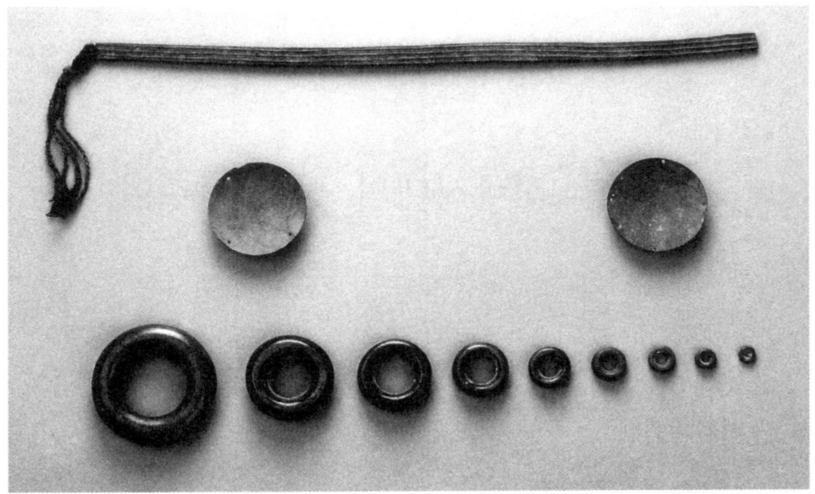

저울 호남성 장사시長沙市 좌가공산左家公山 제15호 묘 출토. 전국시대

　이리하여 화폐를 매개로 한 광역 국제시장이 확립되었다는 것은 이미 전국시대 7국의 분립을 넘어서, 머지않아 실현될 전 중국세계의 통일로 발전할 기초가 마련되었다는 것이다. 곧 전국 말기 마침내 6국을 멸망시킨 진제국秦帝國이 통일을 이룩하게 된 기초에는 화폐경제의 발달이 있었다. 진秦의 중국 전 지역의 통일은 화폐경제에 의한 전국시장의 확립을 기초로 하여 그 위에 성립했다고 할 수 있다.

제12장 전국시대의 정치적 추이

1. 정치개혁

진晉 · 제齊의 정권교체

춘추시대 중원의 여러 나라 가운데 최대 강국이었던 진晉은 북방 도시연맹의 우두머리로서, 장강 중류의 무한武漢 지방에서 남방 도시연맹의 우두머리였던 초와 대립하고 있었다.

진晉의 실권을 잡고 있던 대신인 한·위·조 3씨는 원래 타지인이었지만 기원전 453년 연합하여 진의 최대 권력자인 지씨知氏를 격파했다. 이때 이미 진을 3분할 기초가 마련되었고, 반세기가 지난 기원전 403년 주 위열왕威烈王을 움직여 한·위·조를 각기 독립 제후로 인정케 하였다. 이로써 대국 진晉은 완전히 세 나라로 갈라졌다.

중원에서 진에 맞설 강국은 제였다. 제는 서주 초 태공망 여상이 산동지방에 분봉되었다고 하는 대국이었다. 이 제에 망명한 전씨田氏라는 소국 진陳의 공족이 도시주민의 인망을 얻고 실력을 쌓아, 기원전 387년에 마침내 제의 군주를 유폐하고 이듬해 기원전 386년 독립하여 제의 위왕威王이 되었다. 전씨田氏에 의한 새로운 제의 성립과 전술한 기원전 403년의 진의 분열에 의한 3진의 성립으로 전국시대의 새로운 국제적 세력판도가 확립되었다.

이러한 세력에 대항할 수 있는 나라로는 중원에서 떨어져 있던 남방의 초와 북방 하북성의 연燕이 있었지만, 모두 중원에서 멀리 떨어져 있어서 군주는 구체제를 그대로 유지하고 있었다. 서쪽 섬서성에는 진秦이 있었지만, 그 역시 지방에 위치하여 중앙 정치에는 그다지 큰 영향을 미치지 못했다.

금선상감동두金線象嵌銅豆 산서성 장치시長治市 (위魏의 영역) 출토

그러므로 진과 제에서 일어난 정권교체는 전국시대를 특징짓는 정치사 상 대사건이라고 보아도 무방하다. 왜냐하면 이들 3진(한·위·조)과 전제田齊라는 새로운 국가는 성립과 동시에 새로운 정책을 부르짖으면서 정치개혁에 나섰기 때문이다.

우선 가장 먼저 나타난 것은 3진의 하나인 위魏의 최초의 군주인 문후文侯다. 이렇게 새로 나타난 3진과 전제의 군주들은 본래 신하 가문의 호족이 주군 자리를 찬탈한 것이기 때문에 그들은 도덕적으로 깊은 죄의식을 품고 있었다. 그러므로 새로이 국가를 건설하면서 종래 자신과 관계 있던 귀족이나 관료에 대해 자신의 권위를 확립하기 위해서는 소수의 귀족보다는 더욱 광범한 대중의 인기를 얻어 그들을 자기 편으로 끌어당기기 위한 정치를 부르짖을 필요가 있었다.

이회李悝의 중국 최초의 성문법

위魏 문후文侯는 학문을 존중하고 유명한 학자를 스승으로 받아들여 그 의견을 취해 국가를 다스리는 문화정책으로 자신의 권위를 확립하고자 했다. 이러한 현실의 정치에 영향을 준 인물이 대신으로 기용된 이회李悝였다. 애초에 문후는 공자학단의 한 파의 우두머리이자 위衛나라 사람이라고 하는 자하子夏를 초빙했다. 자하는 위魏에 벼슬하여 존경을 받았는데, 이회는 그 자하의 제자로서 『법경法經』 6편을 저술했다고 한다.

춘추시대까지 여러 나라의 법률은 모두 관습법이었다. 매년 정월 초에 글을 모르는 대중이 쉽게 알아볼 수 있도록 법률을 그림으로 풀어서 성문에 내걸어 공시하거나, 어떤 경우에는 법률 조문을 동기銅器에 새겨 주조하기도 했다. 그러나 완전한 법체계를 성문법으로 제정한 것은 이회가 위魏를 위해 저술한 『법경』이 처음이다. 『법경』은 현재 남아 있지 않지만, 그것을 기반으로 진秦·한漢의 법률이 나왔고 수隋·당唐 시기의 율령이라는 법체계의 기원을 이루었다.

종래 관습법이었던 국가의 법률을 성문법으로 편찬하여 제정된 법제가 나온 것은 행정상의 대개혁이었다. 『법경』은 '도盜에 관한 법', '적賊에 관한 법', 죄인을 감금하는 '수법囚法', 범인을 어떻게 잡는가를 다룬 '포법捕法(일종의 경찰법)'과 '잡법雜法', '구법具法' 이라는 여섯 가지 법으로 이루어져 있다고 한다. 주목할 만한 것은 마지막의 '구법'이다.

구법이란 도법·적법·수법·포법·잡법에 규정되어 있는 법률을 어떻게 적용할 것인가에 대해서 각각 특수한 상황에 따라 범인의 정상을 참작하여 형법을 적절하게 가중하거나 경감할 수 있다는 규정이다. 이는 개개의 범죄 조문을 모두 종합하여 그 적용을 고려했다는 점에서 매우 진보된 법률이다. 법문이 구체적으로 남아 있지 않아 정확한 것은 알 수 없지만, 구법이 존재했다는 것은 아마도 사실인 것 같다. 그런 의미에서 보면 이회가 만든 중국 최초의 성문법인 『법경』은 매우 진보적인 법체계를 지녔다고 할 수 있다.

이회의 농지개발과 신 재정정책

법률 외에 이회가 행한 일로서 주목할 만한 것은 농지를 개척·확대하고 그 생산력을 높이는 정책을 제시한 점이다. 그는 당시 중국의 리里 수로 사방 100리 안에서 어느 정도가 경작 가능한가를 추정했다. 즉 그 안에 산천이나 소택지, 도시의 거주지로서 삼분의 일을 제외하면 토지는 약 6만 경頃 정도 되며, 여기에서 조粟를 생산할 경우 수확량이 어느 정도인가를 계산하여 이에 따라 국민소득을 추정하고 국가가 어느 정도의 세수입을 얻을 수 있는가를 살폈다.

이처럼 국가의 농업생산력을 예상하였다는 점도 대단히 진보적인 정책이었다고 생각된다. 단지 이들 법률과 농업정책이 이회 자신의 손에 의해 만들어진 것인지 아니면 어느 정도 후세에 개작되었는지는 문제가 남아 있다.

당시에는 이미 도시가 발흥하고 있었기 때문에 도시주민과 농민의 이익이 대립하고 있었다. 곡물값이 너무 오르면 도시주민이 어려워지고, 너무 내리면 농민이 곤란해진다. 따라서 정부가 관리하여 균등해지도록 곡물을 출하하였다. 또한 일부는 창고에 저장하여 기근에 대비하고자 했다. 이렇듯 곡물을 중심으로 물가를 안정시키는 정책도 고려했던 것이다. 즉 단순한 재정정책이 아니라 사회정책도 가미하였다.

이러한 이회의 새로운 법제와 정책을 기초로 한 정치개혁으로 위는 전국 초기에 가장 부강한 나라가 되었다. 이러한 위의 변법이 결국 옛날 법률을 바꾸어 새로운 법제를 부르짖어 성공을 거둔 것은 다른 나라에도 상당한 영향을 주어 각 국이 이를 따랐다.

오기吳起의 토지개혁과 신법제新法制

위魏보다 늦게 새로 부흥한 제齊에서는 초대 위왕威王 때 위魏의 신법을 본떠 정치개혁을 단행했다. 즉 구래의 세습 귀족적 지주계급을 대신하여 새로이 3진이나 제의 새 정권을 유지하고 있었다고 생각되는 신흥지주인 사士를 대상으로 그들에게 이익이 되는 정책을 기본으로 삼았던 것이다. 이러한 정치개혁은 중원에서뿐만 아니라 남방의 초로까지 파급되었다. 병법의 명인으로 유명한 오기吳起는 위魏에서 초로 망명한 사람인데, 초에서 토지개혁을 실시하고 새로운 법제를 반포했다. 중요한 것 가운데 하나는 종래 귀족이 넓은 농지를 세습하고 있던 것을 3대까지로 세습을 제한하고 3대가 지나면 몰수하는 법률을 만든 것이다. 이는 신흥지주로서 새로이 등장한 사士를 끌어올리기 위한 것이었다.

또한 초는 남방의 미개발 지역이었고 인구도 희박했기 때문에 토지의 생산력도 낮았다. 이에 귀족들에게 구래의 땅을 3대 이후에 몰수하는 대신 새로운 넓은 미개간 토지, 즉 국경지대의 토지를 주어 개간을 허락하는 정책을 취했다. 이처럼 토지개혁에서도 신흥국가 초의 국정이 이미 개발이 모두 끝난 중원의 국가들과는 달라 다른 형태의 새로운 법률을 반포하여 혁신적인 정책을 펼 수 있었다.

상앙商鞅의 혁신정책

전국 7국 가운데 정치개혁이 최후로 파급된 나라는 진秦이었다. 진 효공孝公은 위衛에서 망명해 온 귀족 상앙을 기용하여 다음과 같은 새로운 법률을 반포했다. 새로 호적법을 제정하여 5명을 오伍로 하고 10가家를 십什으로 하는 오인조五人組 제도를 만들었다. 이 5인조는 서로 연대책임을 졌는데 특히 범죄에 대해서도 공동으로 책임을 졌다. 그 대신 공적에 대해서도 5명이 모두 수상受賞 대상이 되었다. 결국 연좌제로 백성에 대한 지배를 강화했던 것이다.

다음으로 1가家에 2명 이상의 남자가 있으면 반드시 분가하는 것을 법률로 정했다. 분가를 시켜 새로운 토지로 옮겨가게 하고 새로운 토지를 농지로 개발케 함으로써 생산력을 높이고자 한 것이다. 또한 당시 진에는 백성들의 기질이 난폭하여 분쟁이 많았다. 이에 대해서는 엄한 처벌을 통해 교정을 도모하였다.

나아가 전쟁 동안에 세운 백성의 공로에 대해서는 업적에 따라 상을 주고, 국가의 병사로서 전쟁에서 공을 세울 경우, 공로에 따라 수여할 20등급의 작爵을 만들었다. 예컨대 갑수甲首(갑옷을 입은 군인) 하나를 취하면 작 1급을 주어 군공軍功을 장려했으나, 일반 병사나 서민에게 주어진 것은 하급의 작으로 한정되었다. 중급 이상의 작은 각급 지휘관 등에게 주어졌는데, 그럴 경우 부대의 공적이나 손해 등도 엄격히 고려되었기 때문에

급級		작명爵名	수작授爵 조건	사여賜與		대응 군직軍職	신분
				전田	택宅		
1		공사公士	참수 1	1경頃	5무畝	교도敎徒·조사操士	사士
2		상조上造	2	2	10	졸卒	
3		잠뇨簪裊	3	3	15	졸卒	
4		불경不更	4	4	20	졸卒	
5		대부大夫		5	25	둔장屯長(50인의 장長)	대부大夫
6		관대부官大夫		6	30	장將(100인의 장)	
7		공대부公大夫		7	35	오백장五百主(500인의 장)	
8		공승公乘		8	40	이오백주二五百主(1000인의 장)	
9		오대부五大夫		300가의 조세 담당		대장大將	
10		객경客卿		600가의 조세 담당		대장大將	경卿
11		정경正卿		600가의 조세 담당		대장大將	
12	(10)	좌서장左庶長		600가의 조세 담당		대大	
13	(11)	우서장右庶長		600가의 조세 담당		대장大將	
14	(12)	좌경左更		600가의 조세 담당		대장大將	
	(13)	중경中更					
15	(14)	우경右更		600가의 조세 담당		대장大將	
16	(15)	소양조少良造		600가의 조세 담당		대장大將	
17	(16)	대양조大良造		600가의 조세 담당		대장大將	
	(17)	사거서장駟車庶長					
	(18)	대서장大庶長					
	(19)	관내후關內侯					
	(20)	열후列侯					

20등작 상앙의 저서로 전해지는 『상군서商君書』를 근거로 하며, ( ) 안은 한대漢代 제도에 의해 보충하였다. 사士·대부大夫·경卿의 신분을 가리키는 말은 춘추시대와 동일하지만 세습적인 것은 아니다. 토지의 사여도 8급까지고 그 이상은 곡물을 할당하여 국내에서 봉건제적 영주가 증가하는 것을 방지하였다.

상급이 될 정도의 작을 받기란 쉽지 않았다. 이 작제爵制의 목적은 하급에 주안을 두어 서민과 병사의 의욕을 높이는 데 있었다.[1]

진의 영역은 서주 멸망 후 일시 인구가 감소하기는 했지만 9장에서 서술한 것처럼 춘추시대에는 서북으로부터 상당히 많은 인구가 유입되었다고 생각된다. 아마 새로 유입된 사람들은 진 귀족의 지배 하에 들어가거나 자기들 속에서 유력자를 중심으로 해서 토지를 점유하고 농업을 영위하며 황폐된 농지를 개량하거나 새로운 농지를 개발하여 농업생산을 높였다고 생각된다. 춘추시대 목공 때 진의 국력이 그것을 말해주고 있다.

그러나 이 인구 유입은 진에 의해 계획적으로 이루어진 것은 아니라, 제멋대로 이루어진데다 그 정착화도 귀족이나 유력자에 의해서 실행되었기 때문에 국가의 규제로부터 벗어난 일이 많았던 것은 틀림없다. 상앙은 이러한

---

1) 민후기, 「전국 진(秦)의 작제 연구」, 『동양사학연구』 69, 2000.

토지와 농민을 국가의 지배 하에 두고 규제하여 이용하기 위해서 새로운 토지제도를 실행하고 호적법을 실시하고 자작농을 만들어내어 이것을 병제에 편입시키려고 하였다.

이 같은 정책은 토지를 세습하고 있던 구 귀족에게 큰 손해를 주었으므로 격한 반감을 불러왔다. 그 반감의 초점이 된 상앙은 국외로 도망하고자 했지만 뜻을 이루지 못하고 마침내 목숨을 잃게 된다.

상앙은 비명의 죽음을 맞았지만 그가 추진한 정책의 골격은 바뀌지 않았다. 특히 종래의 토지할당을 개정하고 농지를 정리하여, 그때까지 공동체적으로 이용되던 토지제도를 고쳐 농민이 자유로이 매매할 수 있도록 했다. 그러므로 농지 분배에서는 종래보다 불균형을 초래했지만, 열심히 일한 자는 더욱 넓은 농지를 가질 수 있게 되었고 따라서 개발이 촉진되었다. 상앙의 이런 기본정책은 국가로서의 제도화가 늦었던 진秦의 발전에 불가결한 법제였다.

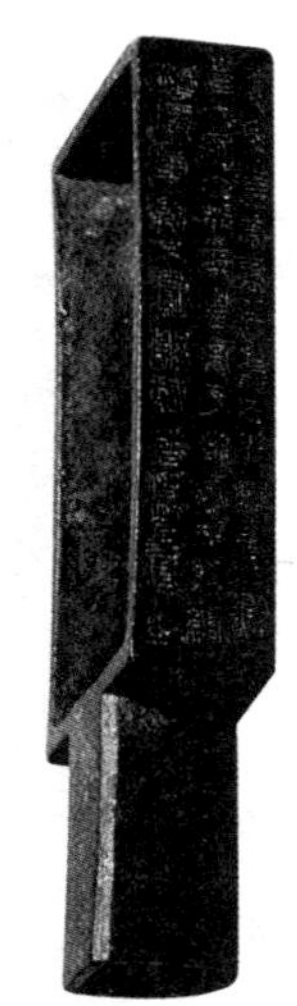

상앙 저울 되의 옆면에 진秦 효공孝公 18년 12월에 상앙이 제정했다는 기록이 있고 밑바닥에는 진 시황제 26년 천하통일 후에도 법정의 되로 사용했던 표지 각문이 있다. 용적량 약 200cc

이러한 개혁자였던 오기나 상앙이 다같이 위魏에서 법률을 공부하고 법을 개혁 실현의 기초로 삼았던 것은 당연히 이회의 영향을 받은 것으로 생각된다. 이 두 사람이 제정한 법이 남아 있지 않아 구체적으로 어떻게 법이 제정되었는지는 불분명하다. 그런데 1975년 호북성 운몽현 수호지에서 발굴된 진시황제 시대의 지방관의 묘에서 1,100여 장의 죽간이 발견되었다. 그 대부분은 진의 법률과 관계된 것이었다.[2]

이것은 진 법률의 일부에 지나지 않겠지만 죄의 정도에 따라서 상세한 규정이 있었다는 사실은 분명해졌다. 또 법률 이외에 현장 검증과 검시

---

2) 임중혁, 「운몽 진간(秦簡)의 자벌에 대하여」, 『동양사학연구』 24, 1986 ; 윤재석, 「진간 (秦簡) 『일서(日書)』에 나타난 '실(室)' 구조와 성격－전국기 진의 가족유형 고찰을 위한 시론－」, 『동양사학연구』 44, 1993 ; 배진영, 「전국말(戰國末) 진국(秦國)의 가(家)의 성격(性格)－운몽 수호지 진묘 죽간(雲夢 睡虎地 秦墓 竹簡)의 분석(分析)을 중심(中心)으로－」, 『이대사원(梨大史苑)』 27, 1994.

338

방법에 대한 해설도 있었는데, 이는 이회의 『법경』 중의 「포법」에 준하는
것으로 말해지고 있다.

또한 이 죽간에는 위나라의 법률 일부도 포함되어 있어 아마 이 묘의
주인인 지방관은 법을 집행할 때 위나라 법률을 참고하였던 것으로 생각된
다. 더구나 진의 법률은 한漢에서도 이어받았기 때문에 진·한의 법제는
전국시대 위魏의 법사상을 출발점으로 삼았다고 할 수 있다.

2. 관료국가의 성립

군현제郡縣制와 관료의 발생

춘추시대 최후에 나타난 공자는 하급 사士 출신으로 주대의 귀족계급의
전통이었던 학문과 이상을 하급 사를 비롯해 도시 시민에게까지 교양으로
서 확산시켰다. 그러나 일면에서는 주의 귀족제 전통을 이어받아 귀족이
갖고 있던 세습적 특권은 배제하지 않았다. 그러므로 대신들이 관직을
세습하고 동시에 영지도 상속하는 제도를 그대로 인정하여 남기고 있었다.
이것이 공자가 춘추시대에서 전국시대로의 과도기를 대표하는 사상가인
이유다.

이에 반해 전국시대에 들어가면 공자와 같은 노나라 출신인 묵자墨子는
공자의 '가까운 사람을 친하게 대한다'는 친친親親의 원리 대신 '어진이를
어질게 대한다'는 현자賢子 존중의 정신3)을 주장한다.

'어진이를 어질게 대한다'는 것은 정치에서 혈족관계를 중시하고 귀족이
관직을 세습하는 신분제를 폐지하고, 혈족에 관계없이 능력있는 자에게
능력에 따른 관직을 주어 녹祿을 주고자 하는 정신이다.

묵자 자신은 현실의 정치세계에서 현현賢賢제도를 실현할 수 없었다.
그러나 정치적 현실 세계에서도 세습제도를 대신해 능력에 따라 관직을
임명하는 제도가 전국시대에 들면 점차 일반화되어 갔다.

---

3) 상현주의(尚賢主義)를 의미한다.

주대周代의 각 제후국에서는 군주가 나라를 갖고 있었던 것처럼 귀족들도 나라 안에 큰 영지를 세습하고 있었다. 그러므로 일국은 많은 읍邑(장원과 같은 것)으로 나뉘어졌고, 군주가 나라를 봉건적으로 지배했기 때문에 실제로 군주가 완전히 지배할 수 있는 것은 자신이 세습받은 읍뿐이었다. 이후 군주는 나라에 속한 몇 개의 읍을 포함한 더 넓은 지역에 자신의 가신을 파견하여 읍을 행정적으로 지배하는 상황이 점차 생겨났다. 이것이 군현제郡縣制다. 중국에서는 군郡이 현縣을 통괄하는 것이었다.

군현제의 기원은 잘 알 수 없지만 춘추시대에 주로 변경지방에서 발생했다. 초기에는 나라의 주요 부분은 역시 귀족들이 영지를 세습하며 각 귀족에게 분할되었지만, 새로이 형성된 변경지방에서는 귀족의 영지가 적었기 때문에 자연히 국가가 이를 통괄하고 군대를 주둔하는 제도가 마련됐다. 이것을 기초로 해서 군현제가 나온 것이다. 결국 새로이 개발된 지방에서는 국가의 군대가 주둔하고, 지방의 농민들 가운데에서 병사를 징집했다. 이렇듯 군현제도는 지방을 통할하고 국방을 강화하는 제도다. 따라서 군현제도는 우선 국방력 강화를 위한 제도였지만, 그것은 점차 국내에도 미쳐 군현제는 국내에서 일반적으로 시행되어 갔다.

관료 조직의 완성

군현제에서 장관(군郡에서는 태수太守, 현縣에서는 현령縣令)은 중앙에서 파견되고 봉급을 받는 관직으로, 종래처럼 영지를 세습할 수 없었다. 이렇게 해서 군현제도의 성립으로 전국시대의 관료제도가 생겨났다.

관료들이 받는 봉급은 직접 영지를 갖고 그 수입에 의존하는 경우도 있지만, 대부분은 국가로부터 녹祿을 받았다. 그것이 가능했던 것은 전국시대가 되면서 한편으로는 화폐경제가 일어나 동전을 비롯해 특히 황금을 화폐로 삼는 습관도 생겨났기 때문이다. 즉 이전에는 신하들에게 봉급을 줄 경우 반드시 세수稅收에 해당하는 읍, 즉 영지를 주었는데, 토지와 백성에 대한 지배권을 주는 것이 아니라 그 대신 정해진 읍의 세수(곡물)를 주는 습관도 나오게 된 것이다. 이로써 근대적 관료국가와 비슷한 제도가 등장하였다.

주周의 옛 제도에서는 관직으로 봉급을 받는 것이 아니고 세습적 영지를 갖는 것이 관직이 되어 상相·경卿(대신大臣)이 되었다. 이들 대신의 직책은 여러 가지 관직으로 자연히 분화했다. 주의 본국이나 각 국 모두 사도司徒·사마司馬·사공司空 등 3명의 경卿이 각각 민정·군정·건설 등의 직무를 담당했다. 전국시대가 되면 국가행정 전체를 통괄하는 현재의 국무총리에 해당하는 재상宰相이라는 관직이 생겼다. 이리하여 지방에서는 군현제, 중앙에서는 재상을 최고 위치에 두는 관료조직이 완성되었다.4)

군대의 국군화國軍化

군제軍制라는 점에서 볼 때, 춘추시대 각 국의 군사조직은 봉건적인 사병私兵 집단이었고 근대적인 국군國軍 조직은 아니었다. 종래 춘추시대에도 영주나 족장들이 통솔하고 있던 개인 군대 외에 국인國人이라고 불리는 도시의 상공업민, 그리고 농촌에서는 지주들의 군대가 있었다. 그러나 당시의 전쟁은 전차가 전투의 주체였다. 귀족은 전사로서 말이 끄는 수레를 타고 전쟁에 나섰다. 그 귀족의 수레를 따르는 보병은 주로 농촌에서 징집된 자들이었다.

그런데 전국시대가 되면서 도시의 상공업민이나 농촌의 소지주들, 자작농 등이 보병이 되어 점차 전차를 대신해 전투의 주력이 되었고, 보병전의 전개와 함께 보병의 수가 점차 증대했다. 보병이 마침내 국가 군사조직의 중요 부분이 되었다. 귀족으로 구성된 전문적인 전사 대신에 징집병으로 구성된 상비군 쪽이 점점 수가 늘어나 국군의 주력이 된 것이다. 그리고 이런 군대를 통할하는 자로서 장군이 임명되었다. 행정관료는 지상이

---

4) 전국시대 관료제에 대해서는 다음 논문 참조. 이성구, 「전국시대 관료론의 전개」, 『동양사학연구』, 1987.

전쟁도 상감문 동호銅壺의 문양. 왼쪽은 수전水戰을 묘사한 것으로, 배 위에서 병사가 긴 모矛와 극戟을 겨누고 검으로 격투를 벌이고 있다. 오른쪽은 공성전을 묘사한 것으로서 운제(하부의 비스듬한 선)를 통해 성으로 돌격하고 그에 맞서 성의 병사가 공격을 하고 있다.

통괄하고 군대는 장군이 통괄했다.

앞서도 서술했듯이 은·주의 고대국가, 춘추 이전의 사회는 병농분리兵農分離였다. 또한 전투에서 주력을 이룬 것은 전차를 타고 싸우는 귀족이었다. 이에 수반되는 자로서 도보로 종군하는 평민, 즉 보병이 있었다. 그런데 전술했듯이 보병의 상비병 수가 점차 증가하여 군대의 주력으로 된 것이다.

본래 중국의 이민족은 산지의 삼림지대, 즉 전차로 싸우기 불가능한 지역에 거주하고 있었다. 물론 이민족의 군대는 보병부대였다. 세습적으로 전사의 신분을 지니며, 이민족을 오랑캐라고 하여 천시하고 있던 귀족들의 입장에서 본다면 그들을 대신한 보병들 역시 천한 신분에 속한다고 하여 경멸하였다. 그러나 신흥 지주계급이 늘어감에 따라 상비군인 보병의 위치도 향상되어 마침내 국군의 주력이 되었으며, 그에 수반하여 정치적으로도 서민의 발언권이 커졌다.

무기의 발달과 전쟁의 변화

춘추시대까지는 귀족제 시대로서 무기는 주로 구리와 주석의 합금인 청동으로 만들어졌다. 그러나 청동제 무기는 본래 동의 생산량이 그다지 많지 않았기 때문에 그 수량이 많지 않았다. 따라서 청동무기를 사용한 것은 극소수의 귀족계급이나 무사였다.

그런데 전국시대에 들면 청동을 대신해서 철이 다량으로 생산되어 철제 무기의 공급이 늘어나고, 징집된 상비군 병사는 모두 조잡하지만 철로

342

만든 무기─긴 자루가 달린 무기를 사용하
게 되었다. 이와 함께 종래의 활이 자신의
완력으로 쏘아야 하기 때문에 멀리 날아가
지 못했던 데 반해, 새로 발명된 쇠뇌弩는
살이 대단히 멀리까지 날아가고 방패를 뚫
을 정도로 강력하여 전술도 크게 변하게
되었다. 따라서 각 국에서 쇠뇌 부대가 편성
되어 갔다.

청동 쇠뇌틀을 장착한 목제 쇠뇌자루 전국시대, 하북성 노하구시老河口市 출토. 쇠뇌자루는 철프의 총신에 해당한다.

또한 수공업 기술이 더욱 진보함에 따라
쇠뇌 외에도 성을 공격하기 위한 긴 '운제雲
梯'5)라는 것이 개발되었다. 전국 초기의 유명한 사상가인 묵자가 이런
'운제' 등의 무기를 발명했다고 한다.

춘추시대 중기 이전까지는 적은 수의 청동기를 무기로 했기 때문에
각국 군대의 병력 수는 많지 않았다. 최대 대국인 진晉에서도 큰 싸움에
동원된 전차가 700대에 불과했다고 한다. 700 내지는 800대라고 가정하고,
한 대이 전차에 보병 30명이 뒤따른다고 하면 병력은 약 2만 명이 된다.

즉 춘추 중기 이전까지 대국의 병력은 2만 내지 3만에 지나지 않았다.
그런데 전국시대에 들면 돌연 국력이 증가하면서 전차의 수가 늘어나
초의 경우 4천 대에 달했다. 이에 따라 병력도 30만 내지 백만에 이르는
군대를 동원할 수 있게 되었다.

전국시대의 전쟁에서 새로운 요소 중 하나는 기병騎兵의 출현이다. 전국시
대 중기부터 북방민족인 흉노匈奴 등이 중국에 없던 기병을 사용했는데,
이에 자극받아 중국도 기병을 만들었다. 의복도 북방민족을 따라 승마에
적합한 바지를 입었다. 이른바 호복胡服을 입고 말 위에서 활을 쏘는 기사騎射
전술을 도입한 것이다.6) 그러나 당시 기병의 수는 그리 많지 않았다. 대개

---

5) 나무로 틀을 짜서 사다리를 올리고 6개의 바퀴를 달아 굴려서 높은 성을 공격할 때 사용하는
   기구로 높이가 구름에 닿을 만큼 높다고 하여 붙여진 명칭이다.

망을 본다든가 척후에, 혹은 기습이나 선봉에 사용되었고 군대의 주력은
아니었다.

춘추시대의 전쟁은 비교적 소수의 군대로 이루어졌기 때문에 승부는
하루 혹은 이틀이면 결판이 났다. 군사 행동의 범위도 매우 작아 단시간으로
결전이 가능했다. 그런데 전국시대가 되면 앞서 언급한 기술의 진보와
대부대의 편성으로 보병을 주력으로 한 야전野戰 혹은 공성전攻城戰이 행해졌
다. 공성전에서는 1년, 2년씩 걸리는 장기전이 수행되었고, 전쟁의 규모가
커졌을 뿐만 아니라 그 형태도 크게 변했다.

3. 쟁패흥망爭覇興亡

월越과 위魏의 패업

기마수렵도 금은상감수렵문경金銀象嵌狩獵文鏡 부분. 전국시대

전국시대는 정치사적으로 보아 대략
3기로 나눌 수 있다. 중원 6국에 서쪽의
진秦이 끼어들어 7국이 끊임없이 서로
패권을 다투는 과정이 그것인데, 그 패권
을 다투는 주요 국가가 시대적으로 바뀌
어져 갔기 때문이다.

전국시대의 초기가 춘추시대를 이어
받았다는 것은 앞서 서술했다. 춘추시
대 종말이 되면 장강 하류의 삼각주, 현재의 소주蘇州 지방에서 오가 발흥하여
장강 중류에서 남방민족을 대표하던 강국 초와 맞섰다. 오는 마침내 장강
유역의 국가, 중국 남방의 이민족을 대표하게 되어 북방의 진晉과 패권을
다투었다.

이어서 춘추 말에 오의 동남, 현재의 절강성 동부의 월이 갑자기 국력과
군사력을 증강시켰다. 그리고 오가 북으로 진출하여 진晉과 패권을 다투는

---

6) 이른바 호복기사(胡服騎射)로 조 무령왕이 도입하였다고 한다.

344

사이 월은 오의 국도 고소姑蘇(지금의 소주)를 공격하여 마침내 오를 멸망시켜 버렸다. 오는 춘추시대 최후의 패자였다.

오를 무너뜨린 월은 중원에 기반을 확립하기 위해 북진하여, 현재 산동반도의 청도靑島에 가까운 해안지대인 낭야瑯琊로 천도했다. 그리고 중원 국가들 사이에 끼어들어 패자로서 지배하고자 했다.

그것이 전국시대 초기의 일이며, 월의 낭야 천도는 기원전 468년의 일이다. 이윽고 기원전 379년이 되면 월은 세력이 약화되어 현재의 소주로 돌아가게 된다.

칠을 한 방패 호북성 형주시荊州市 출토. 전국시대. 세로 93cm, 가로 52.8cm

이 낭야 시대 91년 가운데 대략 기원전 426년까지가 월이 패권을 장악한 전성기였다. 그리고 그 기간이 바로 춘추와 전국의 과도기를 의미한다. 즉 기원전 425년에는 위魏 문후가 처음으로 제후에 올라, 3진의 지도자가 되고 중원의 지도자가 된다. 따라서 기원전 426년까지를 월의 시대라고 이해할 수 있다.

월을 이어서 위魏의 문후가 지금의 하남성 중원에서 전국을 호령하고 그 패업은 그의 아들 무후武侯 때까지 계속되었다. 즉 무후는 기원전 372년에 죽는데 대략 이때까지가 위의 패권시대라고 볼 수 있으며, 이 시대의 월은 남방을 대표한다기보다는 중국 동방의 대표였다.

남북항쟁과 남방세력의 한계

중국의 역사는 민족사의 측면에서 보면, 황하 유역의 북방에 거주하며 여기에 근거를 두고 있던 한漢민족이 점차 남하하여 남방민족을 동화시키며 현재의 변경지방을 포함하는 중국 전토를 완전히 지배하는 과정이다.

중국은 북방에 거주하는 유목민, 즉 기마민족을 중심으로 구성된 민족으로부터 끊임없이 침략을 받았다. 즉 중국에서의 남북대립인데, 북의 교통기

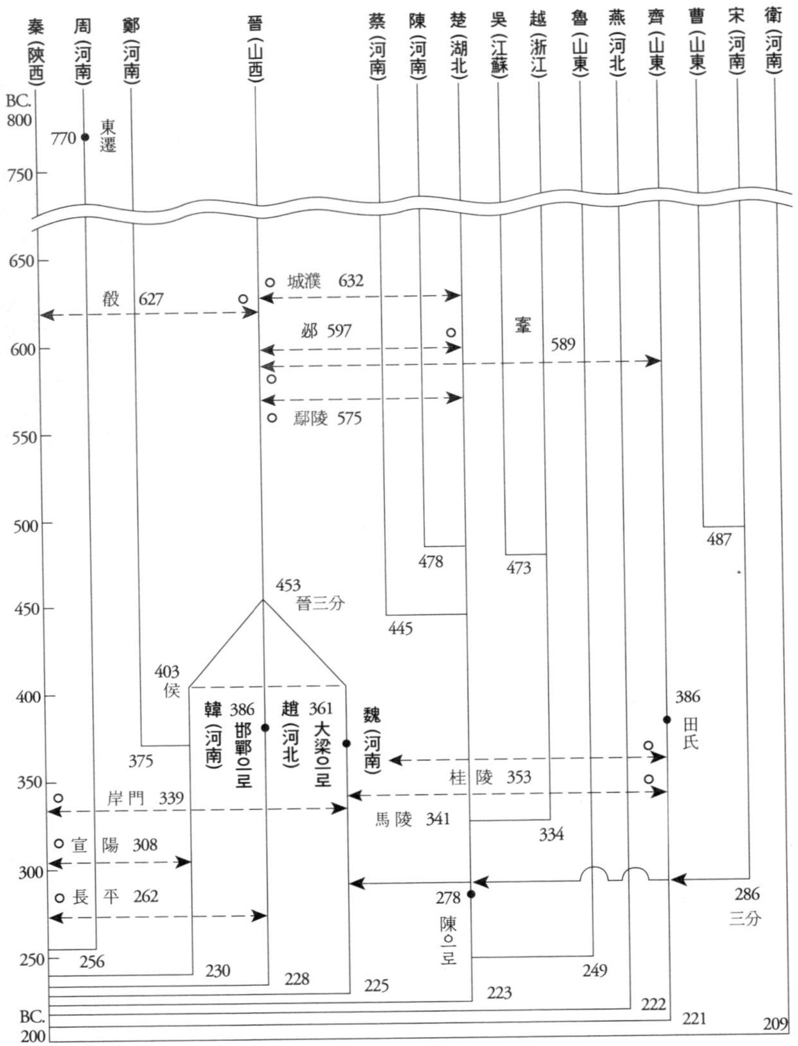

춘추전국열국 흥망표. ○는 주요 전쟁의 승자

관이 말이나 마차를 중심으로 하였던 반면, 남방은 배를 중심으로 하였다. 이른바 남선북마南船北馬다.

1967년에 전국시대 말경 초의 국도가 있었던 안휘성 수현壽縣에서 초가 한 명의 왕족을 위해 발급한, 세관통과세에 대한 면세특권 증명서에 해당하

346

는 청동 악군절鄂君節이 발굴되었다. 그것은 배로 항해하는 노선과 수레로 이동하는 노선 각각 한 통씩으로 남선북마를 구체적으로 보여주는 귀중한 사료다. 장강 유역 이남은 배가 주요 교통수단이지만, 남방문화를 대표하는 초에서는 수레도 사용하고 있었다. 북방문화와 남방문화의 두 요소가 복잡하게 얽혀 전국시대의 중국 세계를 구성하고 있었던 것이다.

악군절鄂君節　왼쪽은 주절舟節(길이 31cm), 오른쪽은 거절車節(길이 29.4cm). 안휘성 육안구六安區에서 수집. 전국시대

춘추시대의 남북대립은 장강 중류에서 초가 발흥하여 황하 중류의 진晉과 대립함으로써 시작되었는데, 나라의 영역으로 볼 때 초는 진보다 훨씬 넓은 가장 큰 나라였다.

춘추시대에 이런 대국이었던 초가 끝내 중원을 실제로 정복할 수 없었던 것은 역시 장강을 중심으로 한 남방민족의 한계라고 할 수 있으며, 악군절은 복잡한 초 문화의 성격을 잘 보여주고 있다.

춘추시대를 통해 북방 중원의 한민족과 싸우면서 초가 끝내 이길 수 없었던 것은 중원의 진晉이 초에 대항하기 위해 새로이 장강 하루에서 일어난 남방민족 오를 도와 초를 견제하였기 때문이기도 하다. 오보다 더 동남쪽에 위치한 신흥 월이 오를 멸한 것도 같은 이유에서일 것이다. 월이 오보다 한 걸음 더 나아가 산동반도에까지 근거지를 형성한 터에는 깊은 이유가 있다.

중원 한漢민족 문화의 승리

중국 고대사는 앞서 서술했듯이 먼저 하왕조가 있고 이를 누른 은으로 이어지며 은왕조를 멸하고 주왕조가 출현했다. 하왕조의 역사적 실재성에 대해서는, 아직 고고학적으로 유적이 확인되지 않아 확언할 수 없다. 은왕조

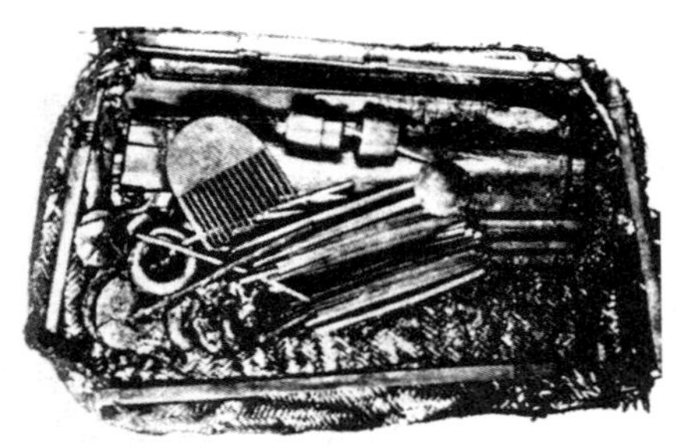

죽협竹篋 화장도구가 들어 있다. 호남성 장사시 출토. 전국시대

는 하남성 은허殷墟 유적이 발굴되어 그 역사성이 확인되었다. 그리고 이 은왕조 말기에 서쪽에서 일어난 주민족이 강국이 되어 은을 멸망시키고 천하를 통일했다.

주가 화북의 서쪽 끝인 섬서성을 근거로 하고 있었던 반면, 은은 화북 평원의 중심에 해당하는 하남성에서 동쪽의 산동성까지 그 세력을 뻗치고 있었다. 은민족이 원주지인 산동성에서 서쪽으로 이동했을지도 모른다고 하는데, 이 점은 분명치 않다. 어쨌든 은·주 민족의 대립은 북방 중국에서 동서의 지리적 대립이었다고 할 수 있다.

중국 고대사에서 춘추시대에 초가 등장하기까지의 중국은 지리적으로 남북대립이 아닌 동서대립이었다. 따라서 초의 등장은 남방문화의 대표가 출현한 것이라고 생각하기 쉬운데, 그렇다면 초가 끝내 중원을 정복할 수 없었던 이유는 무엇인가?

초의 문화는 비교적 일찍이 주문화와 접촉하여 정치적으로도 문화적으로도 교류가 있었다. 초는 스스로 만이蠻夷라고 자각하였으며, 동시에 만이민족이 중국 세계의 일원이 되기 위해서는 중국문화를 하루 빨리 섭취해야 한다는 의욕이 강했다. 그래서 북방에서 망명해 온 귀족이나 지식인들을 받아들여 중원화中原化를 추진했다. 초는 문화적으로 남방문화를 대표하는 국가였으나 북방문화에 대항할 수 없었고 또한 북방문화의 영향 하에 있는 신흥국이라는 한계를 넘을 수 없었다.

이에 반해 장강 하류의 삼각주 문화 쪽은 오히려 비교적 뿌리 깊은 토착성을 갖고 있었다. 이를 기반으로 하여 강대한 정치세력을 형성한 것이 오와 월이다. 장강 하류 문화 쪽이 초의 문화보다 독립성을 지니고 있었던 것이다. 그래서 그 후 장강 하류의 문화가 중원으로 들어왔을 때, 특히 월의 경우 낭야로 진출함으로써 중원의 정치적 동서대립에서의

348

동쪽 세력을 이어받고자 했다. 월이 쇠퇴하고 위魏 문화로 대체된 것도 실은 동방문화가 중원문화에 압도당한 것이라고 할 수 있을 것이다.

월이 춘추전국의 과도기를 대표하고 또 남방문화에서 동방문화로 바뀌었지만, 어쨌든 그것은 이민족 문화를 대표한 것이다. 이에 반해 전국시대로 들어가 위魏가 패권을 장악한 것은 중원의 한漢민족 문화가 이민족 문화에 대해 승리를 거둔 것을 의미한다. 이것이 기원전 371년 혹은 그보다 조금 뒤의 일이었다.

제齊와 진秦의 흥성과 대립

위魏 나라는 본래 산서성 서남에 수도를 두었지만, 기원전 362년에 하남성 중앙, 현재의 개봉開封 부근인 황하의 남쪽 요충지 대량大梁으로 옮겨 비로소 전성기를 맞이한다. 그러나 이미 이때(기원전 356년) 제의 정권을 탈취한 전제田齊의 위왕威王이 국왕 자리에 올라 급속히 세력을 강화했다. 그리고 기원전 353년 위魏나라 군대와 계릉桂陵에서 결전을 벌여 승리한 결과, 패권은 서방의 위나라에서 동방의 제나라로 넘어갔다. 이는 전국시대 정치사에서 한 시대를 긋는 사건이었다. 이때까지가 전국시대 전기다.

그러나 더욱 결정적인 싸움은 기원전 343년 마릉馬陵의 격전이었다. 제齊는 비범한 군사軍師인 손자孫子를 등용하여 그의 교묘한 작전으로 마릉의 싸움에서 대승하였다. 따라서 기원전 333년경까지는 대체로 동방의 제가 위를 압도하여 패권을 장악하고 있었다. 그 해를 전후하여 제의 위왕이 여세를 몰아 북방의 현재 북경 지방에서 다른 나라와 떨어져 고립되어 있던 연燕을 공격하여 한때 정복하는 등 중원에서 마음대로 세력을 휘둘렀다.

그러나 기원전 330년 무렵부터 서방(섬서성)의 진秦이 점차 중원으로 진출해 들어왔다. 진 효공孝公은 기원전 340년 소국인 위衛의 왕족 출신인 상앙을 신임하였고, 상앙은 변법變法으로 군사력 증강과 새로운 경제성장정책을 실시한 결과 국력은 더욱 충실해졌으며 진은 이를 배경으로 동진하기 시작했다.

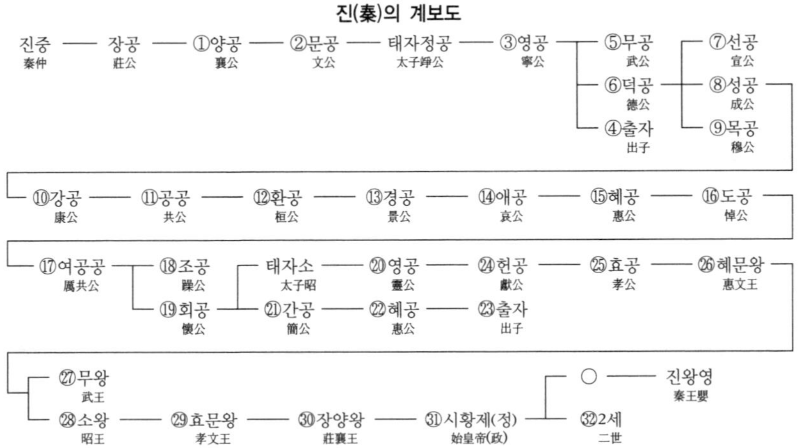

동진하는 진秦의 표적 가운데 6국의 맨 앞에 있던 것은 산서성 서남부를 세력권으로 하고 있던 위魏나라였다. 위는 단독으로는 도저히 진에 대항할 수 없었기 때문에 동방의 패권을 쥐고 있던 제를 비롯한 다른 다섯 나라에 원조를 청하지 않을 수 없었다. 이리하여 기원전 330년경 위魏를 사이에 두고 동방의 제齊와 서방의 진秦이 대립하는 시대로 들어가게 된다. 이러한 제·진의 대립 시기가 대체로 기원전 286년 정도까지 계속되는데, 이 시기가 전국시대 중기에 해당한다.

외교전의 전개와 진秦·조趙의 대결

진秦의 세력이 동진을 시작하자 위魏 이하 6국은 모두 중대한 위협을 느꼈다. 연합해서 진秦에 대항할 것인가(합종合從), 혹은 진과 협조할 것인가(연횡連衡) 등 여러 가지 외교정책이 논의되었다. 진은 가장 가까운 위를 침공하고, 직접 국경을 접하지 않은 제齊 등에는 평화정책을 취했다. 즉 원교근공遠交近攻 정책으로서 이는 범수范雎가 입안하였다. 이리하여 기원전 330년 이후에는 외교적으로 대단히 혼란한 시대가 되었다. 제齊와 진秦이 동서로 대립하여 그 사이에 있는 나라들, 특히 남방의 강대국 초도 이 대립에 말려들어, 진秦·제齊·위魏 등으로부터 끊임없이 외교관이 파견되는 등 외교정책상 항상 미묘한 입장에 놓여 있었다.

이러한 복잡한 국제관계 속에서 소진蘇秦은 6국이 연합하여 진에 다항하자는 합종책合從策을 취했다. 이에 반해 장의張儀는 6국의 연맹을 끊어 진으로 끌어들이고자 하는 연횡책連衡策을 취했다. 소진이 여러 나라를 유세하며 연맹을 실현하여 한때 6국의 재상을 겸임했다는 화려한 사적과 변론이 전해지고 있다. 그러나 이 이야기는 상당히 현실성이 부족하여 소진이 완전히 가공의 인물이라는 말도 있지만, 당시의 일반 상황으로 보건대 약간 과장되어 전해진 것으로 생각된다. 어쨌든 합종·연횡이라는 두 축을 둘러싸고 많은 변론가가 나타났으며, 대단히 복잡한 외교관계를 드러냈다.

그러한 가운데 점차 진秦의 세력이 우세해지면서 동방의 제와 남방의 초를 압도해 나갔다. 그런데 그 시기는 가장 북쪽에 있던 조趙나라가 기원전 285년 무렵 북방 유목민을 정복하여 영역을 넓혀가고 있던 때였다. 그리하여 조趙와 진秦은 남쪽에서는 위魏를 사이에 두고 있었지만, 북방에서는 직접 국경을 접하고 있었다. 이리하여 기원전 285년 전후부터 진秦과 조趙가 패권을 다투는 시대가 시작되었다.

원교근공遠交近攻의 승리와 진秦의 중국통일

앞서 언급했듯이 진秦은 상앙에 의해 국력을 강화하고, 또 범수가 제창한 원교근공 등의 외교·군사 정책을 병행하여 성공을 거두고 있었다. 그 밖에 진이 구사한 것으로 스파이 정책이 있다. 스파이에 의한 대외 지하공작이었다. 도처에 뇌물을 써서 적을 속이고 이간시킨 것이 그 예다. 이른바 반간고육反間苦肉 책략으로서 외교관계를 유리하게 전개시켰던 것이다.

무력으로 진秦에 대항할 수 있었던 것은 남방의 초나라뿐이었지만, 초와 진이 국경을 접한 곳은 험한 산지가 가로놓여 있어서 직접 충돌은 일어나기 어려웠다. 따라서 진은 먼저 조趙와 결전을 벌였다. 즉 기원전 261년 무렵부터 조와 진나라의 최후 격전이 전개되어 장기전 끝에 진이 결정적 승리를 거두고 패권을 확보했다. 기원전 260년의 일이다.

이 전쟁은 장평長平(지금의 산서성 고평현高平縣) 전쟁으로 불리는데 조군 40만이 항복했다. 진은 애초에 항복을 인정하였으나 조군의 힘과 반란을 걱정하여 40만 병사를 구덩이에 매장해서 죽이고 240명만 귀국시켰다. 이 같은 조치는 학살의 처참함을 알려 진군에 대한 공포심을 여러 나라에 심어주기 위한 것이었다. 최근 이 매장 구덩이 일부가 발굴되어 그 참상이 분명해졌다.

이 결전 뒤에도 진의 동진은 그치지 않았고, 기원전 221년에 이르러 마침내 진은 6국을 멸하고 천하를 통일했다.

제13장 전국시대의 사회변화

1. 전술戰術의 변화와 상공업의 발달

성벽으로 둘러싸인 도시

합종연횡 등의 외교정책의 격화와 더불어 전국시대에 보이는 두드러진 현상은 군사기술의 발전에 따른 전술의 변화다.

은·주 시대부터 중국의 도시는 성벽으로 에워싸여 있었다. 성벽은 판축版築, 즉 두 개의 판넬을 맞세워 그 사이에 흙을 채워넣고 위에서부터 단단하게 다져 만든 흙보루였다. 일반적으로 이런 흙보루는 비가 내렸다 하면 단번에 흘러내려 버렸겠지만, 황하 유역의 중국 북방의 황토에는 아마도 칼륨 성분이 들어 있었던 듯하다. 입자가 매우 미세하고 기후는 건조하여 탄탄하게 다지면 콘크리트까지는 아니어도 은대 이후의 흙보루 성벽 등이 현재까지 그 일부가 남아 있을 정도로 매우 단단해진다. 도시국가의 사방은 그러한 흙으로 만든 성벽으로 둘러싸여 있다.

그리스 도시의 성벽은 돌로 축조되었고 동방의 바빌론 등에서는 벽돌을 사용하였다. 중국에서 햇볕에 말린 벽돌을 이용하여 성벽을 축조한 것은 한대漢代 이후다. 중국에서는 대체로 전국시대가 되면 내성內城과 외성外城 식으로 성의 중심이 되는 부분에 이중으로 성을 쌓게 되는데 외성 안에는 일반 백성이 상당히 살고 있어서 그리스의 도시국가와 유사한 형태를 취하고 있었다.

국경선에 따른 장성長城 건설

춘추시대의 대전쟁은 대부분 야전이었지만, 그래도 성벽이 점차 정비되어 나가면서 성을 에워싸고 공격하는 공성전이 상당히 성행하였다. 그리하여 전국시대에는 전쟁이라고 하면 대개 공성전이었으며, 야전이 전개되는 경우는 적었다. 공성용의 운제라고 하는 커다란 사다리를 비롯하여 여러 가지 공성 기구가 만들어지고, 성을 수비하는 측에서도 방어용 무기를 발명했다.

성벽은 도시의 사방뿐만 아니라 국경지방으로도 확대되어 국경을 따라 긴 성벽이 만들어졌다. 이른바 장성長城이 전국시대부터 각 국의 국경을 따라 건설되기 시작했다. 서양에서는 로마 시대에 게르만인을 방어하기 위해 북방 변경에 로마 장성을 축조하였다. 로마인은 토목건설에 매우 뛰어나 로마 제국의 광대한 영역에 걸쳐 마차로 달릴 수 있는 도로를 내고, 대규모 수도水道 공사를 일으켰다.

중국에서는 춘추시대까지만 해도 각 국의 국경을 따라 쌓은 장성이 거의 없었는데, 전국시대에 들어와 각 국에 의해 장성이 건설되었다. 그러나 진이 천하를 통일하자 그때까지 존속하던 국경의 장성은 자연 폐지되었다. 그 대신 북방 유목민족, 특히 흉노라고 하는 강력한 기마민족을 방어하기 위해 전국시대에 건설된 북변의 장성이 전국적인 규모로 재편성되었다. 즉, 오늘날 만리장성萬里長城이라 일컬어지는 그 기초가 완성되었던 것이다.

앞서 언급했듯이 전국시대에 야전이 많이 행해졌던 것은 그 초기로서, 중기 이후에는 공성전으로 전환했다. 오늘날까지도 많은 사람들의 입에 오르내리는 『손자孫子』·『오자吳子』 등의 병법서兵法書는 주로 야전 전술을 서술한 것이기 때문에 그런 의미에서 이들 병서는 전국시대 전기까지는 성립되었다고 여겨진다.

연燕의 하도下都 하북성 역현易縣에 있는 전국시대 최대의 성곽. 동·서 2부로 나누어져 있는데 동성의 북부에 왕궁 지구가 있고 그것을 둘러싼 운하와 수공업 지구, 귀족 거주구가 있다. 일반 거주지는 떨어져 마련되어 있다. 서성은 외곽에 있으며 농경지가 대부분이었다. 두 개의 역수易水를 운하로 연결하여 운송과 동성東城 방어에 이용하였다. 당시는 수공업이 번영하였는데 이 배치를 통해 알 수 있듯이 여전히 왕공귀족에 대한 예속도가 높았다.

무역의 발생과 관세정책

춘추전국, 특히 전국시대에 이르러 매우 두드러진 현상은 상공업의 발달이다. 본래 고대중국은 농업사회이기 때문에 각 지역은 각기 농업을 발달시키는 데 노력하고 그와 병행하는 수공업을 발달시켜 지역마다 자급자족이 이루어지는 경제구조를 갖추고 있었다. 상공업은 원래 국내 수요를 충족시키기 위한 것일 뿐이었기 때문에 그 규모는 극히 작았다.

그런데 전국시대에 들어오면 지방마다의 독특한 산업이 활기를 띠어갔다. 예컨대 목재·광물 혹은 해산물을 주로 하는 각 지역 특유의 산업이 일어나 각 지역이 자급자족하던 춘추시대에는 보이지 않던 대량의 생산물이 전국적 규모의 시장을 통해 광범위하게 매매되기에 이르렀다. 국경의

관문을 뛰어넘어 상품매매가 이루어지는 관습이 생긴 것이다.[1]

이처럼 전국시대에 각 지방의 특산물이 전국적으로 매매되는 시장이 성립하자 관세關稅정책이 매우 중요한 의미를 갖게 된다. 앞서 언급한 초의 악군절에 의하면 초 같은 대국에서는 관문이 국경뿐 아니라 국내 도처에 설치되어 상품 통과세를 부과했다. 당시 정부의 재정통계가 현재 남아 있지 않아 관세의 수입액을 명확히 제시할 수는 없지만, 현실적으로 각 국에서 매우 중요한 재원이었을 것이다.

이런 상태는 이집트·메소포타미아 같은 고대 서남아시아 도시의 경우에도 마찬가지였다. 이들은 모두 대륙 국가지만, 대상隊商을 조직하여 왕래하였다. 그 대상이 운반하는 물품에 대한 과세는 이집트 등의 국가에게 매우 중요한 재원이었다고 한다.

마찬가지로 대륙국인 중국의 각 국가에서도 관세는 귀중한 수입원이었기 때문에 각 국은 수입을 늘리기 위해 가능한 한 높은 관세를 매겼다. 그런데 다른 한편으로 관세를 낮추면 광범위한 무역업자를 더 많이 해당 국가로 끌어들일 수 있기 때문에 설령 저율低率이더라도 도리어 세수입을 증대시킨다는 사고방식도 나타났다.

맹자 같은 이는 관문을 통과하는 물품에 대해서는 내용물이 무엇인가를 검사하는 정도로 그치고 관세는 징수하지 않는 것이 옛 성인황제聖人皇帝, 즉 고대 이상국가의 정책이었다고 말했다.

실제로 맹자의 주장에 따라 관세를 징수하지 않는다면 전국의 상인들은 모두 물자를 해당 국가에 집중시킬 것이므로 자연 국가는 부강해질 것이다. 이처럼 고율의 세금을 징수하기보다는 관세를 부과하지 않는 쪽이 도리어 국가에 유리하다는 입장에서 새로운 정책을 제창하는 이가 나타나기도 했다. 그러나 사실 타국의 상인이 그처럼 관세가 없는 국가의 시장에 집중하게 되면 장기적으로는 충분히 고려할 가치가 있는 이익을 가져오겠

---

1) 상업의 성격에 대한 연구는 다음 논문 참조. 이성규, 「중국 고대 상업의 성격에 관한 일시론」, 『중국고중세사연구』, 2004.

지만, 단기적으로 볼 때는 관세수입을 잃기 때문에 역시 심각한 고통이 아닐 수 없다. 때문에 현실적으로는 좀처럼 시행되지 못했고, 결국 유교정치학자의 이상론에 그쳤으리라 생각된다.

전국적 시장의 성립과 대상인의 출현

그러나 어쨌든 상공업품의 교환이 매우 발달하여 각지에 전국적인 시장이 성립했다. 그처럼 시장이 커지자 시장을 통제하여 이익을 얻으려는 대상인이 나타났다. 전국시대 중기 이후 그러한 상인이 시장에 모여들어 경매시장이 열리고 그 경매시장을 통제하는 우두머리, 즉 중개인이 대상인이 되고 결국 그가 도시의 유력자로 등장한다.

전국시대부터 진·한 시대에 걸쳐 각 국에서 몰려드는 많은 상인들을 단속하는 시장의 우두머리는 전국적으로 이름을 떨치는 명사가 되었다. 그리고 전국시대에 대국大國의 도시는 그러한 상인들을 흡수하여 더욱 팽창해 나갔다.

2. 도시의 발달

제齊의 수도 임치臨淄의 번영

춘추시대의 도시인구는 많아야 1,000호를 넘는 것이 고작이었다.

그에 비해 전국시대에 들어오면 점차 10,000호 이상의 대도시가 생겨났다. 당시 1호의 구성원은 평균 잡아 10명 정도로 추정되는데 제의 수도인 임치는 당시 중국 최대의 도시로서, 『전국책』에 의하면 도시 내의 호수가 7만이며 호마다 성인남자를 3명으로 보면 이 도시에는 21만 명의 성인남자가 있는 셈이라고 설명되어 있다. 여기에 노인·어린이·여자 등을 감안하면 1호의 인구는 평균 10명 이상이 되어, 임치의 인구는 대략 50만~60만을 헤아리게 된다. 이렇게 볼 때 당시 제의 수도는 고대에서는 경이적이라 할 정도의 거대도시였던 것이다.

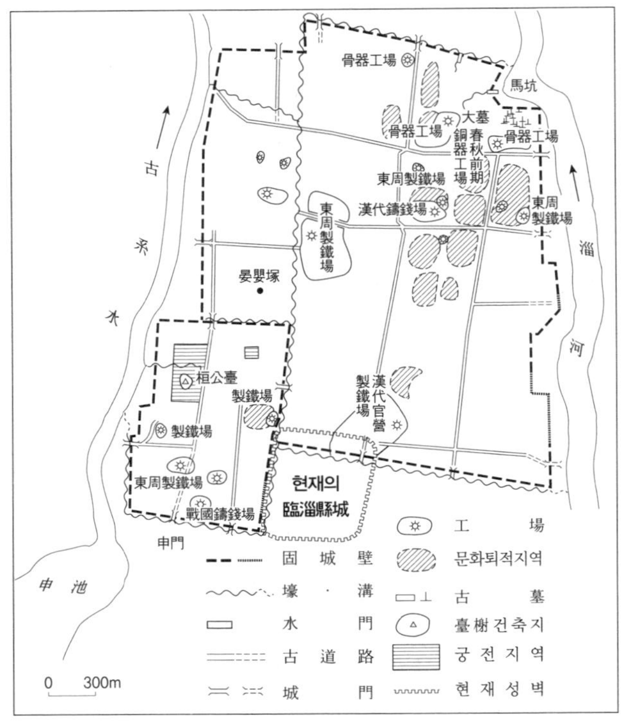

임치臨淄 고성도

임치에 거주하는 시민 가운데는 부유한 자가 많아 도시는 시장을 중심으로 오락·연회가 번성하였으며, 음악·닭싸움·개경주·노름·축구蹴球·곡예, 기타 모든 종류의 오락이 성행했다. 대로 위는 수레가 가득하여 정체되고 거리는 오가는 행인이 어깨를 부딪칠 정도였다고 한다. 게다가 이렇게 번화한 임치에 필적할 도시가 몇 개 더 있었다고 하니 중국에서 전국시대 도시의 번영은 가히 놀랄 만하다.

춘추전국시대의 이런 도시에 대해서는 『전국책』 등에 기술되어 있는데, 최근에는 조趙의 수도 한단邯鄲이나 연燕의 하도下都 유적이 발굴되어 고고학적으로도 실제 상태를 엿볼 수 있다.

누각궁전 · 거리 · 고급주택

당시 도시의 중심부에는 궁전이 있었고 그 규모는 매우 장대하였다.

358

그 즈음까지 중국의 궁전은 앞서 언급한 흙보루처럼 판축에 의해 흙을 다져 거대한 토단을 만들고 그 위에 건축되었다. 오늘날 그 기단의 유적이 발굴되고 있다. 은대까지는 따로 지붕을 이는 경우가 많고 기와지붕은 적었다. 그러나 서주시대가 되면 기와를 사용하게 되고 춘추 후반에

전국시대의 기와 ① 도철문 반와당(위, 하북성 역현 연 하도 유적 출토), ② 둥근 기와(하북성 역현易縣 연 하도 유적 출토), ③ 운문와당雲紋瓦當(섬서성 임동현臨潼縣 출토)

는 거의 모든 궁전에 기와를 이게 되었다. 전국시대가 되면 마룻바닥이나 벽의 허리 부분에는 전磚이라 불리는 기와를 장식으로 사용하였다. 요컨대 궁전다운 궁전은 전국시대에 들어와서부터 조영되었던 것이다.

높은 대臺에 축조된 건물로는 도시의 중심을 이루는 궁전뿐 아니라 유락용遊樂用 이궁 같은 것도 있다. 이곳은 군주가 즐기는 장소로, 진기한 동물을 사육하는 널따란 정원에서 유락하거나 혹은 높은 대지 위에 건축된 궁전에서 연회를 벌이는 모습은 전국시대의 동기銅器 무늬를 통해 그 일단을 엿볼 수 있다.

또한 궁전 건물은 은·주 시대에는 단층이었지만, 춘추시대가 되면 저택과 같은 고층 누각이 세워졌는데 이 저택 건축은 외견상으로는 고층 건물처럼 보이지만 내부는 아래부터 위까지 작은 토대를 겹쳐서 최고층은 보통의 건물을 만들고 그 아래의 각 계단은 내부 토대의 주위에 회랑을 만들었다. 진짜 고층 건물이 세워진 것은 전국 말이 되어서다. 춘추시대 도시의 거리는 군주를 비롯한 귀족들이 모두 마차를 타고 다녔기 때문에 그 왕래를 위해 도로 폭이 상당히 넓었던 것 같다. 고전에도 그러한 기록이 남아 있을 뿐 아니라 실제로 임치에서 발굴된 성내의 주요 도로의 폭이 20~30m였다. 마차 교통을 생각하면 당연할 것이다. 일본 헤이안 시대에는 우차牛車가 사용되었는데 이는 일반적인 것은 아니었다. 이에 비해 중국에서는 마차와

수렵(왼쪽) **연회**(오른쪽)**도** 상감문동호 문양 부분. 전국시대

우차가 일반적으로 사용되었기 때문에 동서남북의 주요 거리가 점차 정비되고 지역별 도시계획도 이루어졌다.

특히 왕족이나 고급관리의 주택을 위해 특별 주택지구도 만들어졌다. 그 가운데서도 유명한 것은 제齊의 선왕宣王이 직문稷門이라는 성문 부근에 각 국에서 초빙된 학자와 사상가들을 위해 마련한 훌륭한 주택지구다. 세간에서는 이것을 직하稷下라고 불렀고 여기서 활동하는 사상가들을 직하학사稷下學士라고 칭했다.

성문城門의 시장과 그 기구

성내에서 궁전과 대조적으로 눈을 끈 것은 시장이다.[2] 내성內城의 성문 동서 양쪽에 각기 개설된 시장 안에는 각종 점포가 처마를 나란히 하며 들어서서 각종 상품이 매매되었다. 국가 규모가 확대되면서 이러한 시장에 대해서도 통제를 가할 필요가 생겨 시장 사방에 담을 쌓고 네 개의 문을 냈다. 시장에 거주하는 상인은 정부의 허가를 받은 사람만으로 한정되었고 특별 호적에 편입되었다. 시장에서 장사를 하려는 자에게는 각기 특권이 부여되었고 그들을 관리하는 특별 관리 즉, 시리市吏를 두고 시장을 관리하는 체계로 되어 있었다.

실제로 시장을 지배한 존재는 시장의 장長으로서, 그들은 단지 거래와 경제 면에서만 실력을 갖고 있었던 것은 아니다. 거기에는 무뢰배 무리가 모여들었기 때문에 우두머리(장長)는 일종의 경호원을 자기 부하로 고용했다. 그들은 여차하면 사설 군대 같은 조직으로 변모할 정도의 무력을 갖추고 있었다.

---

2) 이성원, 「고대 중국의 "시정(市井)"과 그 공간」, 『중국학보』, 2008.

전국시대에는 궁정 뜰에서 요컨대 조정에 모인 관료들 회의에서 행해지는 논의뿐 아니라 시장에 모여든 시민들의 목소리를 듣는 일이 꼭 필요했다. 그러한 시민들의 여론을 좌우하는 것이 바로 시장의 우두머리였다. 그가 군대를 조직할 정도의 실력을 갖추고 있었다는 것은 앞에서 서술한 그대로로, 한 나라가 다른 나라에 출병하여 전쟁을 벌일 경우에는 이러한 시장 사람들이 여론을 형성하기 때문에 이들의 지원을 약속 받는 일이 무엇보다도 중요했다. 더욱이 시장에서 활동하던 사람들 가운데에서 탁월하게 유능한 무사, 학자가 나오기도 했다.

네 종류의 청동화폐

상품의 유통과 교역이 원활히 이루어지기 위해서는 그 매개로서 화폐가 중요하다. 중국은 은대부터 보패寶貝3)를 화폐로 삼았다. 보패는 원래 목걸이 등에 사용되는 장신구였다. 고대사회의 장신구 중에는 옥이 중시되어 정식으로 행해지는 의식이나 행사 때에는 옥을 목에 걸었다. 옥에는 영력靈力이 있다고 여겨졌기 때문에 그 힘을 몸에 끌어들이려 했던 것이다. 보패도 대개 목걸이나 혹은 그와 유사한

옥석질玉石質 장식품 춘추시대

용도로 쓰였으므로, 역시 일종의 영력을 지닌 것으로 인식되었던 듯하다. 원래 보패는 남쪽 해상에 서식하는 것이기 때문에 중국이 남해에서 수입했으리라 생각된다.

남방 원주민 사이에서는 예로부터 보패나 돌이 화폐로 유통되었다. 은대에는 남해와 상당한 교류가 이루어졌고, 그런 관계로 동남아시아의 여러 섬에서 이는 귀중품으로 수입되었다.

---

3) 고대 화폐로 사용하던 자패(紫貝)를 지칭한다. 자패란 전새과의 조개로서, 등에 자색 바탕에 아름다운 담색 무늬가 있다.

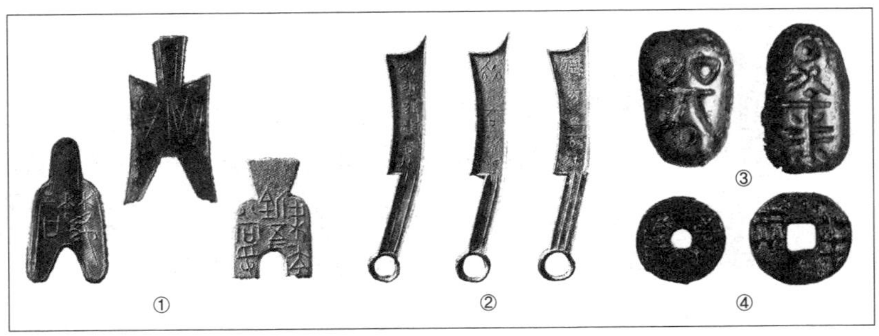

전국시대의 청동화폐　① 포전布錢(3진三晉)　② 도전刀錢(제齊)　③ 동패전銅貝錢(초楚)　④ 원전圓錢(한韓·진秦)

　　서주시대에도 보패와 더불어 때로는 금속, 그 가운데에서도 청동이 물품을 평가하는 기준치로 사용되었으며, 춘추전국시대 무렵부터는 금속 화폐가 통용되었다. 금도 때로 화폐의 용도로 사용되긴 했지만, 가장 일반적으로 사용된 것은 청동제 화폐였다. 그것은 지역적으로 각기 특색을 지닌 네 가지 종류의 형식을 취하였다.

　　첫째, 한·위·조의 삼국, 즉 중원 지구에서 유통된 화폐는 포布라고 하며 농기구인 가래의 형태를 취한 것이다.

　　둘째는 도刀라 하여 흡사 작은 칼 모양을 한 화폐로서 제齊·연燕·조趙의 삼국에서 유통되었다. 이 가운데 가장 훌륭한 것이 제의 도刀로서 매우 컸고, 연·조의 도는 이에 비하면 작았다.

　　셋째는 원전圓錢이다. 형태가 둥글며 가운데에 둥글거나 네모난 구멍이 있는, 이른바 구멍 뚫린 동전이다. 이는 주周나 진秦 그리고 조趙·위魏 등 황하에 연한 지역에서 유통되었다.

　　넷째는 동패銅貝다. 앞서 고대에는 조개貝가 유통되었다고 언급했는데, 이는 그 조개 모양을 구리로 본뜬 화폐다. 이것의 유통은 초의 영역으로만 국한되었다.

　　이들 화폐는 당시 각국 정부에 의해 주조된 것이 아니라 지역적으로 상업이 영위되는 각각의 도시에서 만들어졌고 따라서 화폐에는 반드시 그것을 주조한 지명이 적혀 있다. 원래 국가에 의한 법정화폐는 없었을 것이다. 도시의 시장을 중심으로 해서 시장 상인들 사이에 쓰인 것이

362

기원이었다고 여겨진다.

표준화폐로서의 금화

그러나 화폐인 이상, 특히 금속화폐이기 때문에 어떤 단위가 결정되지 않으면 상태가 나빠지기 십상이었다. 그래서 위魏의 경우에는 여러 가지 형태의 포布마다 그 포의 무게를 화폐에 명기했다. 따라서 각기 다른 지방에서 주조되어 청동 성분에는 조금씩 차이는 있겠지만, 화폐에는 동銅의 무게가 각기 얼마라는 식으로 중국 고대 문자가 새겨져 있었다. 그것이 여기저기 다른 도시에서 다양한 모양으로 주조된 화폐가 다른 종류의 화폐와 교환될 때 표준이 되었다. 때문에 지역적으로 사용되었다고는 하나 다른 지역에서 쓰이는 화폐와 상호 교환도 가능했다.

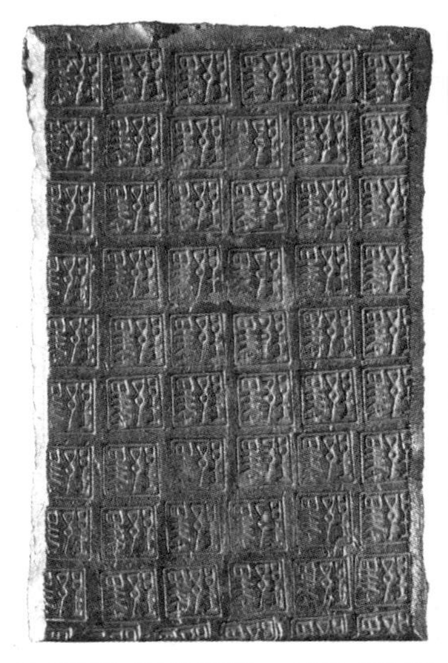

초楚의 금화 강소성 우이현盱眙縣 출토, 전국시대

포에는 반드시 중량이 새겨져 있었기 때문에 그런 의미에서 가장 진보된 화폐였다고 여겨진다.

여타의 국가 화폐에 대해 언급하면, 확실한 자료는 적지만 제齊의 도刀에는 법화法化라는 명칭이 있었다. 화化는 화貨라는 글자의 한 요소로서 화貨와 같은 의미로도 쓰인다. 법화라는 이름이 있었던 것에 비추어 보면 모양이나 중량에 관계없이 일정한 가치를 지닌 것으로 인정된 듯하다. 따라서 위魏와 제齊의 경우는 표시방식이 조금씩 다르기는 했어도 화폐로서 바람직한 형태를 갖추었다고 말할 수 있다.

춘추시대 말기부터 전국시대에 걸쳐 농산물 가격 등도 이런 화폐에 의해, 예컨대 1석石은 30전錢에 해당한다는 식으로 물가가 이미 화폐로 표시되기에 이르렀다. 그러나 화폐는 오늘날에도 알 수 있듯이 동銅은 귀금속이 아니어서 가치가 낮았고, 따라서 멀리 떨어진 다른 지역으로 화폐를 가지고 가야 할 경우에는 매우 많은 양을 지니고 가야 했다. 이러한 불편을 피하기 위해 소량의 화폐로도 외국에서 통용될 수 있는 귀금속, 즉 금이 이용되었다.

금화를 주조하기 시작한 것은 춘추시대의 초에서였는데, 이런 귀금속 화폐는 중국 어느 곳에서든 통용되었기 때문에 표준 화폐로서 전국적으로 거래되었음에 틀림없다. 대관大官이나 장군 등이 공적을 세웠을 때 이를 표창하기 위해 군주가 금이나 옥을 수여하는 일은 자주 있었다. 또한 외교사절을 파견할 때에도 금화를 주었다는 기록이 있다.

상업이 발달하여 화폐가 광범하게 유통되기에 이르자 자본을 축적하고 있던 이가 타인에게 금을 융통해 주고 이자를 받기도 했다. 고리대 자본은 이렇게 해서 생겨났다. 그리하여 납세 때문에 곤경에 처한 농민들은 도시의 고리대로부터 돈을 빌려 세금을 납부했는데, 그 고리 때문에 농민경제가 압박을 받는 일도 생겨나게 되었다.

어쨌든 이렇게 해서 상공업의 발전은 화폐경제를 매개로 해서 점차 전국적인 시장을 형성하였고, 이것이 마침내 중국에서 통일국가가 이룩되는 기초가 되었음은 앞서 언급한 대로다.[4]

3. 농민의 계층화

노역지대勞役地代에서 실물지대實物地代로

화폐경제에 이어 문제가 되는 것은 각 국의 조세 조직이 어떻게 되어 있었는가, 또 농민들이 어떤 형태의 지대를 냈는가 하는 점이다.

서주시대에도 언급한 바와 같이 취락인 읍과, 읍 주위에 전개된 전지와, 읍에 거주하면서 전지를 경작하는 농민의 3자는 일체였다. 더 옛날에는

---

4) 전국시대 화폐정책에 대한 연구는 다음 참조. 이성규, 「전국시대 화폐정책의 이론과 실제」, 『진단학보』, 1983.

읍내의 농민은 동일한 혈족집단에 속해 있었을 것이다. 읍 주위의 전지는 읍이 공유하고, 각 세대는 분배된 전지를 경작하여 식량을 얻고 읍의 제사에 필요한 것이나 비축용 곡물은 분배된 전지 이외의 공유하는 전지에서 농민에 의해 공동 경작되었다.

이러한 읍과 전지와 농민이 왕이나 영주의 지배를 받게 되면 읍도, 전지도, 농민도, 왕이나 영주의 소유가 되어 종래 읍에서 분배받은 전지는 그 소유자인 왕에게 대여를 받은 것으로 생각하게 되었다. 분배지 이외의 전지는 왕 등의 공유전公有田이 되어 농민은 이 공유전 즉 공전公田을 공동으로 경작하고 그 수확을 분배전이나 거주하는 읍 등의 지대로서 상납하게 되었다. 따라서 농민은 지대를 공전에서 일을 하는, 즉 노동력 제공이라는 형식으로 상납하고 있었으며 이러한 지대 상납방법을 노역지대라고 부른다.

'정전제井田制'라고 칭하는 것은 이러한 노역지대의 하나다. 다만 여기에서 언급한 것은 노역지대의 이념적인 형식이며 구체적인 것은 명확하지 않지만 노역지대라는 형식에 따라 지대(=조租)를 징수하는 것이 중국 고대의 일반적인 습관이었다고 생각된다.

그러나 춘추시대 중기에 이르자 이러한 노역지대 대신에 새로운 실물지대, 즉 지조地租의 형태가 발생하게 되었다. 노나라는 춘추 중반 무렵인 기원전 594년에 처음으로 실물지대를 징수했다. 이후 진秦을 비롯한 각국이 다투어 실물지대를 활발히 시행해 나갔다.

실물지대는 세율이 매우 높았기도 해서 농민들에게는 환영을 받지 못했던 듯하다. 그리하여 춘추시대가 끝날 무렵부터 도적이 광범한 지역에 걸쳐 빈번히 집단적으로 횡행했다. 그 가운데는 농민이 집단적으로 지조의 징수에 반항한 경우도 있고, 그 반항이 성과를 올리지 못하면 산림의 일부를 벌채하면서 이곳저곳을 전전하기도 했다. 그리하여 전국 후기에는 이러한 농민들의 대규모적인 반란이 일어나게 되고, 다음 진秦 시대가 되면 진의 통치에 반항하는 농민들의 대규모 반란이 일어나 결국 진은 멸망한다.

지주의 발생과 농민의 곤궁

도용陶俑 산서성 장치시 분수령 출토. 전국시대, 높이 5cm

앞서도 언급했듯이 중국에서도 토지는 원래 공동체에 속했을 것이다. 토지는 공유로서 인민에게는 단지 사용권使用權 또는 점유권占有權이 인정되었을 뿐 토지소유권은 없었던 듯하다. 그러나 춘추전국시대에 이르면 토지매매가 활발히 이루어지게 된다. 종래 점유권이나 사용권밖에 인정되지 않았던 토지에 영구소유권이란 것이 인정되었던 것이다. 이는 진秦의 상앙 등이 농지개간을 장려하기 위한 수단으로서 채택하기 시작한 정책에 의해 생겼다고 한다.[5]

토지매매가 이루어지자 고리대자본가 등은 자신이 축적한 자본을 이용하여 토지를 매점했고, 그 결과 엄청난 규모의 농지를 소유할 수 있게 되었다. 그것은 농민을 더욱 곤궁하게 만들어 농민반란을 불러오는 원인이 되었던 것 같다.

이렇게 유동하는 농민들을 안정시키기 위해 앞서 기술했듯이 상앙 등은 호적을 편찬할 때 십인조, 오인조 즉 십오제什五制를 고안해 내어 이와 관련하여 범죄가 발생했을 경우 연대책임을 지웠다.

전국시대의 하나의 문제는 분립한 7국이 서로 국제적으로 대립하고 있었기 때문에 자신이 태어난 나라에서의 생활이 여의치 않게 되면 주민들 자신이 포함된 대단위의 공동체가 함께 인접국으로 도망치는 사태가 빈번히 일어났다는 사실이다. 이러한 도망은 농민들이 정부에 대해 일으키는

---

5) 상앙변법이 토지사유권(土地私有權)을 공식적으로 인정한 시발점인지, 아니면 토지사유에 따른 기존의 빈부격차를 해소, 차단하기 위한 국가적 토지분배에 의한 제민(齊民) 지배체제 확립정책이었는지에 대해서는 아직도 논란이 많다.

소극적 반항의 한 형태로서, 이를 방지하기 위해서는 농민들에게 연더책임을 지울 수밖에 없다고 인식되었다. 십오제가 상앙 때 도입된 것은 그 때문이다.

종래 공동체에 소속되어 있던 농민들은 토지점유권만 가졌을 뿐 소유권은 없었지만, 토지매매가 자유화되어 가는 과정에서 점차 소유권을 갖게 되었다. 공동체의 토지를 공동으로 이용하였을 농민이 소단위로 분할되어 그에 대한 소유권을 갖게 되자 그 결과 자작농과 지주가 생겨났다. 이 지주계급 가운데에는 상공업민 출신자도 있었다. 즉 상공업에서 거둔 성공을 통해 축적한 화폐를 가지고 농지를 획득하는 경우도 생겨났던 것이다. 그리하여 각지에서 생겨난 농지소유 지주계급은 국가경제를 담당하는 새로운 주요 계층으로 되어 갔다.

노예와 그의 역할

이상과 같이 지주계급이 전국시대의 국민의 주력이 되었지만, 이에 부속된 노예의 노동력 역시 상당히 중요한 역할을 담당했다. 춘추전국시대에 각 국 정부는 대량의 노예를 소유했는데, 그 노예는 대부분 전쟁 포로였고 그 다음으로 많은 것은 타국에 침입하여 약탈해 온 노예였다. 또한 노예 가운

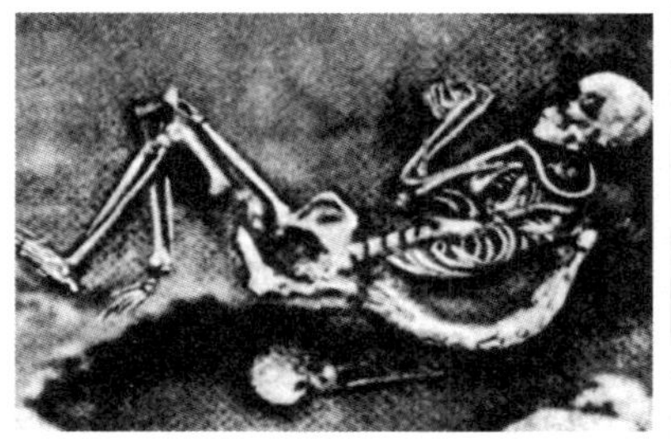

머리에 칼을 채운 시체 순장된 노예

데에는 빈곤한 자, 특히 농민들이 채무를 갚지 못해 곤경에 빠져 채무를 갚기 위해 스스로 노예로 팔린 경우도 적지 않았던 것 같다.

노예 가운데에는 농촌의 토지개간에 종사한 자도 약간 있었지만 주로 가내노동에 종사했다. 소유자인 노예주를 위해 술을 빚는 등 농업 이외의 노동에 사용되는 경우가 더욱 많았던 것이다. 중국 전국시대에 상공업이 상당히 번성했다고는 하지만 농업이 여전히 주요 생산활동이었음에 비추어

볼 때, 노예는 전국시대를 지탱하는 주요한 직접생산자는 아니지만 보충적인 직접생산자였음에는 틀림없다.

지배계급 '군자君子'와 피지배계급 '야인野人'

전국시대에 상공업이 상당히 발달했음에도 전국시대의 주요 산업은 농업이었고, 여기에 종사하는 계층은 물론 농민이었다. 그리하여 주로 도시에 거주하는 지식계급·유식층은 군자라고 불리고, 도시 밖에 거주하는 농민은 야인이라고 일컬어졌다. 소인小人이라는 일반적인 말도 있지만 야인은 농민을 가리킨다. 통치계급은 물론 군자이며 야인, 즉 농민은 통치받는 인간이라는 등식이 성립된다. 그리하여 통치계급인 군자는 국가로부터 봉록을 받을 경우 일종의 지주계급이 된다. 즉 중요한 관료나 장군은 공적을 세우면 주군으로부터 토지를 하사받아 영주가 될 수 있었다.

그러나 전국시대 영주의 토지지배 방식은 그 이전과는 조금 다르다. 춘추시대 중반 무렵까지는 직접 영토를 받았다고 생각되는데 그러한 경우 영토를 전부 정치적으로도 지배하여 거기에서 지대를 징수했다.

그러나 전국시대 중반 무렵부터는 봉읍封邑을 받는 것이 조금 변화되어 갔다. 즉, 식읍食邑이라고 해서 그 지역의 일정 호수의 농민으로부터 단지 세금만 징수하게 되었다. 식읍이라 할 경우, 그것은 영주로서 토지와 인민을 지배하는 것이 아니라 10호면 10호분, 1만 호면 1만 호분을 정부에 납부한 곡식에서 수령을 하는 것이다.

'야인'에 기생하는 '군자'

전국시대의 식읍 통치란 직접 촌락과 인민을 지배하는 것이 아니라 거기서 나오는 수확량 가운데 일부를 받는 경향을 띠게 되었다. 언제쯤부터 그렇게 되었는지는 아직 연구 과제이지만, 전국시대에는 확실히 그런 형식을 취하게 되었다고 추정된다. 결국 직접 토지 전체를 지배하는 것이 아니라 세금만 관리하고 징수하게 된 것이다.

그러한 사실은 전국시대의 여러 기록에 자주 보인다. 그러므로 그것은 동시에 영주경영에서 지주경영으로 되고, 봉록을 받는다는 것은 영주가 되는 것이 아니라 토지에서 나오는 수확량을 받는다는 것으로 바뀌게 되었다. 정치적 권력이나 군사적 권력을 갖지 못한 채 단지 경제적인 징수만을 행하게 된 것이다. 그러나 이처럼 경제적 권리밖에 갖지 못했다고 해도 어찌되었든 군자라고 불리는 관리의 부류에 속하게 된다.

이러한 군자는 지배계급이고 농민계급에 기생하는 존재라고 할 수 있다. 그리하여 맹자 같은 이는 군자라는 존재가 기생계급이라는 사실을 몰랐을 리 없지만 다스림을 받는 자와 다스리는 자, 즉 농민은 실제로 밭을 경작하는 육체노동을 통해 국가에 봉사하고, 군자는 정신노동을 통해 국가에 봉사하기 때문에 농민에게 기생해도 무방하며, 또한 그것은 기생이 아니라 군자와 농민이 상호 동반자로서 국가를 위해 중요한 역할을 한다는 사고방식을 갖게 된다.

대다수의 소규모 자작농

앞서도 언급했듯이 전국시대의 농민 중에는 대규모 농지를 사유하는 대지주도 꽤 있었지만 압도적 다수는 자작농이었을 것으로 생각된다. 그리고 앞서 말한 이회가 농촌경제에 대한 전형적인 예를 들고 있는데, 그 전형적인 예로 거론된 농민경제는 자작농의 경우다.

예컨대 그들이 100무의 토지를 사유하여 경작한다고 하자. 그 토지에서 수확되는 수확량의 1/10을 지대, 즉 150석을 수확할 경우 그 1/10인 15석을 지조로서 납부해야 한다. 그리고 나머지 135석 가운데 농가 1호당 평균 인원인 5명의 식량으로서 90석을 소모하고 나머지 45석으로 여러 가지 잡비에 충당한다고 이회는 계산하였다. 이러한 계산이 전형적인 능민의 예를 든 것이라면, 이 같은 소규모 자작농 경영이 중국 농촌의 상태였다고 할 수 있다.

다만 영주 경영이라는 것은 어떤 의미에서는 일종의 공동체적 성격을 갖고 있었는데, 춘추 후기부터 전국 초에 걸쳐 그 공동체가 파괴되어 자작농으로 바뀌어 나갔다고 할 수 있다. 그 당시의 농촌은 비교적 평등한 사회였는지도 모른다. 그러나 그 가운데서도 자연히 빈부의 차가 생겨났다. 거기에는 여러 가지 조건이 있지만 어쨌든 빈부의 차는 발생한다. 가난한 자는 자신의 생활을 유지할 수 없게 되어 갖고 있는 토지를 팔고, 다른 한편에서는 그것을 사모은 대지주가 출현했다.

고용농의 발생과 사회불안의 증대

전국시대가 끝날 무렵이 되면 이러한 토지를 상실한 농민과 대지주의 존재가 점차 현저해진다. 경작할 토지를 상실한 자 가운데 일부는 도시로 나가 상공업자에게 고용되었고, 농촌에 남았을 경우에는 고용농이 되었다.

전국시대 말에는 상공업자로 전업한 농민이 상당히 많았다고 여겨지는데, 공장이라 하더라도 당시에는 그렇게 대규모적인 것이 있었을 리는 만무하고 숫자도 뻔했기 때문에 농촌에서 유출된 사람들을 충분히 흡수하기란 불가능했다. 따라서 압도적 다수의 토지상실 농민은 고용농으로 전락할 수밖에 없었다. 전국 말기에는 그러한 고용농이 엄청나게 증가했다고 추정된다. 이 고용농들은 천재天災나 기타 사정으로 고용주를 잃게 되면 무뢰배로 변할 우려가 있었다. 이처럼 고용주를 상실한 고용농들이 전국 말기에 일어난 농촌반란의 원인이 되었으며, 훗날 그들이 주체가 되어 진秦 말의 반란이 발생하였다.

그러나, 전국 말기에 나타난 이상과 같은 사회적 불안을 기본적으로 해결하는 것이 새롭게 천하를 통일한 진시황제의 당면과제였다. 다시 말해 진제국은 전국 말기를 뒤덮은 사회불안을 해소시킬 책무를 지고 있었고 과연 그에 응답할 수 있는가의 여부가 최대의 문제였다.

제14장 전국시대의 사상

1. 백가쟁명百家爭鳴

사士 계층의 정치참여

춘추시대 말 무렵부터 중국세계에 커다란 변화가 일어났다. 사회분화의 발생으로 인한 새로운 사회계층의 등장이 바로 그것이다. 그 가운데에서 우선 주목되는 현상은 사士라는 신분을 가진 사람들이 등장하여 정치에 참여한 일이다. 이러한 기풍을 양성한 인물이 바로 공자였다.

공자는 종래 귀족계급만의 전유물이었던 교양(유교)을 사士라고 하는 새로운 계층에게 전수했다. 즉 그들을 제자로 삼아 단순한 귀족의 교양이 아니라 광범위한 사람들의 일반적 교양으로서 유교를 교육시켰던 것이다. 공자가 시작한 이 교육사업은 묵자墨子에 의해 계승되었다.

공자에게서 교육을 받은 제자들은 본래 하급의 사士나 농민 자제가 많았는데, 마침내 그들은 노나라를 비롯한 각 국의 경卿이나 대부大夫라는 높은 신분에 속하는 호족·귀족·고급관료의 가신이 되어 공자 사상을 바탕으로 하는 새로운 유교적 이념으로 사회를 지도해 나가게 된다.

이미 언급했듯이 전국시대 초기를 대표하는 정치가는 위魏 문후文侯였다. 공자의 유명한 제자인 자하子夏가 위 문후의 스승으로 부임했다. 그리고 자하의 제자, 즉 공자의 손제자에 해당하는 이회가 문후의 재상이 되어 새로운 정치를 폈다.

아울러 또 한 명의 손제자, 즉 공자의 제자 가운데 가장 나이가 어렸던 증자曾子의 제자인 오기도 역시 등용되어 위魏의 군郡 태수太守가 되었다.
오기는 다시 초나라로 가서 대신이 되기도 했다. 이처럼 공자의 손제자
시대에는 유가들이 전국시대의 강대국에 출사하여 정치적으로 커다란
발언권을 갖기에 이르렀다.

제자백가諸子百家의 등장

공자는 노나라에서 태어났지만, 한때 노를 떠나 외국으로 가서 그곳에서
벼슬하며 자신의 정치적 이상을 실현하려 했다. 공자의 이런 의도는 결국
성공을 거두지 못했지만, 어쨌든 유가들이 고국을 떠나 타국으로 가서
타국의 군주 밑에서 대신이 되거나 혹은 대신까지는 못 되더라도 타국의
귀족이나 대신들의 가신이 되는 현상이 일어난 것도 춘추 말부터의 일반적
경향이었다. 요컨대 전국시대는 7대 강국이 대립한 시대였지만 각각의
제후국은 폐쇄적인 것은 아니어서, 지식계급·학자·장군 등 재능 있는
인물들이 본래의 국적과 관계없이 각 국 사이에서 유세를 통해 등용되어
해당 국가의 관리·정치가·군인으로 활약하는 풍습이 성행했다. 그들은
한결같이 자신이 태어난 나라에 구애받지 않는 '코스모폴리탄'적인 성향을
갖고 있었다.

전국시대의 사상가·학자들이 단지 코스모폴리탄적인 성향만 갖고 있었
던 것은 아니다. 전국시대 이전에는 학자·사상가들이 논쟁을 벌이는 일이
드물었는데, 전국시대로 접어들 무렵부터는 스승과 제자들 사이에 의론과
문답이 오갔다. 예컨대『논어』가 공자와 그의 제자들 사이의 문답집이었다
는 것은 이를 잘 보여준다. 그뿐만이 아니라 그들은 타국에 가서 타국의
군주나 정치가의 면전에서 자신과 전혀 계통을 달리하는 학자들과 활발하
게 토론을 벌이기도 하였다. 이른바 '백가쟁명百家爭鳴'이라는 경향이다.
이러한 경향을 출현시킨 당시의 사상가들을 일컬어 '제자백가諸子百家'라
부른다.

자子란 선생이라는 의미이고 백가百家의 백百은 많다는 뜻으로, 많은 선생들이 여러 가지 학파로 나뉘어 자유롭게 토론했기 때문에 이를 백가쟁명이라고 했던 것이다.

학문과 사상의 황금시대

처음부터 유교의 내부는 여럿으로 나뉘어 있었는데, 다시 다른 학파로부터 자극을 받고 그 영향으로 유가 내부에 많은 유파가 생겨났다. 당시의 학파는 유가儒家·묵가墨家·도가道家·명가名家·법가法家·음양가陰陽家·농가農家·종횡가縱橫家·잡가雜家·소설가小說家라는 10가로 분류된다.

이는 전한 말 유향劉向이라는 학자가 칙명을 받아 궁정의 문서보관소에 남아 있던 도서를 정리하여 전국시대의 주된 학파를 나눈 데서 유래한 분류다. 이것을 후한의 반고班固가 전한의 역사인 『한서漢書』를 저술할 때 「예문지藝文志」라고 불리는 중국의 독특한 형태의 학술사에 거의 그대로 채록했다고 한다. 문학가 쪽은 소설가小說家라고 일컬어지는데, 소설이라는 말은 그 즈음부터 생긴 말이다. 소설가를 제외한 나머지를 순수한 사상에 속하는 아홉 가지 학파로 삼아 9류九流라 불러 분류하게 되었다.

전국 말에 진秦이 대두하여 천하를 통일하면서부터 중국은 진정한 의미의 통일국가시대로 들어간다. 그 통일국가를 계승한 한漢이 유교를 국가의 지도적 사상으로 삼게 되면서부터 마침내 유가는 제자백가 가운데 주류를 차지하게 되었고 그로 인해 여타의 아홉 학파는 점차 쇠퇴하였다. 전국시대에는 유교가 꽤 지도권을 갖고 있었는데, 점차 아홉 개의 유파로 갈려서 9류 간에 자유로운 토론이 이루어졌다. 이 제자백가 시대에는 독창적인 학자를 많이 배출하여 중국 사상사에서는 황금시대라고 부른다.

이러한 황금시대가 열린 이유는, 이 시기가 중국이 300년 이상 실력이 거의 비등한 일곱 국가로 나뉘어 때로는 상호 동맹을 맺으면서 전쟁을 벌인 전란의 시대이기도 했지만, 다른 측면에서 보면 오랜 자유경쟁의 시대였기 때문이다. 즉 상호 대립하는 일곱 나라는 각기 타국을 능가하여 주도권을 발휘하려 했다. 정치적·사회적으로 개혁을 단행하고 다양하고 새로운 정책을 내세움으로써 타국보다 나은 국가조직·군대조직을 만들어 군사력을 강화하고 경제개발 등에서 타국을 능가하려 했다.

이를 위해서는 가능한 한 유능한 학자나 사상가의 의견을 받아들여야 했다. 학자들을 타국에서 많이 끌어들여 자유롭게 토론을 시키고 그 가운데에서 가장 유능한 학자의 주장을 채용하고, 또한 그들을 대신 등으로 중용하여 국가의 전권을 맡기려 했다.

바로 이와 같이 7국 간의 자유경쟁시대였기 때문에 학문·사상의 자유가 최고조로 발휘되었다. 그 결과 제자백가라는 황금시대가 탄생했던 것이다.

중국 2천여 년의 여러 사상의 기초로

이후 진·한 시대부터 2000년 이상에 달하는 중국 역사 속에서 다양한 사상이 탄생하는데, 그것들은 모두 어떤 의미에서 제자백가 가운데 이미 맹아로서 존재해 있었다. 또한 제자백가 가운데 이제부터 서술할 묵자를 비롯한 학파들은 단지 뒷날의 사상적 기원이 되었을 뿐만 아니라 고도로 완성된 학설을 발전시켰다. 이처럼 고도로 완성된 학문이 탄생한 것도 상이한 학파가 서로 논쟁을 벌인 이른바 백가쟁명의 결과다.

또한 춘추시대 이전의 문학은 귀족계급의 전유물로서 일정한 문구의 패턴을 갖고 거기다 운韻을 다는 시詩가 주류를 점했는데, 이러한 인습적인 문학에 대해 공자학파가 행한 문답으로 신선한 사상을 표현하는 자유로운 문구 패턴을 가진 산문이 탄생하여 『논어』라는 책이 쓰여졌다.

역사 분야에서도 『좌전左傳』처럼 열국의 정치가·사상가의 대화를 자유자재로 표현하고 전쟁 장면 등도 적절하게 묘사하는 산문이 탄생하여 역사서의 새로운 형식을 이루었다.

춘추시대에는 민간에 가요가 유행했는데 『좌전』에서는 이를 자주 인용

374

하였다. 주의 귀족들 사이에서는 종묘제사나 연회석에서 불리는 시詩가 대아大雅·소아小雅·송頌 등과 같은 형식으로 나뉘어져 있었고, 춘추시대에는 각 국의 민요를 채록한 '풍風'이 생겨났다.

전국시대에는 초나라의 민요를 바탕으로 한 독자적인 문학이 탄생하였다. 이를 현재까지 전하는 것이 『초사』라고 불리는 가요집으로서 그의 중심 작가가 굴원이었다. 그는 초의 몰락 귀족 태생(기원전 343년)으로 초의 구귀족이 무능한데도 국정을 독점하고 진秦에 의해 자유자재로 조종 당하는 것에 분개하여 초 회왕懷王에게 간언을 하였지만 받아들여지지 않고 결국 추방되었다.

굴원의 초상 초나라의 충신·시인으로 유명하다.

그는 진秦의 침략을 받아 이제 파국의 나락으로 떨어지려는 초의 위기를 국민에게 호소하기 위해 부賦라는 새로운 체제의 시를 창작했다. 초의 민간가요를 기반으로 해서 이를 세련화시키고 가공함으로써 훌륭한 애국시를 창조하여 열렬한 애국심, 심각한 고뇌, 그리고 침울한 감정을 멋지게 노래했다. 그는 초의 상황에 절망하여 강물에 투신해서 자살했지만, 이 새로운 애국시는 초나라 국민들 사이에 애창되고 시문학 세계에 신기원을 열어 한대漢代 이후 커다란 영향을 끼쳤다.

그의 애국시는 근대중국의 혁명사상가에게도 지대한 영향을 미쳐, 같은 초나라 영역에서 태어난 모택동은 특히 이를 애독했다고 한다.

2. 묵자墨子

개략

묵자의 이름은 적翟이라 하는데, 출신에 대해서는 명확한 것이 없다. 어디서 태어났는지도 분명하지 않고 다만 적이라는 이름밖에 알 수 없다. 또한 묵墨이 본래의 성姓인지의 여부도 알 수 없는데, 어떤 이의 주장에 의하면 묵자는 노예 출신의 수공업자였다고 한다. 즉 당시의 수공업자들 가운데는 노예 출신자가 많았는데, 도망을 방지하기 위해 노예는 모두 이마에 입묵入墨을 당해서 타인으로부터 묵자라고 불렸는데, 그것이 성이 되었다는 설도 있다. 어쨌든 묵자는 수공업자에 대해 매우 동정적이었고 그 때문에 묵자 자신이 수공업자 출신일지 모른다는 추측을 낳았다.

묵자의 출신이 어떠했는지는 아직도 의문이지만, 그가 남방의 대국인 초나라로 유세를 갔을 때 초왕의 신하가 "그대의 이야기는 진실로 지당한 듯하나, 일반 빈천한 백성에게는 실행할 수 있어도 천하의 대왕인 우리나라의 군君에게는 부적당하므로 채용할 수 없다"라고 거절했다는 일화가 있다.

묵자는 사회에 봉사하기 위해 죄인처럼 머리를 짧게 깎고 관冠도 쓰지 않은 채 맨발로 걸어다녔다고 전해질 정도로 철저히 질소검약質素儉約을 지켜 그의 생활 모습은 일반 서민과 조금도 다름이 없었다.

그는 기술을 중시하여 연을 만들어 띄우거나 커다란 수레를 만들기도 하는 자연과학자이기도 했다. 특히 전쟁 없는 평화로운 시대를 만들기 위해 무기를 개발하고 그것을 이용해서 소국을 응원하여, 전쟁을 거는 대국에 대항했다는 종류의 언급이 여기저기 보인다. 그가 이처럼 뛰어난 기술자였다는 점에서 미루어 신분적으로 천시당한 수공업자 집안에서 태어났으리라고 추측되고 있는 것이다.

사회혁명적인 상현주의尚賢主義

묵자의 사상 가운데 첫째가 상현주의라는 것은 앞에서 잠시 언급하였다. 이는 단순히 현자賢者를 공경한다는 것을 넘어서 더욱 적극적인 의미를 지니고 있었다. 즉 정치란 무능한 귀족의 손에 맡겨두어서는 안 되고 유능한 백성의 손으로 수행되어야 한다는 극히 적극적인 주장을 펼쳤다. 그것은 앞서 이야기한 대로 춘추시대는 아직 귀족정치의 시대로서 이미 정치가 세습귀족의 손에 장악된 상황에서 나온 사상이었다. 즉 '세습귀족들이 반드시 유능하다고는 볼 수 없다. 훌륭한 정치를 실시하여 국가를 잘 다스리려면 그러한 귀족세습제에서 벗어나, 계급에 구애받지 않고 자유롭게 인재를 등용해야 한다'라고 생각하였다.

사회의 위기를 구하기 위해서는 사회체제를 그대로 유지하는 단순한 개량주의로는 부족하다. 세습적 귀족신분제를 근본적으로 개혁하여 출신에 관계없이 누구나 재능에 상응하는 지위를 얻을 수 있도록 해야 한다. 이는 귀족제를 전복시켜 새로운 사회체제를 수립하려는 하나의 혁명적 입장이다. 묵자의 이 같은 사고는 어떻게 해서 탄생했을까?

인仁을 뛰어넘는 겸애兼愛

묵자는 노나라에서 태어나 노나라에서 성장했다는 설이 유력하다. 그렇다면 그는 공자 사상이 엄청난 세력을 갖고 있던 그 노나라에서 유교로부터 많은 것을 배웠다는 이야기가 성립된다. 그러나 공자가 하급의 사士 출신이었던 데 비해 그는 일반 서민 혹은 수공업자 출신이라는 생활 감정의 차이에서 유가에 반발하여 독자적인 길을 걷게 되었을 것이다. 묵자 생전에는 아직 훗날 유묵儒墨이라고 연칭連稱되듯 유가에 대항할 만큼 강한 입장을 갖지 못했기 때문에, 유가와의 사이에 그다지 격렬한 대립은 없었으며 묵자는 유가학자들과 자유로이 왕래하면서 의론을 주고받았다고 여겨진다.

유가가 중시하는 인仁이라는 덕목은 이론뿐만 아니라 실천에 의해 체득되고 완성된다고 보았는데, 유가의 영향을 받은 묵자는 실천에 더욱 힘을 기울였다. 유가는 어진 사람이 이루어야 할 일은 무엇인가 하는 문제에 의문을 제시해 왔는데, 묵자에 의하면 그것은 무엇보다도 '천하의 이익을 일으키고 천하의 해악을 제거하는 것'이었다. 그리고 당시 최대의 사회악은 대국이 소국을 침략하고 대호족이 소호족을 겸병하며 강자가 약자를 위협하는 것이라고 했다.

'그러면 이와 같은 상황이 왜 일어나는가? 그것은 사람들이 서로 자신의 이익을 꾀하는 이기주의 때문에 일어난다. 이에 이기주의를 버리고 널리 사랑하는 겸애兼愛(＝범애汎愛)주의에 서지 않으면 안 된다'는 것이 묵자의 주장이었다.

공자가 말하는 인仁이라는 것도 물론 타인에 대한 사랑이었는데 그 사랑은 우선 아버지나 아들 등 자신의 가족, 그리고 다시 그것을 확대하면 같은 향리鄕里, 이어서 좀더 커지면 국가에 미친다는 것이다. 즉 자신의 가족 그리고 자신이 속한 공동체라는 좁은 대상 속에서 우선 사랑을 실천하고 그것을 바탕으로 다시 차차 넓혀 간다는 주의다. 공자의 이 같은 교설의 배경에는 역시 그럴 만한 사회환경이 있었다. 즉 공자 시대에는 아직 본가가 분가를 지배하는 종족제가 남아 있었다. 그것은 해체 과정에 있으면서도 여전히 매우 강하게 남아 있었다. 따라서 이러한 혈족적인 제약을 단숨에 뛰어넘어 인류애적 이념에 입각하여 중국 전역을 국민국가로 재편성한다는 생각은 미처 할 수 없었다.

그러나 묵자는 이러한 혈족적 제약을 일거에 뛰어넘어 인류애를 바탕으로 중국을 하나의 국민국가로 재편성해야 한다는 생각에 도달했다. 매우 어려운 일이지만 감히 그것을 해야 한다고 제창했던 것이다.

혈족제 사회에 대한 도전

그는 우선 비전론자非戰論者·평화론자였다. 그러나 다만 이 자유주의자·합리주의자라는 것만으로는 혈족제가 매우 강하게 남아 있는 중국사회를 개혁하기란 어렵다. 때문에 그에게는 합리주의자로서의 면모 이외에 종교가로서의 일면이 있다. 그는 신을 매우 숭배하여 신의 권위, 절대적인 신이라는 존재의 의미에 입각하여 난세를 다스리기 위해 이를 법률 형태로 반포함으로써 백성의 구성을 강화하고 사회질서를 유지해야 한다고 생각하였다.[1]

---

1) 묵가의 정치활동에 대서는 다음 연구 참조. 이성규, 「秦國 정치와 묵가」, 『동방학지』, 1984.

그리하여 그는 스스로 교조教祖가 되어 제자들을 통솔하고 엄격한 단체훈련을 실시하여 하나의 종교단체를 형성했다. 이 단체는 강력한 응집력을 지녀, 그가 죽은 후에도 끊임없이 그의 후계자를 교조로 뽑고 고조의 말을 지상 명령으로 삼아 그의 명령이라면 불속에라도 뛰어들 정도로 절대 복종했다. 아울러 교조가 정한 규약을 엄격히 준수했다. '묵수墨守'라는 말은 스승의 가르침을 충실히 지키는 묵자학파의 행동을 풍자한 것이다.

묵자학파는 앞서도 말했듯이 묵자 생전에는 유가와 그다지 대립하지 않았지만, 묵자 사후 이러한 종교단체적 존재방식을 2대, 3대로 계속 유지해 나간 결과 근본적으로 유가와 적대하는 사상이 되었다. 그리하여 유가와 묵가는 전국시대를 주도하는 2대 사상으로서 대립했던 것이다. 일반적으로 중국의 사상대립이라면 유가 대 도교로 생각하지만, 전국시대에 관한 한 묵가사상과 유가사상이 대립되는 2대 조류를 형성하였다.

분석논리적 표현과 격렬한 반反문화주의

더욱이 묵자 사상 가운데 두드러진 특색으로서 그의 표현형식을 들 수 있다. 공자도 이미 독자적인 논리를 갖고 있었지만, 논리를 논리로서 추구하지는 않는다. 그런데 묵자는 한걸음 한걸음 논리를 추구하여 엄밀하게 그의 사고를 진전시켰기 때문에, 그 표현형식은 유

칠관漆棺 길이 234cm. 하남성 휘현에서 발견된 전국 위魏의 대묘 관의 복원 모형. 옻칠로 아름답게 처색되어 있다. 묘는 완전히 도굴되었지만 규모로 보건대 많은 부장품이 있었을 것이다. 묵자는 이런 사치스러운 매장을 격렬하게 비난하였다.

가와는 매우 달랐다. 물론 유가도 근본적으로는 논리적인 사고법을 취하지만 표현의 간결성을 존중한다는 한문漢文의 성격 때문에, 논리적인 절차를 그대로 표현하지 않고 자칫 비약이 되는 중국 사고의 주류에서 벗어나지 않는다. 그런데 묵자의 논리적 사고방식은 매우 이질적이어서 엄밀히 한단계 한단계 추론을 거듭해 나간다. 이런 의미에서 유가가 분석적이

아닌 종합적인 사고를 존중하는 데 비해, 묵자의 사상 표현은 분석논리적이라고 할 수 있다.

또한 묵자는 유가의 문화주의에 대항하는 반문화주의라는 특색을 갖는다. 유가는 예악禮樂을 중시하는 일종의 문화주의로서 이상적인 정치란 예악에 의한 통치이며 전통적인 문화를 지키는 것을 이상으로 삼았지만, 묵자는 귀족 및 이와 유사한 계층에서 이탈하여 일반 서민에 기반을 둔 사상이었다. 이러한 유가적 문화주의에 대항하는 반문화주의는 후술하는 도가도 마찬가지지만, 도가의 경우는 문화생활의 존재를 인정하면서 개인적으로 거기에서 도피하고자 하는 것이었다. 그런데 묵가는 전통문화에 정면으로 도전해서 이를 파괴하여 없애려고 하였다는 점에서 그야말로 이단적인, 일종의 급진주의라고도 할 수 있다.

몰락과 부활

그 때문에 묵자의 사상은 전국시대 중기 정도까지 대단한 세력을 갖고 유교를 압도하는 중국의 지도이론이자 주도적 사상이었다. 그러나 전국시대가 7국의 대립시대에서 마침내 전국 통합으로 가는 과정 속에서 구래의 유교 전통이 부활하면서 묵자의 사상은 쇠퇴해 갔다. 그렇게 하여 한때 그토록 번성했던 묵자의 사상은 전국시대 중기 이후 급속히 쇠퇴하고 진한秦漢 제국에 들어와서부터는 완전히 잊혀져 버렸다. 묵자와 묵가의 사상을 모아놓은 『묵자墨子』도 거의 읽히지 않게 되었다. 또한 묵자의 독특한 논리학 등은 책으로는 남아 있어도 그 의미를 전혀 알 수 없게 되어버린 채 오늘날로 이어졌다. 그것이 완전히 복권되는 것은 1949년 중화인민공화국의 성립 이후다.

중화인민공화국은 묵자 사상을 대단히 높게 평가했다. 앞에서 이야기했듯이 수공업자 출신으로 추측되는 묵자에게는 과학기술이 대단히 중요한 의미를 갖고 있었다. 그의 사상에는 자연과학을 존중하고 유물론적인 면이 있다고 하는 두 가지 점에서 재인식되어 많은 학자들에 의해 정밀히 연구되면서 사상으로서 재생하게 되었다.

3. 직하학사稷下學士

이론학의 성행

전국시대의 첫 번째 시기는 위 문후 때라고 전술한 바 있다. 위 문후는 전국시대 최초의 개명군주였고, 두 번째가 제齊 위왕威王이며 다시 그 뒤를 이어 제 선왕宣王이 나타났다. 기원전 357년부터 300년경에 걸쳐 위魏를 대신해서 중국의 지도적 패권을 장악한 시대가 바로 제의 위왕·선왕 시대다.

이미 앞서 자세히 서술했듯이 당시의 임치라는 도시는 춘추시대 무렵부터 견직물업과 제염·제철업이 비교적 번성하였던바, 제는 일반적으로 상공업이 활발한 국가였다.

특히 위왕·선왕 시기는 대단히 번영하여 수도 임치의 성문 가운데 하나인 직문 아래에 문화구역을 설정하고, 멀리 각 국으로부터 학자·사상가를 초빙하여 그 직하의 문화구역에 훌륭한 저택을 건설해서 거주토록 했다. 그 학자들은 경(대신)에 버금가는 고급관료의 봉급을 받으면서도 특별히 정해진 직책 없이 강당에 모여 학문에 대해 서로 토론을 벌였다. 천하의 유명한 학자·사상가들이 이렇게 모여 직문 주위에 거주했기 때문에 서상에 서는 이를 직하학사稷下學士라 불렀다. 이것이 제가 위魏에 이어 두 번째로 문명의 중심이 된 까닭이다.

위 문후 때에는 이회처럼 부국강병책을 성문법화하여 실시하려는 정치가·정책가가 나왔다. 또한 오기와 같은 인물이 군사나 법제에 관한 학문·기술을 개발했다. 제나라에 모여든 학자들 가운데에는 물론 실용적인 학문·기술을 지닌 사람도 있었지만, 응용학문의 기반을 이루는 이론의 중요성을 강조하는 이들이 더욱 많았다. 때문에 직하의 사상 동향은 위의 정책학보다는 오히려 이론학 쪽에 중점을 두려 했다. 그곳에는 맹자孟子·송견宋鈃·환연環

淵·신도愼到·순자荀子 등 각국 출신의 학자들이 모였는데, 이것이 직하 학문의
두 번째 특색이다.

전국시대 제자백가의 백가쟁명에 의해 성립된 다양한 사상이 현실에서
꽃을 피운 것은 바로 제나라의 직하에서라고 말할 수 있다. 제자백가
가운데 9류九流가 직하라는 혜택 받은 환경에 모여서 9류 사이에 상호
영향을 주고받으며 이로써 학문은 한층 다양해졌다.

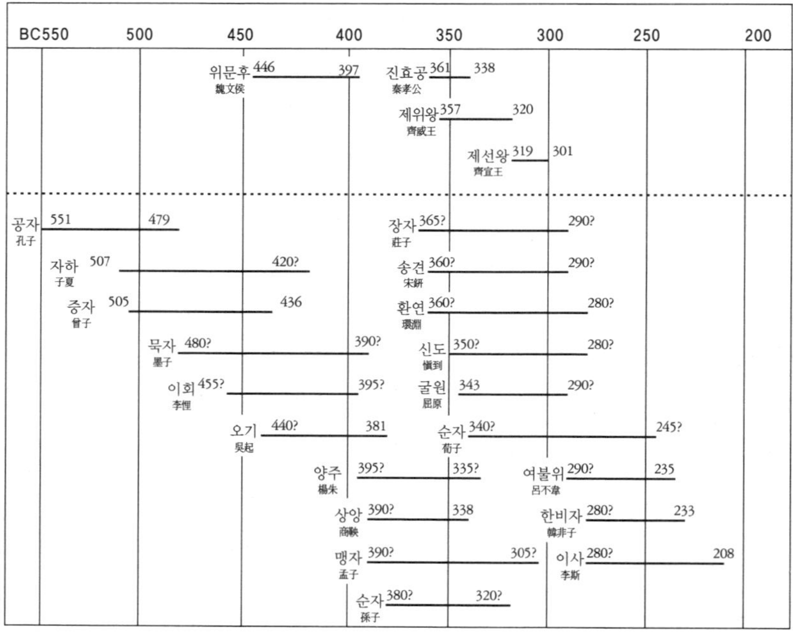

제자백가의 생물 연표 (점선 위쪽은 유력한 후원자가 된 군주)

종횡가縱橫家와 명가名家

9류에 포함된 종횡가는 제자백가 가운데에서도 대단히 독특한 존재였다.
이들은 웅변술을 실제에 이용하여 활약한 외교관 집단으로서, 여기에
속한 유명한 인물로는 소진蘇秦·장의張儀 등이 있었다.

소진은 다소 가공의 인물인데, 어쨌든 전국시대 후기에 접어들면서

진秦 세력이 점차 강대해졌기 때문에 각 국 가운데에는 '진秦과 결합해서 국가의 안전을 구할 것인가, 즉 연횡책을 취할 것인가, 아니면 동방 6국이 동맹하여 서방의 진에 대항하는 이른바 합종책을 선택할 것인가'가 당면문제로 대두되었다. 그리하여 혹은 합종을 제창하고 혹은 연횡을 주장하는 외교관들이 각기 자설自說로써 각 국에 유세하여 해당국의 대신이 도었다.

합종을 제창한 소진은 동방 6국의 재상을 겸임했다고 하며, 연횡설의 장의는 진秦을 중심으로 하여 동방 국가들의 재상까지 겸임했다고 한다. 이는 매우 자유로운 국제사회가 성립해 있었음을 나타낸다.

종횡가라는 명칭은 합종(종縱)·연횡책(횡橫)을 제창하며 전국시대에 활약한 외교관들을 가리키는데, 그들이 여러 나라의 군주나 재상 등에 대해 각기 진의 입장 혹은 6국의 입장에 선 외교책을 주장한 실제의 변론을 모아놓은 것이 『전국책』이다. 이는 웅변가의 교과서 같은 것이기도 했다.

이러한 논객들은 모두 교묘한 변론을 구사했기 때문에 각 국의 군주나 재상은 어느 이야기를 들어도 지당한 듯한 기분이 들었다. 따라서 어느 유세객의 말이 올바른가가 문제가 되었고, 그것을 판단하는 데는 논리학이 필요했다. 그래서 생겨난 것이 논리적인 묵자의 영향을 받은 자들 사이에서 출현한 논리학이다. 즉 종횡가의 주장 가운데 어느 쪽이 궤변이고 어느 쪽이 정당한 이론인가를 판별하는 논리학이 발달한 것이다. 명가名家라고 불리는 부류가 바로 이들이다. 이 밖에 제의 직하에 와서 유명해진 학파 중에는 다음에 서술할 노장老莊, 즉 노자·장자의 학學, 이른바 도가道家 학문이 있다.

4. 노자 老子

『노자』의 성립 전설

『노자』는 중국에서뿐만 아니라 한국·일본에서도 애독되며, 구미 제국에서도 번역되어 있다. 그러나 이토록 유명한 『노자』지만 '도덕경道德經 오천언

五千言'이라 일컬어지고 있듯이 이는 매우 짧은 저술이다.

노자의 이름은 이耳, 자字는 담聃, 성姓은 이씨李氏라 하며 초나라 태생이라고 한다. 그러나 그의 실제 경력도 연대도 뚜렷하지 않다. 그야 어쨌든 초의 세력범위에서 태어나서 고향을 떠나, 지금의 낙양에 있던 주나라에서 벼슬하여 도서관 사서가 되었다고도 한다.

대단히 명성이 높아 공자가 노나라에서 멀리 주나라까지 가서 노자에게 예禮에 관해 질문했다는 일화가 전해진다. 공자는 노자를 만난 뒤, "용처럼 어느 사이엔가 풍운을 타고 하늘로 날아 올라가는 사람인지도 모른다. 나로서는 전혀 그 본체를 포착할 수 없다. 불가해한 인물이다"라고 말했다 한다. 여기에는 노자가 공자보다 연상의 학자라는 점이 전제되어 있는데, 이 일화도 진짜인지 그 여부는 잘 알 수 없다.

노자는 주에 가서 이미 주가 다시 예전의 번성했을 때의 모습을 회복할 수 없다는 것을 알고는 그곳에 오래 머물러서는 안 된다고 여겨, 여행 준비를 갖추고 서쪽으로 가고자 국경의 관문을 지나게 되었다. 이때 관문의 관리가 "저는 선생님을 존경합니다만 선생께서는 이제 어디론가 몸을 숨기시려는 것 같습니다. 바라건대 저를 위해 무언가 책을 써서 남겨주십시오"라고 말했다. 그래서 노자는 상·하 두 편, 대략 오천언五千言으로 이루어진 도덕경道德經을 저술해서 그 관리에게 건네주었다. 그것이 바로 『노자』라는 설화가 전해진다. 이 역시 정말인지 거짓인지 알 수 없다.

현실도피사상의 형이상학적 체계

중국이나 일본의 학자 가운데에는 '공자가 노자에게 도道를 물었다는 것은 전설에 불과하다. 노자의 연대보다는 『노자』라는 책이 성립된 연대가 문제다. 아마도 『노자』는 공자의 『논어』 등이 성립한 때보다 훨씬 나중에 쓰여졌을 것이다'라는 학설이 나오고 있다. 요컨대 보통의 설에 따르면 노자가 앞서고 그 후에 공자가 태어났다고 하지만, 『노자』의 성립 연대는

공자보다 훨씬 뒤라고 보는 학설이 대두된
것이다.

노자는 춘추시대 말이나 전국시대 초의
인물일지도 모르지만, 『노자』라는 책이 성립
된 것은 훨씬 뒤다. 공자가 저술했다는 『논어』
든, 묵자가 저술한 『묵자』든 춘추전국시대
사상가의 저술은 모두 그 사상가의 가르침을
받은 제자나 혹은 간접적으로 가르침을 받은
손제자 등이 스승인 그 사상가가 죽은 뒤
생전의 사제 간의 문답을 기억에 의거하여
편집한 것이다.

그러나 제자에서 손제자에게 구전으로 전
승되는 사이에 공자면 공자, 노자면 노자의
본래 사상이 무의식적으로 혹은 의식적으로
변화·발전해 나가는 것은 불가피하다.

노자라는 인물은 아마도 역사적으로 실존
했을 것이다. 그러나 그의 저작으로 알려진
『노자』가 노자의 고유 사상을 어느 정도나
전하는지는 문제다. 그렇지만 설령 후세의
편찬이라 해도 『노자』라는 책이 오늘날 구미
의 사상가들에게까지 대단한 흥미를 끌면서
읽히고 있는 것은 이 『노자』 속에 어떤 일관된
무언가가 있기 때문이다.

그 일관된 무언가가 바로 춘추 말기 남방
은사隱士의 현실도피주의를 핵심으로 하는
사상이다. 그러한 사상, 즉 은사의 반사회적

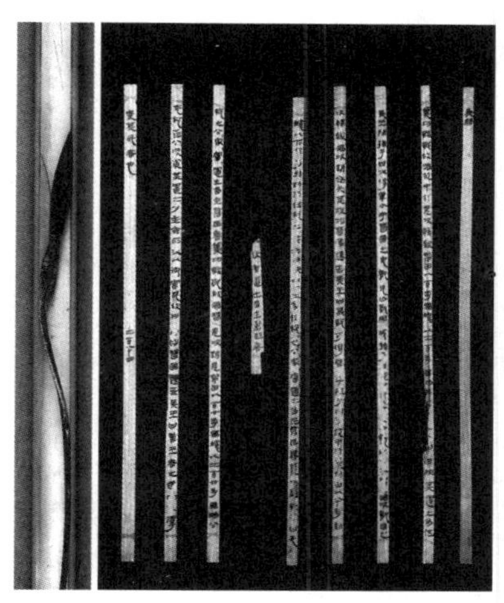

모필毛筆(왼쪽) 전국시대. 초楚. 길이 21.2cm. 토끼털
을 이용한 이러한 붓은 일찍이 은대부터 사용되었는데
썩기 쉬워 실물을 발견하기는 어렵다.
『**손자병법**』 **죽간**(오른쪽) 1972년 산동성 한묘 출토

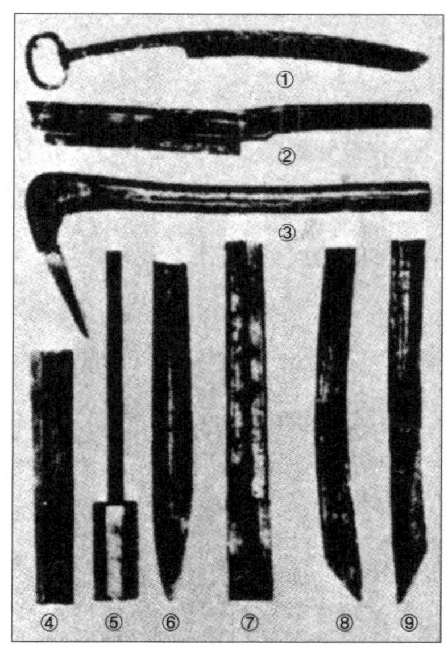

죽간용 문방구 죽간을 만들고 문자를 지우는 데에 사용
했다. ① 깎는 작은 칼小刀, ② 톱, ③ 소형 자귀, ④~⑦
깎는 데 사용하는 칼과 칼집, ⑧·⑨ 새기는 칼. 하남성
신양현信陽縣 장대관長臺關 제1호 묘 출토. 전국시대

학설이 최초에는 고인古人이나 노인이 남긴 격언집으로서 암송되었다. 그것을 갖고 제나라의 직하로 모여든 사람들이 거기서 동방의 유가나 묵가 등과 교류하고 특히 극히 논리주의적인 묵가의 영향을 받는 등의 과정을 거치면서, 최초의 학설이 점차 형이상학적으로 체계화되어 갔다. 그것이 바로 『노자』라고 생각된다.

이상사회=무명無名의 농촌공동체

노자의 현실도피주의는 특히 『노자』의 마지막 편에 잘 나타나 있다. 즉 국가는 대국보다는 소수의 인민이 거주하는 소국 쪽이 좋다. 요컨대 소국과민小國寡民을 이상향이라고 말하고 있다. 노자의 이상사회는 당시의 국왕이나 대신, 학자들이 필사적으로 매달리는 거대 왕국의 번영의 그림자에 가려, 중국의 한쪽 귀퉁이에서 그럭저럭 생활을 영위해 나가는 고립된 촌락자치제였다.

태어나서 죽을 때까지 하나의 촌락공동체에서 지내면서 인근 촌락과는 내왕해 보려는 생각도 나지 않는, 그러한 농촌공동체가 바로 노자가 예찬한 바람직한 사회였다. 점차 거대화되어 가는 도시, 예를 들면 임치 등은 그 당시 가장 거대 도시였는데, 그처럼 번영하는 국가를 부정하고 그보다 더 좋은 사회는 지방에 있는 자급자족의 농촌공동체라는 것이 그의 역설적 논법이었다.

그러나 이러한 사상을 설파한 『노자』가 어떠한 계급의 사상을 대표하는 가에 대해서는 학자에 따라 의견이 다양하다.

확실히 『노자』는 농촌공동체를 이상화하고 있다. 그러나 『노자』의 저자인 노자가 농민의 생활감정에 대한 이해를 갖고 있었다 하더라도 그 자신은 농민이 아니다. 그는 부패한 현실 정치사회에 절망하여 농촌으로 도피한 은사이거나 그와 유사한 전국시대 초기의 지식계급 집단에 속하는 사람이었을 것이다.

중국의 철학자, 특히 사회주의혁명 이후의 철학자들 사이에서는 이 소극적인 무위無爲의 정치를 이상으로 삼은 노자의 철학에 대한 평가가 가지각색이다. 즉 노자의 철학을 유심주의唯心主義로 보기도 하고 유물주의로 보기도 하며, 유물주의와 유심주의의 혼합으로 간주하기도 하는 등 여러 가지 해석이 있다.

노자의 형이상학

『노자』는 "말할 수 있는 도道는 항상불변恒常不變의 도가 아니며, 정의할 수 있는 명名은 항상불변恒常不變의 명이 아니다"라는 귀절로 시작되는데, 명名이란 말이나 정의 또는 개념이라 보아도 좋을 것이다. 도道란 사람이 따라서 걷지 않으면 안 되는 길이며 또한 원리일 터인데, 노자는 그것이 왜 원리인가 하고 그 근원을 캐묻는다.

명名이란 무엇인가, 말이란 무엇인가? 도道는 명名이자 말이며 어떤 의미에서는 개념이기 때문에, 명이란 무엇인가를 묻고 명이 왜 명인가를 묻는 것은 결국 명이라는 말의 의미가 일정불변한 것이 아니기 때문이다. 그러므로 도道라는 원리는 일정불변하지 않다는 것이다.

그와 같은 명(말·개념)이라는 것은 어떻게 생성·발전했는가? '무명無名은 천지의 시작이며 유명有名은 만물萬物의 어머니'라는 귀절이 그 다음에 나온다. 천지, 즉 우주가 비로소 생성되었을 때는 명名·말 등이 있었을 리 만무하다. 혼돈으로서 차별이 없는 세계, 곧 무명의 세계였다. 그 기서 어떤 이유인지 알 수 없지만, 명名이 태어나고 말이 태어나며 그리하여 차별이 생겼다. 그로부터 유有와 무無의 대립이 생성되어 간다.

이어서 우주 생성의 의의를 알려고 하는 인간이 출현하여, 우주를 일정불변의 무無의 세계로 보는 입장과 유有의 세계로 보는 입장 사이에 대립이 생겨났다. 무의 입장이 무어라 형용할 수 없는 우주의 혼돈 그 자체를 전체적으로 표징表徵하려는 것임에 비해, 유有란 혼돈이 정리되고 차별화된

면을 표현하려는 것으로서, "유와 무 양자는 같은 데서 나와 명名을 달리하는 것이다"라고 노자는 말하고 있다.

노자는 그러한 유有와 무無라는 것을 보다 근원적으로는 동일한 것이라고 보았다. 그리하여 영구히 불변하는 본질의 존재, 혹은 절대적인 선善이나 미美의 존재를 부정하고, '끊임없이 변화하여 존재하지 않는 듯 보이면서도 그럼에도 불구하고 존재하지 않음으로써 존재하는 것, 그것이 도道'라고 생각했다.

이에 대해 오늘날의 학자들은 도가 물질이라느니 정신이라느니, 혹은 물질과 정신의 혼합이라느니 주장하면서 논쟁을 계속하고 있다. 그러나 이처럼 물질이나 정신이라고 하는 것은 노자의 입장에서 보면 모두가 명名이다. 따라서 이런 논쟁을 노자가 보았다면, "도道는 명名 이전의 근원적인 것이기 때문에 그대들이 말하는 물질과 정신을 초월한 것이다"라고 말할 것이다.[2]

5. 장자莊子

소지小知와 대지大知

이상과 같은 원래의 『노자』에 담겨 있는 사상은 본래 강회江淮 지방의 초나라 문화권에서 탄생했으리라 여겨지는데, 그것이 산동 지방의 직하로 와서 이와 상당히 유사한 여러 학파의 영향을 받았다. 그러한 학파를 모두 통합해서 도가사상道家思想을 대성했다고 여겨지는 인물이 장자莊子다.

장자의 이름은 주周요, 자字는 자휴子休로서 송宋나라의 몽蒙이라는 도시에서 칠漆을 재배하는 농장의 말단 관리였다는 설이 있다. 장자는 노자의

---

2) 노자 및 도가에 대한 연구는 다음 참조. 이석명, 「『노자도덕경하상공장구』의 長生不死사상과 그 道敎的 萌芽」, 『중국학보』 53, 한국중국학회, 2006 ; 이석명, 『노자와 황로학』, 소와당, 2010 ; 김백현, 「道敎속의 老莊哲學-老莊에서 初期道敎까지」, 『中國學報』 30집, 한국중국학회, 1994 ; 도병선, 「『老子想爾注』에 나타난 道思想」, 『노장사상과 동양문화』, 아세아문화사, 1995 ; 이승률, 「곽점초간 『노자(老子)』의 "자연" 사상과 그 전개」, 『동양철학연구』, 2008 ; 김희정, 「중국 고대 도가의 역사관-역사 중심주의를 넘어서기 위한 한 모색」, 『중국학보』, 2005.

주장을 이어받아 이를 더욱 발전시킴으로써, 절대적으로 자유로운 이상적 인간의 생활을 논리로써가 아니라 오히려 비유와 상상으로써 묘사했다. 그 가운데 전형을 이루는 것이 『장자』의 첫머리인 「소요유逍遙遊」편이다.

북해北海에 거대한 물고기가 있어 거대한 새로 변했는데 그 이름을 붕鵬이라 한다. 그것의 등허리는 수천 리가 넘는다. 이 거대한 괴조怪鳥가 날개를 흔들어 날면 흡사 구름이 하늘로부터 드리워 내린 듯하다. 붕은 바다의 움직임을 따라 남해南海로 가려고 날개를 흔들어 남쪽으로 날아갔다. 그것을 매미와 비둘기가 보고 분발하여 나뭇가지의 열매를 쪼아 먹으려고 날아보지만, 때로는 이르지 못한 채 땅에 떨어지기도 한다. 그러므로 그들로서는 저 거대한 새가 무엇 때문에 구만 리 이상을 너울거리며 남쪽으로 날아가는지 그 영문을 알 수 없었다. 그렇게 말하면서 그들은 크게 웃었다.

이 우화로 알 수 있듯이 작은 지혜를 갖고 있는 자는 커다란 지혜에 미치지 못하고, 짧은 수명으로 끝나는 자는 오랜 수명을 누리는 자의 생각을 알지 못한다. 대붕大鵬의 비상에는 무엇에도 구속당하지 않는 자유로운 행동이 있다. 대붕의 행동은 이처럼 무엇에도 구속받지 않는 자유로운 행동을 표징하고 있다. 또한 그것은 동시에 외계外界의 일에 번뇌하지 않은 채 내면적으로 영구한 삶을 누리는 진인眞人의 행동을 상징한다고 한다.

그런데 매미가 지니고 있는 소지小知와 대붕의 대지大知란 어떻게 다른가? 자신의 지혜로 관리에 발탁되어 향리에서 유명해지고, 그의 덕으로써 군주의 마음에 들어 봉록을 받는 자의 생각이라는 것은 매미나 비둘기와 조금도 다를 바 없다. 바람을 타고 날아가는 대붕과 같은 이는 특별히 자기 자신을 고집할 것도 없고 공명功名을 구할 까닭도 없다. 그것이 바로 소지와 대지의 차이라고 장자는 말한다.

자유인간

『장자』의 「소요유」 마지막 부분에 이러한 내용이 쓰여 있다.

장자의 집에는 큰 나무가 있었는데, 옹이가 많아 울퉁불퉁하고 가지는 구불구불 휘어 도저히 목재로 쓸 수 없기 때문에 목공이라도 뒤돌아보는 자가 없었다. 쓸모 있는 나무는 잘려서 목공에게 사용되어 버리지만, 이 쓸모없고 자로도 잴 수 없는 구부러진 커다란 나무는 그대로 남아 있다. 이처럼 쓸모없는 큰 나무가 광활한 들판에 서 있듯이 아무런 하는 일 없이 산책하는 것, 그것이 바로 소요유다.

즉, 스스로 쓸모 없는 존재가 되면 외계로부터 특별히 속박 받는 일 없이 자유롭게 살아 갈 수 있다. 그것이 그의 이상생활이라는 것이다. 이른바 입신출세를 꾀하지 않고 전란의 세상으로부터 도피하여 시골에 머물러 사색하며 지내는 내면적 생활, 장자 자신의 이상생활을 묘사한 것이 바로 이 소요유다.

진위眞僞 · 시비是非

『장자』 가운데 또 하나의 중요한 편은 「제물론齊物論」이다. 도道에는 진眞과 위僞가 있고 말에는 시비是非가 있다. 유가와 묵가는 서로 어느 쪽이 옳고 어느 쪽이 그르다고 다툰다. 즉 서로 한 쪽이 그르다는 것을 옳다 하고, 다른 쪽이 옳다는 것을 그르다고 한다. 이 상대성을 어디서 결정할 수 있을까? 장자에 따르면 이를 대조해서 판별해 내는 데는 절대적인 천天에 의거해야만 한다고 한다. 즉 그것(한쪽)이 옳다고 하는 것을 이것(다른 쪽)이 그르다고 하는 것은, 그것과 이것이 서로 상대를 갖는 한 쌍의 입장이다. 그 한 쌍의 입장은 마치 도道의 추樞(여닫이문의 회전축이 되는 부분)와 같은 것으로서, 이러한 시비是非의 순환이 이 추의 구멍에 딱 들어맞아야 비로소 막힘없이 응대할 수 있다. 그런 식으로 장자는 논하고 있다.

이와 같은 「제물론」은 "장주가 꿈속에서 나비가 되었다"莊周夢爲胡蝶라는 유명한 문장으로 끝맺는다.

옛날에 장주莊周가 나비가 되는 꿈을 꾸었다. 훨훨 춤추는 나비가 되어 매우 즐거웠다. 이때 장주는 완전히 나비가 되어 있었을 터인데, 갑자기 잠을 깨자 거기에 드러난 자신은 장주였다. 도대체 장주가 꿈에서 나비가 되었는지, 아니면 나비가 꿈을 꾸어 이제 장주가 되어 있는 것인지 전혀 알 수 없었다.

요컨대 장주와 나비가 구별되는 것은 물화物化라고 하는 현실 세계지만, 실상 장주와 나비에 구별이 있는지의 여부는 알 수 없는 것이 아닐까?

꿈과 현실을 혼동한 이 문장에서 보이는 것이 "천天에 비추어본다"는 장자의 경지라고 생각한다. 이러한 입장에서는 장자의 주장이라는 것은 혹 선禪의 세계와 통할는지도 모른다.

피치자被治者의 철학

이처럼 『장자』의 사상은 사물을 논리적으로 서술한 것이 아니라 이야기나 우화 형태를 취하고 있어서 실로 난해하다. 그러나 노자에서 비롯되어 장자에서 대성된 이러한 도가사상은, 공상세계나 혹은 이상세계라고 말해도 좋을지 모르지만 유교의 현실세계와는 완전히 대립한다. 공자의 유교세계는 도덕을 위주로 한 세계이며 사회질서를 근본으로 하는데, 이에 반해 노장老莊의 도교세계는 이러한 도덕을 완전히 부정하고 정치사회를 부정했다. 더욱이 이 두 가지의 상반된 철학이 사회주의혁명 이전까지 구舊 중국 철학의 두 가지 기초를 이루고 있었다. 그리고 도덕을 주로 한 세계인 유교세계는 이하에서 차차 알 수 있듯이 현실의 국가, 정치사회다. 즉 춘추시대의 많은 국가들이 통일되어 전국시대의 7국이 되고, 나아가 다시 그 7국이 통일되어 진·한秦·漢 통일제국이 출현하는데 이 통일제국 체제의 기초가 된 것은 노장사상가들이 부정했던 도덕이요 법률이었다.

이에 비해 도덕이나 법률을 부정하는 노장사상이 기초를 두는 쪽은 실상 정치사회와는 전혀 관계가 없는 위치에 있던 농촌공동체다. 자급자족적 농촌공동체에 기초를 둔 사고가 바로 노장사상이다.

국가를 최고로 하는 정치사회를 생각하는 것이 유교의 입장이라 한다면, 이에 대립하여 농촌공동체를 절대적인 것으로 삼는 입장이 노장사상이다. 유교사회가 통치자의 입장에 선다고 한다면, 농촌공동체를 위주로 한 장자의 사회는 피통치자의 입장에 서는 것이다. 이처럼 근본적으로 대립하는 두 사상이 공존했다는 점에 중국 사상의 의미가 있다. 그리하여 이 두 철학이 전국시대에 처음으로 대립하는 존재로서 출현한 이래 외형적으로는 첫째의 입장, 즉 유교사상이 중국을 계속 지배해 나간 듯이 보인다. 그러나 보이지 않는 형태로 내면의 중국사회를 지배했던 것은 바로 노장사상이었다.

유有의 철학에 대한 무無의 철학, 즉 중국 사상은 이 두 조류의 철학이 대립하면서도 실제로는 한 쌍의 축이 되어 움직여 나갔던 것이다.

6. 맹자孟子

양楊 · 묵墨의 감각론

전국시대 중기는 동방의 산동성에 위치했던 제나라의 전성시대로서, 직하가 문화의 중심이었다는 것은 앞에서 서술했다.

맹자孟子는 제나라 남쪽에 인접한 소국인 노나라 부근 출신이다. 공자의 손자인 자사子思의 문인에게서 유학을 배운 듯하며 비교적 일찍이 제나라로 갔다. 직하에서는 묵자와 그의 계통을 이은 양주楊朱, 그리고 초기 도가 등 여러 학파가 극히 융성하였기 때문에 노나라를 중심으로 한 유교학단의 세력은 매우 약했다.

직하에는 묵자와 더불어 전국시대를 양분하는 유력한 사상가로서 양주가 있었다. 양주는 극단적 개인주의, 즉 이기주의를 표방하여 터럭 하나를 뽑는 사소한 일일지라도 자신을 위해서가 아니라면 결코 하지 않았다. 그에 반해 묵자는 박애주의를 표방하여, 세상의 이익을 위하는 일이라면

머리를 깎아 노예가 되고 다리가 뭉개질 정도로 끊임없이 일했다고 맹자는 비평하고 있다.

양주라는 이름은 『맹자』에만 나올 뿐 다른 서적에는 보이지 않는다. 때문에 과연 실제 인물이었을까 하고 의문시되었다. 그러나 기원전 240년 진秦의 여불위呂不韋가 편찬한 백과전서 『여씨춘추呂氏春秋』 중의 4편이 양주의 저서에서 발췌한 것이라는 학설이 나왔다. 이 4편에 의하면 양주 학설의 기초는 자신의 생명에 두어졌다. 즉 "세상에서 생명보다 귀한 존재는 없다. 인간이란 귀·눈·코·입 등의 감각기관을 사용하여 그의 생을 보존하기 위해 일하는 존재다"라고 함으로써 가장 귀중한 것은 자기의 생명이며 그의 생명이란 감각적인 본능적 욕망이라고 양주는 주장했다. 이 사고는 근세 프랑스의 유물론자 엘베시우스가 인간은 감수성 이외의 존재는 아니라고 주장한 것과 매우 유사하다. 양주를 감각론자라고 규정해도 좋을 것이다.

이 같은 감각론을 주장한 양주에 비해, 묵자는 당시 이미 사망했지만 묵자 일파를 이루는 학자들은 의義가 체體보다도 중대하다고 주장했다. 이는 언뜻 보기에 도덕주의의 입장에 서는 관념론으로서 감각론에 반대하는 것처럼 보인다. 그러나 면밀히 읽어보면 묵자도 자신의 육체가 무엇보다도 중요하다는 입장을 취하고 있다. 단지 사람들이 감각론에 입각한 자신이라는 존재를 무엇보다도 중대하다고 여긴다면 상호간에 싸움이 일어나기 때문에, 의義로써 이를 통제할 필요가 있다고 묵가는 생각했던 것이다.

또한 그 의義란 천하의 인간에 공통되는 이익이라고 보았다. 그리하여 묵가는 그러한 의를 사회의 기초로 삼으려는 의도에서 도덕의 기초를 세웠다.

그러므로 전국시대 중기에 묵자학파와 양주학파는 같은 감각론에 서면서도 양주는 자기 자신의 이익을 주장하고, 묵자 일파는 대중의 감각으로 느끼는 물질적·본능적 욕망인 이利를 중시했다고 해석할 수 있다.

양 · 묵의 이利에 도전

맹자의 묘 산동성 추현鄒縣

젊은 맹자는 이 같은 논쟁이 벌어지고 있던 직하에 나타났고, 그 영향 아래서 유가학설을 발전시켰다. 그는 직하 학자들 사이에서 지식을 크게 넓혔지만, 제나라에서는 충분히 뜻을 이룰 수 없었다. 그리하여 제를 떠나 서쪽으로 향하여 몇몇 소국을 거친 뒤, 기원전 320년 무렵 이미 제에게 패권은 빼앗겼지만 아직도 중원의 강국이었던 위魏(당시 양梁으로 개명)의 혜왕惠王 조정에 나타났다. 이때의 문답이 맹자의 저술로 일컬어지는 『맹자』의 첫 부분에 나와 있다.

혜왕은 맹자를 향해 "선생께서 천 리를 멀다 하지 않고 멀리 동방에서 찾아와 주셨으니 역시 우리나라를 위해 이익이 되는 계획을 들려주시겠지요"라고 물었다. 이를 맹자는 부정하고 "나는 그대의 나라에 이익이 되는 것을 말하러 온 것이 아니며, 단지 인의仁義를 말씀드리고 싶을 따름입니다"라고 말했다.

이 문답은 보통 혜왕이 부국강병책을 맹자에게 기대하고 질문한 것인데 맹자가 반대한 것이라고 설명된다. 그러나 이 설명으로는 충분치 않다. 그 즈음 천하, 특히 문화의 중심인 직하에서 유행하고 있던 양주·묵자 등의 사상이 이利를 지향했기 때문에, 맹자가 그러한 이利의 추구를 단호히 반대했던 것이라고 해석해야 할 것이다. 즉, 양·묵 학파에 도전하는 사상적 입장을 여기에서 비로소 맹자가 말하기 시작했던 것이다.

왕이 자기 나라에 이익이 되는 것만 생각하면, 관리를 비롯하여 일반의 사士나 서민에 이르기까지 모두 자신에게 이익 되는 일에 전념하기 시작한

394

다. 그렇게 되면 군주를 살해하는 자는 그 나라의 귀족이며 귀족을 살해하는 자는 그의 신하요, 그 신하를 살해하는 자로서 서민이 나타나는 하극상의 시대가 되고 말아 사회는 혼란에 빠지게 된다. 이利의 기초에 두어야 하는 것이 인의仁義이기 때문에 그로써 국가의 기초를 삼았을 때 국가는 비로소 안정된다.

맹자는 이렇게 주장했던 것이다. 양梁의 혜왕惠王은 이 같은 맹자의 주장을 인정했지만 곧 세상을 떠났고 그의 후계자가 무능했기 때문에, 맹자는 양을 버리고 다시 제로 가서 선왕(기원전 319~301 재위)과 문답하여 인정받게 된다.

중국 최초의 혁명론革命論

당시의 제齊는 원래 제왕의 가신 가운데 하나였던 전씨田氏가 왕좌를 찬탈한 국가였기 때문에 보통 전제田齊라고 불리는데, 전제는 그처럼 국가를 찬탈한 참주였다는 사실 때문에 국가주권이라는 기초에서는 심각한 문제를 안고 있었다.

때문에 제의 선왕이 맹자를 만났을 때 맨 먼저 물은 것은 "은왕조를 열었던 탕왕湯王은 하왕夏王인 걸桀을 쫓아내고 은왕조를 수립했습니다. 또한 주의 무왕은 은의 주왕紂王을 정벌하고 주왕조를 확립했습니다. 신하가 그의 군주에 반항하고 군주를 살해하여 결국 혁명을 일으켰다는 것은 역사상의 사실입니까?"라는 내용이었다.

맹자는 이에 답하여 "옛날 책에 그렇게 쓰여 있습니다"라고 말했다. 그러자 선왕은 "그런데 신하의 신분으로서 군주를 살해하는 일이 도의적으로 용인이 됩니까?"라고 반문한다. 맹자는 답하여 "인애仁愛를 해치는 자는 적賊이요, 도의道義를 해치는 자는 잔殘입니다. 그러한 잔적을 범하는 악인은 천자라 해도 천자가 아니고 하나의 개인에 불과합니다. 때문에 은의 탕왕이나 주의 무왕은 천자라 해도 천자가 아닌 잔적, 즉 일 개인에 불과한 하왕 걸이나 은 주왕에 반항하여 그를 죽인 것입니다. 살해된 상대는 일 개인에 불과했습니다”라고 말한다.

이것이 그 유명한 중국에서의 혁명론이다. 즉 중국을 통치하는 군주는, 백성의 인망을 얻은 성인聖人이 천명天命을 받아 천天의 대리자인 천자로서 인민을 다스리는 것이다. 따라서 포학한 군주들은 백성의 인망을 상실하여 인민들이 반항함으로써 결국 그 자리에서 쫓겨난다. 여기서 말하는 천天은 가상적·추상적 존재지만 그러한 천이 이제까지 한 왕조에 명命하여 천하를 다스리게 하다가, 그 명령을 바꾸어 인민의 인망을 잃은 포학한 군주를 쫓아내고 그 대신 새롭게 인망을 얻은 자에게 명하여 천하를 통치케 한다는 것이다. 인민의 여론에 응하여 천天이 명命을 바꾼다[革]는 이러한 혁명론을 처음으로 내세웠던 이가 맹자다.

이상으로서의 선양禪讓과 현실의 방벌放伐을 시인하다

오늘날의 언어로 바꾸어 말하면, 인민에게는 반항의 권리가 있고 그에 따라서 혁명을 일으킬 권리가 있다는 점을 맹자는 시인했던 것이다. 이를 중국의 옛 언어로는 방벌放伐이라고 한다.

유교에서 이상으로 여기는 요·순 같은 성인의 세상이었던 유토피아적인 고대에서는 천자는 덕이 뛰어난 성인으로서 그가 세상을 통치했다. 그처럼 성인으로서 덕이 뛰어난 제왕帝王은 자기 자식에게 지위를 물려주지 않았다. 가령 제요帝堯는 민간의 현자賢者로서 덕이 뛰어난 순舜을 찾아내어 천하를 양도했다.

이처럼 통치권이 세습적으로 전해지는 왕조와는 달리 덕 있는 자에서 덕 있는 자에게로 지위가 양위되는 체제를 선양제禪讓制라 일컫는다. 그리하여 전국시대 유가, 특히 맹자는 선양제를 가장 이상적인 국가형태로 생각했다.

그런데도 이미 이 같은 선양제가 현실에서 소멸하고 오로지 실력경쟁으로 치달았던 전국시대를 살았던 맹자는 선양제를 이상으로 여기면서도 이미 그것을 실현하기란 불가능하다는 것을 깨달았다. 따라서 현실정치가 부정·불의를 자행해 나가면 여론에 따라 그 왕조를 무력으로 타도하는 수밖에 없다는 입장을 취함으로써 방벌제放伐制를 시인했던 것이다.

중국에서는 절대주의 왕조가 진·한 이후 계속되지만, 한 왕조가 백성의 여론에 등을 돌리게 되면 백성의 반항에 의해 혁명이 일어날 수밖에 없다는 전통이 있었고 사실 혁명은 역사적으로 존재했다. 즉 백성에게 반항권·혁명권이 있음을 일찍이 전국시대에 시인했다는 점에서 맹자는 훗날의 역사에 심대한 영향을 미쳤다고 할 수 있다.

모순을 내포한 공상적 사회주의

이미 보았듯이 전국시대의 중국은 다종다양한 사상이 대립한 시기다. 맹자는 한편으로는 백성의 혁명권을 인정할 정도로 민주적인 의견을 갖고 있었으며, 또한 공동경작제에 입각한 정전제를 이상적인 사회제도로 생각하고 이 제도가 고대사회에 실제로 존재했다고 믿었다. 요컨대 일종의 공상적 사회주의를 주장한 측면도 있었다. 그러나 이처럼 공상적 사회주의와 같은 사상을 지녔으면서도, 맹자는 여전히 정치란 덕이 높은 우수한 현인들이 담당하는 것이라는 생각을 갖고 있었다.

한편, 묵자의 영향을 받은 중농주의자重農主義者 허행許行의 제자들은 모두 스스로 짠 조악한 옷을 걸치고 스스로 경작하여 먹는다는 것을 주의主義로 삼았다. 맹자는 이러한 허행의 제자에게 "허행은 관을 쓰고 있는데, 그 관은 자신이 만든 것인가?"라고 물었다. 그러자 그의 제자는 "아니다, 그것은 스스로 만든 것이 아니라 비단제품인데, 그 비단은 자신이 짠 것이 아니라 곡식과 교환한 것이다"라고 말했다. "왜 스스로 그 비단을 짜지 않는가"라고 맹자가 반문하자, "그것은 경작에 방해가 되기 때문이다"라고 말했다.

결국 허행이 사용하는 농기구나 도기陶器 등도 모두 자신이 만든 것이 아니라 농작물과 교환한 것이다. 맹자는 그런 수공업 제품은 농업의 자투리

시간으로는 만들 수 없기 때문에 사회에 분업이 존재해야 한다는 반론을 전개하였다. "천하를 다스리는 일과 농사를 짓는 일을 병행할 수는 없기 때문에 전문직업―예컨대 지식계급·정신노동자가 여타의 사람들을 통치하고 육체노동자가 통치를 받게 되는 것은 어쩔 수 없는 일이 아닌가"라고 말한다.

그런 의미에서 맹자는 정신노동자를 지배계급으로 여기고 육체노동자를 피지배계급으로 낮추어 보았다고 할 수 있다. 결국 지식계급과 일반 백성 사이에 인간으로서의 본질적 차이를 인정하였다는 점에서 근대의 민주주의 정치나 사회주의 사상과는 상당히 커다란 차이가 있다.

맹자는 제의 직하에서 다양한 학설의 영향을 받았기 때문에 한편으로는 상당히 사회주의적 혹은 민주주의적인 새로운 이론을 지니면서도, 다른 한편으로는 유교의 근본, 즉 지식계급을 바탕으로 하는 정치철학을 가졌다. 그에게는 현인賢人에 의한 정치를 이상으로 삼는 그리스의 플라톤 같은 철학자의 사고방식이 남아 있었기 때문에, 현재의 민주주의나 사회주의와는 다른 면이 보이는 것이다. 그러면 맹자 철학의 근본은 무엇인가?

성선설性善說

인간에게는 타인의 불행을 보고 그대로 지나칠 수 없는 동정심이 있다. 인간이 본래 지니고 있는 이 동정심을 바탕으로 한 휴머니즘의 정치, 즉 인정仁政을 맹자는 시행하려 했다. 그의 기초가 되는 것이 인간의 성질은 본래 선善하다는 사상이다.

인간의 본성은 가령 물과 같아서 저수지의 물은 동쪽 제방을 끊으면 동으로 흐르고 서쪽 제방을 끊으면 서로 흐른다. 물이 그러하듯이 낮은 쪽으로 흐르는 것이 인간 본래의 성性이며, 그것을 막지만 않으면 반드시 선을 행할 수 있다는 것이 성선설이다. 이처럼 인간의 성이 선하다는 사고방식은 맹자에게서 비로소 뚜렷이 제기되지만, 유교에만 그치지 않고 중국 일반의 도덕적 사고방식은 이 성선설 위에 서 있다. 여러 가지 장해로 말미암아 인간 가운데에서 악인이 나오지만, 그 장해만 없어지면 곧 원래의 성으로 되돌아가 선으로 향한다는 일종의 낙관적인 설이 중국의 지배적인 사고방식이다.

때문에 인간은 악을 행하기도 하지만 '잘못을 저지르면 고치기를 꺼리지 말고,' 잘못을 인정하고 태도를 바꾼다면 그것은 벌써 선인善人이다. 이미 그 책임을 추궁할 필요는 없다는 것이 일반적으로 중요한 사고방식 가운데 하나다.

예컨대 자기비판을 통해 자신이 저지른 일이 잘못임을 인정한다면 그 사람을 부활시킬 수 있다는 사고방식이 현대중국의 문화혁명 때에도 성행했다. 이는 성선설이 중국인의 도덕·윤리에 대한 관념의 중심이 되어 오늘날에도 뚜렷이 살아 움직이고 있다는 증거인지도 모른다.

호연지기浩然之氣

그러나 맹자의 성선설은 도덕의 본질로서 결국 인仁은 인간의 본성에 뿌리를 둔 보편적인 것인지도 모르지만, 의義는 때와 장소에 제약을 받아 특수하게 나타난다. 따라서 인仁은 인간의 본성 안에 있다고 생각해도 좋지만, 의義를 인간의 본성으로 설명하기는 불가능하다. 맹자의 비판자는 모두 이 점을 비판한다.

양주楊朱의 감각론은 감각의 보편타당성이 사유思惟의 타당성의 기초라고 보았다. 맹자의 제자 가운데도 이러한 설에 영향을 받은 자가 있어서 똑같이 인간이면서도 덕이 높은 대인과 덕이 낮은 이른바 소인이 나오는 이유는 무엇인가라는 의문을 제기한다.

이에 대해 맹자는 "이목耳目과 같은 감각은 스스로 사고하는 능력이 없기 때문에 외계外界의 것에 이끌려 독립할 수 없다. 반면에 인간이 지닌 판단기관인 마음[心]은 사고한다. 사고하게 되면 사물의 본질을 획득할

수 있다. 사고하지 않으면 말초적 감각에 이끌려 악을 범하게 된다"고
주장한다.

때문에 맹자의 설에서는 인간이 마음에 의해 생각한다는 점을 중요시하
여 마음에 의거하면 도덕적 행위가 가능하지만, 감각에 맡겨 두면 사물에
이끌려 욕망에 가려진다고 하였다. 그러한 것이 악이다. 따라서 인간의
사고하는 능력을 대단히 중요시하여 사고 능력이 발달한 쪽이 대인大人
또는 현자賢者이며 그러한 사람이 정치를 해야 한다고 생각하게 된 것이다.

더 나아가 맹자는 "만물이 모두 나에게 구비되어 있다"고 말한다. 외계의
사물은 본래 모두 자신의 정신 속에 존재한다는 것인데, 이러한 사고방식에
대해서는 다양한 해석이 존재한다. 그리하여 그것은 '물질은 모두 정신의
산물'이라는 유심론적 사고로 인도된다.

인간의 성性은 선하지만 외물外物에 끌리면 악을 범한다. 그러한 외물에
끌리지 않도록 하기 위해서는 욕망을 줄여야 하며, 그렇게 하는 것은 역시
정신을 안정시킨다. 그러기 위해 호연지기를 길러야만 한다. 욕심을 줄이고
마음을 수양하는 일이 중요하다는 것을 맹자는 주장하고 있다. 성선설을
그대로 주장하면 수양 같은 것은 필요 없어질 터지만, 맹자는 여전히 수양을
대단히 중시했다고 할 수 있다. 이러한 맹자의 유심론적 사고방식이나
정신을 중시하는 사고방식은 후세, 특히 송대 유교의 기초가 된다.

7. 순자荀子

전국戰國의 사군四君

대체로 이제까지는 제의 수도 임치가 문화의 중심으로서 번영한 시대의
사상을 다루었다. 직하에서 제자백가 사상이 꽃을 피운 것은 기원전 357년부
터 기원전 284년까지 약 70년간이라 생각되는데, 이후 전국시대 후기에
들어오면 서쪽 변경의 후진국가였던 진秦이 발흥하고 특히 상앙의 부국강병
책을 채용한 결과 국력이 급속히 충실해졌다. 진이 중원 제국으로부터

끊임없이 이주해 오는 사상가와 유능한 정치가, 그리고 군인 등을 채용하여 그들의 뛰어난 수완을 발휘케 한 결과 국력은 한층 급속히 신장되었다.

외교관으로는 소진만큼 유명한 웅변가 장의를 등용하여 중원 열국을 유세케 함으로써 이들을 진秦의 세력으로 끌어들여 동맹국으로 만들었다. 당시는 동방의 제齊와 서방의 진秦이 대립하는 2대 세력이었는데, 진은 또한 백기白起라는 명장을 시켜 멀리 있는 나라와는 사귀고 가까운 나라는 공격하는 이른바 원교근공책遠交近攻策을 펼쳐서 한韓·위魏 등 직접 국경을 접한 국가들을 침략하며 동진東進을 계속했다. 마침내 기원전 288년 제와 협정을 체결하였다. 진이 서제西帝를 칭하고 제가 동제東帝를 칭하는 데 합의하여 서로 평화관계를 유지하려는 협정이었다.

그러나 이 협정은 곧 파기되었고, 제는 소진의 합종책을 채용하여 중원 6국과 동맹을 맺음으로써 진에 대항하려 했다. 이즈음 진의 국력이 더욱 강화됨으로써 그 중압을 못 이긴 동방의 여러 나라가 자위책으로 합종책을 시도하긴 했지만, 결국 그것은 실패로 끝나고 진군秦軍은 동방 진격의 발걸음을 더욱 재촉했다.

전국시대 중원의 신흥 제국의 군주는 위의 문후든 제의 위왕·선왕이든 모두 대단히 영명한 인물들로서 무명의 사士 가운데서 인재를 발탁하여 재상이나 대신·장군에 등용하고 그들의 재능을 충분히 발휘케 했다 또한 유명한 학자와 사상가 등을 초빙하여 문화의 보호자 역할을 하기도 했다.

그런데 이러한 전국시대의 신흥국가도 2대, 3대로 대를 거듭함에 따라 인물이 점차 범용해져 정치적 실권자로서는 물론 문화적인 보호자로서도 실격하고 말았다. 그런 외중에 열국에서는 국왕의 근친 가운데에서 우력자가 등장했다. 즉 제齊의 맹상군孟嘗君, 조趙의 평원군平原君, 위魏의 신릉군信陵君, 초楚의 춘신군春申君 등으로 이들을 사군四君이라 일컫는데, 이러한 유력귀족이 각기 왕을 대신하여 정치·문화의 주도권을 장악했다.

식객食客 수천 인

함곡관 북문

그들은 왕의 신뢰를 받았고 또한 엄청난 부를 소유했기 때문에 그 부력富力을 써서 여러 나라에서 명사나 학자를 초빙하여 수천 명의 식객을 거느렸다. 다만 명사·학자 이외의 대부분은 죄를 저질러 향리에서 망명해 온 무뢰배였다. 예컨대 닭 우는 소리를 뛰어나게 흉내내는 자라든가 도둑질에 능숙한 자 등이 있었는데, 특히 그들 가운데 다수는 정치가나 유력자를 제거하는 역할을 맡은 살인청부업자였다. 그처럼 한 가지 재주와 능력을 갖춘 자를 적극적으로 계속 끌어들였다.

사군四君의 명성은 대단히 높아, 예컨대 제의 맹상군은 다른 나라로 가서 객이 되었다. 특히 제의 최대 적국인 진秦의 객이 되어 대신으로 임명되기도 했다.

진秦은 맹상군을 억류하고 돌려보내지 않았는데, 그가 진을 탈출하기 위해 함곡관函谷關에 당도했을 때는 아직 아침이 밝지 않았다. 이에 그의 휘하의 식객 가운데 닭 우는 소리를 잘 내는 자가 있어 그가 닭 울음소리를 내자 주위의 닭들이 일제히 울어댔다. 그 소리를 들은 관문지기가 아침이 밝은 것으로 착각하고 관문의 문을 열었기 때문에 간신히 탈출에 성공했다는 유명한 일화가 있다.[3] 사군은 이처럼 특수한 재능을 지닌 인물들을 다수 거느려 국제적 명성을 얻었다. 전국시대 말기는 사군의 시대라고도 불린다.

그러나 이 사군의 시대는 역시 위 문후나 제 선왕의 시대와는 달라서, 사군 밑으로 모여든 이들 가운데 뛰어나 학자와 예술가는 소수였고 다수는

---

3) 이른바 계명구도(鷄鳴狗盜) 일화가 여기에서 전해진다.

무뢰배였다. 악명을 널리 떨치고 그것은 도박의 우두머리 같은 변변치 않은 것이어서 진정한 문화의 보호자가 되지는 못했다. 때문에 견식 있는 사람에게는 그다지 평가를 받지 못했을지 모르지만, 천하의 학자들 가운데 는 역시 이 사군을 믿고 모여든 자도 적지 않았다.

그와 같은 사군의 시대, 즉 전국시대 후기에 등장한 대표적 사상가가 순자荀子다.

전체 고대사상의 체계화―『순자荀子』

순자는 조趙에서 태어나 제의 직하로 갔고 거기에서 진秦으로 갔다가 다시 진을 떠나 초의 춘신군에게로 갔다고 한다. 그의 경력은 뚜렷하게 알려져 있지 않지만, 대체로 기원전 238년 전후에 초의 춘신군이 실각하고 살해되던 즈음까지 생존하여 대단히 고령으로 세상을 떠난 듯하다.

순자는 진秦에 갔을 때 그 국정을 접하고는 매우 놀랐다. 우선 진이 천연의 요충으로 둘러싸이고 게다가 산물이 풍부하며 국내가 훌륭하게 통일되고 백성은 꾸밈 없이 소박하여 오직 관리의 지도에 따랐기 때문이다. 관료사회는 규범이 엄숙하였고 성실한 정치를 하고 있었다. 이는 중원 여러 나라의 자유주의적이며 어떤 면에서는 방종하다고 할 수 있는 국민이 나 정치가 등과는 전혀 달랐다. 엄숙한 복무규정을 지키는 관리에 의해 능률적으로 이루어지는 정치, 일사불란한 정부의 통제 아래 있는 근면·순박 한 국민의 생활 모습을 보고 순자는 경이감에 휩싸였다. 『순자』에 의하면 그는 진의 정치가에게 다음과 같이 충언을 했다고 한다.

진秦은 실로 대단히 훌륭한 나라로서 상당한 장점을 지니고 있지만, 다만 한 가지 결여된 점이 있습니다. 즉 이처럼 엄중한 국가통제가 행해지는 나라에서는 기초적인 이론이 중대합니다. 유교를 채용하여 이것을 기초적 이론으로 삼으면 더욱 안정된 국가가 될 것입니다. 유교를 무시하는 것이 이 나라의 가장 큰 단점입니다.

순자는 조에서 태어나 제·진·초 등의 국가를 편력하여 전국시대 중국의 문화적인 국가들을 전부 돌아다녔기 때문에, 거기서 펼쳐진 제자백가 학설의 정화를 흡수하고 그때까지 나온 고대사상을 전부 통합하여 그의 철학체계를 완성했다.

아리스토텔레스적 인간론

순자는 묵자 등으로부터 영향을 받은 고도의 논리학자이기도 했다. 『순자』가운데 「비십이자편非十二子篇」은 공자를 비롯하여 묵자 및 기타 전국시대의 제자諸子 12인의 사상가를 다루어 그 특징을 요약하고 각각의 장점을 제시함과 동시에 단점에 대해 매우 날카로운 비판을 가했다.

중국 고대철학사에서 순자의 위치는 흡사 그리스 철학사에서의 아리스 토텔레스의 그것과 비슷하다. 순자는 다음과 같이 주장한다.

인간의 힘은 소에 못 미치고 달리는 힘은 말에 못 미치는데 왜 우마牛馬가 인간에게 사역되는가? 그것은 인간이 잘 모여 사는, 다시 말해 집단생활을 영위할 수 있는 데 비해 우마는 잘 무리 짓지 못하기 때문이다. 인간이 왜 집단생활을 영위하는가 하면 분分, 즉 구별이 있어서 집단 내에 싸움이 일어나지 않기 때문이다.

이 말은 아리스토텔레스가 인간은 국가적인 동물이라고 한 정의를 연상 시킨다. 인간은 꿀벌이나 기타 군거동물보다 훨씬 국가적이다. 동물은 말을 할 수 없지만 인간은 말을 함으로써 정正·부정不正의 판단을 할 수 있고, 선악정사善惡正邪에 대해 지각을 갖고 있다. 그 까닭에 가家나 국國을 만들 수 있고 유효한 군거생활을 영위할 수 있다고 논하고, 따라서 인간을 국가적 동물이라고 한 아리스토텔레스의 주장과, 잘 군거할 수 있고 집단생활을 영위할 수 있는 것이 동물에 대비되는 인간의 장점이라고 한 것은 놀랍도록 일치한다.

성악설性惡說

순자에 의하면 인간은 집단생활을 영위할 수 있는 근본의 성性(천성), 집단생활을 영위하는 원동력이 되는 성을 소박한 형태로 지니고 있지만, 그러나 그대로는 군群을 영위할 수 없다. 인간은 그 성性에다가 '위僞'라는 인위적인 형식을 덧붙여, 다시 말해 성과 위를 합일하여 예禮를 만들어 냄으로써 유효한 집단생활을 영위할 수 있다. 그리하여 이 같은 성性과 위僞의 합일에 의한 예禮 또는 제도를 만들어 낼 수 있는 이는 도덕이 높고 재능이 뛰어난 이상적 인간, 즉 성인聖人이다.

인간은 태어날 때부터 욕망을 갖고 있는데, 그 욕망에는 한계가 없다. 따라서 필연적으로 인간 사이에는 싸움이 일어난다. 싸움은 국내에서 동란을 일으킨다. 그에 대해 옛 성인은 예의를 제정하여 인간 사이에 차별을 두고 신분을 만들었다. 그것에 의해 인간은 각기의 신분에 따라 욕망을 어느 정도 채우고 그 이상은 제한되어 있다. 이와 같이 욕망을 제한함으로써 인간은 집단 속에서 조화를 이루게 된다. 제도에 의해 인간의 욕망을 제한하는 것, 그것이 바로 예의 기원이라고 순자는 주장한다.

사회집단 가운데 가장 고차원이 국가이며 예는 국가에서 최고도로 현실화된다. 중국 세계를 통일하는 국가의 통치원리는 예다.

맹자는 인간의 성性이 선하여 인간의 성을 있는 그대로 두면 사회도 국가도 모두 좋아진다고 주장했다. 이에 비해 순자는 인간이 나면서부터 지니는 성은 악하다고 생각했다. 태어날 때부터 악한 인간이 악을 헝하지 않는 이유는 예로써 그 본성을 교정했기 때문이다. 즉 위僞라고 하는 인위적 제도로써 본성을 교정한다. 그것이 바로 예라고 순자는 생각했다. 요컨대 맹자의 성선설에 대해 순자는 성악설을 내세웠다. 그리고 이 성악설은 그의 문인 한비자韓非子에 의해 다음에서 서술하는 바와 같은 국가통치의 원리에 도달한다.

8. 한비자韓非子

'예禮'를 '법法'으로 치환하다

순자는 인간의 본성은 악하며 그것을 교정해서 선으로 향하게 하는 것이 예라고 보았다. 이처럼 순자에게 국가의 최대원리인 예는 현대인의 시각에서 본다면 오히려 법률과 매우 유사한 성질을 갖고 있다고 할 수 있을 것이다. 그런데 유가였던 순자는 이것을 공자가 중시한 예로 표현하는 데 그쳤다. 그러나 그의 문인인 한비자에 이르면 예는 명료하게 법法으로 치환되었다.

직하에도 법률을 기본으로 하여 사회를 통제하는 통제정책을 주장하는 법가라는 사상이 있었는데 그것이 한비자에서 최고도로 발휘되었다. 한비자는 제자백가 가운데 법가 학설을 세웠을 뿐 아니라 이것과 유가를 통합한 전국시대 최대의 대학자다.

한비자韓非子는 한韓의 왕자王子였지만 날 때부터 말더듬이여서 앞서 이야기한 여러 사상가들처럼 웅변을 통해 군주나 대신 등을 설득하는 것은 불가능했다. 때문에 오히려 저술로써 자신의 주장을 세상에 널리 알리려 했다. 그는 순자의 문인이었지만 순자에게 유교사상을 전수받음과 동시에 한韓에서 성행한 법가사상도 받아들였다. 그리하여 위魏의 이회에서 비롯되어 진의 상앙 등에게로 계승되어 나간 법가 및 노자·장자의 도가, 그리고 묵가, 명가 등의 논리학 등을 모두 통합하는 대사상가가 되었다.

묵자 등의 영향을 받은 뛰어난 논리학자이기도 했던 순자의 논리학은 아직 분석적 논리학이라는 색채가 강했지만, 한비자의 논리학은 그것과는 조금 달랐다.

실증적 귀납논리학

앞에서 묵자가 논리학적 사고방식의 기초를 형성하고 이 묵자의 영향을 받아 나온 것이 명가, 즉 논리학파라고 했는데, 유명한 것은 순자보다

시기적으로 조금 앞서는 공손룡公孫龍이 "백마白馬는 말[馬]인가"라는 명제를 제출한 것이다. 즉, 말[馬]이라는 것은 형形에 붙여진 개념인 데 비해 백白이라는 것은 색깔에 대해 세운 개념이다. 따라서 '백마'라는 것은 이미 단순한 말이 아니라는 이론을 세웠다. 이는 궤변의 대표로 일컬어진다. 사실 중국에서는 밤색 털의 말이나 잡색의 말은 적고 백마가 대단히 많았기 때문에, 백마가 말이 아니라는 것은 말이 말이 아니라는 것과 같았다. 거기에서 명가 학파의 궤변성이 잘 드러난다.

명가는 명名, 즉 개념과 실實, 즉 존재와의 관련에 대해 이처럼 궤변을 제멋대로 다룸으로써 실제로는 명과 실, 개념과 존재의 관계에 대한 의식을 높였던 것이다.

이를 받아들인 순자는 인식론적으로 명실名實의 문제를 다루어 객관적 존재인 실에 대해 이것과 명, 즉 개념과의 일치를 구함으로써 지식이 성립한다는 이론을 내세웠다. 이는 주관의 선천적 사물 인식능력어 의해 보증되는데, 그러한 개념은 다시 말하면 인간이 일종의 사회적 약속에 의해 결정된 존재라는 사회학적 인식론이기도 했다. 그러나 일종의 사회학적 인식론이긴 하더라도 논리학으로서는 아직 충분하지 않았다.

전국 말기의 제후가 신하가 상주하는 말이나 잡다한 유세가가 주장하는 이론이 실제로 모순적이고 뒤섞이고 복잡하여 어느 것이 진리인지 판단하느라 곤욕을 치르고 있을 즈음, 한비자는 이 군주나 대신들에게 이렇게 설파하였다.

그들이 주장할 때 말하는 개념, 즉 명名과 사실로써 나타나는 결과, 즉 형形을 서로 참조해야만 한다. 서로 참조하여 그것이 일치하면 사실에 대한 정확한 인식이 생긴다. 거기에 나타난 사실은 세 가지 실례보다는 네 가지, 네 가지보다는 다섯 가지로 가능한 만큼 다수를 들어 검증해 봄으로써 한층 진리에 다가서게 된다.

당시 명가들의 끝없는 추상적 논쟁, 오히려 궤변에 속하는 이론의 공허함
에 정치가들은 정나미가 떨어졌는데, 한비자는 위와 같이 실례에 의한
실천적 귀납논리를 주장했다. 그리하여 실례로써 비판하여 검증하면 현실
의 실상이 구체적으로 파악될 수 있다는 의론을 내세웠다.

비업非業의 죽음

물론 한비자의 귀납 논리는 순수하게 학문적인 것은 아니어서 군주가
한 나라의 정치를 행하는 데 신하나 백성을 감찰·관리하기 위한 실제적
방법으로 저술된 것에 불과했다. 그럼에도 이 같은 귀납론적 논리, 이른바
실증주의·실험주의 이론은 전국시대 제자백가의 끝없는 논쟁을 일단락짓
는 기회를 마련했다.

한韓에서는 왕자였음에도 불구하고 말더듬이였기 때문에 그다지 중요시
되지 못했던 한비자가 기원전 234년 위와 같은 논리학을 들고 진에 들어가
시황제에게 이를 설파했다. 그는 대단히 위대한 학자였지만 진에서 시황제
를 섬겼던 동문同門 이사李斯의 방해로 비업의 죽음을 당했다.

이사는 진秦에 들어가 재상에 오른 인물이다. 진은 그의 '헌책獻策'을
통해 6국을 쓰러뜨리고 중국통일을 완성했다. 한비자의 법가이론이라는
것은 어디까지나 이론이었다. 그의 이론은 진의 관리가 되어서 시황제를
도와 대신의 지위에 오른 이사에 의해 비속화되고 형식화되어 진제국의
기초를 다지는 데 이용되었다.

중국고대의 제자백가 사상을 통합하고 아울러 예를 국가통치의 최고
원리로 삼은 순자의 정치철학이 문제門弟인 한비자 및 이사를 매개로 하여
진시황제의 통일제국을 탄생시켰다.

순자의 공비功非

그러나 결과적으로 보면 순자가 예禮, 즉 법을 바탕으로 한 엄격한 지배를

주장하였던 것은, 본래 춘추에서 전국에 걸쳐 3백 년 이상이 지나는 동안 끊임없이 계속된 내란·국내전쟁을 종결시키는 데는 공자나 맹자처럼 성선설에 근거하여 인간의 선의를 신뢰하는 왕도정치로는 불가능하다는 것을 깨달았기 때문이다.

국내전쟁을 종식하고 강력한 중앙집권 국가를 성립시킨다는 것은 전국 말기에는 전체 중국의 희망이었다. 이 희망을 하루빨리 실현시켜야 했는데 그러기 위해서는 이미 공자·맹자 같은 성선설을 기반으로 한 왕도정치로는 불가능했던 것이다. 그 같은 생각에 도달한 결과 유교의 전통인 성선설을 정면에서 반대하고 성악설을 세워 법률의 힘을 배경으로 강제로 국가를 통일시키는 방향을 택했다. 그것은 전국시대 말기의 중국에서는 극히 적절한 학설이었다.

그리하여 이러한 순자의 학설을 바탕으로 해서 한비자·이사를 통해 민중이 바라던 통일제국이 실현되었다. 따라서 순자는 중국 고대사에서 매우 진보적인 역할을 담당했다고 보아야 한다.

후세의 유교에서 순자는 법을 중시하고 예를 법으로 바꾸어 나가려 했다는 점 때문에 성선설에 의거하는 유교의 주류가 아니라 오히려 이단적인 학설이라 하여 그다지 주목을 받지 못했다. 그러나 전국시대 당시에는 극히 중요하고 진보적인 역할을 담당했다.

그렇기는 해도 순자의 이론은 자칫 잘못되면 학문을 정치에 종속시켜 유교를 중국 전제왕조의 노예로 만들고, 민중을 무력화하여 압정에 복종시키는 권위주의 윤리로 변질될 위험성이 있었다. 때문에 통일국가를 낳았다는 점에서는 진보적인 역할을 담당했지만, 성립된 전제왕조, 즉 왕조국가·관료국가의 문화와 학문·사상을 무력화하고 민중을 무력화하여 압정에 복종시키는 권위주의 체제로 만든 점에서는 커다란 역작용을 하였다고 비판하는 학자가 많다. 사실 결과적으로는 그럴 것이다. 그렇지만 전국시대의 쟁란에 종지부를 찍는 원동력이 되었다는 사실은 간과할 수 없을 것이다.

참고문헌

1. 신화·전설

1) 袁珂(伊藤敬一 等 譯), 『中國古代神話』, みすず書房, 1960.
2) 貝塚茂樹, 『中國神話の起源』(角川文庫), 角川書店, 1973.
3) 森安太郎, 『黃帝傳說』, 京都女子大學人文學會, 1970.
4) 森三樹三郎, 『中國古代神話』, 弘文堂, 1969.

중국신화를 아는 데는 1)이 가장 적당하고, 그 의미를 아는 데는 2)가 알맞다. 3)은 전문서적이다. 이 밖에도 전문연구가 몇 개 있지만 현재로는 구하기 곤란한 것이 많아 생략한다.

2. 인류의 발생·선사시대

5) アランブール(寺田和夫 譯), 『人類の誕生』(クセジュ文庫), 白水社, 1953.
6) 今西錦司, 『人類の誕生』(『世界の歷史 1』), 河出書房, 1968.
7) G. クラーク, S. ピゴット(田邊義一 譯), 『先史時代の社會』, 法政大學出版局, 1970.
8) 鈴木尙, 『化石サルから日本人まで』(岩波新書), 岩波書店, 1971.
9) 寺田和夫·日高敏隆, 『人類の創世記』(『人類文化史 1』), 講談社, 1973.

인류의 발생과 그 형질적인 발전에 대해서는 8)이 적당한 입문서다. 6)과 9)는 인류의 발전과 문화의 관계를 논한 것인데 6은 동물의 생태적 연구와 비교한 것이 특색이고 9)는 고고학적 연구성과를 더 많이 이용하였다. 7)은 고고학 성과를 중심으로 선사시대의 사회를 개관하였다.

3. 고고학개론

10) 關野雄 編, 『世界考古學體系 5』, 平凡社, 1960.
11) 水野淸一 編, 『世界考古學體系 6』, 平凡社, 1959.
12) 中國社會科學院考古硏究所 編(杉村勇造 譯), 『新中國の考古收穫』, 美術出版社, 1963.
13) 樋口隆康, 『北京原人から銅器まで』(沈默の世界史 9), 新潮社, 1969.
14) 『新中國の出土文物』, 外文出版社, 北京, 1972.

모두 어느 정도는 전문적인 책들이다. 10)은 석기시대, 11)은 은주殷周 시대를 다루었다.
모두 현재까지는 좀 오래되었지만 12)가 이 점을 보충해준다. 13)은 오히려 중국 고고학사
의 성격이 강하고, 연구경과와 새로운 발굴성과의 의의를 살피는 데 훌륭하다. 14)는
중국 출판이지만 해설은 일본어로 되어 있으며 비교적 구입이 쉽다. 이 책에 관계
사진도 많으며 사진들은 모두 훌륭하다.

4. 미술 · 청동기

15) 水野淸一, 『殷周靑銅器と玉』, 日本經濟新聞社, 1959.
16) 貝塚茂樹 編, 『世界美術全集 12』(中國1), 角川書店, 1962.
17) 米澤嘉圃 編, 『世界美術全集 8』(中國1), 講談社, 1963.
18) 樋口隆康, 『中國の銅器』, 中央公論美術出版, 1967.
19) 水野淸一 編, 『東洋美術 5』, 朝日新聞社, 1968.
20) 樋口隆康 編, 『中國美術 4』, 講談社, 1973.

15), 19), 20)은 분량이 많아서 일반적으로는 구하기 곤란하지만 우수한 사진이 많이
실려 있다. 개관하는 데에는 16)이 가장 적당하다. 17)은 새로 출토된 자료를 중심으로
구성되어 있어서 전문가에게 대단히 귀중한 도판이 많다. 18)은 요령 있는 동기에
대한 개설서로 청동기를 볼 때 핸드북으로서도 편리하다.

5. 갑골문 · 금문(金文) 연구와 은주사(殷周史) 개론

21) 貝塚茂樹 編, 『古代殷帝國』, みすず書房, 1967(新版).
22) 伊藤道治, 『古代殷王朝のなぞ』(角川新書), 角川書店, 1967.
23) 白川靜, 『甲骨文の世界』(東洋文庫), 平凡社, 1972.
24) 白川靜, 『金文の世界』(東洋文庫), 平凡社, 1971.
25) 貝塚茂樹, 『中國古代史學の發展』, 弘文堂, 1946.
26) 白川靜, 『甲骨金文學論集』, 朋友書店, 1973.

은대사殷代史 입문서로는 21)이 가장 적당하다. 갑골문 발견 이래의 연구사와 비교적
최근 연구까지가 평이하게 설명되어 있다. 22)는 갑골문과 고고학의 양자로부터 은문화의
발생, 발전과 당시의 사회구성 등의 관련을 구체적인 자료를 제시하여 설명한다. 23)과
24는 갑골문, 금문의 연구 상황에 대해서도 상당히 상세하게 설명하고 있어서 은殷과
서주사西周史에 대한 개괄로도 훌륭하다. 특히 서주사 개론은 다른 비슷한 책이 없다는
점에서 귀중하다. 22), 23), 24)는 꽤 전문적이다. 25), 26)은 모두 전문서지만 갑골문과
금문 연구의 의의를 알기에는 부족하지 않다.

6. 갑골문·금문의 실례

27) 『書道全集』 1·26, 平凡社, 1965·1967.

28) 白川靜, 『甲骨文集』, 二玄社, 1963.

29) 白川靜, 『金文集』 1~3, 二玄社, 1964.

27)에도 갑골문이 포함되어 있지만 갑골문 자료는 원래 단편이 십여만 편이나 되어 전체 성격을 전하기는 곤란하다. 그러나 27), 28) 모두 각 시기의 문자, 서체의 성격을 알 수 있다. 특히 28)은 흥미로운 내용의 큰 판이 몇 개 실려 있다. 대표적인 은·주의 금문은 29)에 거의 실려 있고 금문 편년 등의 문제도 해설되어 있어서 입문서로 적당하다.

7. 상서(尙書)·시경(詩經)·역(易)

30) 吉川幸次郎 譯註, 『尙書正義』, 築摩書房, 1970.

31) 尾崎雄二郎 等 譯註, 『書經』(世界古典文學全集), 築摩書房, 1969.

32) 赤塚忠 譯註, 『書經』(中國古典文學全集), 平凡社, 1972.

33) 松本雅明 譯註, 『春秋戰國における尙書の展開』, 風間書房, 1966.

34) 目加田誠 譯註, 『詩經』(中國古典文學大系), 平凡社, 1960.

35) 吉川幸次郎 譯註, 『詩經國風』(中國詩人選集), 岩波書店, 1958.

36) 白川靜, 『詩經』(中公新書), 中央公論社, 1970.

37) 松本雅明, 『詩經諸篇の成立に關する硏究』, 平凡社, 1958.

38) 本田濟 譯註, 『易』(中國古典選), 朝日新聞社, 1966.

상서尙書, 시경詩經, 역易 등의 문헌학적 연구는 상당히 전문적인 것으로 33), 37)을 그 일례로서 들었다. 특히 상서는 난해하여 36) 같은 입문서는 없다. 30)은 고주古注의 해석도 있어서 중국에서 전통적인 상서의 해석을 알 수 있다. 35)는 시경 안에 국풍國風이라고 불리는 여러 나라의 민요를 중심으로 한 부분만 있다.

8. 초사(楚辭)

39) 目加田誠 『屈原』(岩波新書), 岩波書店. 1967.

40) 小南一郎, 『楚辭』(中國詩文選), 築摩書房, 1973.

41) 橋本循 譯註, 『楚辭』(岩波文庫), 岩波書店. 1956.

42) 星川淸孝 譯註, 『楚辭』(新譯漢文大系), 明治書院, 1970.

39)는 굴원의 전기적인 해설로 이야기되는 것이다. 40)은 초사楚辭 가운데 주요한 수편數篇을 해설한 것으로 선진시대의 초楚 문화를 개관한 책이다. 41), 42)는 초사의 역주다.

9. 사기(史記)·춘추좌씨전(春秋左氏傳)·전국책(戰國策)

43) 賴惟勤 等 譯註, 『史記』(中國古典文學全集), 平凡社, 1959.

44) 小竹文夫·小竹武夫, 『史記』(世界文學大系), 築摩書房, 1962.

45) 竹內照夫 譯註, 『春秋左氏傳』(中國古典文學全集), 平凡社, 1958.

46) 貝塚茂樹 譯註, 『春秋左氏傳』(世界古典文學全集), 平凡社, 1970.

47) 常石茂 譯註, 『戰國策』(東洋文庫), 平凡社, 1967.

46)에는 춘추시대의 상세한 지도, 연표, 지명 색인 등을 첨부하여 전문가가 사용하기에도 편리하다.

10. 공자와 논어

48) 貝塚茂樹, 『孔子』(岩波新書), 1951.

49) 白川靜, 『孔子傳』, 中央公論社, 1972.

50) 金谷治 譯註, 『論語』(岩波文庫), 岩波書店, 1963.

51) 吉川幸次郎 譯註, 『論語』(中國古典選), 朝日新聞社, 1966.

52) 貝塚茂樹 譯註, 『論語』(中公文庫), 中央公論社, 1973.

53) 武內義雄, 『論語の硏究』, 岩波書店, 1939.

54) 木村英一, 『孔子と論語』, 創文社, 1971.

55) 渡邊卓, 『古代中國思想の硏究』, 創文社, 1973.

48), 49)는 모두 공자의 전기다. 48)은 더 역사적이고 49)는 사상사적이다. 특히 48)은 중국 고대사에 대한 저자의 기본적인 고찰 방식을 잘 알 수 있다. 논어의 본문에 관해서는 이 밖에도 역주가 많지만 비교적 간편한 것을 세 종류 들었다. 53), 54), 55)는 전문서의 일례로서 들었다.

11. 맹자(孟子)

56) 金谷治 , 『孟子』(岩波新書), 岩波書店, 1966.

57) 小林勝人 譯註, 『孟子』(岩波文庫), 岩波書店, 1968.

58) 金谷治 譯註, 『孟子』(中國古典選), 朝日新聞社, 1966.

59) 內野雄一郎 譯註, 『孟子』(新譯漢文大系), 明治書院, 1962.

59)는 전기적 입문서, 57) 이하는 역주다.

12. 제자(諸子)

60) 貝塚茂樹, 『諸子百家』(岩波新書), 岩波書店, 1961.

61) 郭沫若(野原四郎 等 譯), 『中國古代の思想家たち』上·下, 岩波書店, 1953.

62) 貝塚茂樹 等 譯註, 『諸子百家』(世界古典文學全集), 築摩書房, 1965.

63) 金谷治 譯註, 『諸子百家』(世界の名著), 中央公論社, 1966.

64) 小川環樹 譯註, 『老子』(中公文庫), 中央公論社, 1973.

65) 福永光司 譯註, 『老子』(中國古典選), 朝日新聞社, 1968.

66) 福永光司, 『莊子』(中公新書), 中央公論社, 1964.

67) 福永光司 譯註, 『莊子』(中國古典選), 朝日新聞社, 1967.

68) 本田濟 譯註, 『韓非子』, 築摩書房, 1969.

69) 竹內照夫 譯註, 『韓非子』(新譯漢文大系), 明治書院, 1964.

70) 藤井專英 譯註, 『荀子』(新譯漢文大系), 明治書院, 1969.

71) 天野鎭雄 譯註, 『孫子·吳子』(新譯漢文大系), 明治書院, 1972.

60), 61)은 제자백가의 주요 사상가와 그 사상을 논한 것인데 61)은 전문적이다. 66)은 장자를 해설한 것이고 62)와 63)은 주요 제자諸子를 발췌하여 옮긴 것인데, 묵자와 관자管子 등 전체 번역이 없는 것도 포함되어 있다. 그 밖에 주요 사상가의 번역 안에서 몇 개를 선정하였다.

13. 기타

72) 內藤虎次郎, 『支那上古史』, 弘文堂, 1944.

73) 岡岐文夫, 『古代支那史要』, 弘文堂, 1944.

74) 范文瀾(貝塚茂樹 等 譯), 『中國通史 第1篇 上』, 岩波書店, 1958.

75) 增淵龍夫, 『新版 中國古代の社會と國家』, 岩波書店, 1996.

76) 守屋美都雄, 『中國古代の家族と國家』, 東洋史學會, 1968.

모두 전문서다. 72)와 73)은 좀 오래되었지만 이것을 대신할 만한 것이 없다. 74)는 현재 중국에서 이루어지는 연구의 논쟁점을 아는 데 편리하다. 75)와 76) 모두 전문서다. 75)는 춘추전국春秋戰國, 76)은 전국戰國·진한秦漢에 중점을 두었다.

참고문헌 추가 보충

신화·전설

1) 小南一郎, 『中國の神話と物語り』, 岩波書店, 1984.

2) 伊藤淸司, 『中國の神話·傳說』, 東方書店, 1996.

3) 林巳奈夫, 『龍の話』(中公新書), 中央公論社, 1993.

고고·미술

4) 夏鼐(小南一郎 等 譯), 『中國文明の起源』(NHKブックス), 日本放送出版協會, 1984.

5) 杉本憲司, 『中國古代を掘る』(中公新書), 中央公論社, 1984.

6) 林巳奈夫, 『中國古代の生活史』, 吉川弘文館, 1992.

7) 林巳奈夫, 『中國文明の誕生』, 吉川弘文館, 1995.

8) 小澤正人·谷豊信·西江淸高, 『中國の考古學』(世界の考古學 7), 同成社, 1999.

9) 飯島武次, 『中國新石器文化研究』, 山川出版社, 1991.

10) 飯島武次, 『夏殷文化の考古學研究』, 山川出版社, 1985.

11) 飯島武次, 『中國周文化考古學研究』, 同成社, 1998.

12) 貝塚茂樹 等, 『中國の美術 5(銅器)』, 淡交社, 1982.

갑골문 · 금문(金文)

13) 伊藤道治, 『中國古代王朝の形成』, 創文社, 1975.

14) 赤塚忠, 『中國古代の宗教と文化』, 角川書店, 1977.

15) 貝塚茂樹·伊藤道治, 『甲骨文字研究』, 同朋舍, 1980.

16) 松丸道雄 等, 『西周靑銅器とその國家』, 東京大學出版會, 1980.

17) 貝塚茂樹, 『中國の古代國家』(單行 再版), 中央公論社, 1984.

18) 伊藤道治, 『中國古代國家の支配構造-西周封建制度と金文』, 中央公論社, 1987.

19) 『中國書道全集 第1卷 殷·周·秦·漢』, 平凡社, 1988.

20) 松丸道雄 等, 『甲骨文·金文-殷·周·列國』(中國法書選 1), 二玄社, 1990.

사기(史記) · 춘추좌씨전(春秋左氏傳) · 전국책(戰國策)

21) 宮崎市定, 『史記を語る』(岩波新書), 岩波書店, 1979.

22) 小川環樹 等, 『史記列傳』 全5冊(岩波文庫), 岩波書店, 1975.

23) 小川環樹 等, 『史記世家』 全3冊(岩波文庫), 岩波書店, 1991.

24) 小倉芳彦, 『春秋左氏傳』 全3冊(岩波文庫), 岩波書店, 1988, 1989.

25) 近藤光男, 『戰國策』 全3卷(全釋漢文大系), 集英社, 1975.

공자와 논어

26) 宮崎市定, 『論語の新研究』, 岩波書店, 1974.

27) 金谷治, 『孔子』(講談社學術文庫), 講談社, 1990.

사상

28) 木村英一, 『中國哲學の探究』, 創文社, 1981.

29) 日原利國 編, 『中國思想史(上)』, ぺりかん社, 1987.

30) 加地伸行, 『儒教とは何か』(中公新書), 中央公論社, 1990.

31) 內山俊彦, 『荀子-古代思想家史の肖像』(講談社學術文庫), 講談社, 1999.

32) 楠山春樹, 『道家思想と道教』, 平河出版社, 1992.

33) 池田知久, 『老莊思想』, 放送大學敎育振興會, 1996.

34) 原宗子, 『中國古代の開發と環境-『管子』地員篇研究』, 硏文出版, 1994.

35) 金谷治, 『管子の硏究』, 岩波書店, 1987.

일반 개설서

36) 伊藤道治, 『よみがえる古代』(圖說中國の歷史Ⅰ), 講談社, 1977.

37) 永田英正 編, 『アヅアの歷史と文化-中國史 古代』, 同朋舍出版, 1994.

38) 尾形勇·平勢隆郎, 『中華文明の誕生』(世界の歷史 2), 中央公論社, 1998.

39) 伊藤道治·江村治樹·岡本好古, 『覇者への道』(中國の群雄 1), 講談社, 1997.

연 표

| 선사시대 |

절대연대	문화, 왕조, 왕		중 국		다른 지역
약 70만 년 전	전기	원인猿人	원모인元謨人?		오스트랄로피테쿠스
		원인原人	서후도西侯度 · 소장량小長梁 석기 발견 암하㟁河유적 주구점周口店 제13지점 남전인藍田人	석기 발견	
			북경인北京人　불의 사용		마우어인*
약 20만 년 전	구석기문화 중기	구인舊人	정촌인丁村人	마패인馬壩人	네안데르탈인 솔로인**
				동재인桐梓人 장양인長陽人	불의 사용
약 5만 년 전	후기	신인新人	오르도스인	유강인柳江人	
				기린산인麒麟山人	와자크인***
약 3만 년 전 약 1만 년 전			산정동인山頂洞人　매장		크로마뇽인
B.C. 8000년경	신석기문화	제1단계		자양인資陽人	
B.C. 6000년경			북신北辛문화 · 자산磁山문화 배리강裴李崗문화 · 노관대老官臺 문화		홍도紅陶 · 농경정주생활	북이라크에서 초기 농경문화 출현
B.C. 5000년경			사원沙苑문화 · 영정靈井문화	하모도河姆渡문화 벼농사 · 고상식 주기	
			세석기 · 선先토기문화		

연대	단계				
B.C. 4800년경		제2단계	앙소반파仰韶半坡유형문화 · 후강後岡문화 채도 성행	대계大溪문화 대문구大汶口문화	벼농사, 채도 북부 밭농사곡물, 남부 벼농사	이집트에서 농경 시작하다
B.C. 4000년경	신석기문화	제3단계	앙소묘저구仰韶廟底溝유형문화	마가빈馬家濱문화	벼농사, 홍도문화	
B.C. 3500년경		제4단계	양소仰韶후기문화(대사공大司空 · 진왕채秦王寨 · 서왕촌西王村 · 반파半坡 후기 각 유형)	대계大溪후기 · 설가강薛家崗 · 양저良渚조기早期문화 옥기 성행 대문구大汶口후기문화		수메르 도시문명 시작하다 이집트 제1왕조 시작하다
B.C. 3000년경			채도 감소 · 회도 증가			
B.C. 2500년경				굴가령屈家嶺문화	성곽 출현	
		제5단계	중원용산中原龍山문화(섬서陝西 · 진남晉南 · 하남河南) 산동용산山東龍山문화	석가하石家河문화 양저良渚문화		수메르 초기왕조 인도에 인더스 문명 발흥하다
B.C. 1800년경			용산만기龍山晚期문화에 동기銅器 출현			
		하夏? ………	고대왕권국가 출현			
B.C. 1700년경	청동기문화		이리두二里頭문화 하夏왕조?			
B.C. 1550년경	은殷	대을大乙				

* 일명 하이델베르크인. 독일 마우어 지역에서 발견되었고 최근 호모에렉투스에 속하는 것으로 판명되었다.
** 자반트로푸스 자바 응간동의 솔로 강변 단구에서 발견된 11개의 화석 두개골과 2개의 다리뼈 조각으로 알려진 선사시대인.
*** 자바의 브란타스 강 상류, 윌리스 산 기슭에서 발견된 화석인류

| 은~전국시대 | | | |

기원전	연 대		중 국	다른 지역
1550년경	은전기	대을大乙	대을이 이윤伊尹을 재상으로 하여 은왕조를 열고, 박亳에 도읍을 정하다.	1995년 바빌론 제1왕조 멸망하다.
		대갑大甲	대갑은 포학하여 쫓겨나고, 이윤이 정치를 대행하다가 대갑이 회개하여 이윤은 정권을 돌려주다.	이때 그리스는 미케네 시대 1500년경 북서 인도에 아리아인 침입, 인더스 문명 쇠퇴
1450년경		중정仲丁	오隞로 천도하다. 이때부터 왕위계승싸움이 일어나 은殷은 쇠퇴하다.	
		하단갑河亶甲	상相으로 천도히다.	
		조을祖乙	경耿으로 천도하고, 뒤이어 비庇로 천도하다.	1400년경 크레타의 미노아 문명 쇠퇴
		남경南庚	엄奄으로 천도하다.	
1300년경		반경盤庚	은殷으로 천도하다. 은은 다시 융성해지다.	
		무정武丁	서북 산서 대지로의 진출에 힘쓰고, 은의 최성기가 도래하다.	
	은후기	조갑祖甲	내정 정비에 힘쓰고, 새로운 제사제도를 시행하다.	1230년경 모세, 이집트 탈출
		강정康丁	제사제도의 복고. 산서에서 주민 이동이 일어나, 주의 고공단보도 기산岐山으로 이동하다.	
		제을帝乙	조갑祖甲의 제사제도를 정비하다. 주의 힘이 점차 커지다.	1200년경 도리아인, 그리스 침입.
		제신帝辛	인방人方을 정벌하나 제후의 반감을 사, 주 무왕의 연합군에 패해 멸망하다.	1100년경 미케네 시대 막을 내리다.
1050년경	서주전기	무왕武王	은을 멸하고 주왕조를 열어, 도읍을 호鎬로 정하다.	
		성왕成王	동방東方 반란을 평정하고 주왕조 확립, 성주成周를 건설하고 제후를 봉건하다.	1000년경 아리아인, 갠지즈 유역으로 이주, 라틴인의 이탈리아 반도 정주기 시작되다.
		강왕康王	수왕조의 힘이 가장 충실하고 안정된 시대가 출현하다.	

연도	시대	왕	사건	세계
	서주중기	소왕昭王	남쪽을 정벌하고 돌아오는 길에 한수漢水에서 익사. 서주의 남하는 한계에 도달하다.	955년경 솔로몬, 이스라엘 왕이 되다.
		목왕穆王	남이南夷의 반격에 항거하여 남진하고, 북의 견융犬戎도 정벌하다. 형벌을 정비하다.	
		공왕共王	관제官制·의전儀典 등을 정비하다. 주의 세력이 약해져 황하 유역으로 한정되다.	935년 이집트 제22왕조 시작하다.
	서주후기	여왕厲王	영이공榮夷公을 친임親任하고, 이익 독점을 노려 귀족의 반감을 사다.	
841		공화共和 원	여왕厲王은 귀족에 의해 추방당해 체彘로 망명하고, 공백화共伯和가 정권을 장악하다.	
827		선왕宣王 원	주왕조를 부흥시키고, 중앙집권적 정책을 수행하여, 제후들은 다시 이반하기 시작하다.	814년 페니키아인, 카르타고 건설. 800년경 인도, 후기 베다 시대.
779		유왕幽王 3	포사를 황후로 삼아 왕실이 혼란해지고 제후는 완전히 이반하다.	
771		11	신후申后의 아버지 신후申侯가 북방의 견융과 함께 도읍을 공격하여, 유왕은 살해되고 서주왕조는 멸망하다.	
770	춘추전기 (동주)	평왕平王 원	의구宜臼가 즉위하여 도읍을 성주로 옮기다. 진秦 양공襄公에게 종주宗周의 땅을 주다.	
750		21	진秦 문공文公이 서융西戎을 격파하고 기서岐西의 땅을 차지하다.	750년경 그리스에 폴리스 성립.
722		49	노魯 은공隱公 원년, 『춘추』를 이 해부터 기재하기 시작하다.	745년 앗시리아 티글라트 필레세르 3세 즉위.
710		환왕桓王10	정백鄭伯, 채후蔡侯가 초楚의 북진에 대비하다. 이후 초의 북진이 점차 강해지다.	앗시리아 최성기에 들어서다.
707		13	환왕桓王이 채蔡·위衛 등 제후의 병사를 이끌고 정鄭을 정벌하다 패하고, 부상당하다.	
704		16	초楚 무왕武王이 남방의 제후를 침록沈鹿에 모으고, 수隨를 정벌하여 항복시키다.	
685		장왕莊王12	제齊 환공桓公이 즉위하여 관중管仲을 재상으로 삼고, 국정을 정비하다.	
678		희왕僖王 4	진晉의 분가인 곡옥曲沃의 무공武公이 진晉 민후緡侯를 죽이고, 주왕에게 진후晉侯로 승인되다.	

연대	시기	왕	사항	세계
667	춘추전기 (동주)	혜왕惠王10	제 환공이 주왕의 명을 받아 패자로 인정받다.	
661		16	진晉이 경耿·곽霍·위衛를 멸망시키고, 대부大夫 조숙趙夙을 경耿, 필만畢萬을 위魏에 봉하다.	
651		양왕襄王 원	제 환공이 제후와 규구葵丘에 희맹하여 패업을 완성하다.	
638		14	송宋 양공襄公이 홍하泓河에서 초에 패하고 부상당하여 패자가 되는 데 실패하다.	
635	춘추중기	17	진晉 문공文公이 주왕실의 내란을 평정하고, '남양南陽'의 땅을 얻다.	
632		20	진 문공이 성복城濮에서 초를 패배시키고, 천토踐土에서 제후와 희맹하여 패자가 되다.	625년 신바빌로니아 왕조 개시.
623		29	초가 강江을 멸하다. 진秦 목공穆公이 서융을 패배시키고 서방의 패자가 되다.	609년 앗시리아 제국 멸망. 600년경 로마 성립.
606		정왕定王 원	초 장왕이 육혼陸渾의 융을 쳐서 낙양 부근에서 주의 구정九鼎의 경중을 묻다.	
597		10	초가 정의 도읍을 포위하고, 구원하러 온 진晉을 필邲에서 대패시키다.	594년 아테네에서 솔론의 개혁.
589		18	제가 노를 공격하여, 구원하러 온 진晉에게 안鞌에서 대패하다.	
585		간왕簡王 원	오왕吳王 수몽壽夢이 처음으로 주 왕실에 입조하다. 진晉이 신전新田으로 천도하다.	
579		7	송의 대부 화원華元이 진晉·초楚를 화평시키는 데 성공하다.	
575		11	진晉이 언릉鄢陵에서 초를 대패시키다.	563년 인도에서 붓다 출생하다.
552		영왕靈王20	공자가 노에서 태어나다.	
546		26	송의 대부 향술向戌이 진晉·초楚·노魯·위衛·정鄭 등의 대부와 송에서 화평을 맹세하다.	545년경 인도의 마가다 왕국 발전.

연도	시대	왕·연	사건	세계사
536		경왕景王 9	정에서 성문법을 제정하고 정명鼎銘에 새기다. 이즈음 자산子産에 의한 개혁이 계속되다.	539년 신바빌로니아 왕조 멸망. 페르시아 제국 성립
517		경왕敬王 3	노 소공昭公이 삼환씨에 패하고 제로 망명하다. 공자가 제나라로 외유하다.	
506	춘추후기	14	오가 채蔡·당唐과 함께 초를 공격하여 초의 도읍 영郢을 함락시키다.	
505		15	노 계손씨의 가로인 양호陽虎가 정권을 잡다(502년 양호는 제로 망명).	
494		26	오왕 부차夫差가 월왕 구천勾踐을 포위하여 항복시키다.	492년 페르시아 전쟁 시작하다.
484		36	오왕 부차가 제를 애릉艾陵에서 격파하다.	490년 마라톤 전쟁에서 그리스가 페르시아를 격파하다.
482		38	오왕 부차가 제후와 황지黃池에 모여 맹주가 되다. 월이 오의 도읍으로 공격해 들어가다.	
481		39	『춘추春秋』는 이 해에서 끝나다.	
479		41	공자가 죽다.	
473		원왕元王 3	오왕 부차가 월왕 구천에게 패하여 자결하고, 오가 멸망하다.	
468		정정왕貞定王 원	월越이 낭아瑯邪로 천도하다. 월의 최전성기.	
453		16	진晉의 3대부 한韓·위魏·조趙가 지백知伯을 멸망시키고, 진국晉國을 3등분하여 독립하다.	451년 로마에서 12동판법銅板法 제정.
447		22	초楚가 채蔡를 멸망시키다.	
445	전국전기	24	위魏 문후가 즉위하다. 이로부터 위가 강성해지다.	431년 펠로폰네소스 전쟁 시작하다.
403		위열왕威烈王23	한·위·조 3국이 주왕에 의해 제후諸侯로 인정받다.	428년 플라톤 태어나다.
386		안왕安王16	제齊의 대부 전화田和가 나라를 빼앗아 제후로 인정받다.	399년 소크라테스 사망.
375		열왕烈王원	한韓이 정鄭을 멸망시키고 정鄭(양적陽翟)으로 천도하다.	
361		현왕顯王 8	위魏가 안읍安邑에서 대량大梁으로 천도하다.	367년 로마에서 리키니우스·섹스티우스법 성립
359		10	진秦 효공孝公이 상앙商鞅을 임용하여 제1차변법(개혁)을 시행하다.	

연대	시기	왕	재위	중국	세계
353			16	위魏가 계릉桂陵에서 제에 대패하고 이때부터 제는 강성해지다.	
350			19	진秦이 함양咸陽으로 천도하고, 현제縣制를 시행하다. 상앙의 제2차 변법을 시행하고 이에 의해 진秦이 강성해지다.	
341	전국중기		28	제가 위魏를 마릉馬陵에서 대패시키다.	336년 알렉산드로스 대왕 즉위
333			36	제가 초에게 서주徐州에서 대패당하다.	331년 페르시아제국 멸망
318		신정왕愼靚王 3		한·위·조·연·초가 함께 진秦을 공격하였으나 승리하지 못하여 철수하다.	317년 인도에서 마우리아 왕조 성립
306		난왕赧王 9		조趙 무령왕武靈王이 북변을 경략하기 시작하여 유중楡中에 이르다.	
299			16	초 회왕懷王이 진秦에 속아 붙잡혀 죽다.	
288			27	제가 동제東帝, 진秦이 서제西帝로 칭해지게 되다.	
286			29	위魏가 옛도시 안읍安邑을 진秦에 주다. 제가 송宋을 멸망시키다.	
284			31	연·진·한·위·조·초가 합종하여 제를 공격하고 연燕 악의樂毅가 임치臨淄로 공격해 들어가다.	
278			37	진秦의 장수 백기白起가 초의 도읍 영郢을 함락시키다. 초는 진陳으로 천도하다.	268년 아쇼카 왕 즉위. 마우리아 왕조 최전성기.
260			55	진秦이 조趙를 장평長平에서 대패시키고, 조의 병사 40만을 구덩이에 묻어 죽이다.	264년 제1차 포에니 전쟁 시작.
256			59	초가 노를 멸망시키다. 진秦이 주周를 멸망시키다.	247년 시리아에서 파르티아 왕국 독립
241	전국후기	진왕 정秦王政 6		초가 수춘壽春으로 천도하다. 위衛가 야왕野王으로 천도하다.	
233			14	한비자가 진秦으로 가 감금당해 자살하다.	
230			17	진秦이 한韓을 멸망시키다.	232년경 아쇼카 왕 사망.
228			19	진秦이 조趙를 멸망시키다.	
225			22	진秦이 위魏를 멸망시키다.	
223			24	진秦이 초楚를 멸망시키다.	
222			25	진秦이 연燕을 멸망시키다.	
221			26	진秦이 제齊를 멸망시키고, 중국을 통일하다.	

재간에 즈음하여

이토 미치하루伊藤道治

1974년에 『중국의 역사』 시리즈 전 10권의 제1권으로 출간되었던 이 책이 이번에 『고대중국』(한글 번역본의 제목은 『중국의 역사 선진 시대』)으로 이름을 바꾸어 학술문고본으로 간행되었다. 편집부에서 그런 이야기가 나왔을 때 구판은 도저히 현재의 학문적 수준에 미치지 못하니 보완이 필요하다는 취지를 전달하여 양해를 얻었으나 실제로 일에 착수하고 보니 보완 작업이 보통 일이 아님을 통감하였다. 동시에 4반세기 동안 이루어진 새로운 발굴과 연구를 통해 정설이 계속 수정되어 왔음을 재확인하고, 그 시대의 흐름에 감개를 금치 못하겠다.

특히 구판의 신석기시대에 관한 장은 완전히 새로 써야 했을 뿐만 아니라 문화의 추이와 사회구성이라는 2개 장으로 나눠야 했다. 될 수 있는 대로 새로운 발굴과 발견의 성과를 수용하였지만 현재의 고고학의 진전은 나날이 발전하여 이 책이 인쇄에 들어간 후에도 중요한 보고와 연구가 전해졌다. 그 하나가 1993~1996년에 걸쳐 행해진 정주시 서산西山의 앙소 후기 진왕채秦王寨 유형 문화에 대한 유적조사다.

이 유적에서는 당시의 성곽 유적이 발견되었는데, 직경 약 180m, 성내 추정 면적이 대략 25,000m²였으며, 북쪽과 서쪽에는 성문이 있고 방어용 시설도 갖추어져 있었다. 성내 주거지 등도 200여 개가 확인되었지만 파괴가 매우 심해서 상세한 것은 분명하지 않다. 다만 일부 지역의 주택 출입구가 한쪽 방향으로 열리도록 되어 있는 것으로 미루어 아마 거리에 의거하여 주거군이 구획되어 있었던 것으로 생각된다.

본문에서 언급하였듯이 성곽은 장강 유역의 굴가령문화에서 시작하여 황하 유역으로 전해진 것이 아닌가 생각되었다. 그러나 진왕채문화는 굴가령문화보다 빠른 시기에 시작되었으며 축성 기술에서도 판, 즉 판넬을 사용하여 흙이 허물어지는 것을 방지하면서 3개를 한 쌍으로 한 직경 3cm 정도의 통나무로 위에서 흙을 다져 굳히는 방법으로 축성하였다. 판넬을 사용하는 이러한 방식은 장강 유역에서는 볼 수 없는 기술로, 은·주 시대부터 현재까지 황하 유역에서 일반적으로 볼 수 있는 기술이기 때문에 아마 자연조건, 즉 황토라는 토질을 이용한 축성이었을 것이다. 이러한 사실을 고려한다면 축성 기술은 일괄해서 장강 유역에서 시작되었던 것도 아니며, 집합주택 역시 장강 유역에서 시작되었다고 단언하는 데 주저하게 된다. 서산 유적의 연대에 관해서는 탄소14에 의한 측정이 이루어지지 못한 것이 유감스럽다.

1999년은 갑골문이 발견된 지 100주년이 되는 해로, 그 발견지인 안양에서 기념학회가 개최되어 필자도 참가했다. 그 자리에서 중국사회과학원 고고연구소가 안양 소둔 남쪽에 있는 화원장花園莊에서 발견된 갑골문에 관한 보고를 발표하였다. 화원장 동쪽 지역 H3이라 불리는 수갱堅坑에서 1,583편의 갑골이 발견되었는데 그 가운데 579편에 복사 등의 기록이 있었다. 그 복사에 기재된 제사 대상인 조상의 이름이나 정인에게는 특색이 있다. 이 갑골로 복점을 행한 것은 은왕실을 구성하는 한 집단이다. 만약 이 복사군의 전체 내용이 발표되어 연구가 진행된다면 왕실의 혈연구조와 왕위상속과의 관계가 해명될 것임을 통감함과 동시에 이 책의 제6장에서 다루었던 것보다 더욱 명확해지리라고 생각했다. 또 하원장이라는 지역은 소둔 궁전을 에워싸듯 만들어진 커다란 해자 안쪽에 있는 것인지 아니면 바깥쪽에 있는 것인지 명확하지 않지만 이 점 역시 당시의 도읍을 고려할 때 하나의 문제점이 될 것이다.

세 번째로 다루고 싶은 것은 하왕조에 관한 것이다. 구미나 일본의 연구자들 사이에서는 하왕조의 존재에 대해 부정적인 견해가 많아 중국학계의 대세와는 대조를 보인다. 그러나 진남晉南 예서豫西 용산문화에서 볼 수 있는 사회분화가 이루어지고 있었고 이리두 문화에서도 그러한 경향이 더욱 강했다는 점을 염두에 둔다면, 이 두 문화의 전후가 되는 문화시대에 적어도 이 지역에 왕을 중심으로 하는 정치기구가 존재하였다고 볼 수는 없을까. 그 시대에 그러한 정치기구가 어떤 명칭으로 불렸는지는 알 수 없으나 그것이 후대에 '하夏'라고 불리게 된 것은 아닐까 생각된다.

그 밖에 서주·춘추 시대에 관해 몇 가지 새로운 발견도 이루어져 이에 대한 정정도 했다. 이런 보완을 이룬 이 책은 현 시점에서는 최신 성과를 반영한 개설서로서 새로운 삶을 누리게 되었다고 할 수 있을 것이다.

그러나 전국시대 부분은, 이 부분을 집필한 가이즈카 시게키貝塚茂樹 선생이 이미 작고하였기 때문에 가능한 한 구판 그대로 남겨두었다. 다만 진나라에서 상앙이 시행한 개혁의 의미에 관해서는 춘추시대의 진의 도읍 옹성과 공실 묘지에 대한 조사가 진전되면서 이미 당시의 진이 경제적으로나 문화적으로나 일류 국가가 된 것이 명확하기 때문에 필자의 변변찮은 의견에 의거하여 다시 기술하였다. 혹 선생으로부터 질책을 받을지 모르겠으나 전체 역사의 움직임에 맞추었다는 핑계로 용서를 구하고자 한다.

또 구판에는 첫머리에『중국의 역사』시리즈 전 10권에 걸친 선생의 서문이 있었으나 이번에는 시리즈가 해체되어 개별 단행본으로 나오게 되어 없어졌다. 격동의 4반세기 전의 국제정세와 중일관계를 의식하고 썼던 것이므로 일정한 의미를 갖고 있는 글이라고 생각되지만 선생의 용서를 비는 바다.

마지막으로 이 책의 출판에 즈음하여 보정 작업 과정에서 수고해 주신 고단샤 학술문고 출판부의 스즈키 이치모리鈴木一守, 이 작업을 이어받아 원고의 편집 단계부터 출판까지 담당해 주신 이나요시 노부로稻吉稔의 협력에 진심으로 감사드리는 바다.

2000년 1월 5일

426

옮긴이 후기

이 책의 원본은 저자가 밝혔듯이 원래 1974년에 고단샤講談社에서 '중국의 역사' 시리즈로 간행한 것을 문고판으로 새로이 출판하였는데, 그 가운데 제1권을 2000년에 『고대중국』이라는 타이틀로 대폭 수정하여 재간된 것이다. 고대사는 새로운 자료의 발굴이 끊임없이 이루어지고 있기에 기존 내용에서 언급되지 않았던 부분이 늘 새로 생겨나게 된다. 따라서 이 책이 처음 출간되었던 때로부터 30년이 지난 시점에 내용상 대폭 수정될 수밖에 없었던 점을 잘 이해할 수 있다. 이 책의 공동저자인 가이즈카 시게키貝塚茂樹 씨와 이토 미치하루伊藤道治 씨는 일본에서 중국 고대사 연구를 대표하는 저명한 학자다. 그 가운데 가이즈카 시게키 씨는 특히 중국문자와 제자백가에 집중하여 연구 성과가 많이 축적되어 있다. 이에 관한 저서가 한국에서도 번역 출간되었다. 이토 미치하루 씨의 저서 역시 번역 출간되었는데, 그는 특히 은대殷代 연구의 대가다. 비록 이들이 일본학자일지라도 이들의 저서는 중국 고대사 전공자라면 누구든 한 번씩은 읽었으리라 생각할 정도로 세계적 연구 성과와 명성을 갖고 있는 대학자라 할 수 있다. 이처럼 이 책은 고대중국 연구에서 세계적 인지도를 가진 일본의 대표 학자들이 심도 있게 구성한 것이기에 이 책의 가치는 더 이상 언급하지 않아도 충분할 것이다.

한편 그간의 고고학적 연구 성과를 기반으로 개정된 이 책은 중국문명에 대한 새로운 이해에 따라 하강문명河江文明이라는 새 용어를 제시하였다. 이에 따라 기존의 중원 중심의 황하문명에 대한 이해에 일대 새 국면을 맞이하게 하였다. 옮긴이는 개정 이전 판본과 개정판 모두를 번역하게 되는 약간의 혼란을 겪었다. 사실 20세기 후반기(물론 21세기에도 이어지지만)는 중국 고고학의 황금시대라는 말에 걸맞게 소위 현대의 '중국' 판도에서 헤아릴 수 없는 수많은 고고 발굴이 이루어졌고 그 성과도 대단한 것이었다. 따라서 그러한 성과들을 반영할 수 없었던 개정 이전의 책을 번역하면서 한편으로는 걱정이 되기도 하였다. 그러나 새롭게 번역한 이 개정판은 그간의 실로 대단한 고고학적 연구 성과를 반영하여 각 단계별로 각 지역 문명을 잘 정리하였기 때문에 마음이 놓였다. 물론 고고학적 성과는 다시 언제든지 새로 출토되는 자료에 따라 또 다른 결과로 거듭날 수 있을 것이다. 따라서 이 선진先秦 부분의 기술은 여전히 새로이 쓰이게 될 남겨진 부분이 많을 것이다. 그렇기 때문에 본문에서도 중국고대 문명의 새로운 발굴과 해석의 가능성을 남겨두고 있기도 하다.

또한 이 책은 시대사 개설서지만 세밀하고 심도 있는 내용을 담고 있기 때문에 전문용어가 상당수 나온다. 고고학 논문이나 고대 농업 분야의 논문에서도 이러한 전문용어를 표현하는 데에 미묘하게 의견이 일치하지 않는 경우를 발견하기도 한다. 더구나 이것을 한국어로 옮기면 독자들에게 생소한 용어로 들릴 수도 있겠지만, 무엇보다도 정확성을 확보하는 것이 나중에 이러한 용어들이 보편화되는 시점에서는 독자들의 이해를 더욱 쉽게 해주는 바탕이 될 것이다. 다행히도 이 과정에서 각 분야 전문 연구자들의 진심어린 도움을 받을 수 있었다. 도움을 주신 강인욱, 김경호, 김석우, 민후기, 박봉주, 박양진, 안신원, 양시은, 임영진, 정대영, 정인성 선생님을 비롯하여 비록 이 지면에는 싣지 않았지만 여러 선생님들께 이 자리를 빌려서 머리 숙여 감사드린다.

또 일본어 원문에서는 일본 독자들의 이해를 돕기 위해 간혹 일본의 사례와 비교하여 설명하는 경우가 있다. 그러다 보니 일본의 사례에 생소한 한국의 독자들에게는 오히려 이것이 이해를 더 어렵게 만들기도 하여 이 부분에 대한 처리가 고민스러웠다. 번역본이 한국에서 출판되는 점을 염두에 두어 한국의 사례까지 추가하여 아예 한·중·일을 함께 보는 방법도 생각해 보았지만, 한국사에서도 각각의 논쟁이 존재하고 원문에서 표현한 내용과 딱 들어맞는 비유가 존재하는 것도 아니므로, 어떤 내용을 담아야 할지 그것을 가늠하기도 쉽지 않았다. 따라서 부득이하게 몇 군데에서 일본의 사례와 비교한 원문 부분을 생략하게 되었다. 간혹 이러한 경우 본문에 역주로 처리하기도 하였는데, 이 점을 독자 여러분께서 너그러이 양해해 주시길 바란다.

이 책에서는 한국에서 나온 그간의 관련 연구 성과를 역주로 추가하는 작업을 진행하였다. 그런데 이전에 비해 최근 중국 고대사, 특히 선진시대에 관한 훌륭한 연구 성과가 많아진 것은 분명한데 한국 내에서는 여전히 연구자가 부족하고 연구 대상이나 범위도 지극히 협소하다는 것을 실감하였다. 앞으로 이 분야에 더욱 많은 연구자가 나와 좋은 연구가 쏟아져 나오기를 기대해 본다.

이 책이 번역되어 출간되기까지 오랜 시간이 흘렀다. 초벌 번역 이후에는 경북대학교 역사교육과의 고대사 수업교재로도 오랫동안 사용하였다. 교재를 사용하는 중에 이루어진 학생들의 질문이나 답변은 http://junggug.cyworld.com에 실려 있어서 이 책을 읽는 분들에게도 도움이 될 것이라 생각한다. 이제 비로소 정식 번역판으로 일반 독자들도 읽을 수 있는 계기를 제공할 수 있게 되니 기쁘고 홀가분하다. 이 책이 대단한 학문적 성과와 그에 따른 명성을 갖고 있는 원본을 단순히 우리말로 옮겨 적는 작업을 한 데 불과하다 해도 혹여 옮긴이의 무지와 무딘 필치 때문에 그 명성에 흠을 낸 것은 아닌지 여전히 걱정스럽다. 그러면서도 이러한 책을 번역해서 출판할 수 있게 된 것은 가슴 뿌듯한 영광으로 생각한다.

원출판사인 일본 고단샤講談社의 양해를 얻어서 원저자나 그 유족들과 직접 한국어 번역 출판건을 교섭하였었다. 가이즈카 시게키 씨의 장남이 이 책의 번역을 쾌히 승낙해 주셨으며, 이토 미치하루 씨는 번역이라는 것이 참으로 공功이 많이 들어가는 작업인데 수고가 많다면서 여러 가지로 격려의 말씀도 잊지 않으셨다. 평소에 일본 전통의상을 잘 입고 다니시는 이토 교수는, 이 책의 개정판을 만들면서 처음부터 끝까지 새로이 쓰다시피 손질하셨으며, 그 덕택에 최신 자료에 대한 소개가 꼼꼼히 이루어져 그 내용을 쉽게 이해할 수 있도록 되어 있음을 알 수 있었다. 그리고 고단샤의 노마 사와코野間佐和子 사장과 호시노 도모나루星野智成 국제실장께 감사드리는 바다.

책이 번역되어 출간에 이르기까지 각 부분에서 아낌없는 지원과 후원을 해주신 여러 선생님들, 그리고 혜안출판사 오일주 사장님께 감사드린다. 또한 옮긴이의 게으름을 넉넉하게 기다리고 꼼꼼하게 교열하여 주신 김현숙 편집장님을 비롯하여 출판사 여러분들께 진심으로 감사드린다.

옮긴이 배진영·임대희

찾아보기

ㄱ

가斝(잔) 54, 66, 73, 74, 75, 153
가내노예家內奴隷 163
간공簡公 286
간석기磨製石器 18, 53, 64, 75
간육干肉 254
간장干將 304
간체자簡體字 17
간하澗河 195
갈고리무늬雙勾文(乂) 67
감생설화感生說話 173
갑골문자甲骨文字 15, 102, 120
갑수甲首 336
갑씨甲氏 268
강羌 164
강가康家 91
강갑羌甲 147
강숙康叔 191, 205, 252
강왕康王 187, 196, 213, 228
강원姜原 172
강정康丁 125, 129, 131
강족姜族 175, 182, 219
강채姜寨 82, 83
객성장客省莊 187
거鋸(톱) 304
거교鉅橋 148
거마의복車馬衣服 218
건후虔侯 202
걸왕 112
검치호劍齒虎 41, 42
견융犬戎 230
결玦 63, 65
겸鎌(낫) 56, 62, 68, 75, 95
겸애兼愛(＝범애汎愛) 377, 378
경耿 114
경鼎 277
경공景公 250

경사료卿事寮 219
계季 222
계골산鷄骨山 32, 33
계력季歷 178
계릉桂陵 349
계손씨季孫氏 283, 292, 294
계절繼絶 252, 253
계찰季札 296
계평자季平子 283
계환자季桓子 283
고鼓 94
고觚 153, 307
고공단보古公亶父 175, 176, 178
고로高魯 283
고병배高柄杯 67, 68, 73, 74
고상식高床式 80, 97
고자高子 300
고자하편告子下篇」 253
고죽국孤竹國 185
고향둔顧鄉屯 48
고형기觚形器 62
곡響 131
곡부曲阜 292
곡옥曲沃 201, 257
곤민국困民國 136, 138
골제 바늘 46
공공共工 27
공방돔方 117, 141, 166
공백共伯 225, 278
공백화共伯和 225, 226
공비功非 408
공산불뉴公山不狃 294
공상적 사회주의 397
공성전攻城戰 344, 354
공손룡公孫龍 407
공오왕부차감攻吳王夫差鑑 276
공왕共王 214, 221, 227, 228

공위시대空位時代　226
공유公劉　176
공자孔子　292, 293, 371, 385
공자학단孔子學團　292
공전公田　235, 298, 299, 365
공화共和　225
공화원년共和元年　225
과戈　153, 189
곽霍　258
관管(피리)　57, 71, 76
관罐(항아리)　48, 55, 60, 62, 67, 73, 74, 75
『관당집림觀堂集林』　103
관료국가　326
관료제　320
관료제 국가　325
관료조직　341
관세關稅정책　355, 356
관숙管叔　187, 190
관자管子　324
『관자管子』　300
관중管仲　252, 324
관형정罐形鼎　73
괵국虢國　240, 258
괵숙虢叔　240
9개 보정寶鼎　264
구석기시대　18
『구약성서』　29
구천句踐　273, 276
구천의 검　276, 303
구파舊派　128, 143, 146
『국어國語』　25, 300
국자國子　300
군공軍功　336
군자君子　368, 369
군제軍制　341
군현제郡縣制　340, 341
굴가령屈家嶺문화　65, 68, 69, 70, 88, 90
굴원屈原　30, 375
굴지장屈肢葬　64, 69, 87, 251
권족반圈足盤　75
궤簋　308
귀갑龜甲　101
귀방鬼方　117, 177
귀족과두정치　283
규圭　53, 62, 67, 68, 73, 74, 75, 76, 93
규구葵丘의 회會　253
그물격자무늬菱形網格子文　68

그물눈무늬網目文　67
극戟　304, 342
극극郤克　269, 278
금문金文　16
금화金貨　364
기棄　172, 174
기년蘄年　250
기린산인麒麟山人　37
기병騎兵　343
기봉문夔鳳文　308
기산岐山　175, 176, 177, 181, 229
기장黍・조粟 문화　20

ㄴ

나가각羅家角　58
나진옥羅振玉　102
「낙고편洛誥篇」　194
낙수촌洛水村　187
낙양　19
낙읍洛邑　184, 191, 192, 194, 195
난각흑도卵殼黑陶　68, 73, 74, 93
난씨欒氏　278
남南　164
남경南庚　114
남선북마南船北馬　346
남전원인藍田原人　35, 36, 39, 44
낭야瑯琊　275, 325, 345
노로魯　203, 228, 283
노관대老官臺문화　55, 63
노 소후昭侯　283
노魯의 구갑제丘甲制　297
노역지대勞役地代　364, 365
노예제　22
노예제시대　22
노우구老牛溝　33
노자老子　384, 385
『노자』　383, 384, 385, 386, 387, 388
노장老莊　391
노장사상　391, 392
녹대鹿臺　119, 148
녹로　61, 73, 74
녹보祿父　186, 190
녹정鹿鼎　159
『논어論語』　293, 372, 384
농가農家　373
농노제農奴制　22

농노제(＝봉건제)시대　22
농촌공동체　386, 392
뇌罍　153
늠신廩辛　125
능음凌陰(얼음창고)　248

ㅡㄷ

다견多犬　151
다마多馬　151
다복多卜　154
다부多婦　149
다사多射　151
다윤多尹　154
다자족多子族　149
단철鍛鐵　303
달기妲己　119
당唐　209
당숙唐叔　200
대大　196
대갑大甲　112
대계大溪문화　20, 62, 63, 65, 87
「대고편大誥篇」　190
대나무잎무늬竹葉文　67
대려인大荔人　37
대로大路　199
대로大輅　260
대문구大汶口문화　61, 62, 64, 65, 67, 80, 86
대보大保　211
대사臺榭 건축　247
대사공大司空 유형　66
대사공촌大司空村　155
대상삼족력袋狀三足鬲　74
「대아大雅」　375
「대아大雅」<생민편生民編>　173
대을大乙　109, 112
대읍大邑　166
대읍상大邑商　166
대정大丁　112
대지大知　388, 389
도가道家　373, 383
도가사상道家思想　388
도덕경道德經　383, 384
도刀(화폐)　362, 363
도비都鄙　166
도사陶寺　93, 96
도정曶鼎　237

도철문 방화方盉　160
돌가래石鋤　48
동궁동시彤弓彤矢　260
동비東鄙　166
동성同姓 제후　206
동이東夷　212, 215
동작빈董作賓　104, 105, 126, 128
동재인桐梓人　37, 43
동제東帝(齊)　401
동제후東諸侯　252
동주東周　239
동주시대　19
동패銅貝　362
두豆　58, 62, 63, 64, 67, 69, 71, 74, 75, 76
등황도橙黃陶　63
뗀석기打製石器　39, 45, 51
띠무늬帶文　59, 60

ㅡㄹ

력鬲　53, 54, 73, 178, 307
록펠러 재단　34

ㅡㅁ

마가빈馬家濱문화　64, 75, 87
마름모꼴 사각 격자菱形方格　63
마릉馬陵　349
마반磨盤(갈판)　49, 56
마봉磨棒(갈돌)　56
마왕퇴馬王堆　28
막야莫邪　304
만리장성萬里長城　354
만족蠻族　326
매산煤山　96
맹상군孟嘗君　401, 402
맹서盟書　280
맹손씨孟孫氏　283, 294
맹자孟子　204, 381, 392, 399
『맹자』　393, 394
맹진孟津　183
명가名家　373, 383, 406
모계제　92
목공穆公　251
목야牧野　119, 183, 191
목왕穆王　187, 198, 213, 227
목왕의 서정西征　217

목준髦尊　205
『목천자전穆天子傳』　216, 217
몽골로이드　40, 43, 44
묘저구廟底溝 유형　60
무공武公(晉)　256
무관촌武官村　117, 158
무명無名의 농촌공동체　386
무문無文　48
무보武父　199
무여無余　273
무왕武王　183, 191, 192
무위無爲의 정치　387
무을武乙　118, 125, 129
무정武丁　116, 117, 125, 144, 161
묵가墨家　373
묵자墨子　322, 375, 371, 376, 377, 393, 406
『묵자』　380
묵자학파　393
문강文姜　252
문왕文王　178, 179, 180
문정文丁　125, 129
문후文侯(晉)　257
미금美金　303
미백彌伯　222
미숙彌叔　222
미자微子　191, 213
민지현澠池縣 앙소촌仰韶村　33

_ㅂ

바구니무늬籃文　66, 67, 69, 73, 75
박亳　112, 270
박亳의 회맹　271
반盤　63, 94, 153
반간고육反間苦肉　351
반경盤庚　115, 116, 125, 145
반고班固　29, 373
반고전설盤古傳說　29, 30
반리문蟠螭文　308
반산半山　98
반파촌半坡村　60, 80, 81, 82, 91, 92
반파 후기 유형　66
발鉢　55, 59, 60, 62, 63, 64, 67
방方　141, 142
방旁　16
방륜紡輪　86
방벌放伐　396, 397

배杯(잔)　48, 62, 69, 71
배리강裴李崗문화　55, 60, 79
배문중裴文中　34
배수호背水壺　67
백伯　222
백가장百家莊　187
백가쟁명百家爭鳴　371, 372
백금伯禽　198, 212
백기白起　401
백도白陶　63
백복伯服　230
백비伯嚭　274
백성百姓　23
백어伯御　227
백의채도白衣彩陶　63
백이伯夷·숙제叔齊　185
백적白狄　268
『백호통白虎通』　267
백화帛畫　28
범范　279
범개范匄　282
범려范蠡　275
범수范雎　350
범씨范氏　278, 281, 321
법가法家　373
『법경法經』　333
『법경』 포법　339
법정화폐　362
법화法化　363
벼농사稻作 문화　20
벽璧　76, 153
병농분리兵農分離　342
보도촌普渡村　187
보두堡頭　93
보병부대　342
보패寶貝　361
복사卜辭　102
봉건封建　199
봉건제도　174, 198, 203, 204, 325
봉건제적 귀족국가　314
봉상현치鳳翔縣治　248
부釜　55, 62
부斧(도끼)　56, 57, 68, 69, 75, 76, 86, 87, 305
부가퇴문附加堆文　48, 61
부갑父甲　125
부개夫槪　272
부경父庚　125

부신父辛   125
부신장俯身葬   152
부열傳說   117
부을父乙   125
부자상속   112, 118, 144
부차夫差   274
부호婦好   160
북경원인北京原人   33, 35, 39, 40, 43, 44
북경협화의학원北京協和醫學院   34, 35
북신北辛문화   55, 79, 80
북융北戎   242
분盆   64, 67, 71, 74
분절언어   42
불의 사용   40
비庇   114
비鄙   166
비費   25, 294
비늘무늬鱗紋   308
「비십이자편非十二子篇」   404
비업非業   408
비전론자非戰論者   378
빈豳   176

_人_

사耜(가래)   57, 61, 95
사각격자무늬   73
사士 계층   283, 284, 290, 299, 371
사공司工   203, 219, 220
사공司空   341
사군四君   401, 402
『사기史記』   24, 25, 138
『사기색은史記索隱』   27
사도司徒   220, 341
사마司馬   219, 220, 341
사마정司馬貞   27
사마천司馬遷   24
사모신司母辛   160
사상보師尙父   181, 182
사씨師氏   219
사인舍人   290
사종私從   290
사직社稷   174
사토司土   203, 219, 220
사화보師和父   225, 226
산鏟(낫)   153, 305
산동 용산문화   62, 73, 80

산서대지山西臺地   116, 177, 201
산융山戎   210
산정동인山頂洞人   37, 44, 45
『산해경山海經』   136
3국5비제三國五鄙制   300
3군三軍   299
삼련언三聯甗   160
삼릉대첨상기三棱大尖狀器   43
삼문마三門馬   41
『삼오력기三五曆記』   29
삼유사三有司   219
삼진三晉   320, 321, 323
삼행三行   299
삼환씨三桓氏   283, 284, 292, 293, 320
삼황三皇   26, 28
「삼황본기三皇本紀」   27
삼황설화   28
상相   114
상商   166
상나방上那蚌   36
『상서尙書』   24, 116, 117, 118, 144, 146, 295
상앙商鞅   336, 338, 349, 406
상인구上印溝   33
상촌령上村嶺   240
상현주의尙賢主義   323, 376
새끼줄무늬繩文   55, 60, 61, 66, 73
샤라-오소-골   43
서鋤(가래)   55, 57, 73, 95, 303, 328
서徐   212, 217
서맹誓盟   16
서비西鄙   166
서수파西水坡   60, 84
서왕모西王母   216, 217
서왕촌西王村 유형   66
서우犀牛   41
서육사西六師   194
서인鋤刃(가래날)   68
서인庶人   233
서정徐整   29
서제西帝(秦)   401
서주西周   179
서주시대   16, 185, 188
서후도西侯度   36, 43
석가하石家河문화   74
석가하 성지   89
석겸石鎌   73, 74
석경石磬   94, 250

석구石臼(돌절구) 56
석기石器 18
석도石刀(돌칼) 49, 53, 73, 74
석마봉石磨棒(갈돌) 49
석부石斧(돌도끼) 53
석서石鋤(돌가래) 48, 49
석저石杵(돌공이) 56
석족石鏃(돌화살촉) 73, 74
석편石片석기 45
석핵石核석기(몸돌석기) 40, 45
선양제禪讓制 396
선왕宣王(齊) 395
선왕宣王(周) 226, 227
설契 25
설가강薛家崗문화 70, 71
섬鉎(작살) 68
섬서 용산문화 72
성郕 294
성복城濮 260
성사成師 257
성선설性善說 398, 399, 409
성악설性惡說 405, 409
성왕成王 187, 191, 195, 198
성인聖人 405
성주成周 191, 195, 205, 239
성주성成周城 192
성주팔사成周八師 194
성탕대을成湯大乙 109, 111
소공昭公(西周) 219, 225
소공석召公奭 182, 190, 191, 195, 210
소구첨저호小口尖底壺 61
소국과민小國寡民 386
소기搔器(긁개) 42
소둔小屯 102, 117, 170
소둔기 106, 107, 108, 117
소둔촌 104
소백召伯 호虎 227
소부둔蘇埠屯 156, 160
소설가小說家 373
소신小辛 116, 125, 145
소아小雅 375
소왕昭王 198, 221
소왕의 남정南征 214
소용돌이무늬渦卷文 68
소우정小盂鼎 178, 216
소을小乙 116, 125, 130, 145
소인小人 144, 145, 368

소자小子 219
소장량小長梁 36
소전小篆 17
소전少典 23
소지小知 388, 389
소진蘇秦 351, 382, 401
소호小皞 26
손자孫子 349
『손자』 354
송宋 213
송頌 375
송견宋銒 381
송양宋襄의 인仁 255
수隨 209
수리·관개 사업 328
수몽壽夢 271
수부手斧(자귀) 61, 62, 64, 68, 75, 76, 86, 87, 96
수혈식 주거 78, 79
숙叔 222
숙량흘叔梁紇 292
숙손씨叔孫氏 283, 294
숙우叔虞(＝당숙唐叔) 256
숙향叔向 279, 288
순舜 24, 26, 396
순수巡狩 205
순자荀子 381, 400, 406, 407, 409
『순자』 267, 403
술戌 151
숭산嵩山 29
숭택崧澤문화 71
스테고돈 41, 42
『시경詩經』 295
시굉兕觥 306
시난트로푸스·페키넨시스＝북경원인 34
시리市吏 360
시비是非 390
시향尸鄉 106, 109, 111, 112
식息 209
식객食客 402
신농씨神農氏 23, 24, 26, 27
신도愼到 381
신릉군信陵君 401
신민新民 195
신백申伯 227
신읍新邑 195
신인新人 43, 44

436

신전장伸展葬　64, 69, 82, 87, 155, 251
신정국가神政國家(Theocracy)　318
신파新派　128, 143, 146
신후申侯　230
신후申后　230
실물지대實物地代　364
실증적 귀납논리학　406
십오제什五制　366
십이제후표十二諸侯表　243, 313, 319
쌍이관雙耳罐　64
쌍이호雙耳壺　76

_ㅇ

아亞　150
아구기牙勾器　62
아리스토텔레스　404
아리스토텔레스적 인간론　404
아메리카인디언　44
아모구鵝毛口　51
악군절鄂君節　347
안영晏嬰　279, 289
안율의 싸움　269, 278
암페라　87
암하匼河　43
앙소仰韶　20, 53
앙소문화　51, 53, 54, 59, 60, 66
앙소 반파유형 문화　59, 80
앙소 후기문화　69
앙앙계昻昻溪　48, 49
야인野人　368
야전野戰　344, 354
양갑陽甲　115, 125, 145
양공襄公　251
양설힐羊舌肹(숙향)　279
양·묵 학파　394
양저良渚문화　20, 75, 97, 98, 276
양저良渚 조기문화　71
양종건楊鐘健　34
양주楊朱　392, 393, 394, 399
양주·묵자　394
양주학파　393
양梁 혜왕惠王　395
양호陽虎　283, 284, 293
언甗　53, 74
언후匽侯　211
언후지匽侯旨　211

엄奄　114
엘베시우스　393
여輿　211
여공厲公　278
여불위呂不韋　26, 393
여산驪山　230
여상呂尙　181, 182
『여씨춘추呂氏春秋』　26, 393
여와女媧　27, 28
여왕厲王　224, 226, 227, 236
역櫟　264
『역易』「계사전繫辭傳」　26
역림櫟林　212, 240
역사어언연구소歷史語言研究所　53, 103, 105
역성혁명易姓革命　185
역현易縣　211
연燕　210, 349, 358
연좌제　336
연횡連衡　350, 383
연횡책連衡策　351, 383
연후燕侯(언후匽侯)　211
염제炎帝(신농神農)　23, 26
영계榮季　222
영백榮伯　222, 278
영이令彝　196
영이공榮夷公　224
영정靈井　48
영토국가　314
예기禮器　94
「예문지藝文志」　373
예서隸書　15, 16
예芮　180
예禮　289
오吳　16, 77, 271, 273, 348
오郚　244
오噭　112, 117
오기吳起　335, 372, 381
오르도스인　37, 43
오성吳城　106, 114, 310
오성 유적　107
오스트랄로피테쿠스　37, 38, 39
오왕 광光(闔閭)　273, 304
오왕광감吳王光鑑　276
오왕 요僚　273
오왕 합려闔閭　304
『오운력연기五運曆年記』　29
오원伍員　272

오인조五人組　336
『오자吳子』　354
오자서伍子胥　272
오제五帝　23, 26
오제덕五帝德　25
「오제본기」　24, 28
오제설화　26
오종五種제사　128, 129, 130, 143, 146, 147
오행설　267
옥결玉玦　88
옥비녀玉管　93
옥월玉鉞　93, 94
옥환玉環　93
옥황玉璜　88
온溫　244
옹甕　76
옹관　79, 82, 87
옹관묘　80
옹성雍城　248
와신상담臥薪嘗膽　275, 276
완碗　48, 55, 60, 63, 67, 69, 71, 164
완륜腕輪　65
왕강王姜　195
왕국유王國維　102, 138
왕도정치王道政治　409
왕성강王城崗　96
왕손만王孫滿　264
왕의영王懿榮　101, 102
왕인王人　232, 233, 235
왕조국가　325, 326
「왕패편王覇篇」　267
왕해王亥　136, 138
외병外丙　112
외황호外隍濠　250
요堯　24, 26, 396
요갱腰坑　155, 157
요산瑤山　97
용골龍骨　33, 101
용골산龍骨山　33
용국庸國　263
용산龍山문화　20, , 54, 72, 92, 105
용산진　72
우虞　180, 258
우禹　25, 110, 111
우정牛鼎　159
우중虞仲　178
운몽택雲夢澤　272

운몽현 수호지　338
운제雲梯　343, 354
운채雲彩　69
웁살라 대학　34
웅역熊繹　262
원교근공(책)遠交近攻(策)　350, 351, 401
원군묘元君墓　84
원모인　36
원인原人(피테칸트로푸스)　34, 40, 44
원인猿人　36
원전圓錢　362
원전제爰田制　298
원하洹河　104, 133
월越　16, 77, 271, 272, 345, 348, 349
월鉞　76
위魏　239, 258, 279, 349
위衛　151, 203, 228, 242
위魏 문후文侯　333, 345, 371, 381, 401
위씨魏氏　281, 291, 321
위魏 양각羊角　283
위왕威王　349
위魏 혜왕惠王　394
위후衛侯　205
유가儒家　373
유강인柳江人　37, 43, 44
유견서有肩鋤　73
유공석부有孔石斧　71
유단석부有段石斧　64, 69
유단수부有段手斧　71
유리각琉璃閣　156, 162
유리하진琉璃河鎭　211
유묵儒墨　377
유물주의　387
유심주의　387
유악劉鶚　101, 102
유염有閻　205
유왕幽王　227, 229, 230
유우留吁　268
유태씨有邰氏　172
유향劉向　373
육국표六國表　313
『육도六韜』　182
육사六祀　130
육사六師　194, 223, 235
윤尹　154
윤길보尹吉甫　226
윤상允常　273

융戎　116, 227, 228
융적戎狄　326
은殷　15, 24
『은력보殷歷譜』　105
은문화　54, 105
『은복사중소견선공선왕고殷卜辭中所見先公先王
　　考』　103
「은본기」　126
『은상정복문자고殷商貞卜文字考』　102
은왕조　111
은 주왕　396
은팔사殷八師　194
은허殷墟　103
『은허서계殷墟書契』　103
『은허서계고석殷墟書契考釋』　103
『은허서계청화殷墟書契菁華』　103
음양가陰陽家　373
읍邑　165, 166
읍강邑姜　182, 190
읍인邑人　235
응국應國　212
응소應劭　28
의宜　232
의구宜臼　230
의왕懿王　221, 228
의후宜侯　202, 235
의후측궤宜侯夨簋　201, 213, 232
이利　184
이夷　228
이궤利簋　183, 184
이누잇트(에스키모)　44
이리강二里崗　106, 107
이리강기二里崗期　107, 108, 111
이리두二里頭　106, 108, 109
이리두기二里頭期　107
이리두문화　106, 108, 110, 115
이사李斯　408, 409
이성異姓 제후　206
20등급 작爵　336
이왕夷王　227, 236
이윤伊尹　112
이인犁刃(쟁기날)　76
2차장　83, 86
이회李悝　333, 334, 338, 369, 371, 381
익翼　256, 259
인仁　295
인두사신人頭蛇身　28

인면월人面鉞　160
인방人方　118, 122, 182, 212
1차장　83
임서林西　48, 49
임치臨淄　245, 292, 357, 358
임치현성臨淄縣城　245

ㅈ

자국子國　286
자규子糾　252
자목子木　270
자사子駟　286
자사子思　392
자산子産　287, 288, 289
자산磁山문화　55, 60, 78
자성子姓(子族)　185
자양인資陽人　37
자피子皮　287
자하子夏　333, 371
작雀　150
작爵　153, 307
작제爵制　337
작책作冊　154
작책대정作冊大鼎　196
잔석기細石器　48, 49
잡가雜家　373
장蔣　209
장가파張家坡　187
장강長江　19
장반墻盤　214
장안長安　19
장왕莊王　263
장왕의 패업覇業　266
장의張儀　382, 383, 401
장자莊子　388
『장자』　389, 391
『장자』「소요유逍遙遊」　389
『장자』「제물론齊物論」　390
장평長平 전쟁　352
재상宰相　341
쟈라이놀　48
저杼　68
적적狄　242, 268
적봉赤峰 홍산紅山　49
적적赤狄　252
적전藉田　240

전田 165, 166
전국시대戰國時代 313, 315, 320
『전국책戰國策』 316, 357, 358, 383
『전국책』「제책齊策」 248
전두엽前頭葉 39, 45
전씨田氏(=진씨陳氏) 321, 324, 332
전욱顓頊 24, 26
전제田齊 321, 323, 333, 349, 395
점문 61
정鄭 228, 233, 243
정鼎 53, 55, 59, 62, 63, 64, 67, 71, 73, 74, 75,
    76, 153, 307
정鄭의 자산子産 286
정인貞人 125, 142
정전제井田制 204, 297, 365, 397
정촌인丁村人 37, 43, 44
정鄭 환공桓公 242
제齊 213, 245, 289, 395
제가촌齊家村 231
제갑帝甲 131
제계성帝繫姓 25
제곡帝嚳 24, 172
제공祭公 215
제사력祭祀曆 129
제齊 선왕宣王 360, 381, 395, 401
제순帝舜 172, 213
제신帝辛(주왕紂王) 115, 118, 119, 125, 129, 131,
    213
제왕帝王 24
제요帝堯 396
제齊 위왕威王 332, 381, 401
제을帝乙 118, 125, 129, 131
제자백가諸子百家 297, 372
제齊 환공桓公 251, 324
제후齊侯 300
제후諸侯·경대부卿大夫·사士·서인庶人 277
조趙 239, 279, 358
조가朝歌 183, 252
조갑祖甲 118, 125, 130, 143, 144
조경祖庚 125, 143, 144
조돈趙盾 269, 278
조맹趙孟 270
조명趙明 282
조명어과趙明御戈 282
조서鳥書 16, 276
조신祖辛 147
조씨趙氏 291, 321

조앙趙鞅 280, 281, 282
조오趙午 281
조을祖乙 114
조이祖伊 134
조직趙稷 281
족鏃 75
존망存亡 252, 253
종種(대부) 275
종琮(홀) 71, 76
종골록腫骨鹿 41
종법제宗法制 222
종주宗周 191, 195
종주성宗周城 194
종주종宗周鐘 214
종횡가縱橫家 373, 382, 383
『좌전左傳』 374
주周 24, 177, 178, 185, 190
주珠 57
주거무늬 49
주공周公 219, 225
주공공周公孔 254
주공단周公旦 182, 195
주공단의 동정東征 190
주구점周口店 32, 34, 35
『주례周禮』 219
주周 무왕武王 395
주방백周方伯 179
주병제州兵制 298
「주본기周本紀」 172, 197, 230
주봉朱封 92
주왕紂王(제신) 117, 148, 179, 183, 395
주왕周王 185
주원周原 175, 178, 179, 211
주周 위열왕威烈王 321
주의 동천東遷 316
주지육림酒池肉林 148
주철鑄鐵 303
죽간竹簡 16, 216, 317
『죽서기년竹書紀年』 216, 225, 317
죽석竹席 91
중象 144
중농주의자重農主義者 397
중선보仲仙甫 228
중원中原 245, 267
중원 용산문화 73, 93
중임仲壬 112
중정仲丁 112, 114, 115, 145

중정中鼎 206
중토中土 142
중항씨中行氏 278, 279, 281, 321
중화中華 267
증甑(시루) 53, 73
증자曾子 372
지摯 178
지백知伯 239, 302, 321
지씨知氏 281, 291, 321
지조地租 365
직稷 25
직문稷門 360, 381
직하稷下 360, 381, 394, 403
직하학사稷下學士 360, 381
진陳 213
진남晉南 예서豫西 용산문화 72
진시황제秦始皇帝 17, 313
진왕秦王 정政(진시황제) 18
진왕채秦王寨 유형 66, 67
진위眞僞 390
진晉의 여섯 호족 321
진晉의 주병제州兵制 298
진잔드로푸스 38
진秦 효공孝公 336, 349
집합주택 88, 91, 92

_ㅊ

착鑿 57, 61, 68, 69, 76, 86, 96, 120, 305
찬鑽 120
찬착鑽鑿 120
찰절법擦切法 69, 76
참위설讖緯說 28
참주僭主(Tyrant) 321, 325, 395
채蔡 273
채도彩陶 33, 59, 61, 68, 72
채숙蔡叔 187
채읍采邑 222
척戚 153
천공법穿孔法 69, 76
천명天命 396
천무千畝 227
「천문天問」 30
천토踐土 260, 261
『철운장구鐵雲藏龜』 102
첨저병尖底瓶 67
체彘 225, 226

초楚 21, 348
초鍬(가래) 328
『초사楚辭』 30, 217, 375
초인鍬刃(가래날) 64
초퍼chopper 40
초楚 회왕懷王 375
총재冢宰 219
최저崔杼 289
추錐(송곳) 304
축담祝聃 245
축타祝佗 199
춘관종백春官宗伯 219
춘신군春申君 401, 403
『춘추春秋』 25, 239, 243, 300, 316
춘추오패春秋五霸 267
춘추전국春秋戰國 19, 239
『춘추좌씨전』 203, 240, 265, 300
측두부側頭部 39
측두엽側頭葉 39, 42, 45
측령矢令 196
치觶 307
치우蚩尤 23
7목七穆 290

_ㅋ

콩깍지무늬英型文 67

_ㅌ

탁鐸(방울) 76
탁록涿鹿 24
탁신鐸辰 268
탕왕湯王 395
탕음현湯陰縣 101, 102
태邰 176
태고太鼓(큰북) 94
태공망太公望 여상呂尙 181, 182, 245
태백太伯 178, 271
태산泰山 29
태수太守 340
태항산맥太行山脈 21, 116, 210, 259
태호太暤 26
터키석 관管 93
토갱묘土坑墓 78
토방 141, 166
토호제후 206

통일제국 408
통형병筒形甁 68

_ㅍ

파도무늬波形文 68
판넬 113
판천阪泉 24
판축版築 91, 353
팔괘 27
팔사八師 223
팽鈝(정) 244
편偏 16
평량대平粮臺 89, 90, 96
평왕平王 239
평원군平原君 401
포布(화폐) 362, 363
포국褒國 229
포락炮烙의 형刑 148
포사褒姒 229, 230
포희包犧(복희伏羲) 26, 27
풍風 375
『풍속통의風俗通義』 28
플라톤 398
피테칸트로푸스(원인原人) 39
필畢 228
필공고畢公高 182
필邲의 전투 266

_ㅎ

하夏 18, 24, 110, 111
하강문명河江文明 21, 100
하남 용산문화 73
하단갑河亶甲 114
하도下都 358
하모도河姆渡문화 57, 58, 62, 63, 65, 79
하백河伯 138
하왕강下王崗 91
하왕夏王 걸桀 395, 396
하준何尊 191
하징서夏徵舒 264
한韓 239, 279
한단邯鄲 358
한무제漢武帝 24
한비자韓非子 406, 409
『한서漢書』 267, 373

한씨韓氏 281, 291, 321
한韓·위魏·조趙 239, 302, 320, 332
한족漢族 326
함곡관函谷關 402
합려闔閭 271, 272, 274
합장묘 83
합종(책)合從(策) 350, 351, 383, 401
합종연횡 353
항산恒山 29
해서楷書 15, 17
해지解池 111
향술向戌 270
허許(노) 244
허가요인許家窯人 37, 43, 44
허행許行 397
헌공獻公(진晉) 256
헌원軒轅 23, 24, 25
험윤 226
혁명론 396
현령縣令 340
현문弦文 61
현물지대 298
형邢 212, 242
형대邢臺 212
형만荊蠻 271
형백邢伯 227
형산衡山 29
형제상속 112, 118, 144, 146
혜갑兮甲(윤길보) 226, 227
혜갑반兮甲盤 195, 227
호鎬 187
호壺 64, 68, 71
호모 사피엔스(인간속人間屬) 35, 40, 43, 47
호모 에렉투스 39
호복기사胡服騎射 343
호분虎賁 260
호숙湖熟문화 20, 276
호신虎神 숭배 115
호연지기浩然之氣 399, 400
호후鄗侯 215
홀忽 242, 245
홍도紅陶 49, 61, 65, 67, 68, 72
홍도배紅陶杯 75
홍동紅銅 96
홍산紅山문화 49
홍의채도紅衣彩陶 63, 68
홍하泓河의 싸움 255

화和 225
화盉 67, 75
화북평원華北平原 21
화산華山 29
화상석畵像石 28
화청花廳 75
화하족華夏族 326
환環 65, 71
환공桓公 247, 283
환공대桓公臺 247
환연環淵 381
환왕桓王(周) 244, 245
황璜 57, 65, 71
황도黃陶 68, 69
황동黃銅 96
황야皇野 285
황제黃帝 23, 25, 26, 27, 30
황지黃池 275
황토대지黃土臺地 21
황하黃河 19
회계會稽 273
회계會稽의 치恥 274
회관산澮觀山 99
회도灰陶 59, 63, 64, 66, 67, 68, 69, 72
회성懷姓 199
회이淮夷 212, 226
회하淮河 19, 118, 209
효왕孝王 221, 236
후邱 294
후가장侯家莊 117
후강後崗 54, 156, 162
후강문화 59, 60, 61, 62
후마侯馬 281
후마맹서 280, 311
후직后稷 172, 174, 308
훈육薰育 177
훼룡문虺龍文 308
흉노匈奴 354
흑도黑陶 59, 63, 64, 66, 67, 68, 72, 74
희성姬姓(姬族) 182, 185
희씨姬氏 173
희화羲和 131

D. 브라크 34
J. G. 앤더슨 32, 33, 34, 51
O. 즈단스키 33, 34

지은이　가이즈카 시게키 貝塚茂樹　1904년 출생, 京都大學人文研 교수(소장), 東方學會 회장 등 역임.
　　　　저서로 『中國古代史學の發展』 『甲骨文字研究』 『貝塚茂樹著作集』(전10권) 등이 있고 1987년 사망.

　　　　이토 미치하루 伊藤道治　1925년 출생, 京都大學 문학부 졸업, 京都大學人文研 연구원, 神戶大學 교수를
　　　　거쳐 현재 關西外語大學 교수. 저서로 『古代殷王朝のなぞ』, 『中國社會の成立』, 『中國古代王朝の形成』
　　　　등이 있음.

옮긴이　배진영 裵眞永　1965년생, 이화여자대학교 사학과 석사, 박사. 중국 고대사 전공, 현재 전북대학교
　　　　쌀·삶·문명 연구원 전임연구원, 논저로 『고대북경과 연문화』, 『요동군과 현도군 연구』(공저) 외
　　　　등 다수

　　　　임대희 任大熙　1953년 경주 출생. 德壽國校, 中央中高校, 서울대(동양사), 空士敎授部(역사교관),
　　　　臺灣師大(歷史研究所 중퇴), 東京大(동양사), 茨城大(人文學部 專任講師), 筑波大(外國人訪問學者),
　　　　京都大(外國人訪問敎授), 현재 慶北大 교수.

중국의 역사 선진시대

가이즈카 시게키·이토 미치하루 지음
배진영·임대희 옮김

2011년 5월 20일 초판 1쇄 발행

발행처 | 도서출판 혜안
발행인 | 오일주

등록번호 | 제22-471호
등록일자 | 1993년 7월 30일

주소 | ㉾ 121-836 서울시 마포구 서교동 326-26번지 102호
전화 | 3141-3711~12 / 팩시밀리 | 3141-3710
이메일 hyeanpub@hanmail.net

ISBN 978-89-8494-398-8　93910

값 20,000 원

貝塚茂樹·伊藤道治, 『古代中國－原始·殷周·春秋戰國』
Copyright ⓒ Kaizuka Sigeki, Ito Michiharu,
Original Title : Kodai Juugoku-Gensi·InnShu·ShunjuSengoku
by Kaizuka Sigeki, Ito Michiharu (2000, Kodansha Publishing Co., Ltd., Japan)
Korean translation copyright ⓒ 2011 by Hyean Publishing Co.
This translation edition is published by arrangement
with Kaizuka Sigeki, Ito Michiharu, Japan